JN296500

現場技術者が教える「施工」の本 〈仕上編〉

監修 野平 修
      松島 潤
共著 阿部 稔
      小笠原和博
      北村茂弘
      小島浩士
      鈴木博喜
      須永明宏
      竹田憲明
      谷本 弘
      千葉 清
      野口 修
      平岡靖和
      堀田英一郎
      丸山勝範
      水野民雄

建築技術

推 薦 の 言 葉

　"現場技術者が教える「施工」の本〈躯体編〉"と合わせて，この度〈仕上編〉が，現場実務を数多く経験した著者によって刊行される運びとなった。本書が広く若手技術者や建築を学ぼうとする人たちに愛読され，読者が「ものづくり」の喜び・楽しみを感じながら作業を遂行することで，建築物の品質向上が図られ，建築主に対する信頼性の向上に繋がることを期待している。

　建築施工とは，広範な科学的理論と技術に基づいて，設計図書に示された所定の建築物を具体的に生産することであり，昨今は周辺環境・地球環境にも配慮しながら「より良いもの」を「より安く」かつ「より早く」「安全に」つくることが求められている。したがって，多くの現場技術者の適切な「品質管理」「予算管理」「工程管理」「安全・労務管理」「周辺環境との共生・調和」などによって建築物を完成させることが求められている。

　中でも，建築仕上工事は，伝統的な技術・技能に基づいた知識・経験・知恵などに支えられながら，新しい材料や技術が導入され，日々進歩しているのが現状である。また建築物の仕上げに要求されるものとしては，「耐衝撃性」「耐磨耗性」「耐水性」「耐薬品性」「防・耐火性」などの安全性と

耐久性をはじめ,「遮音性」「断熱性」「防水・防湿性」「防振性」などの遮断・保護性能, さらには美観性, 居住性, 清掃性, 施工性, 経済性など, さまざまな機能・性能がある。

　そのようなことを背景にして, 本書は各仕上工事について豊富な知識と実務経験を有するそれぞれの専門技術者が, このたび主要な仕上工事を10講に分類し, 著者の正しい知識や多くの経験に基づき, 読みやすく, かつ理解しやすいように, 随所に図版や写真およびイラストなどを用いて仕上工事の施工について語っている。初学者, 設計関係者, 設計監理者, 施工管理者の業務に携わっている方がたに, 是非とも本書を通じて"どのようにして建築物をつくるかを"考え, 実際の建築工事において活用されることをお薦めしたい。

　建築工事を行っていくうえで, 仕上工事が所定の品質を満足し, うまく納まることが, 完成時にこの上ない喜びを感じさせることにつながる。本書で著述されている10講の各種仕上工事のポイントは, 現場技術者には欠かせない基礎的な知識であり, 是非とも実務に, 勉学に役立てていただきたく, ここに本書を推薦するものである。

枝広英俊

芝浦工業大学工学部建築学科教授

まえがき

　建築物は，どのようにしてつくられていくのでしょうか？
　一般に，施主の建築物に対するイメージや要望を，設計者が図面化してビジュアルな情報に描き出し，さらに施工者が実際のものに具現化していきます。基礎・躯体工事のあとを受けて，複数の仕上げ工事が実施され建築物ができあがっていきます。
　一般に，仕上工事の遂行にあたっては，施主，設計者の要求を意識しながら，複数の仕上工事間を調整していくことが主業務のゼネコンと，単一の仕上工事を専門に担当して実際のパーツ（構成要素）を納めていくサブコンが，力を合わせて建築物にまとめあげていくのです。
　これまで，「建築施工」の本というと，学究者やゼネコンの方がたがまとめたものが多かったように思います。したがって，各仕上工事の説明の中心が「いかに施工管理をしていくべきか」に置かれていたように思います。しかし，筆者は，本来の建築施工の意味は，「ものづくり」にあるのではないかと思っております。誰しも，幼いころ，クレヨン画や粘土細工に嬉々として「ものづくり」の喜びを感じたことを覚えているでしょう。よい出来栄えの仕上工事は，「匠」と呼ばれる職人の「技」によってつくられていきます。近年，建築業界においても近代化の波に押され，よい職人そのものが減っているのは事実ではありますが，そんな状況下においても各仕上工事のサブコンの中には，まだ「職人技」を引継ぎつつ，設計，製

作，施工を担当している社員の方がたがおられます。そしてその方がたが携わった仕事のでき栄えは，当然ながら素晴らしいものになっています。

　本書では，10工種の仕上工事を選択し，それぞれのサブコンの中で「仕上げのプロ」と言われている方がたに執筆をお願いすることにいたしました。したがって，各工種とも施工の基本事項のほかに，類書には見られない仕上げの「勘どころ」が盛り込まれています。

　昨今，建築物をめぐる「品質問題」が取り沙汰されていますが，「仕上げのプロ」という方がたは，総じて建築物に対する愛情が深く，そんなこととはまったく無縁の世界におられます。ですから，本書を「ものづくり」の興味をもって通読していくうちに，いつの間にか「品質管理の基本」についても習得できているようになるのではないかと考えております。

　建築学科に学ぶ初学者，建築業界に入られてまだ日の浅い実務者に是非とも本書を読んでいただき，建築施工，ものづくりの楽しさを少しでも味わっていただければ，本書を企画した甲斐があったというものです。

　一昨年本書を刊行し，2年強が経過しました。多くの方に読んで頂くことができ，早くも第3版がでることになりました。文意が読みにくいところやわかりずらいところなどを修正しました。今一度この改訂版をご覧頂き，訂正点をみて頂ければ幸いです。

野平　修

鹿島建設建築管理本部建築技術部技師長

2008年10月吉日

目　次

推薦の言葉──枝広英俊……………………02
まえがき──野平　修…………………………04

第1講 タイル工事 ……………………………………13

タイル工事に関する基本事項 ………………14
　タイルの特徴と分類…………………14
　タイルの形状・寸法…………………16
　タイルの品質…………………………16

タイルの設計 ……………………………23
　タイルの割付…………………………23
　内装タイルの割付方法………………24
　外装タイルの割付方法………………26
　タイルの目地割り……………………29

タイル施工の材料 ………………………31
　張付け材料……………………………31
　目地材料………………………………32

タイル下地とタイルの施工 ……………33
　タイル下地の種類……………………33
　超高圧水洗，高圧水洗による下地処理………33
　タイルの施工法………………………34
　圧着張り………………………………34
　改良圧着張り…………………………35
　密着張り………………………………36
　モザイクタイル張り…………………37
　マスク張り……………………………37
　弾性接着剤張り………………………38
　PC版先付け工法……………………38
　接着剤張り……………………………39
　セメントペースト張り………………39
　ネットクロスユニット工法…………40

タイル工事における検査 ………………42
　外観検査（目視検査）………………42
　打音検査………………………………42
　接着強度検査…………………………42

第2講 石工事 …………………………………………43

石工事の基本事項 ………………………44
　石工事とは……………………………44
　石の特色………………………………44
　石の分類………………………………47

石の設計 …………………………………48
　割付……………………………………48
　出隅・入隅……………………………50

- 石の製作 …………………………… 52
  - 石種決定 …………………………… 52
  - 原石選定 …………………………… 53
  - 大鋸切断 …………………………… 53
  - 表面仕上げ ………………………… 53
  - 墨出し（色調合わせ）…………… 55
  - 丸鋸切断 …………………………… 55
  - 石材の仕上加工 …………………… 55
  - 表面仕上げの最終確認 …………… 57
  - 立会い検査（製品仮り並べ）…… 57
  - 荷造り・発送 ……………………… 57
- 石の施工（取付け）………………… 58
  - 現場搬入・揚重 …………………… 58
  - 石の取付け工法 …………………… 59
  - 目地詰め …………………………… 68
  - 清掃 ………………………………… 69
  - 養生 ………………………………… 70
  - 濡れ色・エフロレッセンス（白華）対策 … 70

第3講 左官工事 ……………………………………………………… 71

- 左官工事とは何か ……………………… 72
- 左官材料 ………………………………… 74
  - 左官材料に要求される性能 ……… 74
  - 左官材料の硬化機構 ……………… 74
  - 左官材料の構成 …………………… 74
- 左官工事用の工具と機械 ……………… 76
  - こて（鏝）………………………… 76
  - 機械 ………………………………… 77
- 左官工法と事前検討事項 ……………… 80
  - 左官工事における事前検討事項 … 80
  - クラック誘発目地・伸縮目地の設置 … 82
- 左官工事の施工と管理ポイント ……… 83
  - 床の左官仕上げ …………………… 83
  - 壁の左官仕上げ …………………… 90
- 今後の左官工事の可能性 ……………… 96

第4講 塗装工事 ·· 97

- 塗装工事に関する基本事項 ································· 98
    - 塗料の役割 ··························· 98
    - 塗装工事の目的 ······················ 98
- 塗料の組成・表現方法 ······················· 99
    - 塗料の組成 ························· 99
    - 塗料の表現方法 ···················· 100
    - 調色・見色本 ······················ 101
- 塗料の種類 ································ 103
    - 樹脂による分類 ···················· 103
    - シンナー（溶剤）による分類 ········ 105
- 建物の塗装部位 ···························· 107
    - コンクリート面の塗装 ·············· 107
    - 鉄部面の塗装 ······················ 107
    - 各種非鉄金属面 ···················· 107
    - 軒天や駐車場の天井の塗装 ·········· 108
    - ビニルクロス面への塗装 ············ 108
    - 浴室への塗装 ······················ 108
    - PC 版への塗装，GRC 版の塗装 ······· 109
    - 床面への塗装 ······················ 109
    - 屋根面への塗装 ···················· 109
- 塗装工事の施工と管理ポイント ·············· 110
    - 素地ごしらえ（素地調整） ·········· 110
    - シーラー選択の手順 ················ 113
    - さび止め塗料 ······················ 113
    - 外壁用塗料 ························ 116
    - メタルカーテンウォール用塗料 ······ 116
    - シーリング材への塗装 ·············· 118
    - 内装用塗料 ························ 119
    - 屋根用塗料 ························ 119
    - 床用塗料 ·························· 120
    - 木部用塗装 ························ 122
    - 塗装によく起きる問題 ·············· 124
- 環境問題 ································· 125
    - 2003 年 7 月の建築基準法改正 ······· 125
    - F ☆☆☆☆ ························· 125
    - シックハウス症候群 ················ 125
    - VOC ······························ 125
    - MSDS 化学物質安全データシート
    （MSDS：Material Safety Data Sheet） ··· 125
- 塗料の新しい流れ ·························· 126
    - 低汚染塗料 ························ 126
    - 光触媒 ···························· 126
    - 遮熱塗装 ·························· 127
    - 耐火塗装 ·························· 128
    - 落書き防止塗装 ···················· 128

第5講 金属工事 ……………………………………………………………………………… 129

金属工事に関する基本事項 …………………………………… 130
金属工事とは何か ……………………………… 130
金属材料の特徴 ………………………………… 131

金属材料の表面仕上げ ………………………………………… 140
機械的仕上げ …………………………………… 140
物理的表面処理 ………………………………… 140
化学的表面処理 ………………………………… 142

金属工事における設計 ………………………………………… 143
設計段階での留意点 …………………………… 143
金属工事の価格 ………………………………… 144

金属工事の製作 ………………………………………………… 146
機械加工 ………………………………………… 147
組立加工 ………………………………………… 147

金属工事の施工管理 …………………………………………… 150
金属工事における下地の考え方 ……………… 151
施工管理上の留意事項 ………………………… 151

第6講 ガラス工事 ……………………………………………………………………… 159

ガラス工事に関する基本事項 ………………………………… 160
ガラスの特徴 …………………………………… 160
ガラス工事の施工管理業務の流れ …………… 160

ガラスの性能 …………………………………………………… 161
熱的性能 ………………………………………… 162
遮音性能 ………………………………………… 163
防火・耐火性能 ………………………………… 164
その他の性能 …………………………………… 165

ガラスの強度設計 ……………………………………………… 168
四辺ともサッシにのみ込まれている場合（四辺単純支持）の強度計算 …………… 168
四辺単純支持以外の場合の強度計算 ………………………… 168
その他の部位に使用するガラスの強度計算 ………………… 169

ガラスの品質 …………………………………………………… 170

ガラスの構法 …………………………………………………… 172
はめ込み構法 …………………………………… 172
ガラススクリーン構法 ………………………… 174
DPG構法（ドットポイント構法）…………… 175
MPG構法（メタルポイント構法）…………… 176
SSG構法 ………………………………………… 177

ガラス材料 ……………………………………………………… 179
建築用ガラス製品の分類 ……………………… 179
板ガラス ………………………………………… 179
建築用のガラス加工 …………………………… 181
表面加工 ………………………………………… 184
形状加工 ………………………………………… 185

施工 ……………………………………………………………… 188
施工計画書 ……………………………………… 188
施工手順 ………………………………………… 188

第7講 メタルカーテンウォール工事 ……193

メタルカーテンウォール工事に関する基本事項 ……194
- 建築とカーテンウォール ……194
- カーテンウォールの分類 ……195
- メタルカーテンウォールの生産体制 ……199

要求性能と設計施工条件の設定 ……200
- メタルカーテンウォールの要求品質 ……200
- メタルカーテンウォールの性能基準の設定 ……201
- メタルカーテンウォールの詳細設計 ……205

メタルカーテンウォールの製作 ……215
- メタルカーテンウォールの製造概要 ……215
- 製造工程と製造管理 ……216

メタルカーテンウォールの施工 ……218
- 施工計画 ……218
- 施工 ……218
- 施工プロセス管理と検査項目 ……227

第8講 PCカーテンウォール工事 ……229

PCカーテンウォール工事の管理プロセス ……230
- PCカーテンウォールの定義と種類 ……230
- PCカーテンウォール工事の発注プロセスと工事の流れ ……230
- PCカーテンウォールの設計・製作・施工プロセス ……231

PCカーテンウォール工事の仕様 ……232
- PCカーテンウォールの分類 ……232
- 層間変位追従性能による分類 ……234
- PCカーテンウォールの要求品質 ……236

PCカーテンウォールの製作 ……242
- 製作図 ……242
- 製作要領書および製造のフローチャート ……242
- PCカーテンウォールの製造段階での検査 ……243

PCカーテンウォールの施工 ……247
- 施工計画 ……247
- 施工計画書 ……248
- PCカーテンウォールの施工手順 ……251
- 施工管理・検査 ……252
- 最終検査・引渡し ……253
- アフターケア ……254

PCカーテンウォールの新しい潮流 ……255
- 超軽量PCカーテンウォール ……255
- 電波吸収パネル ……257

第9講 防水工事 ……259

防水工事に関する基本事項 ……260
- 防水の目的 ……260
- 漏水の原因 ……261
- 防水層の分類 ……261

防水工法 ……264
- メンブレン防水層を形成する防水工法 ……264

    部位別の防水工事・・・・・・・・・・・・・・・・・・・・・・・・268
        防水層の選定・・・・・・・・・・・・・・・・・・268
        部位別の防水工事・・・・・・・・・・・・・・・・・269
    防水下地・・・・・・・・・・・・・・・・・・・・・・・・・・・274
        防水下地の種類・・・・・・・・・・・・・・・・・・・274
        防水下地の施工管理・・・・・・・・・・・・・・・・・・274
    アスファルト防水・・・・・・・・・・・・・・・・・・・・・279
        アスファルト防水層を構成する材料の種類と施工方法・・・・・・・・・・・・279
        管理基準・・・・・・・・・・・・・・・・・・・280
    改質アスファルトシート防水（トーチ工法）・・・・・・・・・・・・・・・285
        改質アスファルトシート防水層（トーチ工法）を
        構成する材料の種類と施工方法・・・・・・・・・285
        管理基準・・・・・・・・・・・・・・・・・・・286
    シート防水・・・・・・・・・・・・・・・・・・・・・・・287
        シート防水層を構成する材料の種類と施工方法・・・・・・・・・287
        加硫ゴム系シート防水の施工状況・・・・・・・・・・288
        塩化ビニル樹脂系シート防水の施工状況・・・・・・・・・・290
        管理基準・・・・・・・・・・・・・・・・・・・290
    塗膜防水・・・・・・・・・・・・・・・・・・・・・・・291
        塗膜防水層を構成する材料の種類と施工方法・・・・・・・・・291
        ウレタンゴム系塗膜防水の施工状況・・・・・・・・・・293
        FRP系塗膜防水の施工状況・・・・・・・・・・・・293
        管理基準・・・・・・・・・・・・・・・・・・・294

第10講 シーリング工事・・・・・・・・・・・・・・・・・・・・・・・・・・・295

    シーリング工事に関する基本事項・・・・・・・・・・・・・・・・296
        目地の役割と分類・・・・・・・・・・・・・・・・296
        目地とムーブメントの種類・・・・・・・・・・・・・・297
    シーリング防水の仕組み・・・・・・・・・・・・・・・・・299
        防水構法の仕組み・・・・・・・・・・・・・・・・299
        シーリング防水の基本・・・・・・・・・・・・・・・301
    シーリング材の施工・・・・・・・・・・・・・・・・・・313
        施工前の目地検査・・・・・・・・・・・・・・・・314
        作業環境・・・・・・・・・・・・・・・・・・・315
        被着面の清掃・・・・・・・・・・・・・・・・・315
        バックアップ材の装填・・・・・・・・・・・・・・・315
        マスキングテープ張り・・・・・・・・・・・・・・・316
        プライマー塗布・・・・・・・・・・・・・・・・・318
        シーリング材の練混ぜ（2成分形シーリング材の場合）・・・・・・・・・・318
        シーリング材の充填・・・・・・・・・・・・・・・319
        ヘラ仕上げ・・・・・・・・・・・・・・・・・・・320
        マスキングテープの除去・目地周辺の清掃・・・・・・・・・・321
        養生（汚れ防止）・・・・・・・・・・・・・・・・・321
    検査・・・・・・・・・・・・・・・・・・・・・・・・・322
    シーリング工事の新しい流れ・・・・・・・・・・・・・・・・327
        シーリング材による汚染とポリイソブチレン系・・・・・・・・・・327
        シーリング材簡易厚さ測定器・・・・・・・・・・・・327

    執筆者略歴・・・・・・・・・・・・・・・・・・・・・330

目次 | 11

執　筆　分　担

第1講 ：小笠原和博

第2講 ：谷本　弘
　　　　北村茂弘

第3講 ：松島　潤
　　　　竹田憲明
　　　　堀田英一郎

第4講 ：水野民雄

第5講 ：阿部　稔

第6講 ：小島浩士
　　　　平岡靖和

第7講 ：須永明宏
　　　　丸山勝範

第8講 ：鈴木博喜

第9講 ：千葉　清

第10講：野口　修

第1講 タイル工事

タイル工事は，内外装の意匠性を決定する仕上げの一つです。タイル本体とそれを取り巻く目地で面を構成するので，それらの配置のバランスが大切です。そのため，類書ではあまり記述されることのない，タイルの割付けという設計作業を詳述しています。これが，タイル仕上げを美しく見せるポイントですので，是非ともよく理解してほしいものです。

また施工面では，タイルの浮きや剥落の防止という品質確保のために，最も重要な施工管理のポイントをビジュアルに詳述しています。

タイル工事に関する基本事項

タイルは，建築物の内外壁を意匠的に装飾するために使われる仕上材料である。タイル工事は壁や床に施工されるコンクリート下地またはモルタル下地やボード類などの上に，セメント系の張付けモルタルあるいは合成樹脂系の接着剤などを用いて，タイルを張り付ける作業である。

タイル工事で最も注意すべきことは剥落防止で，日々，そのための技術開発の努力が，ゼネコン，サブコン，タイルメーカーなどで行われている。

タイルの特徴と分類

タイルは粘土焼成品で，吸水率の違いによって，Ⅰ類，Ⅱ類，Ⅲ類に区分される。このほか，用途によって内装タイル，外装タイル，床タイル，モザイクタイルなどの呼び名による区分もある。また，釉薬（うわぐすり）をかけて表面をガラス質にしたもの（施釉）や無釉のタイルがあり，使用部位や用途によって使い分けられている。**表1-1**に吸水率による区分と特徴，**表1-2**に JIS A 5209（陶磁器質タイル）によるタイルの区分を示す。

タイルの選定にあたり，寒冷地の外装用としては，吸水率の小さいⅠ類のタイルが適している。また，浴室や便所など，水洗い掃除をする床などには，施釉モザイクタイルなどを用いることが無難である。

また，タイルは耐候性・防火性・防水性に優れているため，建築物の壁や床面を意匠的に装飾する目的だけでなく，保護する機能を持っている。

吸水率による区分	Ⅰ類	Ⅱ類	Ⅲ類
吸水率	3.0%以下	10.0%以下	50.0%以下
焼成温度	1,300〜1,200℃	1,200℃前後	1,100℃前後
かさ比重	2.1〜2.4	2.0〜2.3	1.7〜1.9
曲げ強度	30〜60N/mm²	20〜40N/mm²	10〜30N/mm²
釉薬の有無	施釉・無釉の両方	施釉・無釉の両方	施釉
主な用途	全ての用途	内装床タイル 外装床タイル 内装壁タイル 外装壁タイル 外装壁モザイクタイル	内装壁タイル
成形方法	乾式・湿式の両方	乾式・湿式の両方	乾式成形
旧JIS分類	概ね磁器質タイルに該当する	概ねせっ器質タイルに該当する	概ね陶器質タイルに該当する

注）代表的な物性と，用途区分の関係を示しており，この表から外れるものもある
表1-1 吸水率による区分とその特徴

以下に，タイルの主要な機能を示す。
①耐久性：自然環境に対して，劣化，変色，変質しない
②化学的安定性：酸・アルカリ・薬品に対して，変質しない
③物理的安全性：耐熱性・防火性・防水性に優れている
④メンテナンス：耐磨耗性・清掃性に優れている

なお，**表1-3**に，タイルの一般的な性能評価を示す。

区分		特徴
釉薬の有無	施釉タイル	釉薬が施されているタイル。釉薬りにより表面の色を出す
	無釉タイル	釉薬が施されていないタイル。素地により表面の色を出す
主な用途	内装壁タイル	主として内装の壁に使用され，面積が $50cm^2$ を超えるタイル
	内装壁モザイクタイル	主として内装の壁に使用され，面積が $50cm^2$ 以下のタイル
	内装床タイル	主として内装の床に使用され，面積が $50cm^2$ を超えるタイル
	内装床モザイクタイル	主として内装の床に使用され，面積が $50cm^2$ 以下のタイル
	外装壁タイル	主として外装の壁に使用され，面積が $50cm^2$ を超えるタイル
	外装壁モザイクタイル	主として外装の壁に使用され，面積が $50cm^2$ 以下のタイル
	外装床タイル	主として外装の床に使用され，面積が $50cm^2$ を超えるタイル
	外装床モザイクタイル	主として外装の床に使用され，面積が $50cm^2$ 以下のタイル
成形方法	湿式成形タイル	原料を練り土状にして，押出成形により製造するタイル。柔らか味のある感じが出せる
	乾式成形タイル	粉末にした原料を油圧プレス成形して製造するタイル。シャープな感じが出せる

表1-2 JIS A 5209（陶磁器質タイル）によるタイルの区分

評価項目			評価	説明
意匠性	色彩の種類		◎	任意の色が出せる
	パターンの種類		○	成形が容易で豊富
	テクスチャー		○	多様・微妙なものが得られる
耐久性	耐衝撃性		△	大きな衝撃には弱いが，実用的に問題なし
	耐候性		◎	良好，変色・退色がない
	耐汚染性		○	釉薬による不透性，表面平滑さにより良好
	耐薬品性		○	一般に良好，酸・アルカリに耐える
	傷の付きやすさ		◎	硬く，傷が付きにくい
物性	熱	断熱性	△	コンクリートと同程度で普通
		耐熱性	◎	高温焼成のため良好
	火	防火性	◎	完全無機質で不燃，耐火性大
	水	防水性	◎	強度低下，溶解，膨潤などまったくなし
	音	吸音性	×	反響性大きく，施工法で補う必要あり
		遮音性	△	高密度だが厚さ薄く影響小さい，普通
施工性	加工性		×	硬くてもろいため悪い，専用工具を使用
	寸法のばらつき		△	高温焼成品のため，金属や樹脂製品より劣る
維持管理	清掃		◎	汚れが付きにくく，落としやすい，傷も付きにくい
	衛生		◎	清潔に保つことが容易，薬品使用可
	結露性		×	さしつかえない箇所（水回りなど）に使用する

評価凡例 ◎：優秀 ○：優れている △：普通 ×：劣っている

表1-3 タイルの一般的な性能評価

タイルの形状・寸法

1）タイルの形状

　タイルの形状は，一般的には一般部に使用する平物と，出隅・入隅に使用する役物に大別できる。さらに，定形タイルと不定形タイルに分類される。

　ここで定形タイルとは，正方形または長方形のタイルをいう。不定形タイルとは，定形タイル以外のタイルで，非直線状のタイルなどをいう。**図1**-1 に，タイルの形状の例を示す。

2）タイルの寸法

　タイルの寸法には，さまざまなものがある。外装タイルの寸法は，煉瓦の長手か小口面に準じており，寸法が長手か小口面の倍数になっていることが多い。タイルの寸法のうち，よく用いられる二丁掛（にちょうがけ）は煉瓦の長手面と同寸法であり，三丁掛はせい（タイル幅）が二丁掛の1.5倍，四丁掛は2倍になっている。以下に，代表的なタイルの寸法を用途別に示す（**表1**-4〜**1**-8）。

タイルの品質

　タイルの品質は，JIS A 5209（陶磁器質タイル）で規定されている。製品精度にかかわる項目のほか，強度，吸水率などを確認する。

1）寸法・ばち・厚さ・反りの許容差

　タイルは焼き物なので，機械加工品のような精度は出せない。したがって，製作寸法，厚さの許容差について，**表1**-9，**1**-11 に示す基準がある。製作寸法は美観と施工精度に，タイル厚は仕上げ代に関係する。施工計画時には，

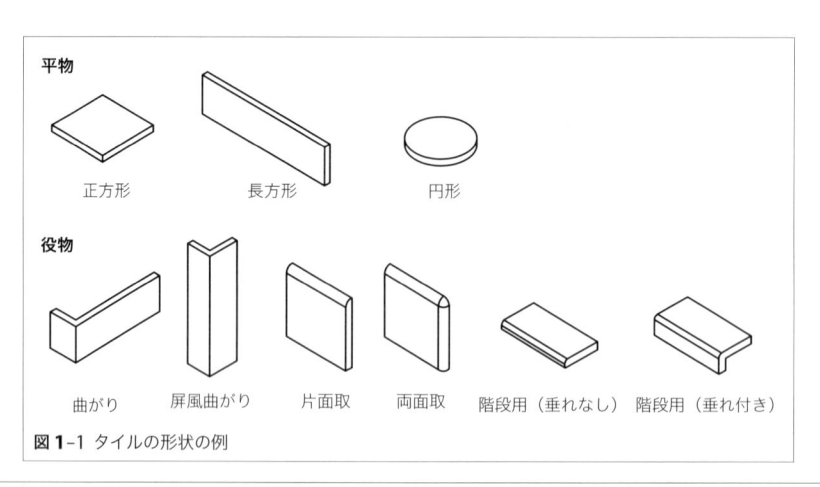

図1-1 タイルの形状の例

平物：正方形／長方形／円形

役物：曲がり／屏風曲がり／片面取／両面取／階段用（垂れなし）／階段用（垂れ付き）

標準形状	実寸法 (mm)	標準目地共寸法 (mm)
100mm 角	97.75 × 97.75	100 × 100
100mm 角二丁	197.75 × 97.75	200 × 100
150mm 角	147.75 × 147.75	150 × 150
200mm 角	197.75 × 197.75	200 × 200
36 角	109 × 109	111 × 111

表 1-4 内装壁タイル

呼称	実寸法 (mm)
小口	108 × 60
二丁掛	227 × 60
三丁掛	227 × 90
四丁掛	227 × 120
ボーダー	227 × 40

表 1-5 外装壁タイル

標準形状	実寸法 (mm)	標準目地共寸法 (mm)	標準形状	実寸法 (mm)	標準目地共寸法 (mm)
100mm 角	95 × 95	100 × 100	300mm 角	295 × 295	300 × 300
150mm 角	145 × 145	150 × 150	400mm 角	395 × 395	400 × 400
200mm 角	195 × 195	200 × 200	600mm 角	595 × 595	600 × 600

表 1-6 内装床タイル, 外装床タイル

標準形状	実寸法 (mm)	標準目地共寸法 (mm)	紙張り目地共寸法 (mm)
25mm 角	22.5 × 22.5	25 × 25	300 × 300 (1ユニット)
50mm 角	47 × 47	50 × 50	300 × 300 (1ユニット)

表 1-7 内装壁モザイクタイル, 内装床モザイクタイル, 外装床モザイクタイル

標準形状	実寸法 (mm)	標準目地共寸法 (mm)	紙張り目地共寸法 (mm)
50mm 角	45 × 45	50 × 50	300 × 300 (1ユニット)
50mm 角二丁	95 × 45	100 × 50	300 × 300 (1ユニット)

表 1-8 外装壁モザイクタイル

主な用途による区分	タイルの製作寸法[1]						
	50 以下	50 を超え 105 以下	105 を超え 155 以下	155 を超え 235 以下	235 を超え 305 以下	305 を超え 455 以下	455 を超え 605 以下
内装壁タイル 内装床タイル	± 0.6	± 0.8	± 1.0	± 1.2	± 1.4	± 1.6	± 2.0
外装壁タイル 外装床タイル	± 1.2	± 1.6	± 2.0	± 2.4	± 2.4	± 2.8	± 2.8
モザイクタイル[2]	± 0.8	± 1.2	± 1.6	± 2.0	± 2.0	—	—

注 1) 不定形タイルの場合は, 製造業者が製作寸法として定めた部分の寸法を意味する
2) モザイクタイルは, 主な用途による区分に関わらず, モザイクタイルの欄の許容差または基準を適用する

表 1-9 タイルの長さおよび幅の製作寸法に対する許容差 (m)

主な用途による区分	タイルの製作寸法						
	50 以下	50 を超え 105 以下	105 を超え 155 以下	155 を超え 235 以下	235 を超え 305 以下	305 を超え 455 以下	455 を超え 605 以下
内装壁タイル 内装床タイル	0.6	0.8	1.0	1.2	1.4	1.6	2.0
外装壁タイル 外装床タイル	1.2	1.6	2.0	2.4	2.4	2.8	2.8
モザイクタイル	1.0	1.4	1.6	2.0	2.0	—	—

表 1-10 ばちについての許容差 (m)

その許容誤差を配慮して施工図を作成することがポイントとなる。

ばちとは、正方形の場合は四辺、長方形の場合は相対する二辺の寸法の不揃いをいう（**図1-2**）。正方形状の場合は、四辺の最大値と最小値の差となり、長方形状の場合は、相対する二辺の寸法の差で表し、長辺の差を長辺ばち、短辺の差を短辺ばちという。ばちが大きいと目地がまっすぐに通らず、きれいな納まりにならない。**表1-10**に、ばちの許容差を示す。

反りとは、タイルの湾曲のことをいう。面反りとは、タイルの表面の相対する対角線方向で、表面方向に山なりに湾曲したでこ反りおよび反対方

主な用途による区分	許容差
内装壁タイル 内装床タイル	±0.5
外装壁タイル 外装床タイル	±1.2
モザイクタイル	±0.7

表1-11 タイルの厚さの製作寸法に対する許容差（m）

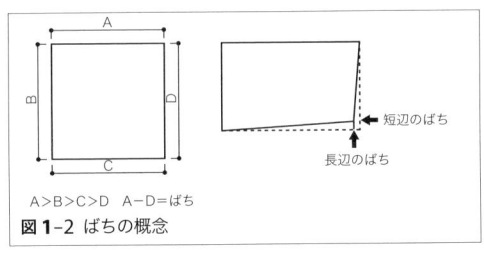

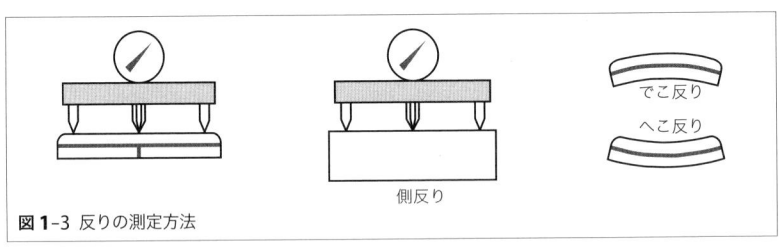

図1-2 ばちの概念
A>B>C>D　A−D=ばち

図1-3 反りの測定方法

主な用途による区分	項目	タイルの製作寸法					
		50を超え 105以下	105を超え 155以下	155を超え 235以下	235を超え 305以下	305を超え 455以下	455を超え 605以下
内装壁タイル、 内装壁モザイク タイル、内装床 タイル、内装床 モザイクタイル	面反り[1]	±0.6	±0.8	±1.0	±1.0	±1.2	±1.2
	ねじれ[1]	0.5	0.6	0.8	0.8	1.0	1.0
	辺反り[1)2)]	±0.6	±0.8	±1.0	±1.0	±1.2	±1.2
	側反り[3]	±0.8	±1.2	±1.6	±1.6	±2.0	±2.0
外装壁タイル、 外装壁モザイク タイル、外装床 タイル、外装床 モザイクタイル	面反り[1]	±0.9	±1.2	±1.5	±1.5	±1.8	±1.8
	ねじれ[1]	0.7	1.0	1.2	1.2	1.4	1.4
	辺反り[1)2)]	±0.9	±1.2	±1.5	±1.5	±1.8	±1.8
	側反り[3]	±0.8	±1.2	±1.6	±1.6	±2.0	±2.0

注　1）表面を人為的にでこぼこにしたものには適用しない
　　2）長辺が短辺の2倍を超える長方形状のタイルには適用しない
　　3）長方形のタイルの場合は長辺、正方形のタイルの場合は各辺に適用する
備考　基準値のプラスはでこ反りを、マイナスはへこ反りを意味する
表1-12 タイルの反りの許容差（m）

向に湾曲したへこ反りのことをいう。辺反りとは，タイルの表面の周辺部が，辺に沿って表面方向に山なりに湾曲したでこ反りおよび反対方向のへこ反りをいう。側反りとは，タイルの側面で，側面方向に山なりに湾曲したでこ反りおよび反対方向のへこ反りをいう。**表 1-12** に反りの基準，**図 1-3** に測定方法を示す。

また，ねじれはタイル表面の対角線方向の湾曲の差を，タイルの直角性とは正方形または長方形の四隅の直角度をいう。

2）裏あしの形状および高さ

タイルの裏あしは，主としてタイルの付着性を向上させるために設けられる。外壁に使用するタイルの裏あしは，原則として形状をあり状とし，その高さは**表 1-13** に示す。あり状とは，裏あしの先端部分の幅が，付け根部分または高さの中央部分より広いことをいう。**図 1-4** に，裏あし高さの概念図を示す。

3）役物の角度

役物の角度とは，曲がり役物など，平面タイルが 2 枚以上ある角度で取り合う場合の角度をいう。役物の角度の許容差は ± 1.5°とし，所定の角度以内となっているかを調べる。

タイルの表面の面積[1]	裏あしの高さ (mm)
15 cm² 未満	0.5 以上
15 cm² 以上 60 cm² 未満	0.7 以上
60 cm² 以上	1.5 以上[2]

注 1) 複数の面をもつ役物の場合は，大きい方の面の面積に適用する
2) タイルのモデュール呼び寸法が 150 × 50mm および 200 × 50mm のものについては，1.2 mm 以上とする

表 1-13 裏あしの高さ

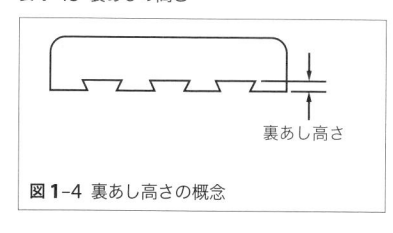

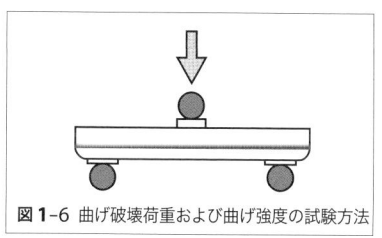

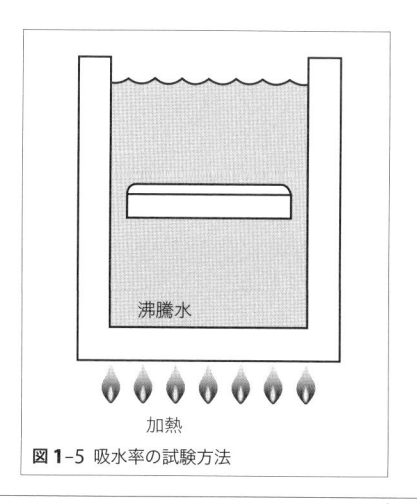

図 1-4 裏あし高さの概念

図 1-6 曲げ破壊荷重および曲げ強度の試験方法

図 1-5 吸水率の試験方法

4）吸水率

タイルの吸水率は，タイルを水に浸漬させて，煮沸するかまたは真空状態にすることによって，強制的にタイルの開気孔に水を飽和させて測定する。図1-5に，吸水率の試験方法を示す。

5）曲げ破壊荷重および曲げ強度

タイルの強度特性では，曲げ破壊荷重が最も重要であり，JIS A 5209（陶磁器質タイル）でその基準が設定されている。

測定方法は，図1-6のように，タイル表面を下にして，3点曲げ法にて曲げ試験を行い，破壊荷重（F）を測定する。

曲げ破壊荷重（S）は，次の式によって求める。

$$S = FL / b$$

　S：曲げ破壊荷重（N）
　F：破壊荷重（N）
　L：支持ロッド間のスパン（mm）
　b：試料の幅（mm）

曲げ強度（R）は，次の式によって求める。

$$R = 3FL / 2bh^2 = 3S / 2h^2$$

　R：曲げ強度（N/mm^2）
　F：破壊荷重（N）
　L：支持ロッド間のスパン（mm）
　b：試料の幅（mm）
　h：試料の割れた部分の最小厚さ（mm）

6）耐摩耗性

タイルの耐摩耗性は，特に床タイルなど歩行や台車などの走行による摩耗の評価のために重要である。無釉タイルでは，摩耗装置から白色アルミナ研磨材を研磨ゾーンに供給し，タイルに接した回転ディスクを150回転させた後，タイルの摩耗した体積を測定する。

使用部位の区分	摩耗体積（mm^3）
屋外床	345 以下 [1]
屋内床	540 以下 [2]
	540 を超える [3]

注 1）人通りの多い場所に使用するタイルについては，175以下が望ましい
　　2）土足で歩く場所に使用するタイルに適用する
　　3）素足で歩く場所に使用するタイルに適用する

表1-14 無釉タイルの摩耗体積の基準

欠点が認められたときの摩耗回転数	クラス
100	0
150	1
600	2
750, 1,500	3
2,100, 6,000, 12,000	4
> 12,000	5

表1-15 施釉タイルの耐摩耗性のクラス分類

施釉タイルでは，タイル表面に研磨材（鋼球）を入れたホルダーを固定し，所定の回転数で回転させ，タイル表面の摩耗部の変化を観察し，摩耗の認められた時点の回転数を求める。**表 1**-14 に無釉タイル，**表 1**-15 に施釉タイルの基準を示す。

7）耐熱衝撃性

タイルの耐衝撃性はキッチンカウンターなどで熱湯の入ったやかんを直に置くなど，局部的に熱負荷を与えても割れないかどうかを測定するための尺度として重要である。

8）耐貫入性

タイルの耐貫入性は，施釉タイルの釉の耐貫入性を評価するのに重要である。試験方法は，オートクレーブ内に試料を入れ，約 1 時間でオートクレーブ内の圧力を 1MPa 以上に達するように徐々に上げ，この圧力を 1 時間以上継続した後，試験体の貫入の有無を調べる。施釉タイルでは，この試験を行ったとき，貫入が生じてはならない

9）耐凍害性

タイル素地の空隙に水が入り，凍結すると，約 1 割の体積膨張が生じる。この水の凍結融解による膨張と収縮の繰り返しにより，タイルが損傷することを凍害という。タイルが凍害で割れないかを測定する尺度として，耐凍害性の確認は重要である。

厚さが 20mm 以下のタイルは，JIS A 1435 に規定する気中凍結気中融解法，厚さが 20mm を超えるタイルは，気中凍結水中融解法により試験を行う。凍結融解サイクル数は 100 回とする。

凍害を受けるおそれのある場所に使用するタイルの耐凍害性については，試験において，タイルの表面および裏面ならびに端部に，ひび割れ，素地または釉薬のはがれがあってはならない。**図 1**-7 に，試験方法の概略図を示す。

10）耐薬品性

タイルの耐薬品性は，病院や酸・アルカリを使用する工場など，さまざまな薬品を使用する部屋にタイルを施す際に必要となる測定項目である。耐薬品性を調べるには，**表 1**-16 に示す溶液に 23 ± 5℃の環境下で

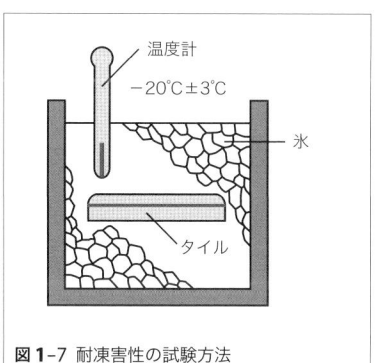

図 1-7 耐凍害性の試験方法

約8時間浸漬し，タイルの変化を目視で確認する。**表1**-17にタイルの耐薬品性の評価尺度を示す。

11）耐滑り性

　タイルの耐滑り性は，床タイルの歩行時の滑りやすさ（にくさ）を測定する尺度（耐滑り性能）として重要である。試験方法は，タイル表面に滑り片を滑らせたときの抵抗を測定して，タイルの耐滑り性を評価する。特に，水濡れする場所の床に使用するタイルの耐滑り性については，必ず耐滑り性試験を行い，その結果を記録する。

塩化アンモニウム水溶液	JIS K 8116に規定する塩化アンモニウムの特級100gを蒸留水またはイオン交換水1,000mlの割合で溶解したもの
3％塩酸溶液	JIS K 8180に規定する塩酸の特級1容に蒸留水またはイオン交換水10容を加えたもの
クエン酸溶液	JIS K 8283に規定する，クエン酸一水和物の特級100gを蒸留水またはイオン交換水1,000mlの割合で溶解したもの
水酸化カリウム溶液	JIS K 8574に規定する水酸化カリウムの特級30gを蒸留水またはイオン交換水1,000mlの割合で溶解したもの
次亜塩素酸ナトリウム水溶液	工業用次亜塩素酸ナトリウム20mgを蒸留水またはイオン交換水1,000mlの割合で溶解したもの

表1-16　耐薬品性を調べるのに使用する試薬

レベル	
	切断面[1]，非切断面，表面の変化の有無
A	変化が認められない[2]
B	切断面[1]に変化が認められる
C	切断面[1]，非切断面，表面に変化が認められる

注　1）切断面の観察は，無釉タイルに適用する
　　2）わずかな変色であれば，侵食されたとは考えない

表1-17　タイルの耐薬品性評価

タイルの設計

タイルの割付

1) 割付の目的

割付とは、一定の寸法のタイルを建築物の決められた範囲に、きれいに配置するために実施する作業である。実務的には、タイル割付図を作成することで対応する。

タイル割付図作成の主目的は、①タイル張りを意匠的に美しく見せること、②タイル張り作業を容易にして、施工効率を向上させること、③事前に関係工事の位置や寸法などを総合的に検討して納まりをよくするように調整すること、である。

2) 割付図の作成時期

施工効率の向上や材料・工費の節減を実現するためには、現場作業に入る前に、正確なタイル割付図を早期に作成することがポイントである。

内装タイルの場合は、配管工事を行う前に作成することが望ましい。また、外装タイルの場合は、サッシの施工図やコンクリート寸法図に先立って、タイル割付図を作成する必要がある。それは、サッシ寸法やコンクリート開口部の寸法が、タイル割付図によって決められるためである。**図1-8**に、タイル割付図の作成時期を示す。

3) 割付図の作成手順

割付図は、設計図面や仕様書の内容を十分把握し、次の手順で打合せや確認を行ってから作成する。

①タイル張りの範囲を確認する。
②タイルの規格（材質、寸法、面状、厚さ、裏あしの高さ、裏あしの方向、製法（乾式、湿式）など）を確認する。

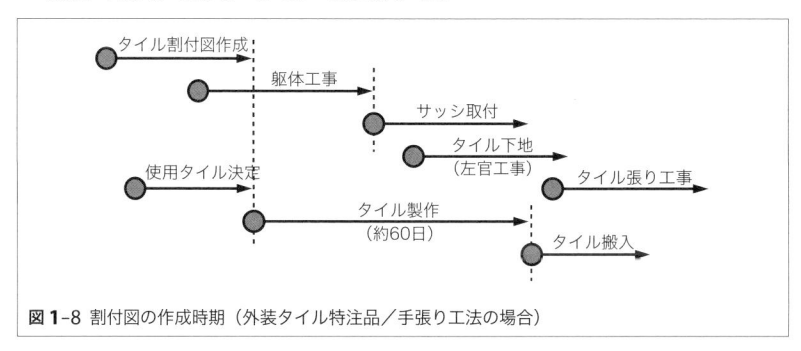

図1-8 割付図の作成時期（外装タイル特注品／手張り工法の場合）

③タイルの張り方（目地割り）を確認する。通し目地（いも目地）か，馬踏み目地（破れ目地）なのかを確認する。
④基準目地幅を決定する。
⑤部位別の具体的なタイル施工法を確認する。
⑥タイルの張り代を確認する。
⑦サッシ，ドア，柱型，開口部および出隅・入隅の位置，大きさ，形状を確認する。コンクリート，サッシ寸法の変更は可能かなどを検討する。
⑧伸縮目地，亀裂誘発目地の位置・幅を確認する。
⑨面別，基準線（通り心）別，伸縮目地別，部位別などに分けてタイルの割付方法（スパンの取り方）を決定する。
⑩割付計算をして目地幅を決定する。
⑪開口部，出隅・入隅，壁と床の取合いを検討し，必要な役物を決定する。標準物を使用して全体を割付け，特殊寸法のタイル（役物）を使用する必要がでる場合には，役物タイルとして製造可能な範囲となるようにする。また，その種類は最少限におさえる。
⑫タイル割付図とタイル形状図を作成する。

内装タイルの割付方法

内装タイルは，タイル・目地幅とも規格寸法が決まっているので，基本的に目地による寸法調整を行わずに割り付ける。ただし，割り切れない場合は，平物タイルを切断して作成した切り物タイルを用いて納める場合もある。

1）水平方向の割付
①心割りによる納め方

正面（見付け）の壁は，一般的に，左右対称となる心割りにする。心割りは，中心を目地にして割り付ける目地心割りと，タイルを中心にして割り付けるタイル心割りがある。両端部が平物で納まらない場合は，切り物を使用する。原則として，切り物は平物の1/2以上の長さになるように割り付ける。極端に小さい切り物は，施工しにくいばかりでなく，割れやすいので使用しない。

図1-9に，心割りの例を示す。
②片割りによる納め方

壁面が大きく，全面を見渡すことができない場合や側面（見返り）の壁は，

片方の一端から割付を始める片割りにする。切り物の長さが平物の1/2以下となる場合は，平物と切り物を加えたものを2で割った寸法の切り物2枚を両端に入れた心割りか，片側に切り物2枚を続けて入れた片割りにする。

図1-10に，片割りの例を示す。

2）垂直方向の割付

天井まで張り上げる場合は，上端から割り付け，切り物は床にのみ込ませる（床にタイルを差し込み，一部を見えない状態にすることをいう）。また，腰まで張る場合は，最上端に片面取りを使い，切り物は床にのみ込ませる。

内幅木を使用する場合は，原則として切り物が出ない割付にする。ただし，切り物が発生する場合は，上端部で処理する。

図1-11に天井まで張る場合の例，図1-12に腰まで張る場合の例，図

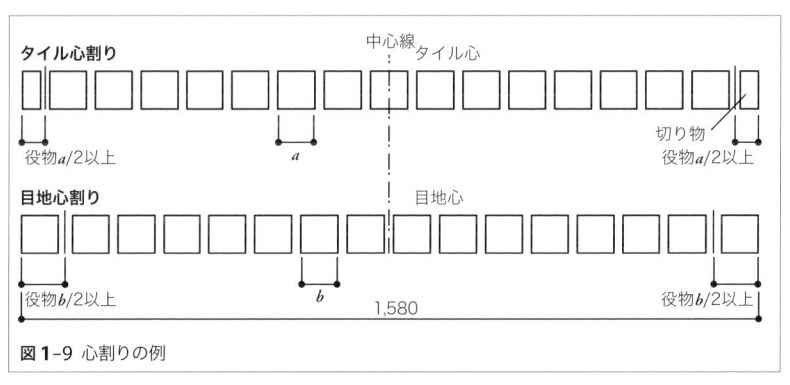

図1-9 心割りの例

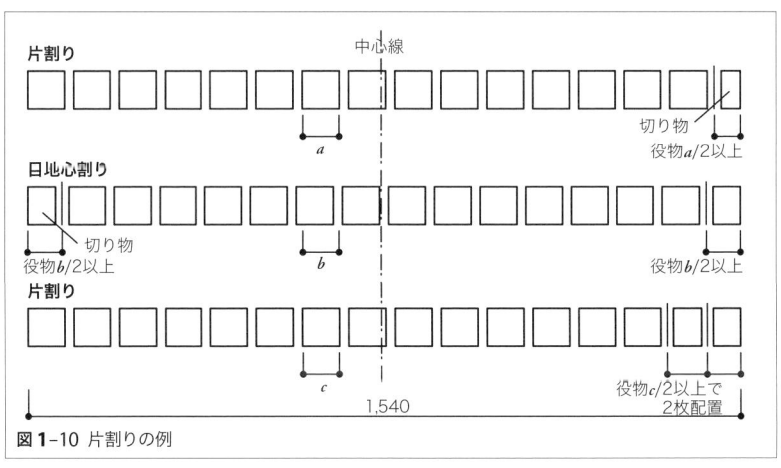

図1-10 片割りの例

1-13 に内幅木を使用する場合の例を示す。

3）出隅・入隅部分の割付

出隅部分は，主視線に対して目地を隠すように割り付け，見えがかり面には片面取りを使用する。また，入隅部分は基本的には主視線に対して目地を隠すように割り付ける。ただし，正面が平物で割り切れる場合は，目地が見えてもかまわない。

図**1**-14 に出隅部分の処理，図**1**-15 に入隅部分の処理を示す。

外装タイルの割付方法

外装タイルを割り付ける場合は，タイル張りの面積が大きいため，一定の範囲に区分して，その範囲内で割り付ける方法が一般的である。割付計算をして割り切れないときは，目地幅で調整して割り付ける。

1）水平方向

割付のために区分した範囲の幅をスパンという。スパンごとに目地幅を調整しながら割り付ける。同じスパンが並んでいる場合は，1つのスパンを割り付ければ，自動的に後は繰り返しとなる。異なったスパンがある場合は，改めてそのスパンのタイル枚数と目地幅を調整する。異なったスパ

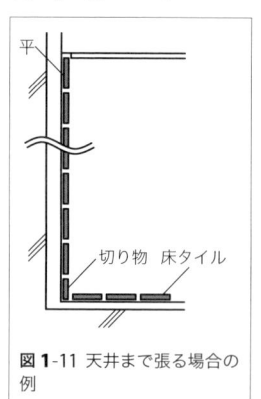

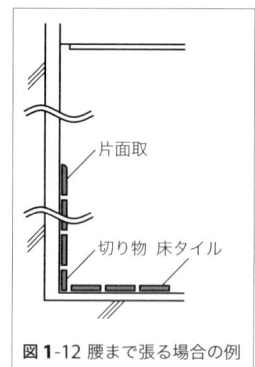

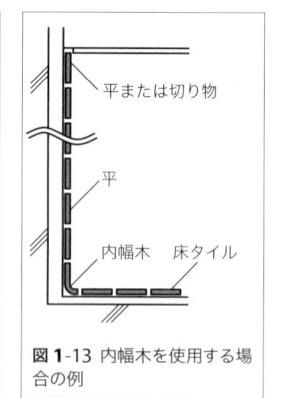

図**1**-11 天井まで張る場合の例

図**1**-12 腰まで張る場合の例

図**1**-13 内幅木を使用する場合の例

図**1**-14 出隅部分の処理

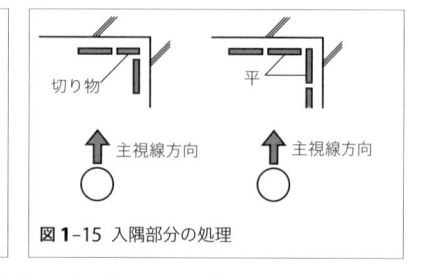

図**1**-15 入隅部分の処理

ンを同じ目地幅で割り付けたいときは，隣のスパンを含めて割り付けるか，壁面全体で割付をして調整する。なお，側面タイルの張り代を増減することでうまく納まれば，その方が望ましい。なお，区分の仕方（スパンの取り方）には，一般的に次の3つの方法がある。
①壁面全体をひとつのスパンとして割り付ける。
②伸縮目地・亀裂誘発目地で区分して，それぞれのスパンで割り付ける。
③基準線（通り心）で区分して割り付ける。

2) 垂直方向

垂直方向（高さ方向）は，各階ごとに設けた伸縮目地（各階打継ぎ部分）で区分して割り付ける。

3) 壁面および開口部

外装タイルの壁面および開口部のタイル割付は，変更があった場合にも対応できるように，基準階（平面形状が同一の階）から行う。馬踏み目地の場合は，各階高を偶数のタイル枚数で割れるようにする。また，開口形状は可能な限り統一する。

馬踏み目地の場合は，開口高さのタイル枚数を奇数とし，上部開口隅のタイルを馬踏み目地（通し目地は別）とする。

図1-16に壁面の割付例を示す。

4) 窓回り

窓回りに使用する役物は，曲・屏風曲という。窓台天端の横目地は数が

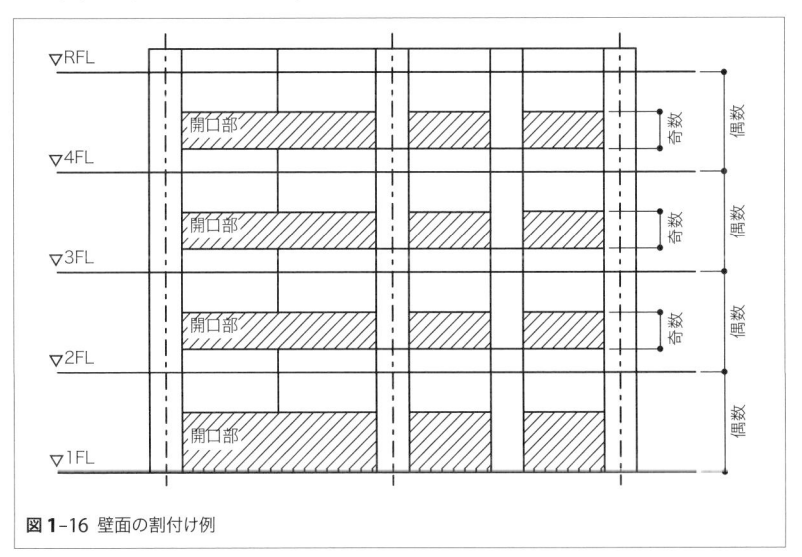

図1-16 壁面の割付け例

多いと漏水の原因となるため,横目地は極力減らす。図1-17に,窓回りの納まり例を示す。

5) 出隅

出隅の役物には,曲がりを使用する。あとは目地幅調整,3/4内外の平異型の使用,役物の寸法を変更して調整する。役物の寸法調整は,最長で平物の長さ,最短で平物の幅1/2程度とする。図1-18に,出隅の納まり

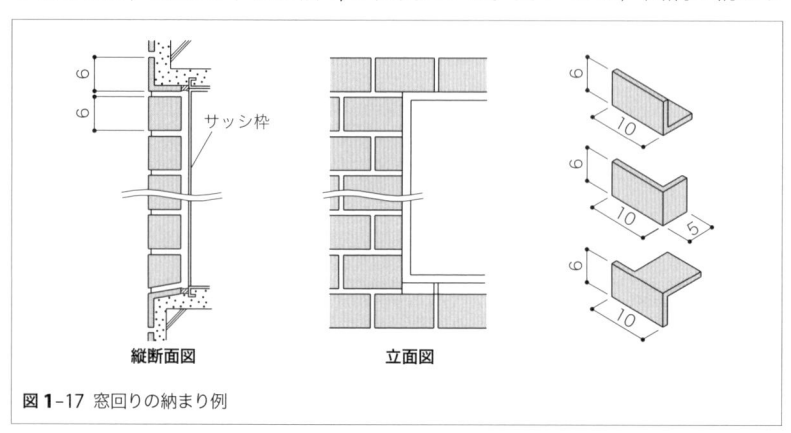

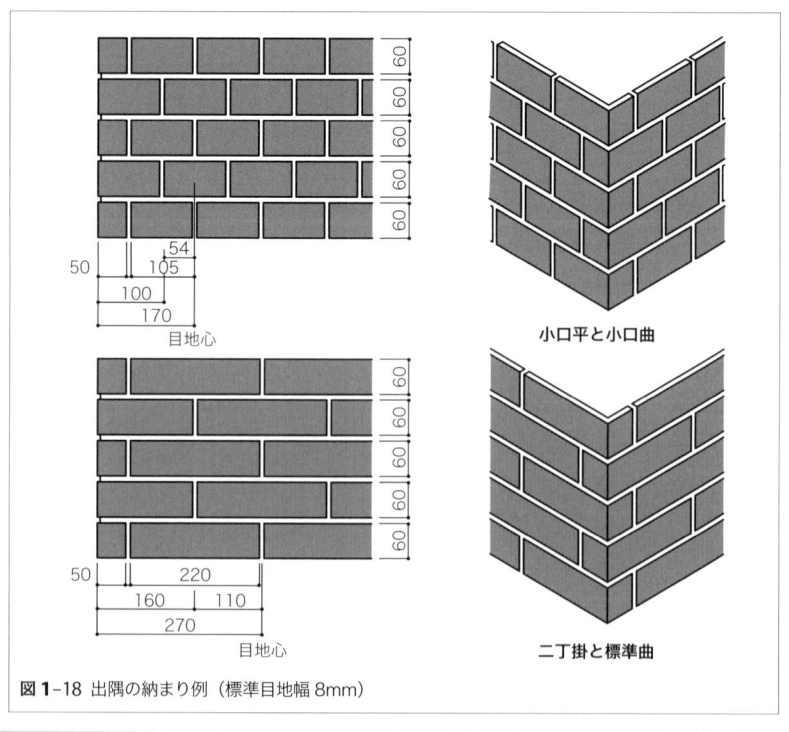

図1-17 窓回りの納まり例

図1-18 出隅の納まり例(標準目地幅8mm)

例を示す。

6) 柱型

柱型の割付は，割り方によっては，役物の種類が増えコスト高になる。したがって，柱見付け（正面）および抱き（側面）の寸法は多少ふかす，または削るなどして調整することで，極力役物を減らすのがポイントである。**図 1**-19 に，柱型の割付例を示す。

タイルの目地割り

1) 目地割りの種類

タイルの目地割りは，もともとは煉瓦積みに端を発し，歴史的経過を経て，現在のようなさまざまなパターンになっている。**図 1**-20 〜 **1**-22 に，主な目地割りの例を示す。

2) 伸縮調整目地

タイル張り面には，外気温の変化，直射日光による温度変化や，モルタル，コンクリートの乾燥，湿潤による変化などにより，応力が発生する。この発生応力がタイルやモルタルの接着力を上回ると，浮きや剥落などが生じる。そこで，壁面に発生する応力を分散し，緩和するために，所定の間隔で伸縮調整目地を設ける。**表 1**-18 に，伸縮調整目地を設置する箇所を示す。また，**図 1**-23 に，伸縮調整目地の納め方を示す。なお，伸縮調整目地は，基本的には躯体に設けられる伸縮目地の位置に合わせて設置する。

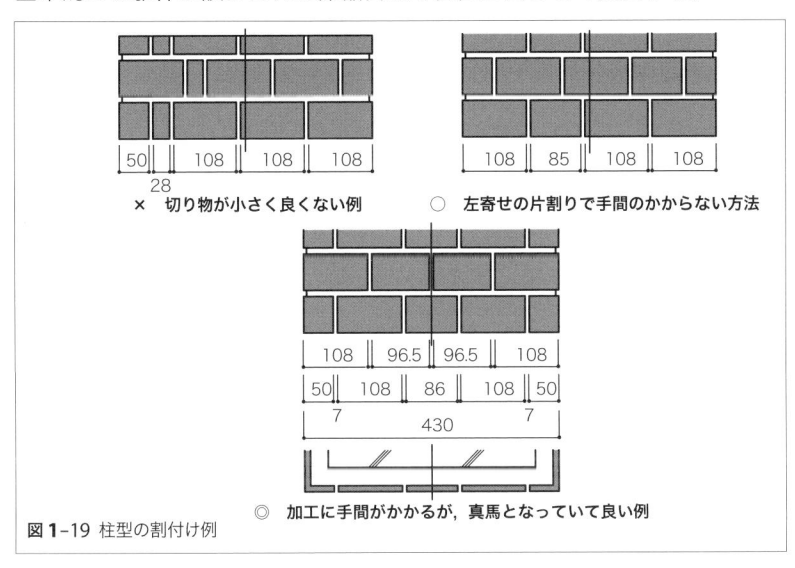

50 ∥ 108 ∥ 108 ∥ 108 28 × 切り物が小さく良くない例	108 ∥ 85 ∥ 108 ∥ 108 ○ 左寄せの片割りで手間のかからない方法

108 ∥ 96.5 ∥ 96.5 ∥ 108
50 ∥ 108 ∥ 86 ∥ 108 ∥ 50
7　　　430　　　7

◎ 加工に手間がかかるが，真馬となっていて良い例

図 1-19 柱型の割付け例

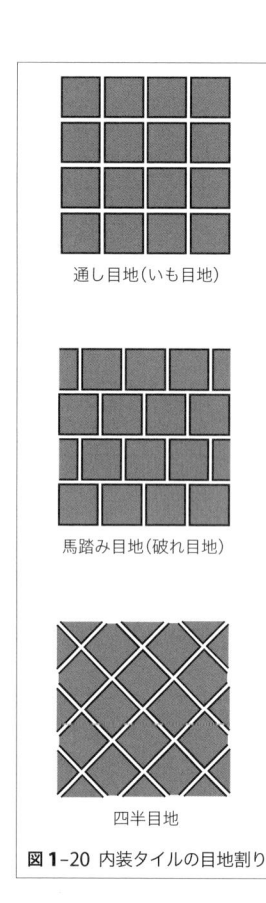

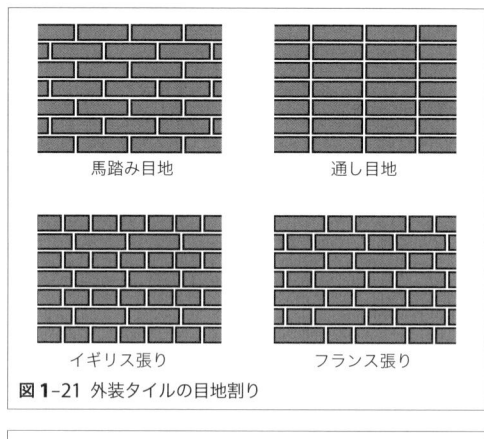

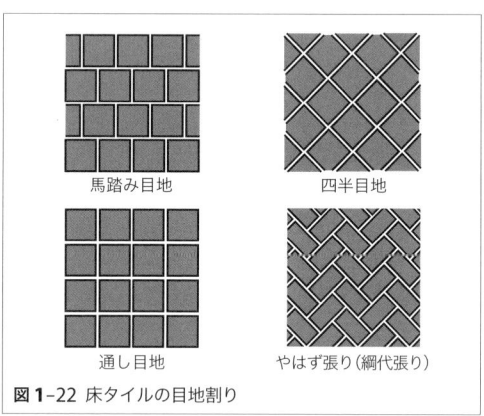

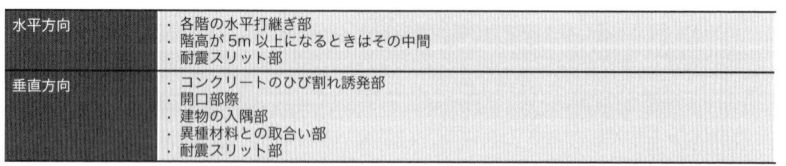

図1-20 内装タイルの目地割り
- 通し目地（いも目地）
- 馬踏み目地（破れ目地）
- 四半目地

図1-21 外装タイルの目地割り
- 馬踏み目地
- 通し目地
- イギリス張り
- フランス張り

図1-22 床タイルの目地割り
- 馬踏み目地
- 四半目地
- 通し目地
- やはず張り（綱代張り）

水平方向	・各階の水平打継ぎ部 ・階高が5m以上になるときはその中間 ・耐震スリット部
垂直方向	・コンクリートのひび割れ誘発部 ・開口部際 ・建物の入隅部 ・異種材料との取合い部 ・耐震スリット部

表1-18 伸縮調整目地の設置位置の例

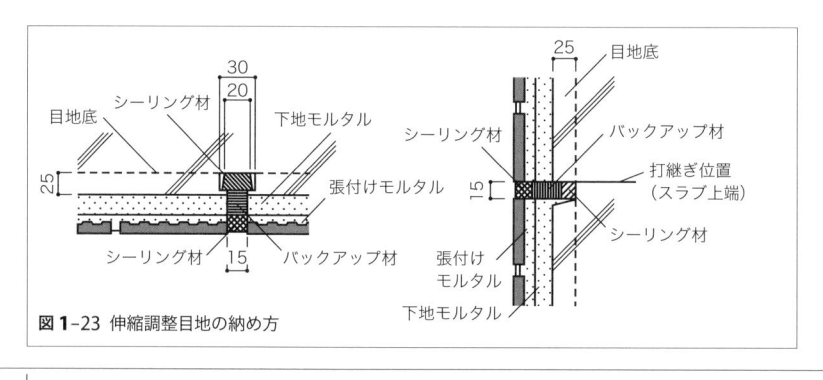

図1-23 伸縮調整目地の納め方

タイル施工の材料

張付け材料

タイルの張付け材料は，有機質接着剤とセメント系材料に大別できる。コンクリートやモルタル下地の張付け材料としては，セメント系材料と有機質接着剤の両方が使用できる。ボード系下地では，有機質接着剤を使用する。**表1**-19 に，使用部位別の張付け材料の使い分けを示す。

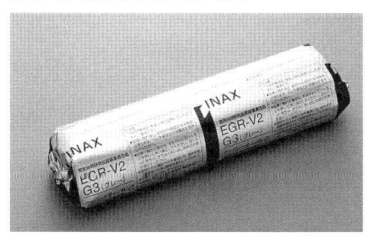

1) 外装用有機質接着剤

外装用有機質接着剤は，主に外壁に使用し，住宅の窯業系サイディング，ラスモルタル，ビル物件のコンクリート，モルタル下地，ALCパネル，押出成形セメント板などに使用できる。材質は，変成シリコーン樹脂系，ウレタン樹脂系がある。**写真1**-1 に，外装用有機質接着剤の製品例を示す。

2) 有機質接着剤

有機質接着剤は，使用する箇所に適する接着剤を選定する。有機質接着剤は，**表1**-20 に示すように JIS A 5548「陶磁器質タイル用接着剤」に用途別に区分されているので，使用する箇所に適する接着剤を選定する。

使用部位	張付け材料
外壁	外装用有機質接着剤 セメント系材料（既製調合モルタル，現場調合モルタル）
内壁	有機質接着剤 セメント系材料（既製調合モルタル，現場調合モルタル）
外部床	セメント系材料（既製調合モルタル，現場調合モルタル）
内部床	有機質接着剤 セメント系材料（既製調合モルタル，現場調合モルタル）

表1-19 張付け材料の使い分け

写真1-1 外装用有機質接着剤の例   写真1-2 有機質接着剤の例

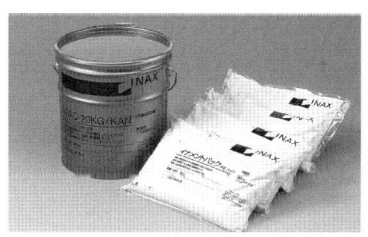

種類	区分内容
タイプI	湿っている下地に張り付けた後，長期にわたって水および温水の影響を受ける箇所に用いるもの
タイプII	ほぼ乾燥している下地に張り付けた後，間欠的に水および温水の影響を受ける箇所に用いるもの
タイプIII	ほぼ乾燥している下地に張り付けた後，水および温水の影響を受けない箇所に用いるもの

*成分としては，タイプIはエポキシ樹脂反応硬化系，タイプIIは合成樹脂エマルション系，タイプIIIは合成ゴムラテックス系が多く発売されている
表1-20 JIS A 5548 による有機質接着剤の区分

写真1-2に，有機質接着剤の製品例を示す。

3) 既製調合モルタル

既製調合モルタルは，セメントに珪砂などの骨材や混和剤を前もって調合したモルタルで，現場で水と混練するだけで使用できる。現場調合モルタルと比較して，人手による調合誤差が少ないのが特徴である。**写真1-3**に，既製調合モルタルの製品例を示す。

4) 現場調合モルタル

現場調合モルタルは，セメント，砂，混和剤および水を現場で調合し，混練したものである。モルタルの調合は，採用する施工法に適した調合とする。ただし最近では，既製調合モルタルの管理のしやすさにおされ，あまり使用されなくなってきている。

目地材料

1) 既製調合目地モルタル

目地材料は，現場調合の場合では，色むらが発生することがあるので，既製調合目地モルタルの使用が増加している。既製調合目地モルタルは，現場では水と混練するだけで使用できる。最近では，内装用に防汚，防かび，防油（キッチンバック用）性能を持たせたもの，外装用に粗い質感を持たせたものなど，機能性や意匠性に優れた目地材料が開発されている。**写真1-4**に，既製調合目地モルタルの製品例を示す。

2) 樹脂目地

モルタル系目地材料は，脆性材料なので，屋内のボード下地など，動きのある箇所では，ひび割れが発生することがある。この問題を解決するために，弾性を有する樹脂目地が開発されている。材質は，アクリル系，エポキシ系などがある。**写真1-5**に，樹脂目地の製品例を示す。

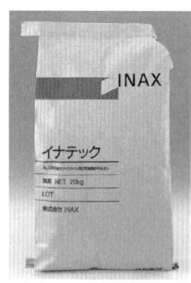

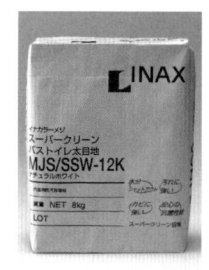

写真1-3 既製調合モルタルの例
写真1-4 既製調合目地モルタルの例
写真1-5 樹脂目地の例

タイル下地とタイルの施工

タイル下地の種類

タイルの下地は、外壁、内壁、床といった部位により異なる。**表1-21**に、外壁の代表的な下地を示す。また、前述したとおり下地の種類によって使用する張付け材料が異なるので、タイルの施工に先立ち下地の種類を認識することが重要である。

構造	種類
RC造、SRC造	コンクリート モルタル
S造	プレキャストコンクリート板 ALCパネル 押出成形セメント板 セメントボード
木造	窯業サイディング セメントボード ラスモルタル
CB造	コンクリートブロック

表1-21 外壁の下地

以前は、コンクリート躯体の精度が悪かったので、10〜20mm厚の下地モルタルを施工して面精度を高めてから、タイル張りをするのが通常であった。しかし、最近では躯体精度の向上および工期の短縮化の影響から、コンクリート躯体に直にタイルを張る直張り工法が増加している。

超高圧水洗、高圧水洗による下地処理

コンクリート躯体への直張りの条件として、超高圧水洗、または高圧水洗を採用するケースが増加している。それは、タイルの剥離事故はコンクリートとモルタルの界面で発生することが多いことから、界面の接着性を改善するために、高圧水洗が有効であるからである。

超高圧水洗、高圧水洗による下地処理は、吐出圧150N/mm^{2}程度で水を噴射できる超高圧水洗機または50N/mm^{2}程度で水を噴射できる高圧水洗機を用いて、平滑なコンクリート表面の目荒らしと洗浄を行う工法である。

この作業により張付けコンクリート表面が粗面となり、張付けモルタルの食い込みがよくなる。コンクリートと張付けモルタルとの付着面積を大きくすることが、付着強度を増加させることにつながるからである。

写真1-6 超高圧水洗による下地処理状況

写真1-7 超高圧水洗のコンクリートの表面状況

写真1-8 高圧水洗のコンクリートの表面状況

写真1-6に超高圧水洗状況，写真1-7に超高圧水洗後のコンクリート表面状態，写真1-8に高圧水洗後のコンクリート表面状態を示す。

タイルの施工法

タイルの施工法は，先付け工法と後付け工法に大別できる。主な工法の種類を，表1-22に示す。

圧着張り

圧着張りは，あらかじめ下地に張付けモルタルを塗り付け，張付けモルタルが軟らかいうちに，トンカチの柄などでタイルを押し付けて張る工法

施工部位	工法の種類	
外部壁	後張り工法	圧着張り
		改良圧着張り
		密着張り
		改良積上げ張り
		モザイクタイル張り
		マスク張り
		弾性接着剤張り
	型枠先付け工法	
	PC版先付け工法	
	パネル工法	ALCタイルパネル
		押出成形セメント板タイルパネル
		サイディングタイルパネル
	大型タイル乾式工法	
	住宅外壁乾式工法	
内部壁	後張り工法	接着剤張り
		積上げ張り
床	後張り工法	セメントペースト張り
		圧着張り
		改良圧着張り
		モザイクタイル張り
		接着剤張り

表1-22 タイル張り工法の種類

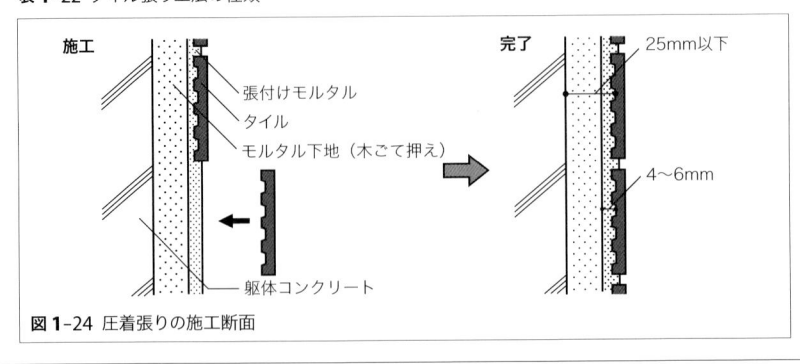

図1-24 圧着張りの施工断面

である。

　張付けモルタルの塗付けからタイル張りまでのモルタルの塗り置き時間が長くなると，接着力が低下して剥離の原因となる。そこで，塗り置き時間の管理が大切となる。剥離，剥落事故が多いことから，最近では後述する密着張りの採用が多くなっている。なお，この工法は，小口タイルから二丁掛タイル程度の内外装壁タイルおよび床タイルに適用する。**図 1**-24，**写真 1**-9 に，圧着張りの例を示す。

改良圧着張り

　改良圧着張りは，下地に張付けモルタルを塗り付けるとともに，タイル裏面にも張付けモルタルを塗り付け，タイルを張り付ける工法である。

　この工法は，圧着張りの場合ではに塗り置き時間の管理不足によるタイルの浮きが生じることがあるので，これを防止するために開発されたもので，タイル裏面にも張付けモルタルを塗り付けことにより，張付けモルタルの付着性が向上し，タイルの浮きは発生しにくくなる。小口から三丁掛程度の外装壁タイル，200mm 角以上の床タイルに適用する。

　図 1-25 に改良圧着張り，**写真 1**-10 にタイル裏面への張付けモルタルの塗付け，**写真 1**-11 にタイルの張付けの例を示す。

写真 1-9　圧着張りの例

写真 1-10　タイル裏面への張付けモルタルの塗付け

写真 1-11　改良圧着張りの例

図 1-25　改良圧着張りの施工断面

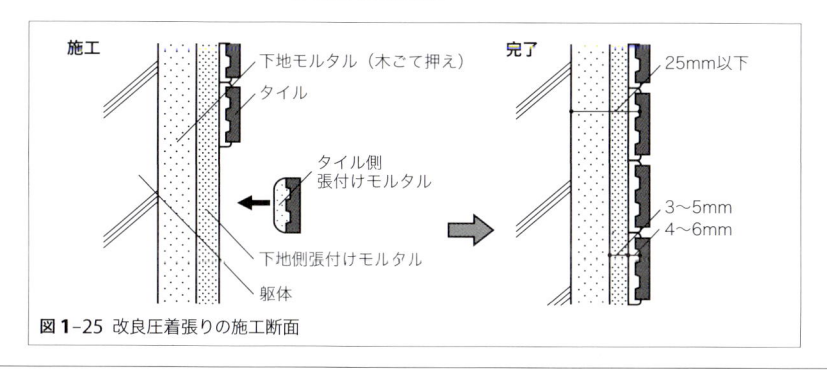

密着張り

　密着張りは，下地に張付けモルタルを塗り付け，専用の振動工具（ヴィブラート機）を用い，タイル面に振動を与えながら塗り付けた張付けモルタルにタイルをもみ込むようにして張り付ける工法である。

　タイルを通してモルタルに振動を与えるため，圧着張りに較べて張付けモルタルの塗り置き時間が長くとれるのが特徴である。小口から三丁掛程度のタイルに適用する。

　図 1-26，**写真 1**-12 に，密着張りの例を示す。

写真 1-12 密着張りの例

写真 1-13 モザイクタイル張りの例

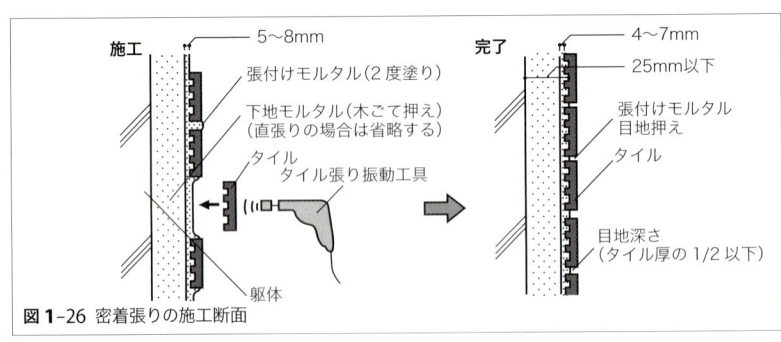

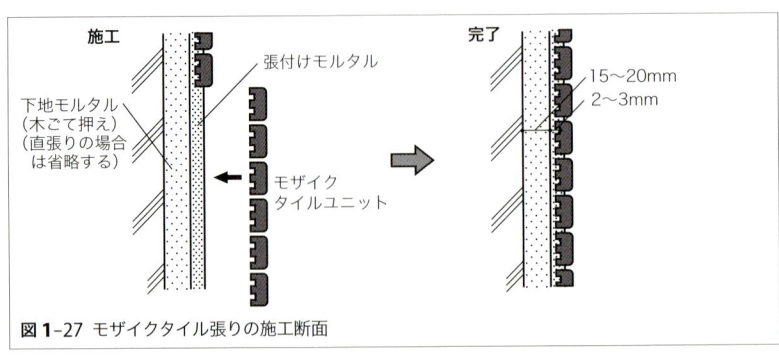

図 1-26 密着張りの施工断面

施工側: 5～8mm／張付けモルタル（2度塗り）／下地モルタル（木ごて押え）（直張りの場合は省略する）／タイル／タイル張り振動工具／躯体

完了側: 4～7mm／25mm以下／張付けモルタル／目地押え／タイル／目地深さ（タイル厚の1/2以下）

図 1-27 モザイクタイル張りの施工断面

施工側: 下地モルタル（木ごて押え）（直張りの場合は省略する）／張付けモルタル／モザイクタイルユニット

完了側: 15～20mm／2～3mm

モザイクタイル張り

　モザイクタイル張りは，下地に張付けモルタルを塗り付け，タイルの表面に台紙を張り，ユニット化したモザイクタイルをたたき板でたたいて張り付ける工法である。
　施工能率がよく，モザイクタイルでは採用率が高い工法である。圧着張り同様，張付けモルタルの塗り置き時間の管理が大切である。
　図1-27，写真1-13に，モザイクタイル張りの例を示す。

マスク張り

　マスク張りは，改良モザイクタイル張りとも呼ばれる工法で，ユニットタイルの裏面に専用のマスクをかぶせて張付けモルタルを塗り付け，下地に対してユニットタイルをたたき板で張り付ける工法である。
　ただし，張付けモルタルによる仕上り面の調整ができないため，精度の良い下地が必要である。なお，この工法はモザイクタイル張りの塗り置き時間の問題を解決するために開発されたものである。
　写真1-14，1-15，図1-28に，マスク張りの例を示す。

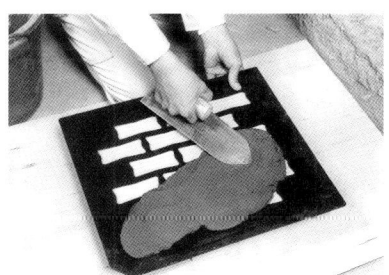

写真1-14　専用マスクへの張付けモルタルの施工状況

写真1-15　マスク張りの例

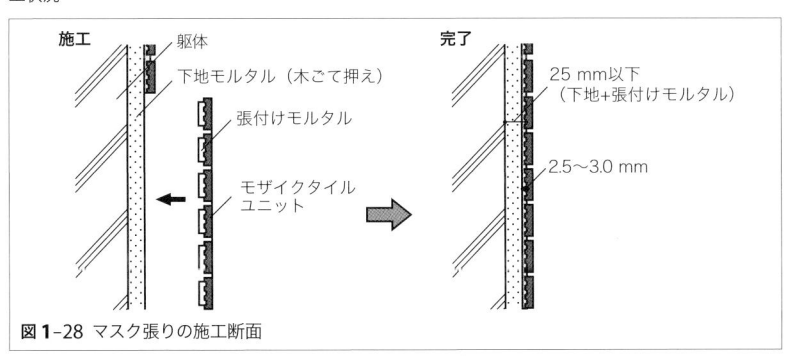

図1-28　マスク張りの施工断面

弾性接着剤張り

弾性接着剤張りは，主に外壁タイル用に開発された工法で下地に接着剤をくし目ごてで塗り付け，タイルをもみ込むように張り付ける。弾性接着剤張りは，壁面の動きを接着剤層が吸収するので，タイル面の応力発生が小さくなるため，剥離防止の効果がある。なお使用する外装タイルには，弾性接着剤張りに適した裏あし形状を有する外壁専用タイルを使用する。これまで重量タイルや大型タイルの施工の場合には，改良積上げ張りが採用されていたが，工期短縮の影響から弾性接着剤張りを採用する場合が増えてきている。

写真 1-16，1-17，図 1-29 に，弾性接着剤張りの例を示す。

PC 版先付け工法

PC 版先付け工法は，PC 版製造工場で，型枠ベット面にタイルまたはタイルユニットを敷き並べて固定し，その上にコンクリートを打設して，コンクリートとタイルが一体化したパネルをつくる工法である。主に鉄骨造の高層建物に使用される。

写真 1-18，1-19，図 1-30 に，PC 版先付け工法の例を示す。

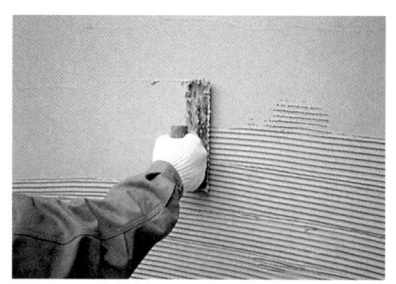

写真 1-16 接着剤のくし目ごてによる塗付け

写真 1-17 弾性接着剤張りの例

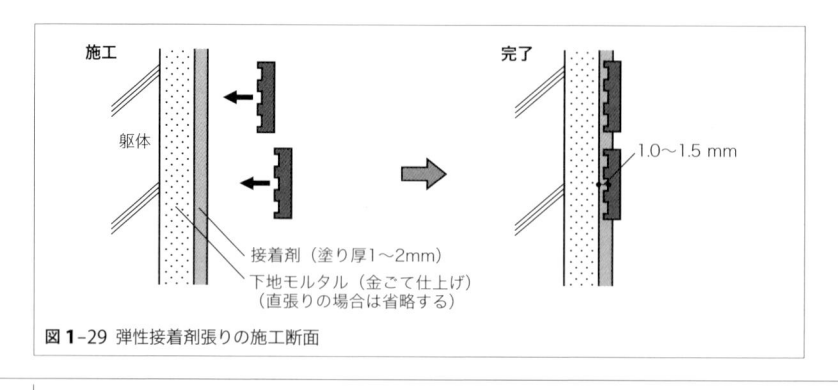

図 1-29 弾性接着剤張りの施工断面

接着剤張り

接着剤張りは接着剤をくし目ごてで塗り付け，タイルをもみ込むように張り付ける工法である。下地としては，モルタル系のほか，ボード系下地の場合に適用できる。屋内壁タイル，屋内壁モザイクタイル，屋内床タイル，屋内床モザイクタイルに適用する。

写真 1-20，1-21，図 1-31 に，接着剤張りの例を示す。

セメントペースト張り

セメントペースト張りは，床下地に敷きモルタルを平坦に敷き均し，敷きモルタルの硬化前にセメントペーストを流し，タイルを叩き押えながら張り付ける工法である。バサバサモルタル（極端にセメント量を少なくした貧調合のモルタル）が硬化した後にタイルを張り付ける場合には，張付けモルタルを使用する。200mm 角以上の比較的厚さの厚い床タイル，および住宅の玄関など小面積のタイル張りに適用する。

図 1-32，写真 1-22，1-23 に，セメントペースト張りの例を示す。

図 1-30 PC 版先付け工法の施工断面

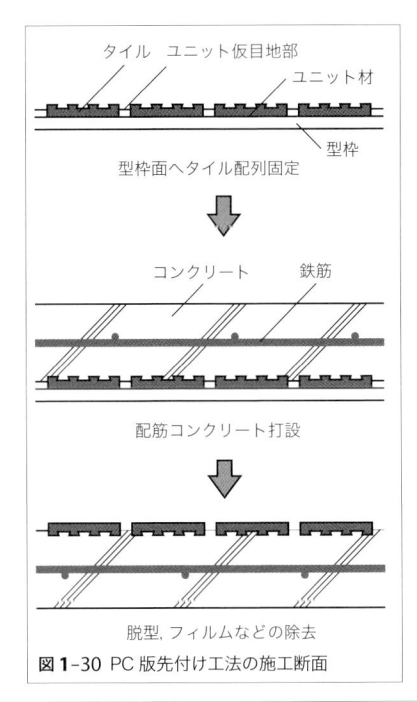

写真 1-18 タイルユニットの敷き並べ状況

写真 1-19 コンクリートの打設状況

ネットクロスユニット工法

　ネットクロスユニット工法は，タイル裏面にネットを張ったユニットをマスク張りで壁面に施工後，目地部から専用金具と留め付けビスでネット

写真 1-20 接着剤の施工状況

写真 1-21 接着剤張りの例

図 1-31 接着剤張りの施工断面

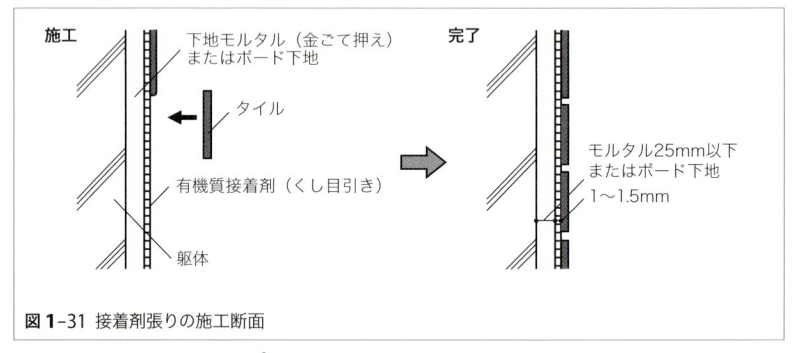

施工／下地モルタル（金ごて押え）またはボード下地／タイル／有機質接着剤（くし目引き）／躯体

完了／モルタル25mm以下またはボード下地／1〜1.5mm

写真 1-22 セメントペーストの流し込み状況

写真 1-23 セメントペースト張りの例

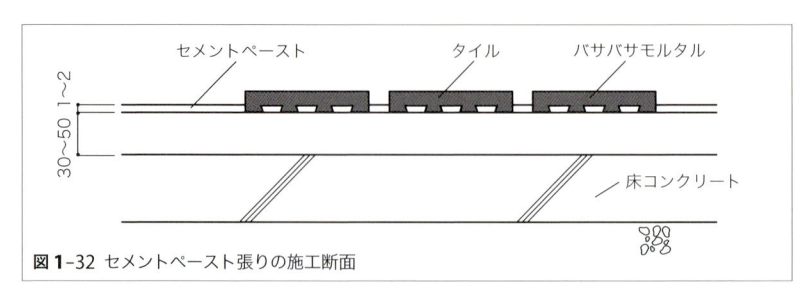

図 1-32 セメントペースト張りの施工断面

セメントペースト／タイル／バサバサモルタル／床コンクリート／30〜50／1〜2

を押え，躯体に緊結する工法である。このユニットは，工場で製作され，モザイクタイルの裏面にネットがポリマーセメントモルタルで強固に接着されている。このネットによって，万が一タイルに浮きが生じてもタイルの脱落を防止することができる。

通常，特に交通量の多い道路に面しているあるいは公共性の高い建築物，高層部分の外壁，軒天や上げ裏など，万一，タイルが剥離しても剥落しないことを要求される部位に使用される。

図 1-33 にネットクロスユニット工法の概略図，**写真 1**-24 にユニット，**写真 1**-25 に金具，留付けビスを示す。

写真 1-24 ネットクロスユニットの裏面の状況　　**写真 1**-25 留付けビス

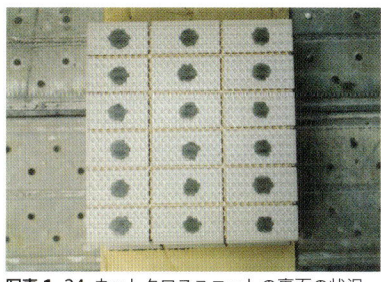

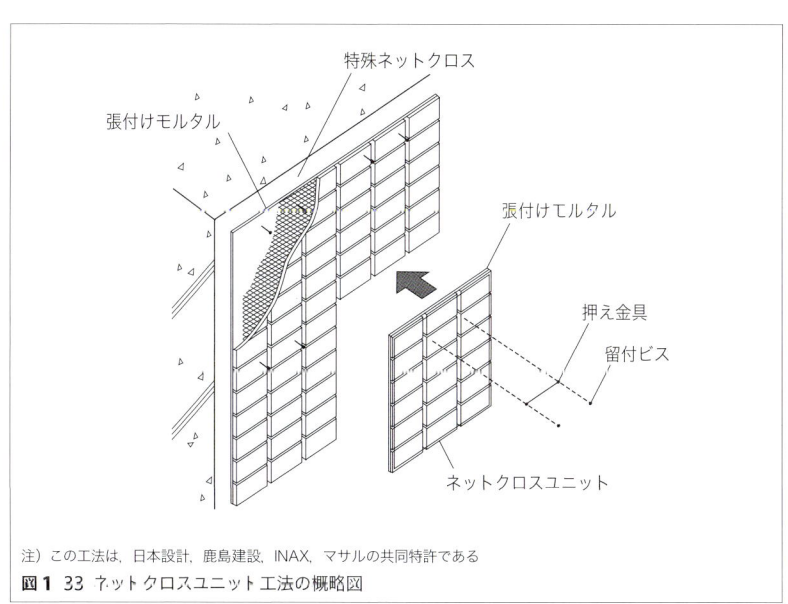

注）この工法は，日本設計，鹿島建設，INAX，マサルの共同特許である
図 1-33 ネットクロスユニット工法の概略図

タイル工事における検査

タイル工事の検査は，通常タイルの接着強度が十分出てくるタイル張り施工後2週間目以降に実施する。外観検査（目視検査），打音検査（打診検査），接着強度検査の順に行う。

外観検査（目視検査）

外観検査は，タイルの色調，不陸（ふろくまたはふりく：平面が凹凸していることをいう），汚れ，割れ・欠け，目地通り，目地幅，目地の色調，目違い（隣合うタイルの表面が食い違うことをいう）を，目視で点検する。著しい不具合がある場合には，張り直しなどの手立てで対処する。

打音検査

屋外および屋内の吹抜け部分のタイル張り壁面や大面積の壁面では，施工後に打音検査を行うことが多い。打音検査は，テストハンマーでタイル壁面をたたき，音で浮きを判別する検査である。タイルが浮いている箇所は，周囲より高い音がするため，熟練者が検査を行えば，高い確率で浮きを発見できる。

写真1-26に，テストハンマーを示す。

接着強度検査

接着強度検査は，試験体として選択したタイルの周辺をカッターでコンクリート面まで切断し，専用の試験機を用いて，タイルおよび下地の接着強度を測定する検査である。試験体は，無作為に3個以上，かつ100m²またその端数につき1個以上用意する。接着強度が0.4N/mm²以上あれば，良好な施工がなされていると判断し，合格とする。万が一不合格が出た場合は，施工面全体からより詳細にロットをサンプリングして試験を行い，不良部分は目地部を切断して張り直す。**写真1-27**に接着力試験の状況，**写真1-28**に建研式引張試験機を示す。

写真1-26 テストハンマーの例

写真1-27 接着強度検査の例

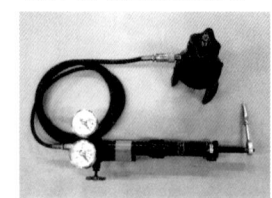

写真1-28 建研式引張試験機

第2講　石工事

　石工事は，内外装の意匠の中では最も高級な仕上げの一つです。石本体とそれらの間の目地で構成される面全体の意匠の良否によって，豪華さが大きく異なります。タイル工事と同様，石割が設計上重要となるので詳述しています。石仕上げを美しく見せるポイントの一つですので，十分理解を深めてください。また，石は天然素材であることから，その性状・性質を十分把握したうえで，施工することが不可欠です。その特性については詳述していますので，是非十分に理解して施工管理に生かされることを期待します。

石工事の基本事項

石工事とは

　石工事は，天然素材である原石を切り出し，板状に加工した石材を，乾式あるいは湿式工法で建築物に取り付ける工事をいう。

　石を使った建造物といえば，古くはエジプトにあるクフ王のピラミッドを思い浮かべるであろう。BC2550年頃から現在まで，約4,500年間にわたって，人間は石を使い続けている。それは，石が建築にとって飽きることの無い最高の材料だからであろう。

　国内の代表的な建築物といえば，明治30年頃から昭和の初め頃までに建築された国会議事堂，迎賓館，日本銀行本店などがある。これらの建物は，外部に花崗岩，内部に大理石を使用し，重厚感のある建物となっている。

　その後，昭和20年頃から，コスト削減・工期短縮を図るため，さまざまな石張工法が開発され，近年では，東京都庁，東京オペラシティー，日本生命丸の内ビルなどが，石を使用した代表的な建築物の例である。

　タイルならびに石材は，建築物を装飾する代表的な仕上材である。前者が人工素材であるのに対し，後者は天然素材である。したがって，石材は人工的な均一性とは異なった表情，テクスチャーが得られる。ただし，石材にはさまざまな種類があるので，その特徴を十分に活かすことが重要である。また，石材表面の模様や色合いは，同じ産地の同じ石材であっても切断面によって異なることがあるので，選択には注意が必要である。

石の特色

1）御影石（花崗岩）の特色

　御影石（花崗岩）は，地球の深い地殻部分でマグマが冷えて結晶化した岩石であり，それが地殻変動によって持ち上げられ地表面に露出した火成岩の1種である。御影石は，長石（白色不透明），石英（灰色半透明），黒雲母（黒色不透明）という3種類の造岩鉱物でできている。

　御影石という呼び名は，もともと兵庫県の御影地区で採れた石の総称であるが，現在では「御影石」は，花崗岩や閃緑岩，斑れい岩などの総称になっている。日本国内では「稲田」「北木」「ルナパール」などが，御影石の代表的な建材例である。現在では，御影石は世界の国々から輸入され，建築・土木用の石材として使用されている。

写真 2-1 花崗岩のテクスチャーの例

　写真 2-1 に，花崗岩のテクスチャーの例を示す。

2）大理石・石灰岩の特色

　大理石は，石灰岩が熱変成した変成岩の1種で，英語名でマーブルと呼ばれている。マーブルとは，「光の中で輝く」を意味するギリシャ語に由来している。日本語の大理石という呼び名は，もともと中国雲南省北西部の「大理」地区で採れた石の通称である。大理石は，石灰岩系の岩石を含めて種類が多く，硬軟の割合も多様だが，すべて大理石と総称されている。現在の主な産出国は，イタリア・ギリシャ・スペイン・ポルトガル・イラン・アメリカなどである。代表的な石材には，「ビアンコカラーラ」「シベックホワイト」などがある。

　石灰岩（ライムストーンなど）は，炭酸カルシウムが組成の半分以上を占める岩石で，海中で石灰質の殻をもつ生物の遺体の集積によって生成された堆積岩の1種である。

　大理石や石灰岩は，外気にさらすと風化しやすく，耐火性が乏しいため，一般的には建物の内部に使用する。建物の外部に使用する場合には，吸水止めなどの表面処理を施す必要がある。

　写真 2-2 に，大理石のテクスチャーの例を示す。また写真 2-3 に，蛇紋岩のテクスチャーの例を示す。

第2講　石工事　45

3）砂岩・粘板岩の特色

　砂岩は，凝灰岩や石灰岩と同じ堆積岩である。

　砂岩は，建物の外部に使用すると吸水し，コケが発生したり，寒冷地では凍害などを起こすことがあるので，外部に使用するときは，通常，撥水性向上のため，あらかじめ薬品処理を施す必要がある。

　砂岩は吸水の特性があるため，これまではインド北部から輸入される

写真 2-2 大理石のテクスチャーの例

写真 2-3 蛇紋岩のテクスチャーの例

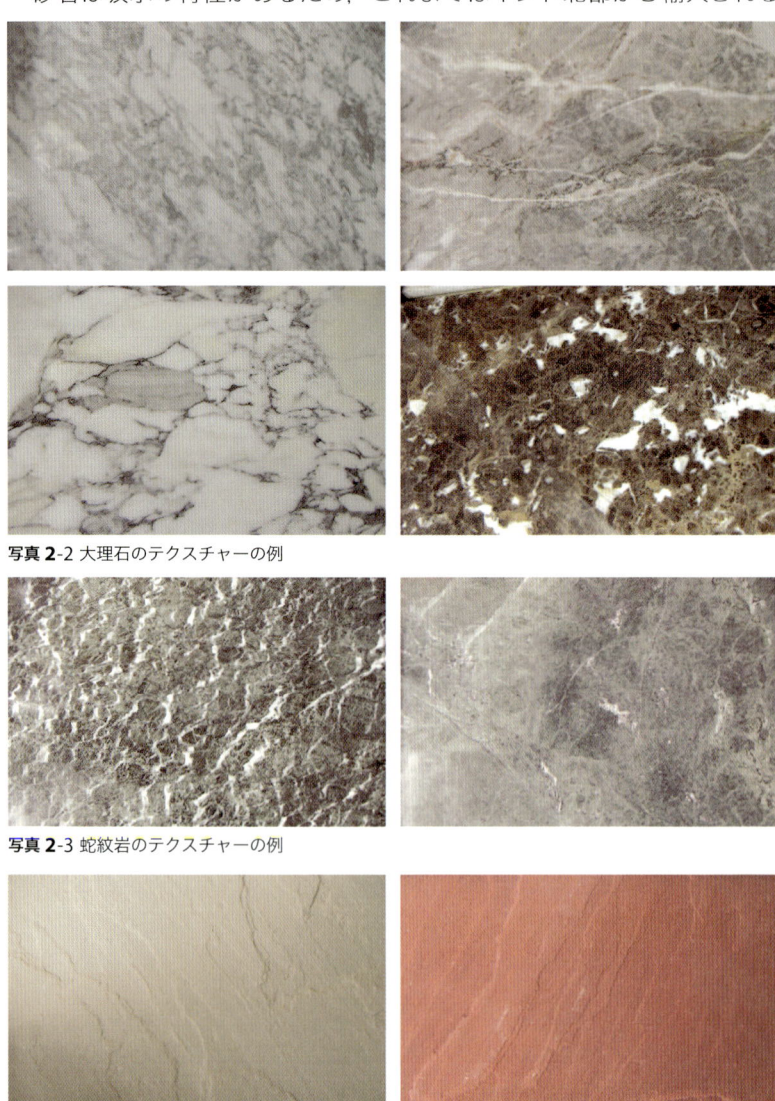

写真 2-4 砂岩のテクスチャーの例

「レッドストーン」や「ホワイトサンドストーン」以外は，あまり使用されていなかった。しかし，最近は，薬品処理技術が発達したことから，オーストラリアやスペイン・ドイツなどから面白い色柄の輸入材が増え，採用も増加している。

写真 2-4 に，砂岩のテクスチャーの例を示す。

石の分類

建築物に用いられる石の種類は，御影石（花崗岩），大理石・石灰岩，粘板岩・砂岩の3種類に大別できる。石工事に使用する石材類は，JIS A 5003（石材）の一等品および JIS A 5411（テラゾー）に適合し，使用部位に要求される性能を満たすものを使用する。図 2-1 に，石の分類を示す。

分類		石種	使用箇所
天然石	火成岩 地下深部のマグマが地殻内あるいは噴出して，冷却固結したもの	花崗岩 （深成岩）マグマが地殻内で冷却凝結したもの	内外装 （壁，床，階段）
		安山岩 火山岩 噴出した火山岩	外装 （外装，床，壁）
	変成岩 火成岩あるいは堆積岩が形成過程と異なる岩石に再成されたもの	大理石 石灰岩が熱の影響で変成再結晶したもの	内装 （壁，床，化粧台）
		蛇紋岩 閃緑岩・斑れい岩などが熱変成作用を受けたもの	内装 （壁，床，化粧台）
		粘板岩 （水成岩）シルトや粘土が堆積し，温度・圧力で変成したもの	屋根（屋根葺き） 内外装（壁・床）
	堆積岩（水成岩） 地表に露出した岩石の風化物などが，地表または水中で堆積したもの	砂岩 種々の岩石が粗粒となって，水中に堆積し膠結（こうけつ）したもの	内外装（床・壁）
		凝灰岩 噴出した岩塊，砂，火山灰などの火山噴出物が堆積凝固したもの	内装，塀 （壁・装飾）
		石灰岩 炭酸石灰質の殻をもつ生物の化石や，海水中の成分が沈殿，固結したもの	内装（壁・床）
人造石	テラゾー 大理石，花崗岩など砕石粒を種石としたセメントモルタル板の表面を磨き仕上げしたもの	テラゾーブロック （補強鉄線あり）	人理石テラゾーブロック （含む，蛇紋岩，石灰岩）── 内壁，間仕切 内部床 花崗岩テラゾーブロック ── 内壁，間仕切 内外部床
		テラゾータイル （補強鉄線なし）	大理石テラゾータイル ── 内部床 （含，蛇紋岩，石灰岩） 花崗岩テラゾータイル ── 内外部床
	擬石 花崗岩，安山岩などの砕石粒を種石としたセメントモルタル板の表面を粗面仕上げしたもの		外壁

図 2-1 石の分類

石 の 設 計

割付

1) 石割

　石割とは，壁や床面に全体を基本寸法の石で割り付けることをいう。石割は，壁や床面全体の中心から振り分けて石を配置し，最後に両端に端物を入れて納めることが一般的である。

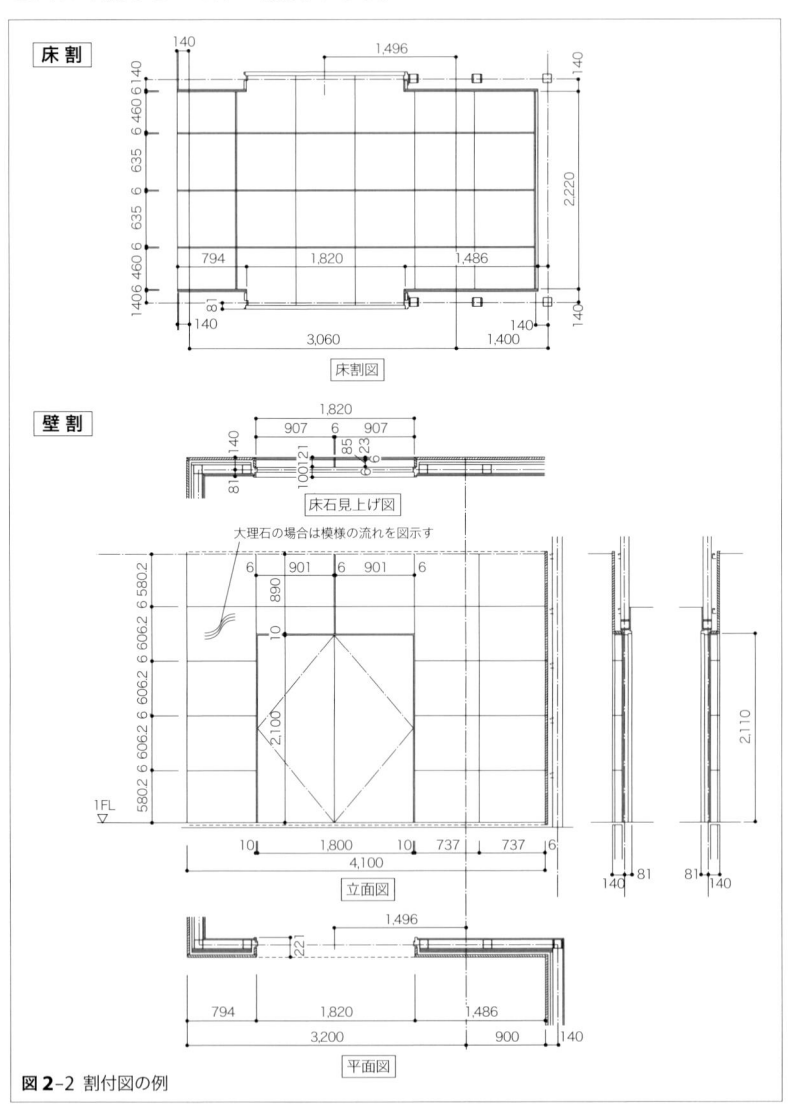

図 2-2 割付図の例

2）石割寸法

　石材の寸法は，採取できる原石の最大寸法，運搬・据付けの難易度，経済性を考慮して決める。一般的に，壁には 600 × 800，600 × 600mm，床には 600 × 600，400 × 400mm の石割寸法が多い。

　大理石や砂岩，蛇紋岩は，縞幅（模様の幅）で石の大きさが決まることもあるので，注意を要する。また，外部乾式工法の場合は，石割のほか，耐風圧計算を行って石厚を決定する必要がある。**図 2**-2 に，割付図の例を示す。

3）目地

　目地は，熱による石材の伸縮を吸収し，地震挙動時に板状にした石材どうしがあたって，石材の小口（石材の端部のこと）合場が欠けるのを防止する目的で設置される。目地のトラブルとして，目地から石材裏へ水が浸入することが挙げられる。このトラブルを防ぐために，外壁石張りでは，目地に弾性シーリング材を充填することが多くなっている。目地幅は，目地モルタルあるいは弾性シーリング材の充填と表面の押えを確実にするために，6mm 程度以上が必要である。内壁石張りでは，意匠性を重視する

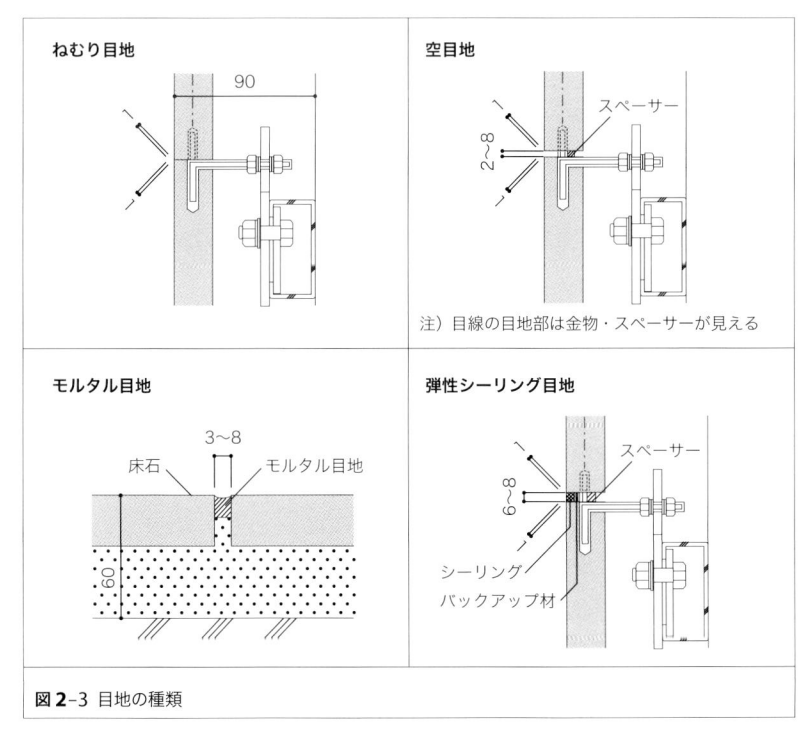

図 2-3 目地の種類

工法	石目地幅	伸縮調整 間隔	幅
外壁湿式 テラゾー・擬石（壁）	6mm 以上	垂直：6mm 水平：階高	6～10mm
外壁乾式	6～10mm		
内壁空積	ねむり (0)～6mm	外壁湿式に同じ	6～10mm
床・階段	内部：3mm 以上 外部：4mm 以上	30m² 毎	6～10mm

表 2-1 石目地および伸縮調整目地の標準寸法

ために，石目地幅を小さくする傾向にあるが，これは機能上好ましいことではない。

目地の種類には，ねむり目地（石材と石材をぴったりとくっつけ，隙間をとらない目地のことをいう），空目地（石材と石材の隙間の目地部分にシーリング材などを充填せず，空隙にしたままの目地のことをいう），モルタル目地，シール目地などがある。**図 2-3** に目地の種類，**表 2-1** に石目地および伸縮調整目地の標準寸法を示す。

4）目地材料

目地材料には，セメント系目地材料と弾性シーリング材の 2 種類がある。意匠に応じて，それらを使い分ける。その要点は，次のとおりである。

①セメント系目地材料

セメント系目地材料には，共色配合セメントと既調合目地材の 2 種類がある。共色配合セメントは，白セメントに石粉・色粉を混入したものであり，大理石に用いる場合とねむり目地にする場合などに使用されている。既調合目地材は，外部・内部の床目地材として使用されている。

②弾性シーリング材

弾性シーリング材は，石種によって油染みが発生する原因になるので，慎重に選ぶ必要がある。一般的には，石材との相性の比較によりポリサルファイド系あるいは変成シリコーン系の弾性シーリング材が使用されている。

最近では，1 液性シリコーン系の弾性シーリング材が使用されている場合がある。ただし，シリコーン系は染みが発生することがあるので，事前にサンプルを作成し，染みが発生しないことを確認して使用する必要がある。

出隅・入隅

出隅，入隅に石を使用する場合は，特に次の点に注意が必要である。
①出隅部分は，石材の角が欠けるトラブルが多いため，なるべく破損しにくい形状にする。

②コストに見合った形状とする。
③入隅部分は，地震時の挙動を吸収するためにエキスパンションジョイント（Exp.J）を設けるのが望ましい。**図2**-4，**2**-5に，出隅・入隅の形状とコストの関係を示す。

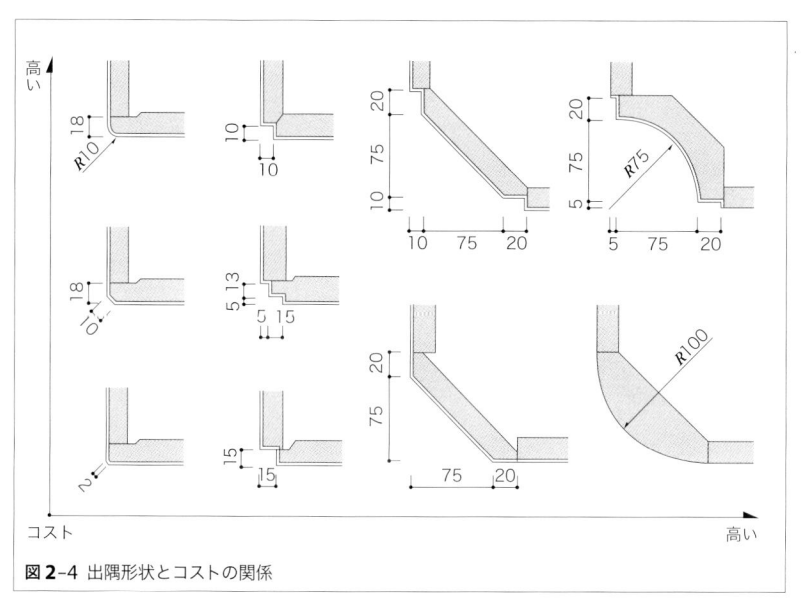

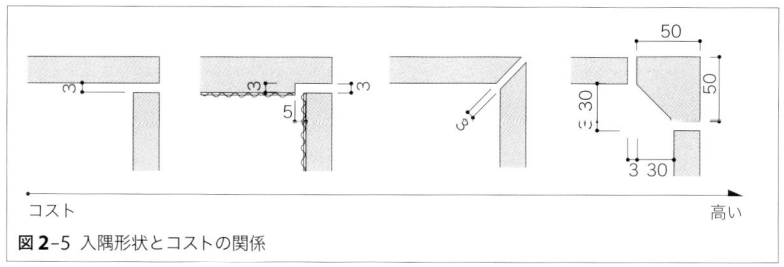

図2-4 出隅形状とコストの関係

図2-5 入隅形状とコストの関係

石 の 製 作

石の製作は，石種の決定から荷造り・発送までの作業をいう。
図2-6に，石の製作の流れを示す。

石種決定

石材の選定にあたっては，次の6つの条件すべてを満たすものを選定することが基本である。いずれの1項目でも条件を満たさない場合は，竣工後にトラブルが生じるおそれがあるので，注意する必要がある。
①工事単位の必要数量が確保できるか。
②十分な納期（通常，原石発注から現場製品納入まで6か月を要する）が確保できるか。
③石材の色調は必要量がむらなく揃うか。
④建物のイメージに合った色調か（柄の入り具合も含む）。
⑤錆が発生するおそれがないか。
⑥石の物性は，使用部位に対して適正であるか。

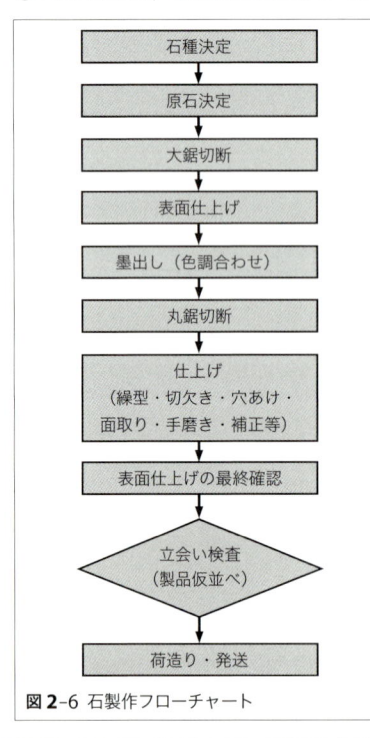

図2-6 石製作フローチャート

写真2-5 大理石のショールーム

写真2-6 花崗岩のショールーム

原石選定

施工図および寸法書に基づいて、原石を各面から詳細に検査し、外観から山疵・色むらなどのないものを選ぶ。ただし、石材は天然素材なので、多少の色目の不揃い、石質の相違が避けられないことは理解しておく必要がある。

原石サイズは、石種によって異なるが、1,200 × 2,600 × 1,000mm程度が多い。このため、極端に大きな割付は、難しいことを把握しておく。**写真 2**-7 に、原石の例を示す。

写真 2-7 原石の例

大鋸切断

選定された原石は、まず大鋸切断機で指定された石厚に切断する。1ブロックの切断は、大理石の場合で 4 ～ 7 日、花崗岩の場合で 10 ～ 15 日の期間が必要である。

また、大鋸で切断できる最大原石サイズは 1,600 × 2,800 × 1,800mm までである。**写真 2**-8 に、大鋸切断機を示す。

写真 2-8 大鋸切断機

表面仕上げ

石の表面仕上げには、さまざまな種類がある。**表 2**-2 に、表面仕上げの一覧を示す。代表的な表面仕上げには、鏡面のように光らせる本磨き、表面を火炎であぶり、石をはぜさせるジェットバーナー仕上げがある。

①本磨き

高圧洗浄された挽板は、切断の具合や汚れ、色目などの確認が行われた後、石材面に表面仕上げが施される。挽板は、自動研磨機のローラーの上を流れながら磨かれていく。自動研磨機に取り付けられた回転砥石は 12 ～ 36 本連結されており、砥石の粒度の粗いものから細かいものまでを仕上げの工程に合わせて使用している。

仕上げの名称		仕上げの程度	挽板の標準厚さ	
			花崗岩	大理石
粗磨き（荒摺）		＃100〜＃300（＃300バフ仕上げ）のカーボランダム砥石，または同程度の仕上げとなるダイヤモンド砥石で磨いた状態	25mm以上	20mm以上
水磨き		＃400〜＃800（＃400バフ仕上げ）のカーボランダム砥石，または同程度の仕上げとなるダイヤモンド砥石で磨いた状態	25mm以上	20mm以上
本磨き		＃800〜＃500のカーボランダム砥石，または同程度の仕上げとなるダイヤモンド砥石で磨いた状態	25mm以上	20mm以上
J&P（ジェットバーナー）		花崗岩の挽板をガスバーナー（約1,600℃）で焼きながら散水し，バフで磨いた状態。はじけ具合に大むらのないもの	27mm以上	－
小叩き		1〜4枚刃でむらなく仕上げた状態	35mm以上	35mm以上
ビシャン叩き	荒目	16目ビシャン（30mm角）でむらなく仕上げた状態	35mm以上	35mm以上
	細目	25目ビシャン（30mm角）でむらなく仕上げた状態	35mm以上	35mm以上
のみ切り	大のみ	100mm角の中にのみ跡が5個程度	60mm以上	60mm以上
	中のみ	100mm角の中にのみ跡が25個程度	60mm以上	60mm以上
	小のみ	100mm角の中にのみ跡が40個程度	50mm以上	60mm以上
ウォータージェット		超高圧水で表面を切削した状態。機械加工	27mm以上	27mm以上
サンドブラスト		砂またはショットを吹き付けて荒らした状態。機械加工	27mm以上	27mm以上
割肌・こぶ出し		矢またはシャーリングにて割った凸凹のある状態。手加工または機械加工	120mm以上	－

表2-2 仕上げ一覧表

写真2-9 自動研磨機の例

写真2-10 ジェットバーナー仕上げ

写真2-11 墨出し（色調合わせ）の例

写真2-12 丸鋸切断の例

②ジェットバーナー仕上げ（J＆P）

ジェットバーナー仕上げは，ローラーコンベアーにセットされた挽板にバーナー火口の前後から噴射水にて冷却しながら，石英と長石を膨張させて表面を弾いている。火炎の温度は 1800～2000℃である。作業に際しては，極力焼きむらの無いよう，火炎噴射速度・火炎噴射口の間隔・噴射機移動速度の調整を行う。

写真 2-9 に自動研磨機の例，**写真 2**-10 にジェットバーナー仕上げの例を示す。

墨出し（色調合わせ）

墨出し作業は，表面仕上げが終わった挽材に対して，所定の色調・模様などをチェックした後に，寸法書・施工図に基づいて実施する。なお，墨出しは模様合わせなどの最終の仕上がりも考慮に入れて行う。

写真 2-11 に，墨出し（色調合わせ）の例を示す。

丸鋸切断

墨出しが終わった挽材や表面仕上げの終わった板材（切り出した板）は，施工図面および加工帳に基づいて，丸鋸を使用して指定の寸法に切断加工する。

写真 2-12 に，丸鋸切断の例を示す。

石材の仕上加工

石材の仕上加工には，繰型，切欠き，穴あけ，面取り，手磨き，補正などがある。以下に，代表的な仕上加工を説明する。

1）穴あけ

穴あけ加工は，石材の裏面に対して決められた加工寸法で実施する。例えば，PC カーテンウォールに打ち込む石材の場合は，石材の裏面にシアーコネクタ用の穴あけ，ストーンアンカー用の穴あけ，あるいは小口に溝加工（溝加工機）などを行う。

写真 2-13 に，穴あけの例を示す。

写真 2-13 穴あけ加工の例

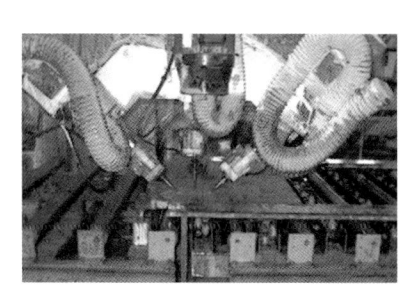

2) 小段加工

小段加工は，石面に段差を施すことをいう。小段加工は，決められた加工寸法に基づいて，石材の表面・裏面・側面に，小段加工機を用いて行う。**図2**-7に小段加工の例，**写真2**-14に小段加工機を示す。

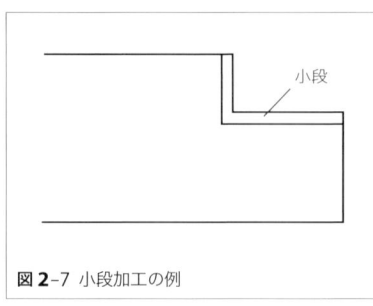

図2-7 小段加工の例

写真2-14 小段加工機

3) 小口磨き

小口磨きは，石材の側面に側面研磨機で磨き加工を施すことをいう。**図2**-8に小口磨きの例，**写真2**-15に側面研磨機を示す。

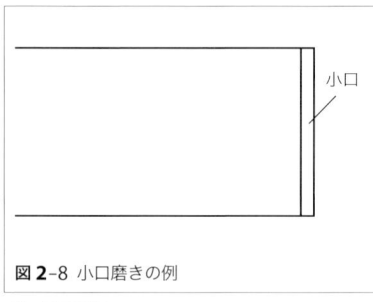

図2-8 小口磨きの例

写真2-15 側面研磨機

4) 面取り

面取りは，石材の角が欠けることを防ぐために行う。**図2**-9に面取りの例，**写真2**-16に面取り作業の例を示す。

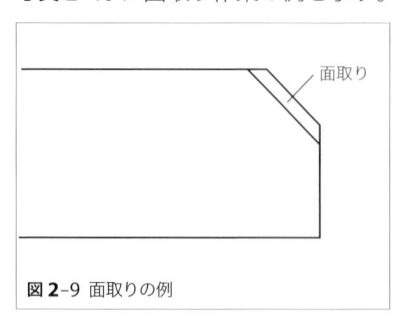

図2-9 面取りの例

写真2-16 面取り作業

表面仕上げの最終確認

　　石材は，一連の加工作業終了後，仕上場で寸法や表面仕上げ，小口加工などの最終確認を行う。**写真2-17**に，表面仕上げの最終確認状況を示す。この一連の作業は，石の専門工事業者が行う。

写真2-17　表面仕上げの最終チェック

立会い検査（製品仮り並べ）

　　石材は，表面仕上げの最終確認後，立会い検査を行う。立会い検査は，実際の壁面や床面に張られた状態を想定して，事前に協議した検査範囲の製品をヤードに敷き並べ，施主・設計者・施工者の三者立会いのもと，出来映えを検査する。**写真2-18**に，立会い検査（製品仮り並べ）の例を示す。

　　立会い検査は，施工図と照合のうえ，切欠き，穴あけ，寸法精度，仕上げ状態，角欠け，色目，傷などの有無について確認する。**表2-3**に，検査基準の例を示す。

検査項目	石材精度管理基準
成・幅	＋1.0mm 〜 −1.0mm
出隅厚	＋0.5mm 〜 −0.5mm
板厚	＋2.0mm 〜 −1.0mm
対角	±1.0mm
ねじれ	目視および短尺（スチール物差し）による±1.0mm
角欠け	目視による

表2-3　検査基準の例

写真2-18　立会い検査（製品仮り並べ）の例

荷造り・発送

　　立会い検査を終えた石材製品は，輸送時の破損・角欠けを防ぐため，角当てを施し，品番を明示しておく。完成品の出荷（発送）は，原則としてトラックを使用する。

　　写真2-19に，荷造りの例を示す。

写真2-19　荷造りの例

石の施工（取付け）

石の施工（取付け）とは，石材の現場搬入から取付け，養生までの作業をいう。図2-10に，石の施工フローチャートを示す。

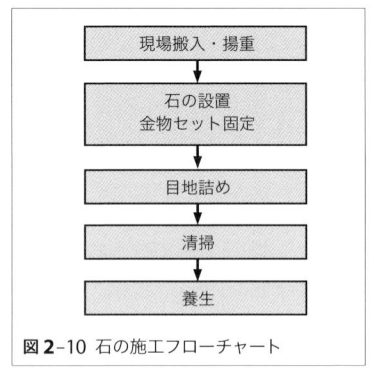

```
現場搬入・揚重
   ↓
石の設置
金物セット固定
   ↓
目地詰め
   ↓
清掃
   ↓
養生
```

図2-10 石の施工フローチャート

現場搬入・揚重

現場に搬入された石の荷降ろしや移動は，クレーン，フォークリフト，台車などで行う。なお，図2-11に現場搬入の例を示す。上階への揚重は，一般的にクレーンおよび仮設リフトを使用し，現場から指定された時間に行う（図2-12）。

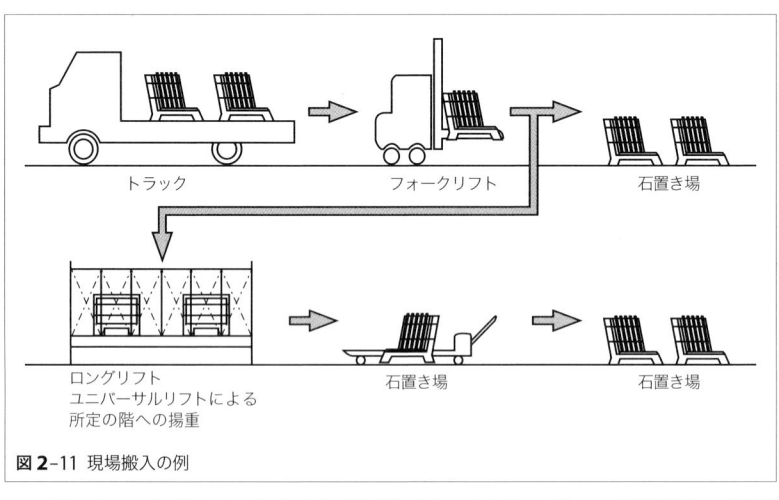

図2-11 現場搬入の例

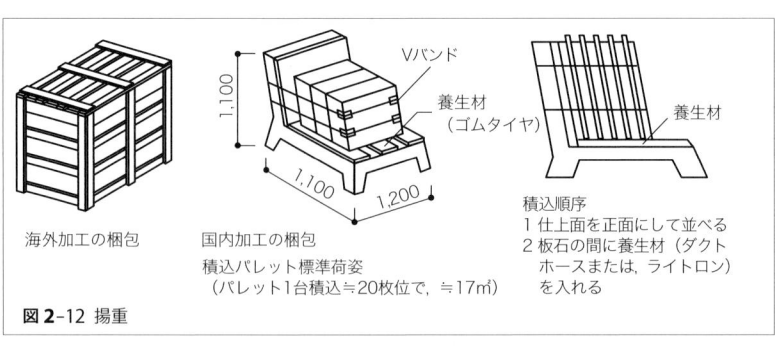

- トラック → フォークリフト → 石置き場
- ロングリフト ユニバーサルリフトによる所定の階への揚重 → 石置き場 → 石置き場

図2-12 揚重

- 海外加工の梱包
- 国内加工の梱包
  積込パレット標準荷姿
  （パレット1台積込≒20枚位で，≒17㎡）
  寸法：1,100 × 1,100 × 1,200
  Vバンド
  養生材（ゴムタイヤ）
- 養生材
  積込順序
  1 仕上面を正面にして並べる
  2 板石の間に養生材（ダクトホースまたは，ライトロン）を入れる

石の取付け工法

石の取付け方法は，湿式工法，乾式工法，カーテンウォール工法の3つに大別できる。湿式工法は，石を取付け金物で固定し，石と躯体の間にモルタルを充填するものである。乾式工法は，取付け金物とだぼのみを用いて石と躯体を連結し固定するものである。なお，カーテンウォール工法については，第8講に詳述する。図2-13に，石の取付け工法の分類を示す。

ここでは，湿式工法と乾式工法における代表的な工法を説明する。

1）総トロ工法

総トロ工法は，湿式工法の1種である。あらかじめ躯体に差し筋を施しておき，石張りの横目地に合わせて鉄筋を這わせ，鉄筋から引き金物で石を引き付けて固定後，石の裏面にモルタルを充填し，躯体・モルタル・石を一体化する工法である。なお，図2-14に総トロ工法の例を示す。

この工法は，正圧側の荷重（風圧・地震力・衝突など）にはモルタルの圧縮強度で対応し，負圧側の荷重にはモルタルと石の接着力で対応する。この接着力を高める方法としては，割石（石材を割り，積上げに適する大きさのものに加工したものをいう）などでは，裏面および小口をデコボコ

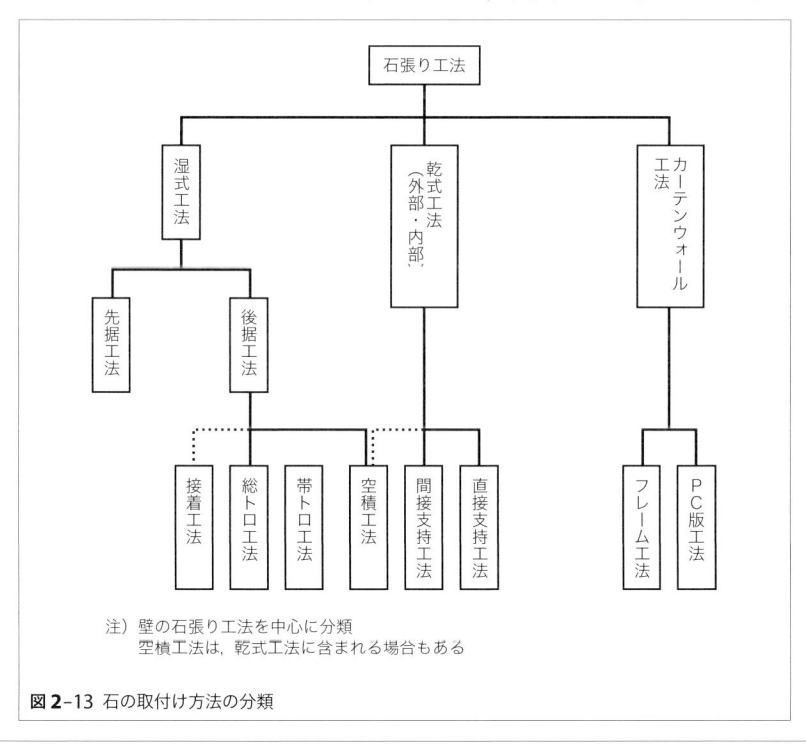

図2-13 石の取付け方法の分類

注）壁の石張り工法を中心に分類
空積工法は，乾式工法に含まれる場合もある

にする，挽板では小口を粗くして接着面積を増やす方法がある。

　総トロ工法は，①躯体の変形に追従できない，②石材に濡れ色・エフロレッセンス（白華）の発生の可能性がある，③工期が長期化する，④浸入した水の凍結によって石が押し出されることがあるなどの問題があるため，最近では壁に採用されず，主に床の敷石据付けに用いられている。

　敷石の据付けは，硬練りモルタルをむらなく敷き込み，石を仮据えし，ゴムハンマーなどで叩いて高さを調整する。仮据えした石を一度除去し，硬練りモルタルの上にセメントペーストを流してから再度，石を本据えし，

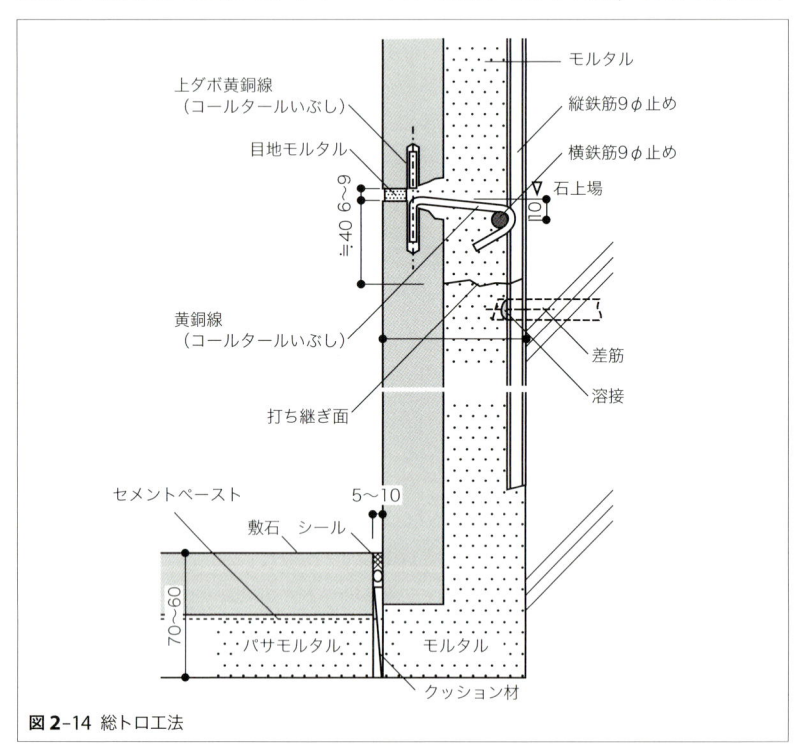

図 2-14 総トロ工法

① 硬練りモルタルをむらなく敷き込む
② 硬練りモルタルの上にセメントペーストを流す
③ ゴムハンマーで叩き締める

写真 2-20 総トロ工法（床）の作業手順

目違い・目地幅を正しく調整してから締め付ける。その後，目地底にはセメントペーストを流し込む。**写真 2**-20 に，総トロ工法による敷石の作業手順を示す。

2) 空積工法

空積工法は，湿式工法の1つである。空積工法は，躯体にステンレス製のアンカーを打ち込み，ステンレス製の石引き金物を用いて石とアンカーをつなぎ，最後に金物とアンカー部分だけを急結セメントで覆い固定する工法である。**図 2**-15 に空積工法の例，**写真 2**-21 に作業手順を示す。

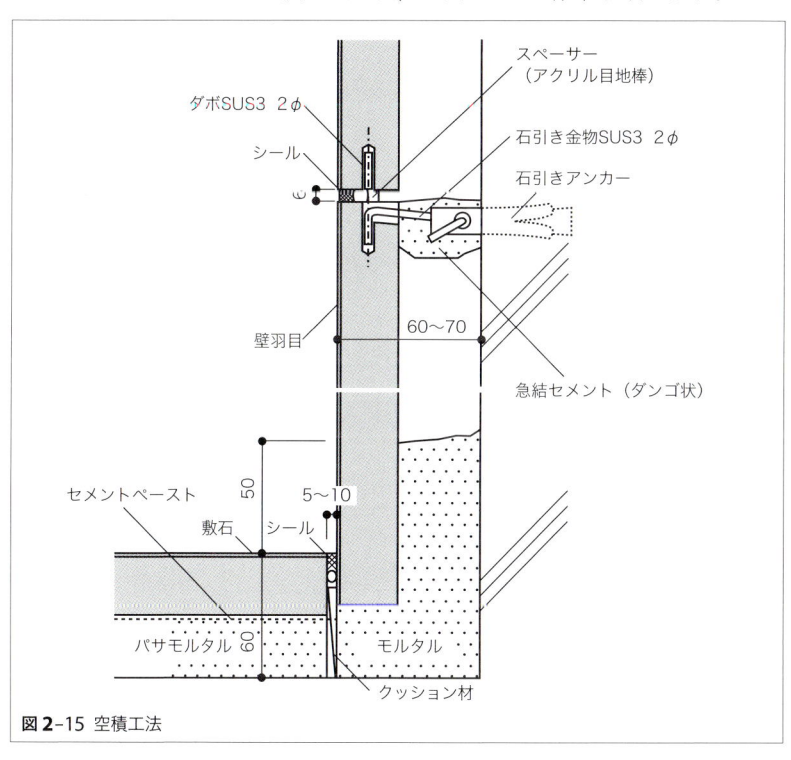

図 2-15 空積工法

① 石材のダボ穴あけ作業 　② 石引き金物セット 　③ 急結セメントによる石の固定

写真 2-21 空積工法の作業手順

なお空積工法の施工ポイントは，次の2つである。
① 石引き金物の固定部分は，急結セメントを使用しているため，どうしても稀に石の表面に濡れ色が発生することがある。現状では，急結セメントの改良で対応してはいるが，完全に解消されてはいないので，材料選定にあたっては事前の確認が必要である。
② 躯体変形が大きい高層建築物では，層間変位を受けたときに石を留め付けている金物付近に石の割れや欠けが生じ，脱落するおそれがあるので，採用を避けている。

3）外部乾式工法

外部乾式工法では，鉛直方向の荷重を石1段1枚ごとに受ける支持金物（ファスナー）を配置し，緊結する。支持金物の配置にあたっては，石が所定の位置にセットされるようにレベル調整，左右の位置調整を行うことが前提である。なお，地震時の石の挙動に対する対応の仕方には，ロッキング方式とスエイ方式がある。**図2**-16にコンクリート下地の場合の外部乾式工法の例，**図2**-17，**写真2**-22に鉄骨下地の場合の外部乾式工法の例を示す。

乾式工法は，湿式工法で発生しやすい石の濡れ色などの問題が解消される。

なお、鉄筋コンクリート造と鉄骨造における外部乾式工法の注意点は，次のとおりである。

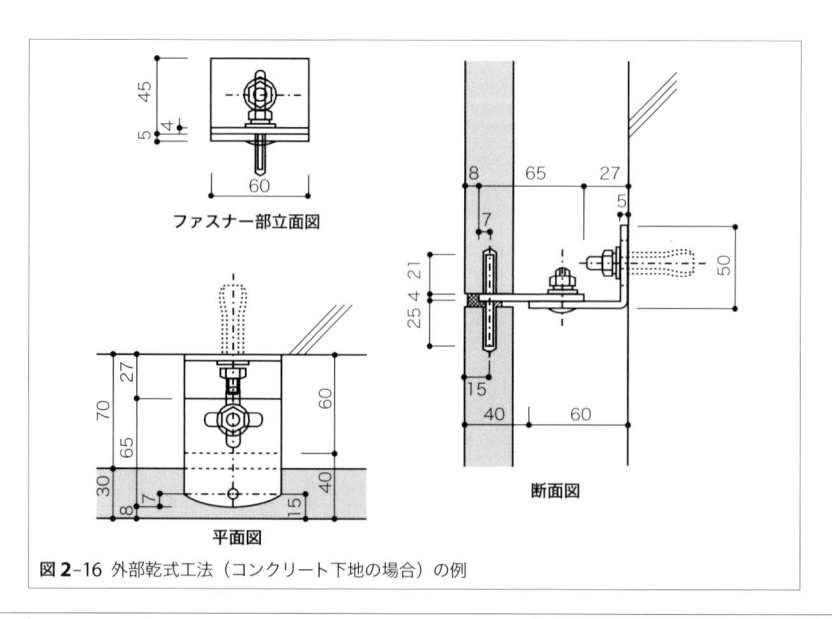

図2-16 外部乾式工法（コンクリート下地の場合）の例

① 使用する金物サイズが大きいため，窓回りや出隅部などの特殊部位では，石の形状や寸法によっては対応できない場合がある。この場合は，その部分だけ空積工法にする。
② 乾式工法は，空積工法と比較して，金物を取り付ける手間がかかるため工期が長くなる。また取付け金物費もかかるため，全体としてコストが割高である。
③ 金物で取り付けるため，躯体の精度が極端に悪いと取付けができない場合もでる。したがって躯体工事の精度管理については，通常以上の注意が必要である。
④ コンクリート下地の場合には，打込みアンカーが躯体の鉄筋にあたるなど，金物を理想的な位置にセットできないことがある。

しかしながら，層間変位などを考慮せざるを得ない部分には，本工法の採用が前提となる。

4）内部乾式工法

内部乾式工法は，石材の左右の位置の調整を任意に位置設定ができる2枚組となったプレートを用いて行う。

写真 2-22 金物セット

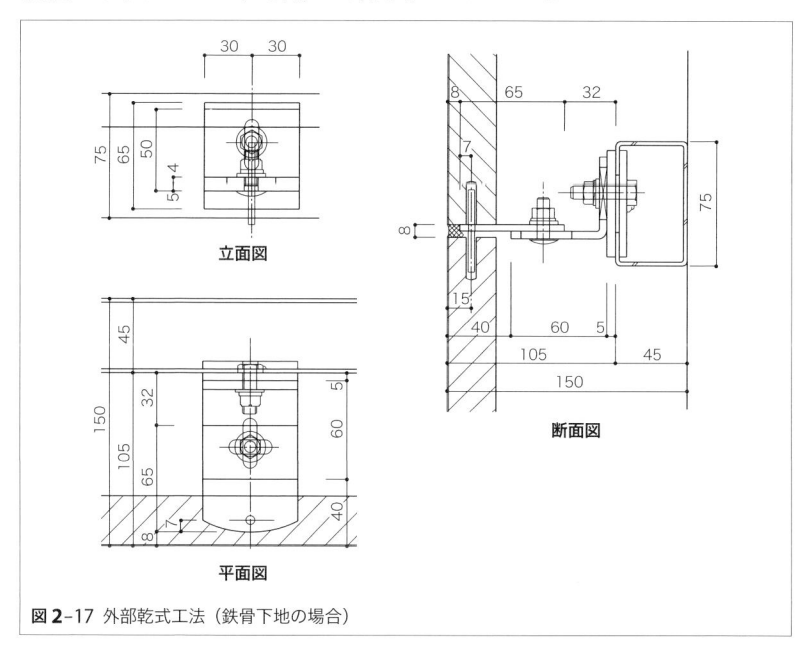

図 2-17 外部乾式工法（鉄骨下地の場合）

上下の位置の調整は，プレートに切られたスリットを用いて行う。前後の出入り位置は，フックボルトに組み合わされているナットの締め位置で調整する。**写真 2**-23 に，内部乾式工法（鉄骨下地）の例を示す。

間接支持の内部乾式工法の注意点は，次の2つである。

① 内部の石張りでは，ねむり目地にすることが多い。それは，内部の石仕上げの場合は，石1枚ごとに自重を支持する方法を採用することが意匠的に許されない場合が多いからである。また，下地鉄骨に加わる応力負担を少なくすることにより，地震時の壁面振幅を少なくすることが目的である。この金物は石の自重は床で受け，水平方向の荷重のみを受け持つ方式，つまり間接支持工法である（**写真 2**-23，**図 2**-18 を参照）。

② 内部乾式工法の層間変位の吸収方式は，石1枚ごとにスエイさせる外部乾式工法と異なり，床から天井までの石積み面は基本的に一体のものと考えて，石の自重はすべて床で受け，下地のみを変位させる方式である。このずれは，石の取付け金物を動かすことで変形を吸収させる方式である。

③ 内部乾式工法の施工上の注意点は，自重が下の石に伝わるため，積み上げ高さを 4m 以内とすることである。

5）内部接着工法

内部接着工法は，石タイル（300 角や 400 角などの定寸で 10mm 内外の厚みの薄い石の規格品）を接着剤で張る工法である。この工法は，コンクリート下地・ケイカル板下地などに使用されている。**図 2**-19 に，内部接着工法の例を示す。

内部接着工法のポイントは，次の2つである。

① 積上げ高さは，4m 以下を原則とする。
② 400 角以下の薄板（厚さ 10～13mm）を対象とする。

なお，**写真 2**-24 に内部接着工法の作業手順を示す。

① 金物セット 　② 石取付け 　③ 石固定

写真 2-23 間接支持の内部乾式工法（鉄骨下地の場合）作業手順

内部接着工法は，1993年頃から採用が増えている。採用が増加した背景には，石用の接着剤の開発が進んだこと，仕上げ代が少なくてすむこと，中国・イタリアから低価格の石タイルが大量に輸入されるようになったことがあげられる。なお，内部接着工法には，次の4つの欠点があることを理解して採用する必要がある。

①接着剤の価格が高い。
②接着剤による油染みが石材に発生する場合がある。
③接着剤の耐久年数が不明確である。

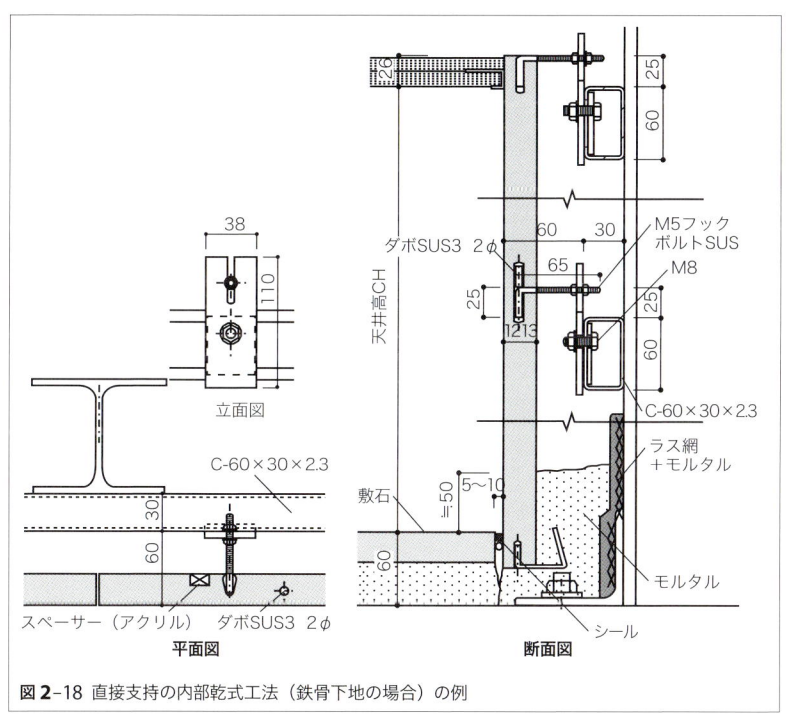

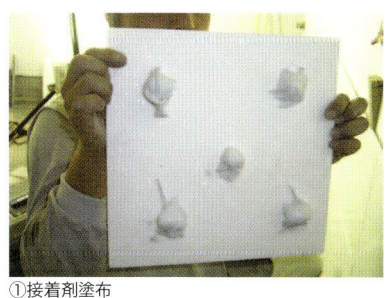

図2-18　直接支持の内部乾式工法（鉄骨下地の場合）の例

①接着剤塗布　　②貼り付け
写真2-24　内部接着工法の作業手順

④仕上精度は，下地精度に依存しているため下地の強度がそのまま表面仕上げの精度になってしまう。

6) フレーム工法

フレーム工法は，あらかじめ工場で石材を固定金物で金属フレームに取り付けたユニットを製作し，建築物の躯体へユニットとして取り付ける工法である。

図2-20 にフレーム工法の標準納り，**写真2**-25 にフレーム工法の施工工程の一例を示す。

この石と金属フレームによる構成は，石材を PC カーテンウォールに打ち込む工法に比べて，次の 3 つの長所がある。

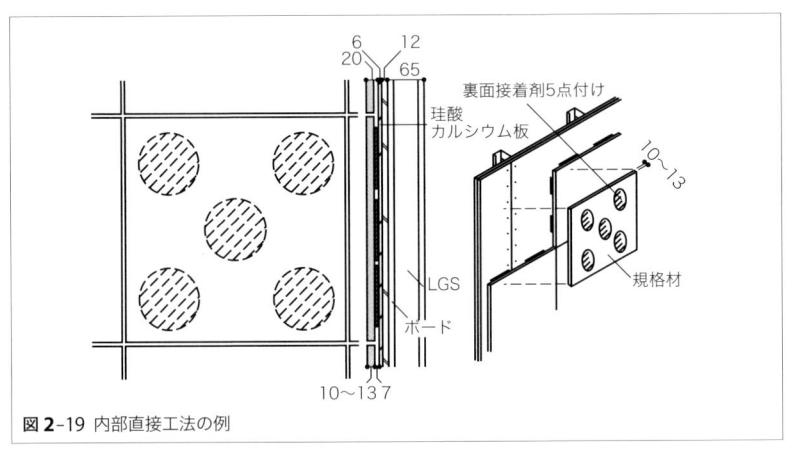

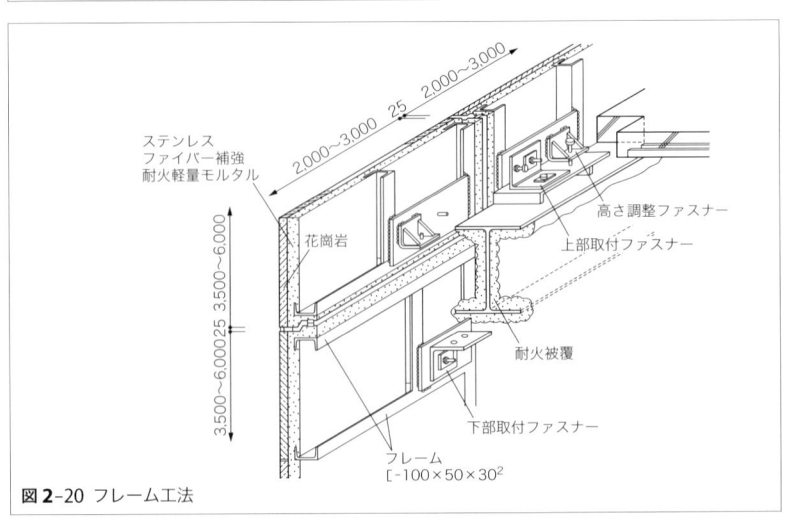

図2-19 内部直接工法の例

図2-20 フレーム工法

①軽量化できる

　鉄骨フレームを用いた場合は，重量が PC カーテンウォール工法の約 1/3（1m^2 当たり 100 〜 150kg）となる。そのため運搬や取付けが容易になり，躯体例の負担軽減が期待できる。

②養生が不要となる

　フレーム工法は，コンクリートを用いないため，コンクリートの硬化養生期間を必要としないので，工場で組み上がってから短時間で現場に搬入することができる。また，コンクリート養生のための広いストックヤードも不要である。

③型枠が不要となる

　フレーム工法は，PC カーテンウォール工法のようにコンクリート打設のための高価な型枠を必要としないため，部材形状の種類が多い建築物や石材による壁面積が少ない建築物の製造に適している。さらに，部材の製

①敷き並べ 　　　　　　　　　　②石引き金物セット

③フレームセット 　　　　　　　④現場でのパネル吊り込み

⑤ファスナー固定 　　　　　　　⑥最後外観仕上げ

写真 2-25 フレーム工法の作業手順（矢橋大理石㈱提供）

造順序については，現場での取付け順に合わせるなど，きめ細かな対応ができる。

この工法は，石を1枚1枚取り付ける現場張りと較べると，石の据付けのコスト削減・短工期への対応ともにメリットが多い。今後も，さらなるフレーム工法の改良が望まれている。

7）その他工法

① PCカーテンウォール工法（第8講に詳述）

高層建築物の外壁仕上材に石が用いられる場合，最も一般的なのがPC石打込みプレキャストコンクリート・カーテンウォール工法である。石裏にシャーコネクターと呼ばれる金物を取り付け，石を仕上材として打ち込み，パネル化して建物に取り付ける。

問題点は，コンクリート製品であるため，製品総重量が重く，また高層になればなるほど構造体の鉄骨の部材断面が大きくなり，コスト高の要因となっていることである。

②帯トロ工法

帯トロ工法は，戦中戦後の物資不足を補うために採られた工法といわれている。施工例は少ないが，施工期間が極端に短い場合の対処方法の一つである。

躯体と石の固定方法は，総トロ工法とまったく同じである。相違点は，目地部分の上下には総トロ工法と同じくモルタルを充填するが，目地から目地の固定部分以外は空洞になっていて，この間のモルタル詰めを省くことで，資材の節約と工期の短縮を図っている点である。

ただし，以下の問題点があるので本工法の採用については，やむを得ない場合に限ったほうがよい。

①文字どおりモルタルが帯状に詰められるため，石と躯体の間の空気の流れが遮断され，帯モルタルに水が溜まりやすく，目地部分に濡れ色が現れ美観が損なわれることがある。
②下地に鉄製品を用いることから，モルタル被覆が不十分だと，鉄錆による汚損の不安がある。

目地詰め

石の施工（取付け）が終了すると，石目地の処理，すなわち，目地詰めが行われる。**写真2-26**に，目地詰めの施工工程を示す。

目地詰めの施工上の注意点は，次の5つである。
①ねむり目地は，石材と同色系の配合色セメントペーストを詰める。
②モルタル目地は，空洞が生じないように，こてで押え，仕上げる。
③化粧目地モルタルは，既製調合目地モルタルまたは現場調合目地モルタル（普通セメント，白セメント，色素および細砂）とする。
④目地にシーリング材を用いる場合は，石材を汚染しないものを使用する。
⑤壁際や他素材との取合い部分は，目地割れのおそれがあるので，必ずシール目地とする。

清掃

　目地詰めが終了すると清掃作業に入る。仕上面および目地は，ブラシ，ケレン，布地などを用いて，モルタル，泥，埃などの汚れを除去する。
　原則として，内部仕上げの場合は，空拭き，外部仕上げの場合は水洗いとする。
　なお，頑固な汚れは，酸類を希釈して使用する場合があるが，石材のほかの部分に影響が出ないことを確認した上で使用する。酸類の使用後は，十分な水洗いを行う。
　写真2-27に，床石の洗浄作業の例を示す。

①目地材入れ　　　　　　　　③目地まわり清掃

②目地押え　　　　　　　　　④目地ごて

写真2-26 目地詰めの作業手順

養生

　清掃後は，竣工まで石が傷つかないように養生を行う。**写真 2**-28 に，養生の例を示す。

　施工管理上の注意点は，次の5つである。

①敷石の据付け後は，最低でも24時間は歩行してはならない。

②出隅部，作業通路部など破損の保護を要する部分には，樹脂製，木製などの養生カバーを取り付ける。

③仕上面は，必要に応じて，ビニルシート，合板などで保護し，汚染，損傷を防ぐ。

④石材についた油染み，コールタール，マジックインク，煙草ヤニの付着および溶接の火花跡は一度ついてしまうと，取り除くことが不可能なので，汚さないように注意することが肝要である。

濡れ色・エフロレッセンス（白華）対策

　石張りでは，施工後に濡れ色やエフロレッセンスが発生する場合がある。従来は，施工で使用したモルタルのアクを石表面に出さないために，石裏面に撥水剤または樹脂系処理剤を塗布するなどの対策を行ってきた。しかし，この裏面処理による対策は，エフロレッセンスの発生を少なくすることはできたが，濡れ色を十分に防止するまでには至っていない。

　したがって，最近では，石材の表面から浸透性撥剤による水処理を施す方法が採用されるようになってきている。高価ではあるが，濡れ色・エフロレッセンス対策としてはより良い方法であるので，主流となりつつある。

写真 2-28 養生

写真 2-27 洗浄作業

第3講　左官工事

　左官工事は，内外装の意匠性に色々な表情を付加する仕上げです。職人の技量により種々のテクスチャーを出すことができるため，過去著名な設計者に広範に採用されてきました。しかしながら，現在では短工期化による湿式工法の採用の低減，伝統技術を有する職人の減少などにより，左官仕上げ風の塗装工事に置き換えられつつあります。
　本稿では，現在残っている左官仕上げを中心にまとめるとともに，最小限知っておいた方がよい基本事項を記述しています。設計仕様の検討や施工管理の上で，役立ててほしいものです。

左官工事とは何か

　左官工事とは，プラスター塗り，人造石塗りなど，左官工がする工事のことであり，建築物の仕上げに欠かせない代表的な工事の一つである。

　またモルタル壁，プラスター壁，漆喰および土壁など，塗り壁を施工する職人のことを左官（工）という。左官（工）という職名は，『宇都宮大明神御建立御勘定目録』（1605年）が初見で，それ以前は泥工，壁塗りなどと称されていた。江戸から明治期には，伊豆の長八など多くの名人が輩出し，漆喰仕上げ土壁造りの黄金期を迎えた。社寺建築のように左官仕上げが多用される建物では，建築全体の出来映えが左官工事の良し悪しにより左右されることもある。

　ただし湿式工法の宿命であるが，竣工後にモルタルなどの亀裂，剥落が発生すると，建築物の美観を損なうばかりでなく，漏水，剥落などによる第三者災害を引き起こすこともある。したがって，建物の安全性や建物所有者の社会的信用にも大きく関係してくる。

　また，最近では，コンクリート下地だけでなく，PCコンクリート・ALCパネル・石こうラスボードなど，下地が多様化している。さらに，左官工の技能低下，左官用の良質骨材の不足，酢酸ビニルやSBR（スチレンブタジエンゴム）などの合成樹脂材料の普及，モルタルポンプ工法，プレミックス材料の出現などにより，旧来の施工法とは異なった施工法が採られるようになってきている。したがって，施工前に材料の特性，調合，練混ぜ方，塗り方，下地，工程などについて十分に検討したうえで，適切な施工計画を立案する必要がある。

　図3-1に，最も代表的な左官モルタル塗りの基本工程を示したが，現場における施工工程数が非常に多く，各段階での作業量をきちんと把握できていないと，十分な施工管理ができない。

　設計図書の検討や確認を入念に行い，施工計画，施工要領書の作成を事前に詳細に実施することが，左官工事の良否を決定すると言っても過言ではない。

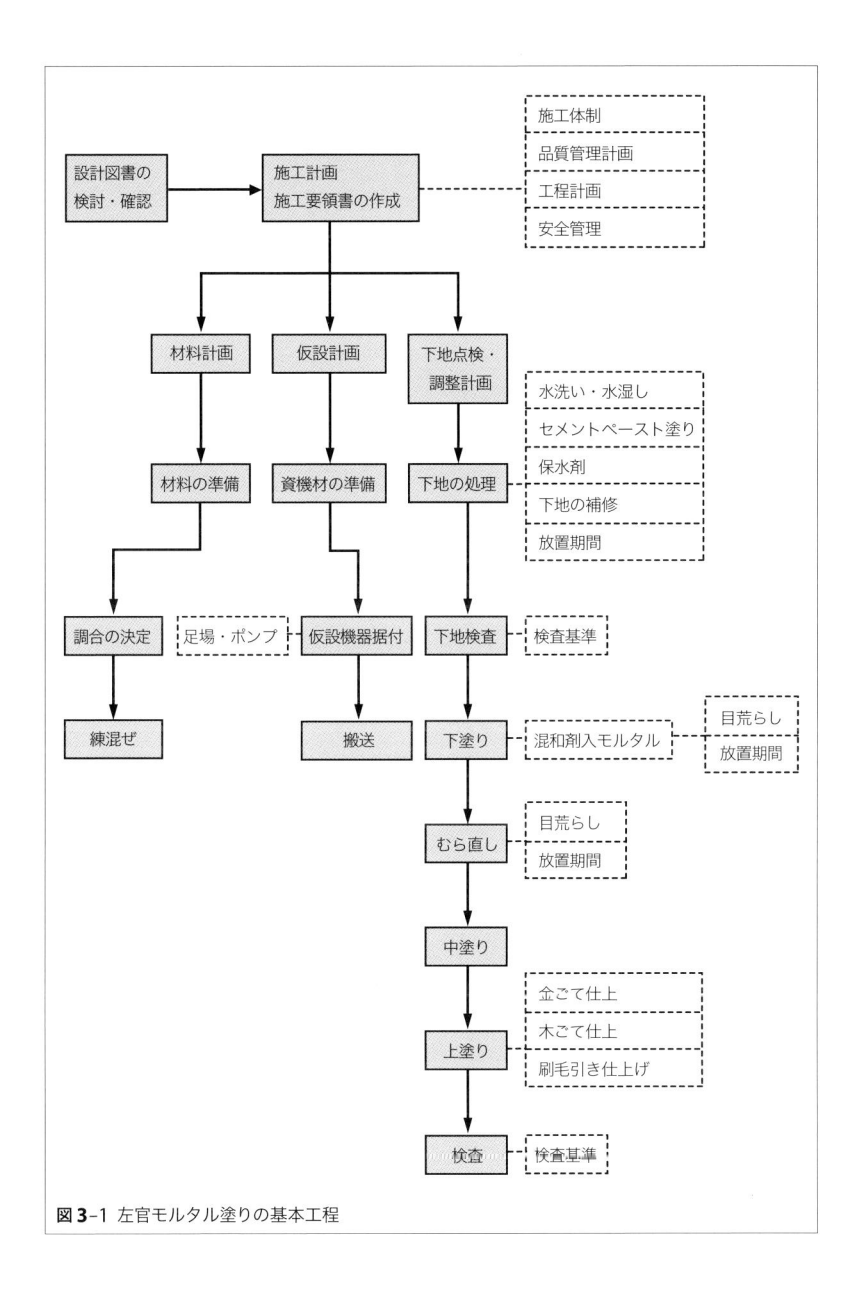

図 3-1 左官モルタル塗りの基本工程

左官材料

左官材料に要求される性能

　　左官材料は，結合材・骨材・混和材料・水・補強材料・補助材料で構成される。最近は，これらの材料を工場で配合した既調合材料が多く使われている。

　　左官材料に要求される性能には，次の8項目が挙げられる。

　　仕上材であることから，①美観を維持すること，②靱性を有すること，③亀裂を生じないこと，が最も大事な性能である。また表層仕上材として直接触られるところに使用されるので，④適度な硬度をもつことが必要である。外部にも使用されるので，⑤耐久性があることも必要不可欠である。

　　さらに，湿式工法なので，⑥施工中の作業性がよいこと，⑦可塑性を有すること，⑧付着性がよいこと，も要求される。

左官材料の硬化機構

　　左官材料は，施工時は柔らかいので，こてにより仕上面を形成していくが，その後は徐々に硬化して最終の状態となる。その硬化メカニズムは，2つに大別できる。

①気硬性

　　気硬性とは，左官材料を水と混練することにより，水の蒸発と空気中の炭酸ガスとの反応によって不溶性固化物をつくる作用のことである。

　　しっくい，石灰，ドロマイトプラスター，繊維壁などがある。

②水硬性

　　水硬性とは，左官材料が水との水和反応によって固化物を形成する作用のことである。

　　セメントモルタル，薄塗り補修材，石こうプラスター，人造石などがある。

左官材料の構成

　　左官材料は，前述したとおり結合材，骨材，混和材料，水，補強材料，補助材料で構成される。ここでは，各左官材料の物性を説明する。

1）結合材

　　結合材は，骨材や混和材との結合，および下地材と接着するための役割を果たす材料のことである。

代表的な結合材には，ポルトランドセメント，石膏プラスター，消石灰，合成樹脂，粘土などがある。

2）骨材

骨材は，強度や弾性を有し，ひび割れ防止や，断熱性，吸音性，吸湿性などを改善するために使われる材料である。

代表的な骨材には，砂，珪砂，石粉，パーライト，蛭石，発泡骨材，フライアッシュなどがある。

3）混和材料

左官材料の結合材は不可欠なものであるが，施工性や硬化乾燥過程において種々の問題もかかえている。この欠点を補うため，経験的に消石灰，浅黄土，ドロマイトプラスターなどが混入されて使われてきたが，最近では左官用混和材料として，工業製品化されたものも使用されている。

①混和剤

混和剤とは，結合材であるセメントやプラスターなどや骨材といった主材料に対して，数％以下の添加をするものである。セメント粒子の周囲に混和剤によるエマルション（乳状の液）が介在することで，潤滑剤の役割を果たし流動性・減水効果を向上させる。また混和剤を混入することで，一般のセメントモルタルと比較して，曲げ強度・引張強度・耐衝撃性・耐透水性・接着性などが改善される。しかしその反面，モルタルの凝結が遅延し，施工可能な時間が短くなる傾向があるので注意を要する。

代表的な混和剤には，水溶性樹脂（メチルセルロース），減水剤，防水剤，凝結調整剤などがある。

②混和材

混和材は，相当多量に用いられている材料である。その使用目的は，保水性を増し，こて伸びをよくし，ワーカビリティを改善することである。さらに，緩結性があるため，その材料特性を活かして，モルタルに発生する亀裂の集中化を防ぐこと，白華を防ぐことなどである。

代表的な混和材には，消石灰，ドロマイトプラスター，フライアッシュ，浅黄土，石灰石粉，珪石紛などがある。

左官工事用の工具と機械

こて（鏝）

1）こての種類，用途および材質

こては，左官工事で最も重要な工具である。こてに使われる材質には，地金製，油焼き製，鋼製，ステンレス製，木製，ゴム製，プラスチック製などがある。左官工事の内容・用途にあわせて，最も適切なこてが使用される。**図3**-2に，こての形と名称を示す。また，**写真3**-1，**3**-2，**3**-3に各種こての例を示す。

①荒塗り・中塗り用のこて

荒塗り・中塗り用のこてや，むら直しに使用するこては，塗材の付きがよい材質のこて，すなわち軟質のこてが適している。具体的には，木ごて，黒打ちごて，あげ裏ごてが使用される。**表3**-1に，荒塗り・中塗り・上塗り用のこてを示す。

②仕上用のこて

仕上用のこては，仕上ごて，押え

写真3-1 荒削り中塗り用こて

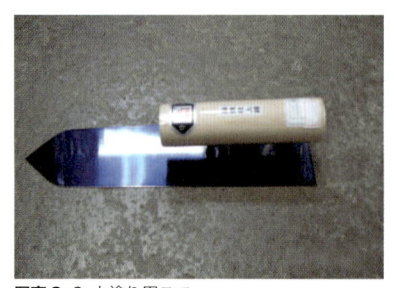

写真3-2 上塗り用こて

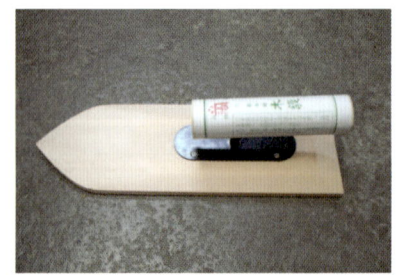

写真3-3 むら直し用木ごて

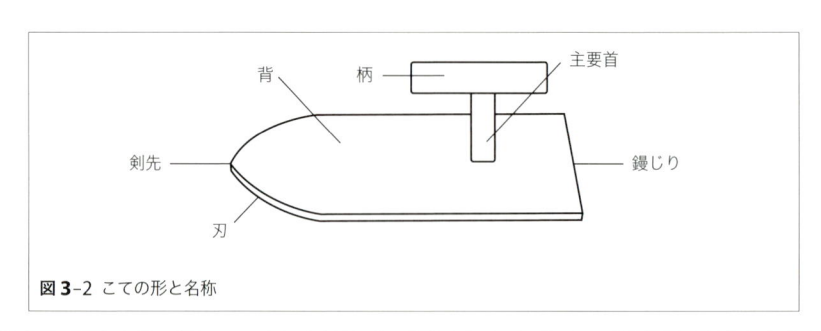

図3-2 こての形と名称
（背，柄，主要首，剣先，刃，鏝じり）

ごて，みがきごてとして使用する。塗材のすべてに相性のよい材質のこて，すなわち硬質のこてが使用される。ただし壁面によっては，いろいろな材質の仕上ごてが使い分けられている。**表3**-2 に，仕上用のこてを示す。

機械

1) モルタルミキサー

モルタルミキサーとは，セメント，砂，水を混ぜ合わせて，モルタルなどをつくる機械のことである。容器内にセメント，砂，水などの材料を入れて，モーターによって撹拌羽根を回転させ混練を行う。普通，左官用ミキサーと呼ばれるのは，パン型ミキサーであり，1回の練り上げ量は 0.06 〜 0.3m^3 である。**写真3**-4，**3**-5 に，モルタルミキサーの例を示す。

種類	用途および特徴
黒打ちごて	・下塗り，中塗りの各種施工に使用される ・金ごては一番あまくむらがよく取れるので，土壁やモルタル塗りに適している ・寸法は 30 〜 300mm 内外
あげ裏ごて	・上塗りの塗り付け伏せ込みに使用される ・寸法は 90 〜 210mm 内外
木ごて	・コンクリートの均し，モルタル塗りのむら直しに使用される ・寸法は 240 〜 270mm 内外

表3-1 荒塗り・中塗り用のこて

種類	用途および特徴
大津通しごて	・しっくい，ドロマイトプラスター，石こうプラスター，大津壁などの仕上げ用として使用される ・こての幅が狭く，肉厚が薄いので，取扱いに注意する。特に，刃通りの引き目には気をつける ・寸法は 90 〜 180mm 内外

表3-2 仕上用のこて

写真 3-4 モルタルミキサー全景　　写真 3-5 モルタルミキサーの回転羽部分

2) モルタルポンプ

　モルタルポンプとは，ミキサーで練られた左官材をホッパーに入れ，圧送ポンプにより，ホースを通して使用場所に搬送する機械である。型式には，スクイズ式，ピストン式，スネーク式などがあり，動力はモーターとエンジンがある。

　軽量モルタルや各種吹付け材の吹付け施工には，ポンプ式吹付け機が使用される。モルタルポンプは**写真3-6**のように，ミキサーと吹付け用ノズルが消防用ホース程度の径のホースで連結されており，先端からモルタルが吹き出す仕組みになっている。

写真3-6　モルタルポンプの例

3) ハンドミキサー

　ハンドミキサーとは，長い軸の先端に攪拌羽根を付け，攪拌羽根を練り桶の中で回転させることにより，混練りする機械である。普通モルタルのように比較的重い材料から，繊維壁材のような軽い材料まで幅広く対応できる。特に，軽便でかつ，比較的少量の左官材料の混練りに適している。最近では，既調合モルタル製品が多いため，現場ではハンドミキサーは必需品である。重量は3.5～6kgぐらいで，モーターは単相100Vの350～600Wぐらいまである。**写真3-7**に，ハンドミキサーの一例を示す。

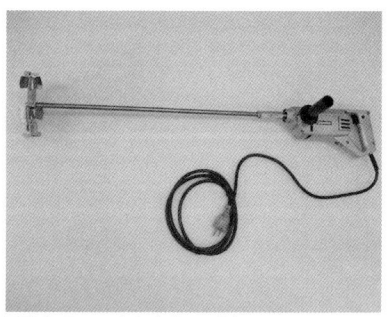

写真3-7　ハンドミキサーの例

4) サンダー

サンダーとは，**写真 3**-8 のようにサンドペーパーを平に広げて装着することができる工具である。主な用途は，壁面の継目処理部をサンディング（サンドペーパーで表面を目荒らしし，削り取ること）する工具である。高い壁，天井などの継目処理部には，脚立を使わずに作業できる長い柄のついたサンダーもある。

写真 3-8 サンダーの例

5) 一輪車

一輪車とは，混練されたモルタルを手押しで運ぶ車輪の付いた車のことである。一般には，"ねこ"ともいう。**写真 3**-9 に，一輪車の例を示す。

写真 3-9 一輪車の例

6) フロアフィニシャー（床モルタル仕上機械ごて，トロウェル）

フロアフィニシャーとは，床にコンクリートを打設するときに，コンクリートの表面を金ごて仕上げするための動力ごてのことである。モーターまたはエンジンで羽根を回転させることで，コンクリートの表面を仕上げる。**写真 3**-10 に，フロアフィニシャーの例を示す。

写真 3-10 フロアフィニシャーの例

左官工法と事前検討事項

　左官工法は、使用される部位によって伝統的な工法から近代的な工法まで、多くの工法がある。表3-3には、そのうち現在よく使われている工法を部位別に示す。

左官工事における事前検討事項

　左官工事は、湿式工法の中でも代表的な工法である。したがって、クラックの発生や、剥離・剥落の防止が最も重要課題となる。左官工事を行ううえで、各工程ごとに注意しなければならない基本事項を以下に説明する。

1) 仕上げ全般に関する留意事項
①天井への左官塗り仕上げは剥落のおそれが大きいので原則として避ける。
②躯体の伸縮に対する対策を講ずる。
　塗り面の形状、広さ、または使用材料の成分によっては、伸縮目地を設けるなど、亀裂防止の対策を講じる必要がある。

2) 下地および下地調整に関する留意事項
①下地の構造および材質を検討し、亀裂防止の対策を講じる。
②下地処理・下地補修は、その下地の上に施される左官仕上材を考慮して、適切な材料・方法で行う。

3) 左官材料に関する留意事項
①左官塗りの各層の材料は、それぞれ均質なものとする。

部位	工法名	概要
壁	セメントモルタル塗り（金ごて仕上げ）	コンクリート下地にモルタル塗りを行う工法
	打放しモルタル薄塗り補修	塗装・吹付け・壁紙張りなどの下地になるように仕上げる工法
	漆喰塗り	消石灰・砂・のり・すさを主材料としてつくった漆喰塗り工法
	プラスター塗り	石こうプラスターを内壁などに塗り仕上げる工法
床	セメントモルタル塗り（金ごて仕上げ）	コンクリート下地に施工する現場調合のセメントモルタルによる床仕上げ工法
	人造石洗出し仕上げ	セメントモルタル中塗り・コンクリートなどの表面を、骨材の露出した粗面を仕上げる骨材表し仕上げ工法
	コンクリート金ごて仕上げ（モノリシック工法）	床コンクリート打設後、コンクリート表面をこてなどで均して仕上げる直均し工法
	セルフレベリング	流し込むだけで平坦になる性質がある石膏およびセメントなどのセルフレベリング材（SL材）による床仕上げ工法
天井	セメントモルタル塗り（薄塗り仕上げ）	─

表3-3 左官工法の分類

塗り下地面の精度管理と塗材の品質管理および養生が適切に行われ，強度のばらつきが少ないことが大切である。
②下塗りは上塗りより強い層とする。

左官工事では下塗りは中塗りより富調合（セメント量の多いモルタルのこと）であり，中塗りは上塗りと同じかそれ以上の強度が出る調合でなければならない。塗材の圧縮・引張強度が下塗り層より上塗り層になるに従って，減少するようにするのが基本である。
③作業性の向上が図れる材料を選択する。

作業性を向上させるには，材料が均質で保水性がよく，富調合でなく粘性があることが必要である。

4）施工に関する留意事項
①塗壁の下地面および塗層ごとの接着性を向上させる。

塗り下地は粗面または目荒らしを施すよう当初より計画し，各塗層面では金櫛の類でむらなく櫛目をつけて密着性を図る。
②塗厚は均一とし，かつ厚塗りは避ける。

一般的に厚塗りは，薄塗りより亀裂が生じやすい。均一の塗厚で薄く数層に分けて，圧力を加えて塗り付けるのが左官工事の基本である。また床などで水勾配が必要なときは，下地で水勾配をとり，左官の塗厚は均一になるように心掛ける。
③左官工の技量不足によって生じる欠陥対策を講じる。

左官工の技量には個人差があり，摺りの場合など水の引き加減と押えのタイミング，回数によって仕上げの精度に優劣が生じる。職人の技量が劣る場合には，何回も摺することによってかえって下地塗りとの密着を悪くし，肌離れの原因となることが多い。そのため，熟練工と手元の左官工の配置には留意する必要がある。

5）養生に関する留意事項
①各層ごとに必要な硬化時間を十分に与える。

使用する材料を十分に硬化させるには，必要な時間を与えることが大切である。特にセメントモルタル下塗り後の養生期間は，できるだけ2週間以上存置するように心掛ける。
②材料には水硬性，気硬性などがあり，さらにその硬化の進み方にも緩急の相違があるので，硬化特性を理解したうえで，施工管理を行うようにする。

クラック誘発目地・伸縮目地の検討

1) クラック誘発目地・伸縮目地の設置

左官材料による仕上げ面に対しては，左官材料が乾燥収縮することにより発生するクラックの発生部位をコントロールする目的で，クラック誘発目地を設置する。

また，左官材料が熱膨張し，面外方向に膨れ上がることを防止する目的で，伸縮調整目地を設けるのが一般的である。

ただしクラック誘発目地や伸縮調整目地は，意匠性に大きく関係するので，平面計画，立面計画の立案段階で，意匠性を考慮しながら設置位置を検討する。

2) 屋上防水押えコンクリートのクラック誘発目地・伸縮調整目地

屋上の防水押えコンクリートには，伸縮調整目地を設けるのが原則である。また，押えコンクリート部分だけでなく，周辺の立上がりコンクリート部分にも伸縮調整目地を設置する。その際，必ず押えコンクリートの下面に達するように設置することが大切である。

その理由は，伸縮調整目地は絶縁層の上に施された押えコンクリートに乾燥収縮によるひび割れが発生したり，押えコンクリートの移動によってパラペットが押し出されることを防ぐ目的で，設置されるものであるからである。なお伸縮目地には，注入目地材や成形伸縮目地材が用いられる。

3) 壁クラック誘発目地

壁クラック誘発目地は，壁モルタル塗り工法を行う際に設ける目地のことである。クラック誘発目地は意匠にも絡んでくるが，大体 3m ピッチで設けるのが一般的である。

左官工事の施工と管理ポイント

床の左官仕上げ

1）床コンクリート直押え工法（モノリシック工法）

①工法概要

　床コンクリート直押え工法は，床コンクリート打設後，所定の高さに荒均しを行い，タンパーなどで粗骨材が表面より沈むまでタンピングを行う。同時に定木または木ごてなどで平坦に均し，水引き具合をみながら金ごてあるいは機械ごてで，張物下地，敷物下地，塗装下地，防水下地としての平坦な床コンクリートを構築する工法である。一般的に，モノリシック工法とも呼ばれている。**写真3**-11に，モノリシック工法の作業手順を示す。

②工法の特徴

　この工法の長所は，浮き，剥離な

①コンクリート打設

②荒均し

③定木摺り

④取り合い回りの金ごて押え。フロアフィニッシャーによるむら直し

⑤最終こて仕上げ

写真3-11 床コンクリート直押え工法の作業手順

どの故障がないことと，モルタル塗りなどと比較して，塗付けの乾燥待ちがないので，工期の短縮が図れることである。ただし短所として，天候（特に降雨）に左右されやすいことが挙げられる。

③用途・使用部位・下地

　床コンクリート直押え工法には，直均し仕上げのまま使用される場合と各種仕上げの下地ならびに防水層などの下地に使用される場合がある。

④仕上がり精度

　一般室内床の場合で，張物などの下地では，仕上げの精度がそのまま張物仕上げ面に表れるので，注意が必要である。またシート防水，塗膜防水などの露出防水工法の場合も，防水層の厚さが1〜2mm程度と薄いため，下地の精度がそのまま仕上げ面に表れるだけでなく，防水層の耐久性にも影響するので注意をしなければならない。仕上げの程度については，上にくる仕上材の種類により要求される精度が異なるので，各部分の使用目的や用途などを十分に考慮しながら，作業を行う必要がある。

⑤仕上面の決め方

　鉄骨造，鉄骨鉄筋コンクリート造では，鉄骨柱から跳ね出しアームで固定したレベラーによってポイントをチェックする。レベルチェック作業はレベラーから合図されたポイントをバカ棒（レベル出しをするときに使用する定規）によって，コンクリートスラブにレベル出しする。このレベル出しを基準にして，床面を平滑に定木摺りを行う。

⑥施工方法

・仕上げ面のレベルチェック

　このチェックは，仕上げ面のレベルを決めるための基本的な作業である。そのため，平面上に何ポイントかレベル出しを行ってから，次工程である定木摺りに移らなければならない。

・定木摺り

　この作業は，床レベルチェックによってレベル出しをした部分を基準にして，スラブ平面をつくり出す作業である。コンクリート直仕上げにおける水平の精密度は，この作業で80％は決定してしまうので，慎重に作業を行わなければならない。

・取合い回りの金ごて押え

　アルミ定木摺りが終了した後，夏期で2〜3時間後，冬期で5〜6時間後にコンクリート表面の硬化が始まったら，踏み板を使用して柱・壁回

りなどの取合いを，木ごて・角ごてを併用して仕上げる。
- フロアフィニシャーまたは木ごて・金ごてによるむら直し

　さらにスラブ表面の硬化が進み，床面に人が静かに乗って表面に足跡がわずかに残る程度までに硬化が進んだときに，アルミ定木摺りによるむら直しを行う。フロアフィニシャー（機械ごて，トロウエル）は，仕上作業の省力化と夏期のスラブ硬化の速度が急激な場合で，人力では仕上作業が間に合わない場合に使用する。ただし，スラブでもマンションや病院などの比較的差し筋の多いスラブや小さなスラブ開口部，ダメ穴などの多いスラブの直仕上工事には，機械ごてを使用できない場合がある。機械ごてを使用しない場合は，木ごてと防水用金ごての併用でむら直しを行い，仕上用金ごてで仕上作業を行う。
- 金ごて仕上げ

　金ごて仕上げは，機械ごてで埋めることができなかった小穴や機械ごての羽根でできる小さなむらを，仕上用金ごてで消しながら仕上作業を行うことである。
- 仕上げチェック

　コンクリート直仕上げ作業は連続した作業で行うが，最終的な仕上げチェックはできるだけ監理者と施工者が立会いのうえで行うようにする。

⑦施工ポイント
- 床コンクリートは，可能な限り硬練りがよく，その調合などは「JASS 5（鉄筋コンクリート工事）」に準拠する。
- こて仕上げを行う場合には，移動可能な歩み板などを使用し，直接コンクリート面上を歩行してはならない。
- 金ごて仕上げの段階で，コンクリートが締まり過ぎ，不陸，こてむらなどが取れなくなったりした場合，セメントや水などを表面に散布したりすると耐磨耗性がなくなったり，その部分が剥離するなどの支障をきたすので絶対にしてはならない。また部分的にモルタルを使用して，こて押え仕上げを行った場合でもそのタイミングが悪いと剥離したり，モルタルの乾燥収縮などの影響によるひび割れ，反りなどの故障が起こりやすいので，十分な注意が必要である。

⑧施工後の養生
- 直仕上げ後，2～3日間は立入禁止とする。
- コンクリートの表面仕上げ後は，コンクリートが急激に乾燥しないよう

に適切な養生を行うことが必要である。一般的には最終の金ごて仕上げが完了後，張物下地などでは最終こて押え後，12時間程度を経過してから2〜3日間くらい散水養生を行う。また，ポリエチレンシートなどを敷き詰めるか，砂，おがくずなどを敷き詰めて養生を行うことにより，上階からのコンクリートのこぼれなどによる汚れを防止する。特に，夏期における急激な乾燥，冬期の凍結などは絶対に避けなければならない。

・必要に応じて，直仕上げの上にビニールシートまたは養生シートなどを敷いて養生する。
・直仕上げの上に，重量物または角のあるようなものは絶対に置かないこと。また，必要であれば合板などを敷き，コンクリート表面に傷などを付けないように注意する。
・上階の型枠，鉄筋などの運搬，組立て時などに，コンクリート表面を損傷しないよう十分に注意しなければならない。

2) 床コンクリート真空工法

①工法概要

　床コンクリート真空工法は，勾配のある床に滑り止め，および意匠を目的として施工する場合に適用する工法である。**写真3-12**に，床コンクリート真空工法の例を示す。

　工事工程は，①コンクリート荒均し，②定木摺り，③木ごて押え，④真空ポンプで床面を圧縮して成形し，水分を吸い取るという作業手順で行われる。

②施工方法

・コンクリートのスランプおよび配合は，指定どおりのものを使用し，コンクリートの打込みを行い，直後に天端均しを行う。
・コンクリートの天端均し完了後，滑り止めリングの配置図を基準として定木に合わせ，丸型ゴムリングを設置する。
・設置した丸型ゴムリングの上に真空マットを被せ，真空ポンプを移動させ，真空マット面がコンクリートに密着するようにハンドバイブレータなどで圧着し，真空マット面を10〜15分真空にする。
・真空処理終了後，真空マットを移

写真3-12 床コンクリート真空工法の例

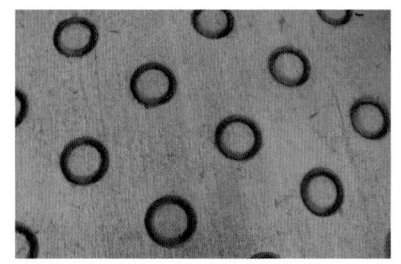

動させる。
- 真空マット移動後，丸型ゴムリングが埋め込まれた状態で，コンクリートの天端を木ごてで不陸を十分に均し平滑にする。木ごてで均した後，刷毛引きにて仕上げる。
- 刷毛引き後，埋め込まれている丸型ゴムリングをキリ状のもので抜き取る。

3）床セルフレベリング材工法

①工法概要

　床セルフレベリング材工法は，流し込むだけで平坦になる性質がある石こう系およびセメント系などのセルフレベリング材（SL材）により床を仕上げる工法である。

　この工法は，SL材を床面に流すだけで，左官の金ごて押えの必要のない程度の水平な床下地ができる。施工性のよさ，精度の高さがこの工法の特徴である。通常，Pタイル，長尺フロア材，カーペットなどの床張り仕上材用の下地として採用される。

②材料

　石こう系セルフレベリング材は，通常，石こうに強化遅延剤，高流動化剤および砂を混合する。ただし石こう系セルフレベリング材は，耐水性が弱く，鉄部を発錆させるなどの短所がある。しかし，施工性がよく，3〜7日後には仕上工事を行うことができるという長所があるので，最近は多用されている。

　セメント系セルフレベリング材は，ポルトランドセメントに分散剤，高流動化剤および砂を混合し，必要に応じて膨張性混和材を使用する。この材料は，耐水性も強く，鉄部の防錆効果を有する。

③下地処理

　下地処理では，接着性をよくするために，下地コンクリートのレイタンスや油脂類を除去し，清掃する。あらかじめ大きな不陸，くぼみなどは，機械処理により研削し平坦にする。必要に応じて，石こう系またはセメント系のそれぞれの主材と，同種の硬練りのスラリーで補修しておく。

④作業工程

　この工法の主な工事工程は，①プライマー塗り（1回目）：合成樹脂エマルション，水，②プライマー塗り（2回目）：合成樹脂エマルション，水，③SL材塗り：SL材，砂，水，④打継部の処理：凸部をサンダーで削り，

気泡跡は硬練りの SL 材で補修する，という作業手順で行われる。**写真 3**-13 に，床セルフレベリング材工法を示す。

⑤調合・塗厚

　プライマー塗りに用いる合成樹脂エマルションは，指定量の水で均一に薄めて用いる。セルフレベリング塗り床材は，所定の水量で要求される標準軟度になるように均一に練り上げる。練り混ぜには，一般的にはグラウト用高速ミキサーを使用する。

　流し厚さが 10 〜 20mm と大きい場合は，川砂，珪砂などをセルフレベリング材に混入することがある。流し厚さが 10mm 以下の場合は，セルフレベリング材に水だけを指定量だけ加え，よく練り混ぜる。この際，水量の変動は流動性に著しく影響するので，水量は正確に管理する必要がある。

⑥施工工法

・墨出し，1 回目プライマー塗り

　施工区画に基づいて墨出しを行い，打継ぎ部に目地棒を張る。次に 1 回目のプライマー塗りをした後，専用プライマー（合成樹脂エマルション系）を刷毛またはデッキブラシで塗布し，十分乾燥させる。この工事工程は，セルフレベリング材の流し込みの際に発生する気泡跡の防止，下地との付

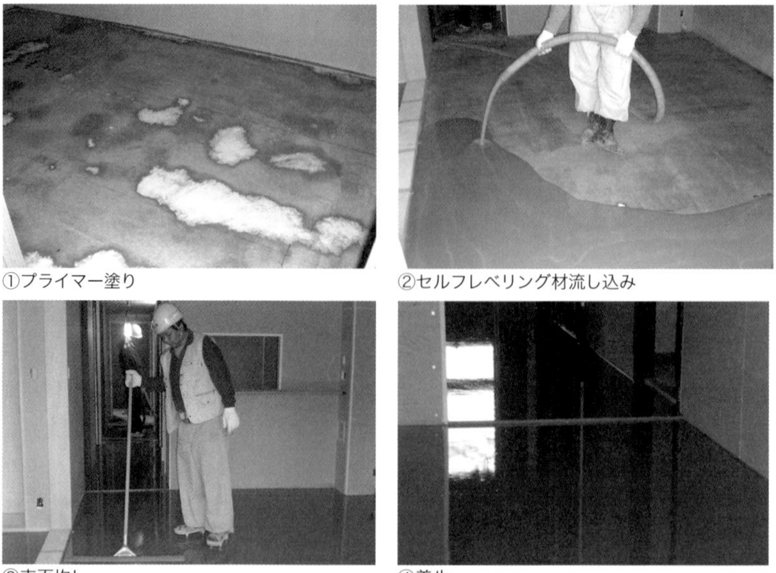

①プライマー塗り　　②セルフレベリング材流し込み

③表面均し　　④養生

写真 3-13 床セルフレベリング材工法の作業手順

着性向上のために必要な作業である。
- プライマー塗り

　1回目プライマー塗りが乾燥したことを確認した後，セルフレベリング材を流す。2回目プライマー塗りの1～2時間前に，再び専用プライマーを塗布する。
- セルフレベリング材流し込み，表面均し

　2回目プライマー塗りの後，一定の軟度に練り上げたセルフレベリング材をレベルに合わせて流し込む。この際，柄の長いトンボなどの均し道具で均すことによって，平坦性を高める。

⑦打継ぎ部の処理

　打継ぎ部や気泡跡の凸部は，ケレン棒またはサンダーなどで削り取る。気泡跡の凹部は，硬練りしたセルフレベリング材を用いて補修する。

⑧養生

　施工時に降雨，強風，直射日光の影響を受けるような場合には，適切な養生を行う。

4）床現場テラゾー仕上げ

①工法概要

　床現場テラゾー仕上げは，大理石など，意匠的に見せる砕石とセメントを混練りしたものを塗り付け，硬化後に表面を研磨・艶出しして仕上げる工法である。砕石の種類や着色顔料の選定によって，素材感を残しながらいろいろな色調をつくり出すことができる。

②施工方法

　目地の施工は下塗りの前日に行い，硬練りの塗り材を叩き締めながら塗り付けていく。一般にテラゾー全体の塗厚は，40～50mm程度が必要である。写真3-14に，床現場テラゾー仕上げの例を示す。図

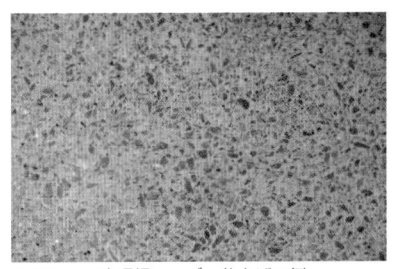

写真3-14 床現場テラゾー仕上げの例

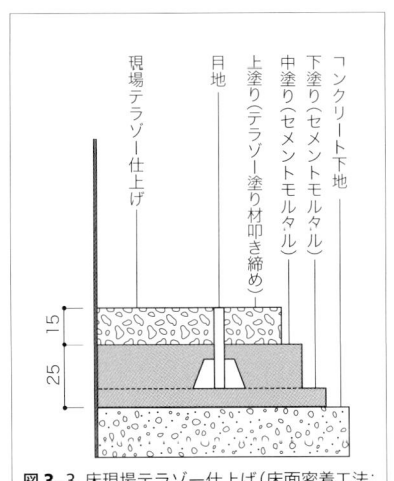

図3-3 床現場テラゾー仕上げ（床面密着工法：コンクリート下地の場合）の施工工程

3-3 に，床現場テラゾー仕上げの施工工程を示す。

壁の左官仕上げ

1) 壁モルタル仕上げ

①工法概要

　壁モルタル仕上げは，ポルトランドセメントを主材料にした壁塗り工法である。この工法は，建築材料として十分に満足し得る強度，耐水性，防火性を備え，かつ材料の普及度や経済性も高い。そのため，現在最も普及している工法の一つである。

　この工法は，各種塗り材の下地として施工される場合が多いが，混和材料や骨材を調整することによって，多様な性質と表情を備えた仕上げ塗りが可能である。

　なお，施工に適した部位は住宅および一般建築の外壁，床，塀などである。さらに最近では，外壁を漆喰塗り仕上げする際の下地として施工する場合も多くなっている。

　ただし，乾燥による収縮が大きく，剥離，ひび割れが発生することがあるので，これらの問題を発生させないために，十分な乾燥時間の確保に留意しながら作業を行うことが重要である。工程と工程との間では，十分な時間間隔をとって乾燥させ，硬化するのを確認してから次の工程に進む。ただし，こて押えの場合，時間間隔をとりすぎると付着力が損なわれるおそれがあるので，手早く仕上げる必要がある。なお，仕上げ厚が20mm以下の天井・壁は中塗りを省略する場合がある。**写真3**-15に作業手順を，**図3**-4に壁モルタル仕上げの施工工程を示す。

②下地

　セメントモルタルの下地は，メタルラス，ワイヤラス，ラスシールなどのラス下地と，コンクリート，煉瓦，ALCパネル，PCパネルなどの躯体下地の大きく2つに分類される。ラス下地の場合，使用するラス

図3-4 壁モルタル仕上げ（コンクリート下地の場合）の施工工程

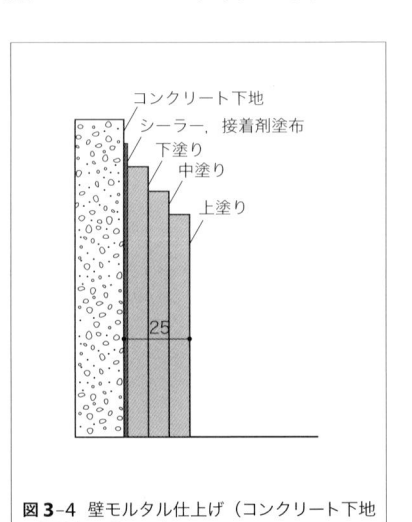

は強度のあるものを選び、ラスとモルタルを強く結束させる必要がある。

一方、躯体下地では、剥離防止のために、吸水調整剤の塗布を行うなど、付着性の向上を目的とした処理が必要である。

③材料と調合

セメントモルタルは下塗り用、中塗り用、仕上げ塗り用、薄塗り用など、用途に応じて各種の混和剤を混入して使われることが多い。また、それぞれの用途に対応した既調合タイプの材料の使用も、一般に普及し始めている。

④仕上げ

・刷毛引き仕上げ

刷毛引き仕上げは、塗布したモルタルの表面がまだ柔らかいうちに、刷毛目正しく水平に引き通して仕上げる。この仕上げは、吹付け仕上げの処理として扱われることも多い。**写真3-16**に、刷毛引き仕上げを示す。

・金ごて押え仕上げ

金ごて押えは、木ごてで均したモルタル表面を手早く金ごて（仕上げごて）で、強く押えて仕上げる。特に、既調合の軽量モルタルはこの仕

①下地調査・下地補修

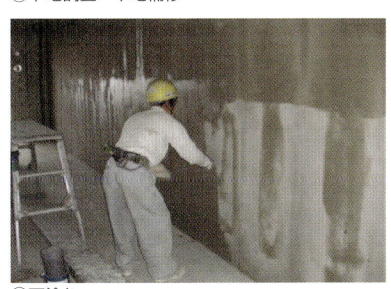

②サンダーがけ

③下塗り

④仕上げ塗り

⑤仕上がり状態

写真3-15 壁モルタル仕上げの作業手順

第3講 左官工事　91

上げに適しており，塗り付けとともに仕上げるのが原則である。**写真 3**-17 に，金ごて押え仕上げを示す。

・色モルタル仕上げ

　色モルタル仕上げは，中塗り後，その上に色モルタルを塗厚 5mm 以上塗って仕上げる。**写真 3**-18 に，色モルタル仕上げを示す。

・掻き落とし仕上げ

　掻き落とし仕上げは，中塗り後，その上に仕上材を 6mm 以上塗る。その後，硬くなった頃合いをみて，こて・金櫛・ブラシなどの道具でむらなく掻き落として仕上げる。なお混入する砂の粒度を下げると，しっとりした表情を醸し出すことができる。**写真 3**-19 に，掻き落とし仕上げを示す。

⑤メンテナンス

　近年しばしば発生する酸性雨によって，モルタルが中性化してラスがさび，モルタル表面の剥離を引き起こすことがある。この現象を防ぐためには防錆処理したラスを使用し，繊維などの混和材料を混入したモルタルを用いるなど，ひび割れを入れないような対策を講じる必要がある。

2）壁珪藻土塗り仕上げ

①工法概要

　珪藻土塗り仕上げは，珪藻土に炭素繊維を補強材として混入した仕上材を用いる工法である。これは近年開発された新しい工法である。

写真 3-16 壁刷毛引き仕上げ

写真 3-17 壁金ごて押え仕上げ

写真 3-18 壁色モルタル仕上げ

写真 3-19 壁掻き落とし仕上げ

この工法は，珪藻土の持つ保温，断熱，防露，調湿・防音などの性能を活かしながら，自然の土特有の豊かな味わいや風合いを表現することができる。また，この工法は，骨材や各種混和剤の調合により，伝統的家屋から現代建築まで，様式や用途を問わず，意匠性の高い仕上げを実現させることができる。

　現在では，用途に合わせて種々のタイプの既調合製品が市場に出回っている。施工に適した部位は，内外壁や床，天井，塀などである。施工上の留意点として，外装および床仕上げの場合，乾きの遅い冬場はなるべく午前中に塗り付けを終えるようにする。また施工後，数日間は雨雪に曝されないよう養生が必要である。

　逆に夏場など急速に乾く環境下では，シートがけで養生する。内装仕上げでも同様に，冬場や水気の多い場所では施工後，通風をよくし，低温下では暖を採るようにする。

② 下地

　適切な処理を施せば，ほとんどの下地への使用が可能である。ただし，コンクリート下地に直接塗り付けることは避けなければならない。特に石こうプラスターボードを下地に使う場合は，継手部分を木工ボンドで接着したり，ジョイントテープを貼り付けるなどの処理が必要である。

　また，外装用としてプラスターボード下地を使う場合は，カチオン系の下地調整材を使用する。

③ 材料と調合

　珪藻土は吸水性が高いため，外装用仕上材として使用するには吸水防止剤を混入する。また要求されるテクスチャーに合わせて硅砂や骨材を選択し，練り合わせて使用する。珪

写真3-20 壁珪藻土塗り仕上げの例

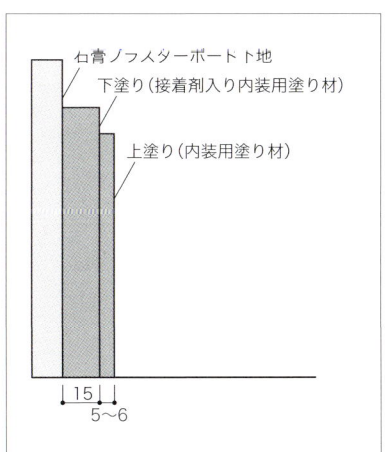

石膏プラスターボード下地
下塗り（接着剤入り内装用塗り材）
上塗り（内装用塗り材）

15
5〜6

図3-5 壁珪藻土塗り（内装仕上げ：プラスターボード下地の場合）の施工工程

藻土を内装仕上材として使用する場合は，接着剤を希釈した液で混練りする。また，藁スサを加えることもある。

④仕上げ

・外装仕上げ

　外装仕上げは，ブラッシングによる擬石調仕上げが主流である。例えば，「砂岩状仕上げ」「木肌仕上げ」など，骨材や施工法を工夫して多様なテクスチュアが表現できる。

・内装仕上げ

　内装仕上げは，梨目の柔らかい風合いが表現できるペンギンごてによる「撫切り仕上げ」をはじめ，こてで押さえる「漆喰調仕上げ」，藁スサを入れた「土壁風仕上げ」のほか，表面の掻き落とし，盛り付け，型押し，スポンジによるサークル仕上げなど，塗り壁のさまざまな表現が可能である。**写真3**-20に，壁珪藻土塗り仕上げの例を示す。また，**図3**-5に壁珪藻土塗りの施工工程を示す。

・床仕上げ

　床仕上げは，叩き仕上げが主流である。この仕上げは，山砂を混合した仕上材を叩くように徐々に塗り込めた後，ブラシでノロを取り，湿らしたスポンジでぬぐって仕上げる。乾燥後は，表面硬化剤を塗布する。

⑤メンテナンス

　外装の場合，湿気の多い環境では表面にカビが発生する可能性がある。カビの発生を防ぐためには，表面に撥水処理を施す。

3）壁漆喰仕上げ

①工法概要

　漆喰は，消石灰に砂，糊，スサなどを混入した日本独自の塗り壁仕上げ材料である。城郭や土蔵などの真っ白い壁がその例である。最近では，材料の入手が困難になってきており，伝統建築以外では代用品による施工が中心となっている。**図3**-6に，壁漆喰仕上げの施工工程を示す。

②施工方法

　壁漆喰仕上げは，強度が低いため，

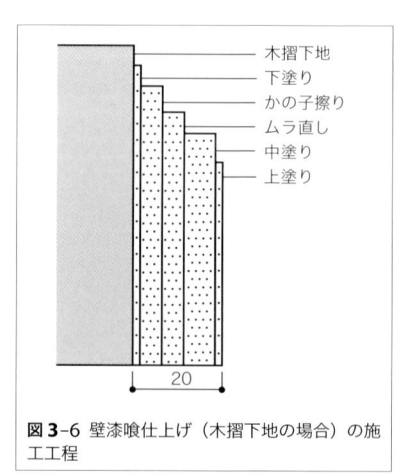

図3-6 壁漆喰仕上げ（木摺下地の場合）の施工工程

（木摺下地／下塗り／かの子擦り／ムラ直し／中塗り／上塗り）

塗り厚を薄くし，塗り回数を多くする必要がある。特に低温下での施工は避けなければならない。

4）壁プラスター仕上げ
①工法概要

　壁プラスター仕上げは，純白で平滑な仕上がり面を比較的容易につくることができる。しかも，成形の自由度が高いので，伝統的な西洋建築の内装仕上げとして多用されていた。しかし最近では，工期短縮の流れから採用は減っている。**図3**-7に，壁プラスター仕上げの施工工程を示す。

②施工方法

　壁プラスター仕上げは，練り合わせた塗り材が，およそ1時間前後で凝結し始めるため，必要量だけ練り合わせて，できるだけ迅速に作業を行うことが重要である。中塗り・上塗りと乾燥期間が不可欠なこと，施工環境のコントロールの難しさから，伝統工法が要求されるなど，限られた場合での施工になっている。

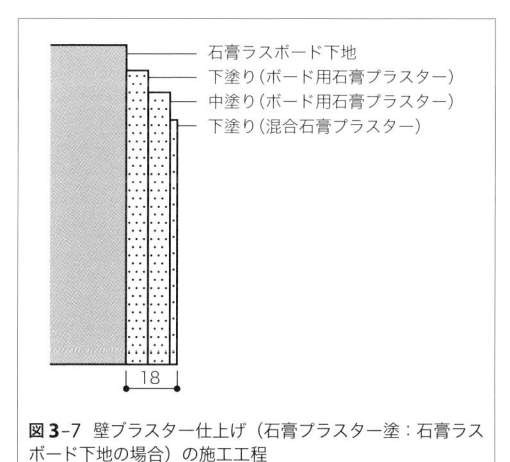

　　　　　　　　　　石膏ラスボード下地
　　　　　　　　　　下塗り（ボード用石膏プラスター）
　　　　　　　　　　中塗り（ボード用石膏プラスター）
　　　　　　　　　　下塗り（混合石膏プラスター）

　　　　　18

図3-7　壁プラスター仕上げ（石膏プラスター塗：石膏ラスボード下地の場合）の施工工程

今後の左官工事の可能性

　こてさばきによる左官工事は，長年にわたって培われてきた日本の伝統技能である。その仕上りは新しい材料や工法の出現により，ますます多様なものとなりつつある。光沢のある漆喰塗り，スサなど混ぜ込んだ土壁塗り，骨材の素材感を表現する洗い出し仕上げなどさまざまな表現がある。また塗り壁が持つ湿度調整機能により屋内に湿気をため込むことがなく，乾式工法で問題となる壁面の結露が生じないというように，機能的に優れた力を発揮する場合もある。

　昨今，伝統工法の見直し，回帰および居住環境の高度化の要求が高まりつつあり，左官工事に対する新たなニーズが生まれつつある。

第4講　塗装工事

　塗装工事は，コンクリート，鉄，アルミ，木などあらゆる被塗物に対して施工されます。塗装で最も重要な密着性を確保するためには，塗装の下地に対する素地調整がキーポイントとなります。

　本講では，この点について詳述しました。また，塗装時の環境条件も塗膜の性能を左右するので，要点を記述しています。さらに，塗料をめぐっては環境対応の問題や新しい機能が要求されてきているので，解説の頁を設けました。是非とも，塗装工事の新しい流れを理解してほしいものです。

塗装工事に関する基本事項

塗料の役割

　　工事用のネットで張り巡らされた住宅やビルディングでは，その中で塗装工事が必ずといっていい程，行われている。通常，コンクリートや鉄や木材の表面をむき出しのまま使用することは極めてまれで，塗装が施されることが一般的である。

　　これは自然の素材のままでは，素材の腐食の進行，埃の付着などの欠点が生じるため，塗装を施すことでそれらの欠点を補う目的がある。

　　塗料の役割は，この保護機能にあると言える。

塗装工事の目的

　　塗装工事とは，塗料を被塗物に塗りつける作業のことである。

　　塗装工事の目的は，塗料を使って"素材の美装と保護"をすることである。**表4**-1に，塗装工事の目的を示す。

　　ここで美装と保護のよい事例として，**写真4**-1に竣工後22年経過した外壁フッ素樹脂塗装の例を示す。写真からわかるように，22年を経ても建物の外壁は初期の光沢を維持している。この塗装は，素材の美装と保護の役割を十分に果たしている。

写真4-1 竣工後22年経過した外壁フッ素樹脂塗装の例

素材	欠点	保護の塗装	美装の塗装
鉄	さび，鉄の独特の色 冷たい，火炎の熱で溶ける	さび止め塗装，断熱塗装，耐火塗装	着色塗装，長期間色とつやを維持
木部	汚れやすい，腐りやすい，変色しやすい	透明塗装，防腐塗装	木目を生かしたクリヤー塗装，着色塗装
コンクリート	埃っぽい，単純な色，ひび割れが入る	防塵塗装，ひび割れ追随塗装	着色塗装 鉄筋腐食によるさび汚れ防止

表4-1 塗装工事の目的

塗料の組成・表現方法

塗料の組成

　　透明な樋やパイプに使われている塩化ビニル樹脂製品は，ラッカーシンナーに漬けておくと徐々に溶けて，粘性のある透明な液体になる。この現象が，塩化ビニル樹脂を溶かした溶液（別名：ワニス[*1]）である。

　　この溶液に刷毛をつけてコンクリート表面に塗り拡げると，数分でシンナーが揮発して透明な膜になる。この塗り拡げる作業を「クリヤー塗装[*2]」といい，乾いた膜を「クリヤー塗膜」という。

　　同様に，ねずみ色の塩化ビニル製品を用いればねずみ色の樹脂溶液になり，この樹脂溶液を塗り拡げる作業を，色のついた塗装という意味で「エナメル塗装[*3]」といい，乾いた色のついた膜を「エナメル塗膜」という。**写真4-2**に，エナメル塗料ができる過程を示す。

　　クリヤーとエナメルの違いは，透明と着色の違いである。このねずみ色

①シンナー（左），ワニス（右）

④顔料分散用ガラスビーズ

②ワニスの上に各種顔料を加えたもの
（左より順に，白顔料，青顔料，赤顔料，黒顔料）

③撹拌機で粗混合

⑤エナメル塗料

写真4-2 エナメル塗料ができるまで

は，黒色と白色を混ぜることで色出しできるが，黒と白の顔料のことを黒顔料，白顔料という。なお，色の粉を顔料というのは，昔の芝居小屋で，役者が赤や黒や白の粉を顔に塗って芝居を演じたことに由来する。

　塗料は，主に樹脂と顔料とシンナーからなっている。このほかに塗装したときに泡がでたり，色が不均一になったり，顔料が塗料容器の中で沈殿したり，といった不具合を生じないように各種の薬剤を添加している。この薬剤のことを添加剤という。添加剤は，塗料を製造するときに配合するが，時には塗装直前に加えることもある。**表4**-2に，添加剤の種類を示す。

＊1　ワニス：樹脂をシンナーで溶解した溶液のことで，添加剤を加えてワニス塗りに用いる

＊2　クリヤー：ワニスに添加剤を加えて，塗装できるように調整したもの

＊3　エナメル：クリヤーに顔料を混合してすり潰して（分散），色を付けたもの

添加剤の種類	内容
消泡剤	塗装時の発泡を防止する
色分かれ防止剤	色が不均一にならないように，表面張力を調整する
沈殿防止剤	容器の中で顔料の沈殿を防止する
はじき防止剤	表面張力を調整して，はじきを防止する

表4-2　添加剤の種類

塗料の表現方法

1）光沢

　光沢は，一般にはつやという。まったく光沢のない"つや消し"，完全につやを出す"全つや"，その中間の"3分つや"，"5分つや"などがある。光沢を測定する機械で，入射角60°，反射角60°で観察したときのつやは60°/60°鏡面光沢度という。これ以外に80°/80°で見ることもあり，この場合はシーン光沢という。一般に，同一の色でもつやを下げると，白さが増すので注意する必要がある。

　図4-1に60°/60°鏡面光沢を，**図4**-2に80°/80°シーン光沢を示す。

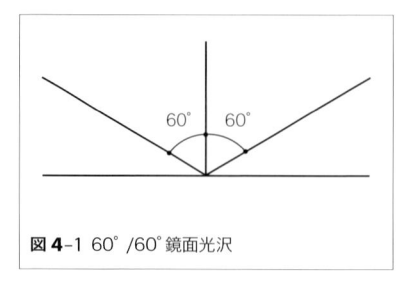

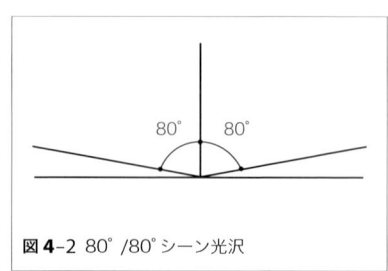

図4-1　60°/60°鏡面光沢

図4-2　80°/80°シーン光沢

2）ソリッド色とメタリック色

色には，白，黄，赤などの一般の原色を使用したものと，意匠性，美装効果などを表現するために，金属粉を添加したものがある。

一般の原色を使用したものはソリッド色といい，金属粉を添加したものをメタリック色という。この金属粉には，アルミ粉やブロンズ粉などがある。なおメタリック色の塗装は，色むらがでやすいので，吹付け塗装に限定されるなど，塗装方法に工夫が必要である。

写真4-3 ソリッド色の例

写真4-4 メタリック色の例

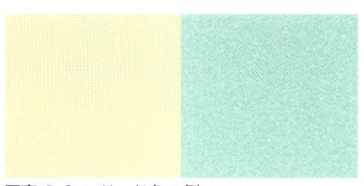

写真4-3はソリッド色，写真4-4はメタリック色の例である。

3）塗装略号

塗装の表示方法は，SOP，VP，EPなどの略号で表示することが一般的である。なおこの略号は，単に上塗り塗料の種類を指定しているだけでなく，塗装工程を細かく規定しているので，注意が必要である。表4-3に，略号を示す。

調色・色見本

1）色の指定

色決めを行うためには，当該色見本帳で品番を複数指定し，A4サイズ程度の色見本を作成する。次に，作成した色見本から3候補程度に絞り込む。それから，もう少し大きな見本板を作成し，最終の色を決定する。色

塗装方法	略号	塗装方法	略号
合成樹脂調合ペイント塗り	SOP	常温乾燥形フッ素樹脂エナメル塗り	2-FUE
フタル酸樹脂エナメル塗り	FE	つや有合成樹脂エマルションペイント塗り	EP-G
アクリル樹脂エナメル塗り	AE	多彩模様塗料塗り	EP-M
2液ポリウレタンエナメル塗り	2-UE	合成樹脂エマルション模様塗料塗り	EP-T
アクリルシリコン樹脂エナメル塗り	2-ASE	ウレタン樹脂ワニス塗り	UC
オイルステイン塗り	OS	クリヤラッカー塗り	CL

（「平成16年版公共建築工事標準仕様書」より抜粋）
表4-3 塗装記号

を指定するときは，具体的な色を明示することが重要である。マンセル記号などだけで，指示すると大面積を塗装した場合，見え方が大きく異なることがあるので避けなくてはならない。

2) 調色工場の設定

色彩の分野で用いられる3原色とは異なり，単一の着色顔料でつくられた原色塗料は40色前後もある。したがって，同一の色出しをする方法には数通りもある。

最終的に調色した色が同一であっても，異なった顔料を組み合わせて色出しを行うと，調色時の光源の種類で色が違って見える現象（条件等色）を起こしたり，耐候性（退色）の程度が異なるので，同一の調色工場で見本を作成することが望ましい。

3) 調色に使用する顔料と耐候性および価格の変化

調色とは，一般に色出しともいう。具体的には，与えられた標準見本（色見本）に色を合わせるように，原色をいろいろな割合や順序で混ぜ合わせて，許容範囲内の色にすることである。

調色は，複数の原色の組合せで行うのが通常である。最終的に同一色に調色されていても，異なった原色の組み合わせで塗装すると，3年または5年と経過するうちに退色の程度が異なり，色むらとなるので注意が必要である。**表4**-4に指定された色を出すために，使用した原色の組合せの違いによる耐候性と価格の関係を示す。

指定された色	使用する原色	調色作業	材料価格	耐候性
うすい緑色	白, 黄, 青	容易	高価	やや劣る
	白, 緑, 黄, 青, 黒	容易	高価	やや良い
	白, 黄土色, 青	難しい	安価	良好
ピンク色	白, 赤, 黄, 黒	容易	高価	劣る
	白, さび色, 黄土色	難しい	安価	最良

表**4**-4 原色の使用例と価格・耐候性

塗料の種類

樹脂による分類

塗料に使用される樹脂には，多くの種類がある。表 4-5 に，樹脂による塗料の分類を示す。

使用する樹脂	塗料略号	塗料形態 水性	塗料形態 溶剤	特徴	素材への適用 木部	素材への適用 鉄部	素材への適用 コンクリート
酢酸ビニル樹脂	EP-2	○	-	内部用塗料	○	×	○
油性	OP	○	-	1970年代までの塗料で，現在はほとんどつくられていない	○	○	×
アルキッド樹脂	SOP	○	-	合成樹脂調合ペイント	○	○	×
ラッカー（硝化綿）	LC, LE	-	○	速乾性，高光沢	○	○	×
フタル酸樹脂	FE	-	○	速乾でラッカーより肉持がある	○	○	×
アクリル樹脂	AE	○	○	ポピュラーな塗料	○	○	○
非水分散型樹脂	NAD	-	○	1991年に住宅公団に採用。2003年より公共建築工事標準仕様書に採用	○	○	○
エポキシ樹脂	Epx	○	○	付着性，耐薬品性は抜群の高性能だが，耐候性は×	○	○	○
塩化ビニル樹脂	VE	-	○	2003年に公共建築工事標準仕様書から溶剤規制などで削除されたが，ガソリンスタンドやプールサイドなどで性能面から採用されている	○	○	○
塩化ゴム系樹脂	-	-	○	平成6年版国土交通省共通仕様書からダイオキシン発生の原因として削除されたが，性能面から多く使用されている	○	○	×
ウレタン樹脂	UE	○	○	2000年代前後から一般的な仕様になる	○	○	○
シリコン樹脂	Si	○	○	外装を中心に採用されている	○	○	○
フッ素樹脂	FU	○	○	20年以上の超耐久性塗料	○	○	○
無機系樹脂	-	○	○	今後の塗料。柔軟性に問題	×	×	○

表 4-5 樹脂による分類

樹脂は，比較的簡単に樹脂同士を混合することができるという特徴がある。主な樹脂の中には，ほかの樹脂と混ぜ合わせることによって，塗装作業性や物性を向上させるものがある。このように，樹脂が本来有している性質を変えたものを変性樹脂という。

例えば，100％のフッ素樹脂と半分程度アクリルで変性したフッ素樹脂を使用した塗料では，耐候性が大きく異なる。したがって，フッ素樹脂塗料だから20年以上維持できると信じていたら，5年ほどでつやが無くなってしまったということが現実に起こるので，注意が肝要である。

1）合成樹脂調合ペイント（塗料略号：SOP）

JIS K 5516 合成樹脂調合ペイントに規定され，木部や鉄部の塗装に用いられている。塗装すると樹脂がアルカリで分解して剥離するので，コンクリート面への塗装はできない。

なお、2003年の改正建築基準法により、F☆☆☆☆のSOPが主流になっている。

2）フタル酸樹脂エナメル（塗料略号：FE）

JIS K 5572に規定され、木部や鉄部に用いられる。主に、乾燥が早く耐候性も5～6年と手頃なことから、車両、木箱や産業機械などに多く使われている。SOPと同様に、コンクリート面に塗装できないのは、塗装すると剥離するからである。

3）塩化ビニル樹脂塗料（VP、VE）

従来は、内部用塗料として規定されていた。この塗料は、コンクリート部や鉄部や木部をはじめ、アルカリ・酸や耐水性などの耐薬品性などに優れているので、ガソリンスタンドの防火塀やスイミングプールサイドの塗装など幅広く用いられている。しかし、溶剤にトルエンやキシレンを使っているため、使用は減少している。

4）塩化ゴム系塗料

塩化ゴム系塗料は、塩化ゴムワニスとSOPワニスを混合してつくられる塗料である。塩化ゴムの樹脂は耐水性に優れ、SOPワニスは塗装作業性に優れている。どちらの配分に重きを置くかによって、性状は異なってくる。

5）エポキシ樹脂塗料

エポキシ樹脂は、金属との付着性、薬品性に優れた性能を持つ反面、変色やチョーキング（塗膜がチョークの粉のように手に白くつく現象）が塗装後早期に発生するので、主に下塗や中塗塗料として使われている。

エポキシ樹脂の下塗り塗料としては、エポキシ樹脂のみを用いたピュアエポキシ樹脂塗料と他の樹脂を併用した変性エポキシ樹脂塗料がある。

6）ウレタン樹脂塗料

ウレタン樹脂塗料は、溶剤型にかわり、水性のウレタン樹脂塗料が建築塗料の主流になってきている。この塗料には、2液形と1液形がある。優れた耐久性だけでなく、ぽってりとした肉持ち感が好まれて使われている。

2液型は、コンクリート面や木部や鉄部など万能に使われている。

7）フッ素樹脂塗料

フッ素樹脂塗料は、20年以上の耐久性を有する唯一の塗料である。1990年頃は汚染しやすいことが問題になったが、1995年には汚染防止技術が確立して、今では最高級の塗料となっている。コンクリート面、ア

ルマイト面，PC面，鉄面など，幅広い用途に使われている。

シンナー（溶剤）による分類

1）シンナーによる分類

塗料として使用するシンナーは，使い分けによって**表4-6**のように分類することができる。

市場商品	強溶剤形塗料	弱溶剤形塗料（略称：NAD）	水性塗料
合成樹脂調合ペイント	−	○	−
アクリル樹脂塗料	○	○	○
ウレタン樹脂塗料	○	○	○
シリコン樹脂塗料	○	○	○
フッ素樹脂塗料	○	○	○
無機樹脂塗料	○	−	○

表4-6 シンナーによる分類

2）強溶剤形塗料

強溶剤形塗料の代表的な塗料は，塩化ビニル樹脂塗料，アクリル樹脂塗料，ウレタン樹脂塗料である。

塩化ビニル樹脂塗料は，トルエンなどの有害な溶剤を使用している。多分野で水性塗料に移行しているなかで，塩化ビニル樹脂塗料は，高い耐薬品性能と低価格性から，今後ともガソリンスタンドの防火塀やプールサイドなどの外部用途に，継続的に採用されることが想定されている。

なお，強溶剤形塗料は，塗装時の臭気の懸念から今後，同種の弱溶剤形塗料か水性塗料に移行されていくと予想される。

フッ素樹脂塗料でも，性能面では強溶剤形塗料が主流であるが，臭気面から弱溶剤形塗料と水性塗料へ移行しつつある。

3）弱溶剤形塗料（NAD塗料）

弱溶剤形塗料は，"非水分散型アクリルエマルション塗料"が正式名称である。NAD塗料の名称で，広く一般に周知されている。2002年にJIS K 5670非水分散型アクリルエマルション塗料として，品質規格が制定された。

弱溶剤形塗料（NAD塗料）は弱溶剤（塗料用シンナー）で希釈できる塗料のことだが，アクリル樹脂を主体として，種々の樹脂と変性したアクリルアルキッド塗料，アクリルウレタン塗料，アクリルフッ素塗料などがある。

4) 水性塗料（エマルション塗料）

　水で薄めることができる塗料は水性塗料という。溶剤形塗料と同様，多くの樹脂系塗料が市販されている。**表4**-7に，水性塗料の種類を示す。

　水性塗料には，水だけでなく，冬に凍結を防ぐための凍結防止剤や塗膜に柔軟性を与える可塑剤などの溶剤が3〜8%程度混入している。水性塗料に混入する溶剤は沸点が200〜300℃と高いため，すべてが揮発するには長期間を必要とする。この溶剤は塗装直後から徐々に揮発し，その間に特有な臭いを発散する。完全に臭いが抜け切るには，約1か月程度を要することもある。

　この溶剤が発散する空間で生活していると，シックハウス症候群や化学物質過敏症になったりする可能性がある。この溶剤は，揮発性有機化合物VOC（voratile organic compoundの略）といわれる。これらの一般塗料のほかに，VOCを1%程度まで少なくした低VOC塗料，VOCをまったく使用しないゼロVOC塗料などが販売されている。

　特に食品工場，病院，学校，オフィスビルなどの改修工事で，臭気を避けたい場合はゼロVOC塗料を使うように配慮することが重要である。

塗料の種類	JIS規格	塗装略号	性状	用途
合成樹脂エマルションペイント	JIS K 5663 1種[1]	EP-1	つや消し塗料	主に外部用鉄面には適さない
	JIS K 5663 2種	EP-2	つや消し塗料	内部用
水性アクリル樹脂塗料	JIS K 5663 1種[1] JIS K 5660[2]	EP-G	つや有りからつや消しまでの各つやに対応できる	内外部用 さび止め塗料との併用で鉄部，亜鉛めっき部に適用できる
水性ウレタン樹脂塗料	JIS K 5663 1種[1] JIS K 5660[2]	EP-G	つや有りからつや消しまでの各つやに対応できる	主に外部用 さび止め塗料との併用で鉄部，亜鉛めっき部に適用できる
水性シリコン樹脂塗料	JIS K 5663 1種[1] JIS K 5660[2]	EP-G	つや有りからつや消しまでの各つやに対応できる	主に外部用 さび止め塗料との併用で鉄部，亜鉛めっき部に適用できる
水性フッ素樹脂塗料	JIS K 5663 1種[1] JIS K 5660[2]	EP-G	つや有りからつや消しまでの各つやに対応できる	主に外部用 さび止め塗料との併用で鉄部，亜鉛めっき部に適用できる

*1）JIS K 5663 1種：外部用でつや有からつや消しまで対応
*2）JIS K 5660：内外部用で光沢70以上のつや有り塗料

表4-7　水性塗料の種類

建物の塗装部位

コンクリート面の塗装

　　一般的なコンクリート面に塗装できる条件は，次のとおりである。
①コンクリートは打設後の養生期間は，通常夏期3週間（21日）以上，冬季4週間（28日）以上
②含水率は10%以下，アルカリの程度を示すPHは10以下

　　ただし，コンクリート床への塗装では，含水率5%以下で塗装することを指示していることもあるので，商品ごとの取扱説明書で確認を怠らないようにする。

　　塗膜が剥離する原因の一つは，コンクリートの含水率が高いところに塗装したケースである。直射日光があたった部位では，土砂降りの翌日でも含水率が10%以下を示すことがあるので，必ず手のひらをコンクリート面に押し当てて触感の確認を併用する。手の感触と測定値に大きな隔たりがあるときは，測定点を増やすなど慎重な確認が必要である。

鉄部面の塗装

　　鉄面の素地調整は，鉄面への塗装で最も重要な工程である。塗膜性能が十分に発揮されるには，この工程が50%以上を占めるといわれている。

　　鉄面が剥離する主な原因は，機械油と水（湿気，結露）の存在である。油や水が付着したままの鉄面に塗装すれば，剥離しやすくなる。また錆，黒皮，油，ゴミなども同様である。これらの付着物を除去して，塗装に適した下地にする作業が重要である。

　　塗装条件としては，湿度85%以下かつ温度5℃以上40℃以下が望ましい。鉄部の表面に水分が残っていれば，塗装しても乾燥後に短期間で剥離する。経験上から，湿度85%以上では鉄部表面は結露する。温度5℃以下では，結露水が鉄部表面に付着していても不思議ではない。なお，温度とは，気温と被塗物温度の両方を規定している。塗装できると判断する前に，表面温度計で被塗物温度を確認することが大切である。

各種非鉄金属面

1) アルミニウム面

　　アルミニウム面は，必ず表面処理後に塗装する。塗装する場所が，塗装工場による焼付け塗装か現場塗装かで，焼付け型の塗料を選ぶか常温乾燥

型の塗料を選ぶかが決定する。

2）亜鉛めっき面

鋼製建具は，多くの建築物で亜鉛めっき鋼板を使用している。鋼製建具という表現から，鉄部の塗料を亜鉛めっき面に塗装しがちである。亜鉛めっき面に鉄部の塗料で塗装した場合，早期に剥離が起きる。したがって普段から，亜鉛めっき面と鉄面を区別して表現するように，心掛けることが肝要である。

軒天や駐車場の天井の塗装

軒天は，スレートやボードを張り付けた天井とアルミ製品などによる天井などがある。スレートやボードを張り付けた天井は，一般的には水性塗料が塗装されている。この天井は，雨漏れによる染みや結露の繰返しによるはがれなどの塗膜欠陥が起きることがある。塗膜欠陥を防ぐためには，軒天を EP（エマルションペイント）か NAD（非分散型アクリルエマルション塗料）で塗装する。

アルミ製品の天井には，発色アルマイト製品や塗装したアルミ製品が使われている。一般に軒天は，雨がかからないにもかかわらず，結露しやすい。そのため，劣化が激しく，天井面が腐食して孔があき（孔食という），白い粉が吹いていることが多い。また，車の排気ガスのススなどが強固に付着しているので，塗装前に金べらやサンドペーパーで削り落としてから塗装を行うようにする。エポキシ樹脂系下塗り塗料の上に，アクリルウレタン塗装を行うのが一般的である。

ビニルクロス面への塗装

ビニルクロスが貼られている場合，一般の合成樹脂エマルションペイントを塗装すると，ビニルクロスに含まれている可塑剤が塗膜面に移行して，塗装後数週間で塗膜面に粘着性が出てくる。数か月後には，塗膜面を指で軽く触れただけで，塗料が指先に付くほどになる。ビニルクロス面には，ビニルクロス面用エマルション塗料を塗装する。

浴室への塗装

浴室は，環境条件としては外部以上に厳しい部位である。水性塗料はできる限り避けて，非水分散型アクリルエマルション塗料（NAD）を使うこ

とが肝要である。また，浴室で発生するふくれやはがれの原因は，ほとんどが水性パテの使用によるので，浴室で水性パテを使うことは厳禁である。

PC 版への塗装，GRC 版の塗装

　　PC 版や GRC 版の塗装は，剥れや膨れが起こりやすい塗装の1つである。その原因は，PC 版の乾燥度合いの問題である。PC 版や GRC 版に塗装を行うには，ある程度湿ったコンクリートの上でも塗装できる塗料の選定と塗装技術が必要である。

床面への塗装

　　新設の床コンクリート面への塗装では，表面のエフロレッセンス（アク）の除去と含水率に気を付ける。コンクリート面の含水率は壁面では 10% 以下だが，床面ではさらに乾燥状態が必要で 5～6% 以下が望ましい。

1）油面床への塗装

　　工作機械工場の床面は，機械油がコンクリート面に浸み込んでいるので，油面用プライマーを用いて塗装することも可能であるが，油を除去してから塗装することが原則である。一般的な油面床へは，アクリル，ウレタン，エポキシ塗装を行う。

2）カラーコンクリートやモルタルへの塗装

　　カラーコンクリートやモルタルなど付着性の悪い素地には，試験塗装をあらかじめ行って，付着性を確認してから塗装することが必要である。一般的には，アクリル，ウレタン，エポキシ塗装を行う。

屋根面への塗装

　　屋根は，常に外界と接しているため，塗装作業中に雨を避ける方法はない。雨が降りそうな状況下では，塗装作業は避けなければならない。特に水性塗料は，塗装後，数時間のうちは水に溶けてしまうので，夜露の影響を受けないように，午後の作業は早めに切り上げることが肝要である。

　　また，夜露が落ちる春秋の季節は，朝 10 時頃まで屋根材は夜露で濡れているので，塗装作業はできない。無理をして塗装作業を行うと，必ず剥離が起きる。特に窯業系屋根材は，夜露の水をたっぷりと吸っているかどうかは目視では判断しにくい。手の平で屋根材を必ず触って，乾燥した状態であることを確かめてから塗装作業を行う。

塗装工事の施工と管理ポイント

素地ごしらえ（素地調整）

　塗装工事における下地は，塗装される素材面のことで，一般的には"素地"と呼ばれる。例えば，木材，コンクリート，鉄，亜鉛めっき鋼板，アルミニウムなどがある。

　素地には，通常，油類，ほこり，ヤニなどの汚れが付着している。これらの付着物は，塗装の仕上りを悪くし，塗膜の性能低下を招き，さらに塗膜の耐用年数に著しい悪影響を与える。塗料が十分にその機能を果たすためには，事前にこれらの付着物を除去する必要がある。そのために，素地を清浄して塗装に適した状態にすることを素地調整という。

1）鉄面の素地ごしらえ

　鉄面の素地調整は，鉄面の錆や塗膜を除去することである。この方法は一般にケレンと呼ぶ。ケレンは塗装作業の中で最も重要な工程の1つで，塗装後の塗膜寿命は，ケレン作業の良し悪しによって大きく左右されるといっても過言ではない。**表4-8**に素地調整の種別を，**表4-9**に既存塗膜などの付着物の除去方法を示す。

種別	作業内容	作業方法
1種ケレン	さび，塗膜を除去し，清浄な鋼材面とする	ブラスト
2種ケレン	さび，塗膜を除去し，鋼材面を露出させる。ただし，くぼみ部分や狭あい部分にはさびや塗膜が残存する	ディスクサンダー，ワイヤホイルなどの動力工具
3種ケレン	さび，劣化塗膜を除去し，鋼材面を露出させる。ただし，劣化していない塗膜（活膜）は残す	ディスクサンダー，ワイヤホイルなどの動力工具
4種ケレン	さび，劣化塗膜を除去し，鋼材面を露出させる。ただし，劣化していない塗膜（活膜）は残す	ディスクサンダー，ワイヤホイルなどの動力工具

表4-8 素地調整の種別

工程		種別			塗料その他		面の処理
		RA種	RB種	RC種	規格番号	規格名称	
1	既存塗膜の除去	○			−		ディスクサンダー，スクレーパーなどにより，塗膜およびさびなどを前面除去する
			○		−		ディスクサンダー，スクレーパーにより，劣化し脆弱な部分およびさびなどを除去し，活膜は残す
2	付着物の除去	○	○	○			スクレーパー，ワイヤーブラシなどで除去する
3	油類の除去	○			−		揮発油ぶき
4	研磨紙ずり	○			研磨紙#100〜180		全面を平らに研磨する
		○	○		研磨紙#240〜320		

表4-9 既存塗膜などの付着物の除去方法

2) 亜鉛めっき面の素地ごしらえ

亜鉛めっき面は一般に塗料の付着性が悪く、塗膜の剥離などを起こしやすい。そのため、素地面を物理的あるいは化学的に処理し、付着性を向上させることが必要である。**表 4**-10 に、亜鉛めっき面の処理方法を、**表 4**-11 に、亜鉛めっき面の素地調整方法を示す。

3) アルミニウム面の素地ごしらえ

アルミニウムの表面仕上げは、素材独特の白色および特有の陽極酸化法発色（アルマイト発色）を意匠に生かしたサッシ、建具などのクリヤー仕上げ、素材の耐食性や、加工性のよさを生かしたサイディング、カーテンウォールなどに対応する着色仕上げが行われる。その種類に応じて種々の素地調整が行われている。いずれの場合もアルミニウムは亜鉛めっき面と同様、塗料の付着性が悪いので、化成被膜処理が必要である。**表 4**-12 に、アルミニウム面の処理の例を示す。

4) コンクリート，モルタル面などの素地ごしらえ

コンクリート、モルタルなどの無機質系下地の素地調整は、含水率やアルカリ分の残存などに注意し、それらが十分に低下するのを待って塗装することが大事である。

表 4-13 に、コンクリートやモルタル面の処理方法を示す。

素地調整上の注意事項には、次の3つがある。

①素地の養生期間は打設後、通常夏季3週間、冬季4週間、表面アルカ

素地の種類	処理の種類	工程	塗料その他	面の処理	放置時間
亜鉛めっき面	エッチングプライマー処理	a	―	汚れ、付着物をスクレーパー、ワイヤーブラシ、スチールウールなどで除去	―
		b	―	溶剤・揮発油拭き、または石けん水洗いをする	2時間以上8時間以内
		c	下地処理塗装	エッチングプライマー	エッチングプライマーを塗装する	―
	リン酸亜鉛処理	a	汚れ・付着物の除去		汚れ、付着物をスクレーパー、ワイヤーブラシ、スチールウールなどで除去	―
		b	油類の除去		アルカリ系クリーナーで十分に脱脂、水洗い	―
		c	リン酸亜鉛処理		リン酸亜鉛系化成処理を行い、水洗い、湯洗い	―

表 4-10 亜鉛めっき面の処理方法

素地の種類	処理の種類		処理
亜鉛めっき面	1種	A	化成皮膜処理をする
		B	エッチングプライマーを塗る場合
	2種		清掃と脱脂をする場合

表 4-11 亜鉛めっき面の素地調整方法

リ度が pH10 以下，含水率が 10％以下になるのを待つ。
② 汚れ，付着物は素地を傷をつけないように除去する。また，水洗いを施した場合は十分に乾燥させる。
③ 吸水止めは，主として吸水の大きい気泡コンクリート，軽量コンクリート，軽量コンクリートブロックなどの面に，塗装を行なう場合に実施する。

5）木材面の素地ごしらえ

木部塗装の場合には，木部を十分に乾燥させるとともに，ヤニ処理，穴

素地の種類	処理の種類	工程		塗料その他	面の処理	放置時間
アルミニウム面	化成皮膜処理	a	汚れ・付着物の除去	—	汚れ，付着物をスクレーパー，ワイヤーブラシ，スチールウールなどで除去	—
		b	脱脂・エッチング処理	脱脂・エッチング・スマット処理	脱脂→水洗い→エッチング→水洗い→スマット除去→水洗い→乾燥	直ちに次の工程に移る
		c	化成皮膜処理	エッチングプライマー	スプレー，または浸漬による処理	—

表 4-12 アルミニウム面の処理方法

素地の種類	処理の種類	工程		塗料その他	面の処理	放置時間
モルタル コンクリート プラスター 石綿セメント板 石こうボード類	普通工程	a	乾燥	—	放置して十分に乾燥させる	3時間以上
		b	汚れ・付着物の除去	—	汚れおよび付着物は，ブラシ・研磨紙・布により除去し，必要に応じて水洗いする	—
		c	吸水止め	合成樹脂エマルションクリヤー，ビニル系シーラー，エポキシ系シーラーなど	1〜2回塗装する	—
		d	穴埋め・亀裂・目違いの処理	素地と同種の材料またはセメントフィラー，エポキシパテなど		
		e	研磨紙ずり	研磨紙 # 120〜180		

表 4-13 コンクリート，モルタル面の処理方法

素地の種類	処理の種類	工程		塗料その他	面の処理	放置時間
木部	普通工程	a	汚れ・付着物の除去	—	汚れ，付着物の除去，油類は揮発油拭き	3時間以上
		b	ヤニの処理	—	ヤニの削り取り，コテ焼きあな，揮発油拭き	—
		c	研磨紙ずり	研磨紙 # 120〜# 240	かんな目，逆目，けばなどを研磨紙ずり	—
		d	節止め	セラックニス	節およびその周囲などに 1〜2 回はけ塗り	各階時間以上
		e	穴埋め	穴埋め用パテ	ワレ，穴，大きな隙間，深い窪みなどの穴埋め	24時間以上
		f	研磨紙ずり	研磨紙 # 120〜# 240	—	—

表 4-14 木材面の処理方法

埋めなどの素地調整を行う。**表4**-14に，木材面の処理方法を示す。

木質系下地の素地調整は，次の3項目に注意して行う。

①表面に出ている鉄くぎ頭は打ち沈める。木ねじなどはしっかりねじ込む。釘類の上に水性塗料を塗る場合や，錆が発生するおそれがある場合は，穴埋め用パテを詰めるか，錆止め塗料を木質系下地に塗装する。

②汚れ，付着物は，木部を傷つけないように除去する。また，必要に応じて木質系下地を水または温湯で拭き，全面のほこりを清掃する。

③木質系下地に付着した油類，すすなどは拭き取った後，再度揮発油などで拭き取る。

シーラー選択の手順

1) シーラーの意味

塗装は，一般に下塗り，中塗り，上塗りの3工程で行う。

下塗りは素地に直接塗装する最初の工程である。素地をシール（目張りすること）する意味が，"シーラー"ともいう名前の由来である。また，最初の塗装工程で使う意味から，"プライマー"ともいう。また，単に"下塗り"ともいう。これらの基本的な意味は同一である。

コンクリートやスレートなどの窯業系無機質素材に対しては"シーラー"，金属面には"プライマー"などと使い分けている。しかし，この使い分けはあくまで慣習的なものである。

シーラーの役目は，大別すると次の3つである。

①素地への吸い込み止め
②素地からのアルカリ止め
③付着性向上

2) シーラーの選定

シーラーは素地に直接接するので，選定を誤ると素地とシーラーが付着しないことがある。シーラーの付着が悪いと，塗膜が剥離する可能性が高くなってしまう。**図4**-3に，素材とシーラーの適合度合いを示す。

さび止め塗料

建築材料のうち，鉄骨造に対しては必ず腐食防止処理を施す必要がある。鉄は木やコンクリートと異なり，大気中の水分や酸素との反応性が高く容易に腐食する。いったん腐食が始まると内部まで進み，ついにはボロボロ

となって鉄の機能をなくす。したがって，防食塗料を塗ってさびの進行を阻止し，鉄の機能を維持する必要がある。

1) 腐食の概念

鉄が自然に産出する形態である鉄鉱石は，鉄の化合物である。したがって，鉄として存在するよりも，さびた鉄化合物にもどろうとする自然の傾向を持っている。図4-4に，さび発生のメカニズムを示す。

2) 防錆の考え方

鉄の腐食を防ぐためには，次の2つの方法がある。

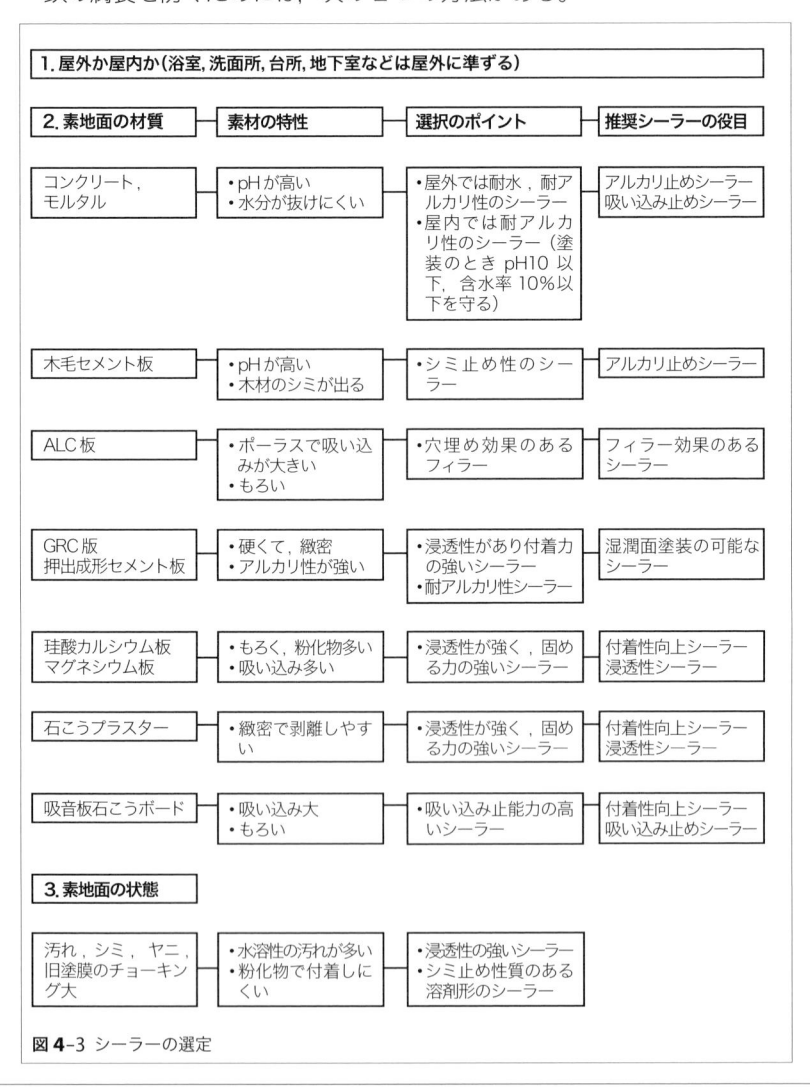

1. 屋外か屋内か（浴室，洗面所，台所，地下室などは屋外に準ずる）			
2. 素地面の材質	**素材の特性**	**選択のポイント**	**推奨シーラーの役目**
コンクリート，モルタル	・pHが高い ・水分が抜けにくい	・屋外では耐水，耐アルカリ性のシーラー ・屋内では耐アルカリ性のシーラー（塗装のときpH10以下，含水率10%以下を守る）	アルカリ止めシーラー 吸い込み止めシーラー
木毛セメント板	・pHが高い ・木材のシミが出る	・シミ止め性のシーラー	アルカリ止めシーラー
ALC板	・ポーラスで吸い込みが大きい ・もろい	・穴埋め効果のあるフィラー	フィラー効果のあるシーラー
GRC版 押出成形セメント板	・硬くて，緻密 ・アルカリ性が強い	・浸透性があり付着力の強いシーラー ・耐アルカリ性シーラー	湿潤面塗装の可能なシーラー
珪酸カルシウム板 マグネシウム板	・もろく，粉化物多い ・吸い込み多い	・浸透性が強く，固める力の強いシーラー	付着性向上シーラー 浸透性シーラー
石こうプラスター	・緻密で剥離しやすい	・浸透性が強く，固める力の強いシーラー	付着性向上シーラー 浸透性シーラー
吸音板石こうボード	・吸い込み大 ・もろい	・吸い込み止能力の高いシーラー	付着性向上シーラー 吸い込み止めシーラー
3. 素地面の状態			
汚れ，シミ，ヤニ，旧塗膜のチョーキング大	・水溶性の汚れが多い ・粉化物で付着しにくい	・浸透性の強いシーラー ・シミ止め性質のある溶剤形のシーラー	

図4-3 シーラーの選定

①樹脂防錆形

　樹脂防錆形は，鉄部への酸素，水分，その他，錆を起こしやすい物質の侵入を防ぐため，繊密な塗膜を形成し錆の発生を防ぐ方法をいう。代表的なものにエポキシ系錆止め塗料がある。

　なお，腐食性の物質が塗装面に付着しないように，素地調整はブラストなどで錆を完全に除去する必要がある。

②顔料防錆形

　顔料防錆形は，錆止め顔料を用いた塗料である。鉛丹ペイント，亜酸化鉛錆止めペイントなど，油性系錆止め塗料が中心である。なお，さび止め塗料用顔料には，以下の2種類がある。

・主要なさび止め塗料用顔料

　鉛系さび止め顔料（鉛丹，亜酸化鉛，シアナミド鉛など），クロム酸塩系顔料（ジンククロメートなど），アルミニウム粉，MIO（エムアイオー）などがある。

・顔料を主体として呼ばれるさび止め塗料

　鉛丹さび止めペイント，亜酸化鉛さび止めペイント，シアナミド鉛さび止めペイント，ジンクリッチペイント（高濃度亜鉛末さび止めペイント），鉛酸カルシウムさび止めペイントなどがある。

　今後は，鉛を含まない JIS K 5674 鉛クロムフリーさび止めペイントに注目が集まる。

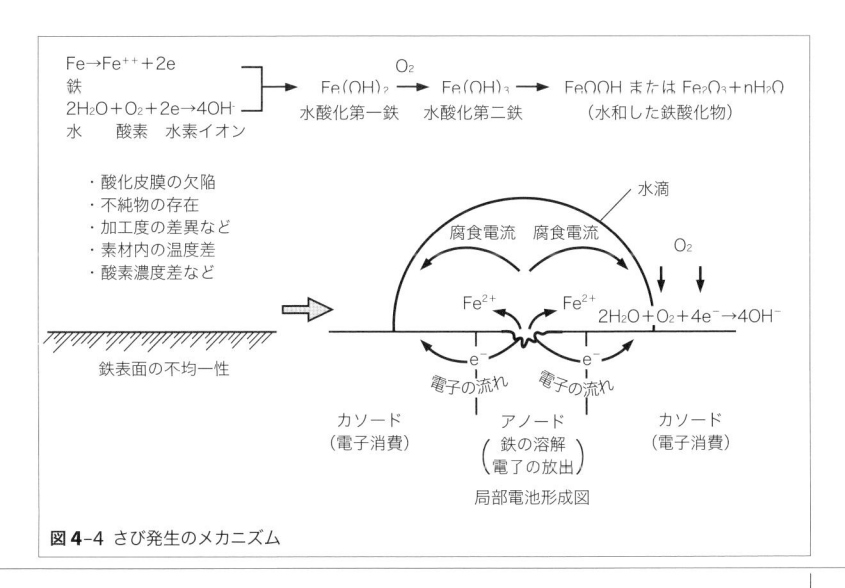

図4-4 さび発生のメカニズム

外壁用塗料

1）外装用上塗り塗料

建物の高層化あるいは大気汚染の進行に伴い，耐久性，汚染性などが優れているとともに，容易にメンテナンス（補修，塗り替え）ができる塗料が求められている。**図4-5**に，外壁に使用される塗料の種類を示す。

2）仕上げ塗り材

外装の大半を占める吹付け仕上げ塗り材は，**図4-6**に示す。

外装仕上げは，デザインが多様になっており，リシン，スタッコ，凹凸など多様化している。**表4-15**に，仕上げ塗り材の種類を示す。

メタルカーテンウォール用塗料

メタルカーテンウォール工法では，使用される素材としてアルミニウムの占める割合がかなり高くなっている。仕上材は，従来のアクリル樹脂系からポリエステルウレタン樹脂系，そしてフッ素樹脂系，さらには高耐候性ポリエステル粉体塗装へと変わってきている。この仕上材の変化は，メンテナンスフリーの要望に対応した塗装の高級仕様化への必然の流れを受けてのことである。

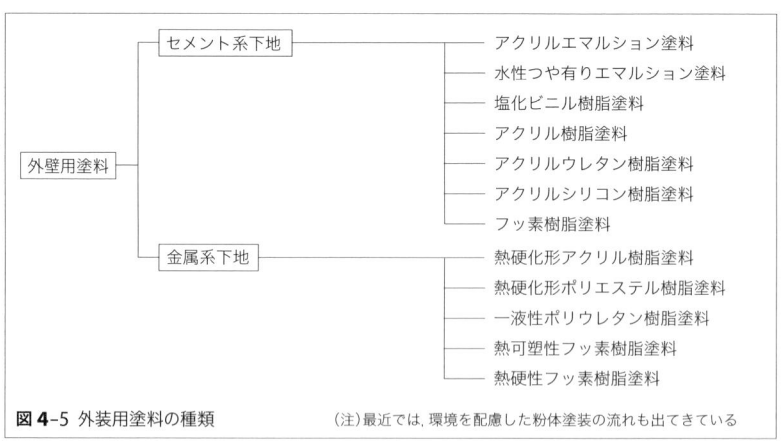

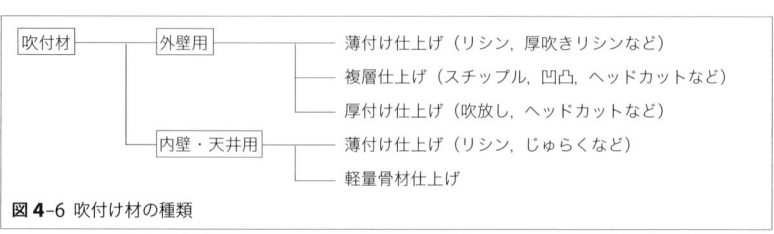

```
外壁用塗料 ─┬─ セメント系下地 ─┬─ アクリルエマルション塗料
           │                  ├─ 水性つや有りエマルション塗料
           │                  ├─ 塩化ビニル樹脂塗料
           │                  ├─ アクリル樹脂塗料
           │                  ├─ アクリルウレタン樹脂塗料
           │                  ├─ アクリルシリコン樹脂塗料
           │                  └─ フッ素樹脂塗料
           └─ 金属系下地 ─────┬─ 熱硬化形アクリル樹脂塗料
                              ├─ 熱硬化形ポリエステル樹脂塗料
                              ├─ 一液性ポリウレタン樹脂塗料
                              ├─ 熱可塑性フッ素樹脂塗料
                              └─ 熱硬性フッ素樹脂塗料
```

図4-5 外装用塗料の種類　　（注）最近では，環境を配慮した粉体塗装の流れも出てきている

```
吹付材 ─┬─ 外壁用 ─────┬─ 薄付け仕上げ（リシン，厚吹きリシンなど）
        │               ├─ 複層仕上げ（スチップル，凹凸，ヘッドカットなど）
        │               └─ 厚付け仕上げ（吹放し，ヘッドカットなど）
        └─ 内壁・天井用 ┬─ 薄付け仕上げ（リシン，じゅらくなど）
                        └─ 軽量骨材仕上げ
```

図4-6 吹付け材の種類

種類	呼び名	①用途②層形成③塗り厚	主たる仕上の形状	通称
薄付け仕上塗材	外装珪酸質系仕上塗材	外装薄塗材 Si	①外装用②下塗り+主剤または主剤だけ③3mm程度以下	砂壁状	シリカリシン
	可とう形外装珪酸質系薄付け仕上塗材	可とう形外装薄塗材 Si		ゆず肌状	
	外装合成樹脂エマルション系薄付け仕上塗材	外装薄塗材 E		砂壁状	樹脂リシン・アクリルリシン・陶石リシン
	可とう形外装合成樹脂エマルション系薄付け仕上塗材	可とう形外装薄塗材 Si		砂壁状・ゆず肌状	弾性リシン
	防水形外装合成樹脂エマルション系薄付け仕上塗材	防水形外装薄塗材 E		ゆず肌状・さざ波状・凸凹状	単層リシン
	外装合成樹脂溶液系薄付け仕上塗材	外装薄塗材 S		砂壁状	溶液リシン
	内装セメント系薄付け仕上塗材	内装薄塗材 C	①内装用②下塗り+主剤または主剤だけ③3mm程度以下	ゆず肌状	セメントリシン
	内装消石灰・ドロマイドプラスター系薄付け仕上塗材	内装薄塗材 L		平たん状・ゆず肌状・さざ波状	珪藻土塗材
	内装珪酸質系薄付け仕上塗材	内装薄塗材 Si		砂壁状・ゆず肌状	シリカリシン
	内装合成樹脂エマルション系薄付け仕上塗材	内装薄塗材 E		砂壁状・ゆず肌状・さざ波状	じゅらく
	内装水溶性樹脂系薄付け仕上塗材	内装薄塗材 W		京壁状・繊維壁状	繊維壁・京壁・じゅらく
厚付け仕上塗材	外装セメント系厚付け仕上塗材	外装厚塗材 C	①外装用②下塗り+主剤③4〜10mm程度	スタッコ状	セメントスタッコ
	外装珪酸質系厚付け仕上塗材	外装厚塗材 Si			シリカスタッコ
	外装合成樹脂エマルション系厚付け仕上塗材	外装厚塗材 E			樹脂スタッコ
	内装セメント系厚付け仕上塗材	内装厚塗材 C	①内装用②下塗り+主剤または主剤だけ③4〜10mm程度	スタッコ状掻き落とし状平たん状	セメントスタッコ
	内装消石灰・ドロマイドプラスター系厚付け仕上塗材	内装厚塗材 L			珪藻土塗材
	内装石こう系厚付け仕上塗材	内装厚塗材 G			珪藻土塗材
	内装珪酸質系厚付け仕上塗材	内装厚塗材 Si			シリカスタッコ
	内装合成樹脂エマルション系厚付け仕上塗材	内装厚塗材 E			樹脂スタッコ
軽量骨材仕上塗材	吹付け用軽量骨材仕上塗材	吹付用軽量塗材	①主として天井②下塗り+主剤③3〜5mm程度	砂壁状	パーライト吹付
	こて塗用軽量骨材仕上塗材	こて塗用軽量塗材		平たん状	—
複層仕上塗材	ポリマーセメント系複層仕上塗材	複層塗材 CE	①内装用および外装②下塗り+主剤+上塗り材③3〜5mm程度	平たん状・月面状・ゆず肌状	セメント系吹付けタイル
	可とう形ポリマーセメント系複層仕上塗材	可とう形複層塗材 CE			セメント系吹付けタイル（可とう形，微弾性，柔軟形）
	防水形ポリマーセメント系複層仕上塗材	防水形複層塗材 CE			
	珪酸質系複層仕上塗材	複層塗材 Si			シリカタイル
	合成樹脂エマルション系複層仕上塗材	複層塗材 E			アクリルタイル
	反応硬化形合成樹脂エマルション系複層仕上塗材	複層塗材 RE			ダンセイタイル
	防水形反応硬化形合成樹脂エマルション系複層仕上塗材	防水形複層塗材 RE			水系エポキシタイル
	合成樹脂溶液系複層仕上塗材	複層塗材 RS			—
	防水形合成樹脂溶液系複層仕上塗材	防水形複層塗材 RS			エポキシタイル
可とう形改修用仕上塗材	可とう形合成樹脂エマルション系改修用仕上塗材	可とう形改修塗材 E	①外装②下塗り+上塗り材③0.5mm〜1mm程度	凸凹状ゆず肌状平たん状	—
	可とう形反応硬化形合成樹脂エマルション系改修用仕上塗材	可とう形改修塗材 RE			—
	可とう形ポリマーセメント系改修用仕上塗材	可とう形改修塗材 CE			—

表 4-15 仕上塗り材の種類（JIS A 6909-20051 による）

表4-16に，各種塗料と期待耐用年数を示す。

一般にウレタン樹脂系の期待耐用年数は10〜12年である。しかし，フッ素樹脂系は20年以上といわれている。また，最近では環境対応型塗料として高耐候性ポリエステル粉体塗料が注目されている。

シーリング材への塗装

外壁塗装においてはシーリング材への塗装をどう処理するかによって外観が変わるばかりでなく，シーリング材の耐久性にも影響を及ぼしている。図4-7に，硬化機構別によるシーリング材の分類を示す。

シーリング材と塗料との組合せは，同系統のシーリング材でも汚染と密着性にある程度の傾向は見られるものの，製品により異なることがあるので，状況に応じて塗膜との相性の確認が必要である。

下塗塗料	上塗塗料	塗り回数 焼付回数	膜厚 (μ)	期待耐用年数	特長	洗浄回数 (回/年)
—	アクリル樹脂塗料	3コート 2ベイク	60	7年	標準的な仕様	1〜2
エポキシ樹脂塗料	アクリル樹脂塗料	3コート 2ベイク	60	7年	海岸地区，工場地帯	2〜3
エポキシ樹脂塗料	粉体塗料	3コート 2ベイク	60	7年	高級仕様	1〜2
エポキシ樹脂塗料	フッ素樹脂塗料	2コート 1ベイク	30	20年以上	超高級仕様	1

注）付・3コート2ベイク：塗装回数は3回で2回の焼付を行う
　　・膜厚は，下塗り〜上塗りまでの合計の膜厚（膜厚計で測定する）
　　・洗浄は，ごく少量の洗剤を付けたウエスで塗装表面を拭く

表4-16 各種塗料と期待耐用年数（「DNT建築塗料の手引き」による）

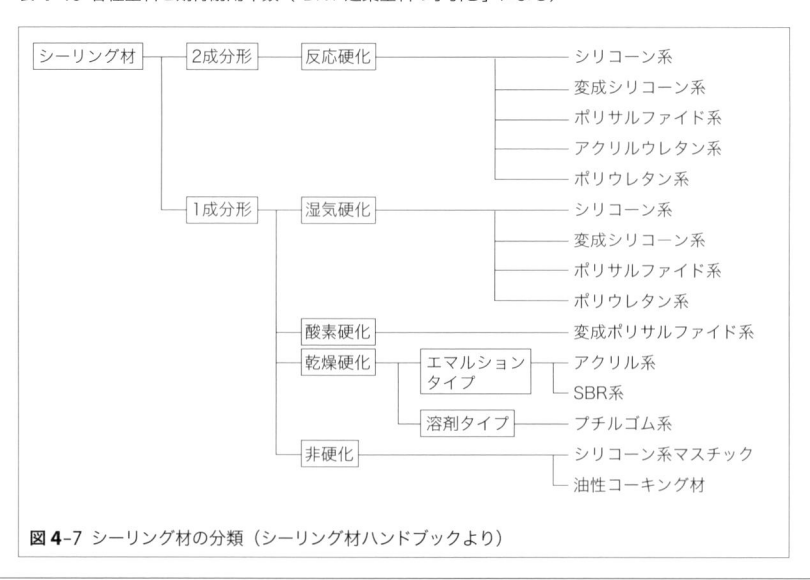

```
シーリング材 ─┬─ 2成分形 ─┬─ 反応硬化 ─┬─ シリコーン系
              │            │            ├─ 変成シリコーン系
              │            │            ├─ ポリサルファイド系
              │            │            ├─ アクリルウレタン系
              │            │            └─ ポリウレタン系
              │
              └─ 1成分形 ─┬─ 湿気硬化 ─┬─ シリコーン系
                           │            ├─ 変成シリコーン系
                           │            ├─ ポリサルファイド系
                           │            └─ ポリウレタン系
                           ├─ 酸素硬化 ── 変成ポリサルファイド系
                           ├─ 乾燥硬化 ─┬─ エマルションタイプ ─┬─ アクリル系
                           │            │                       └─ SBR系
                           │            └─ 溶剤タイプ ── ブチルゴム系
                           └─ 非硬化 ─┬─ シリコーン系マスチック
                                       └─ 油性コーキング材
```

図4-7 シーリング材の分類（シーリング材ハンドブックより）

内装用塗料

　建築物内部には，クロス貼りが増えているものの，壁用塗料の占める割合は依然と高い。メンテナンスの容易さから，一般的にはエマルション塗料が使用されている。場合によっては，防かび性やしみ止め性のある非水分散型アクリルエマルション塗料（NAD）が使われている。なお，シックハウス症候群や化学物質過敏症などの問題から，水性塗料が見直されている。**図**4-8 に，内装用塗料の分類を示す。**表**4-17 に，内装用塗料の性能比較を示す。

屋根用塗料

　屋根材は，セメント系素材と金属系素材とアスファルト系の3種類に大

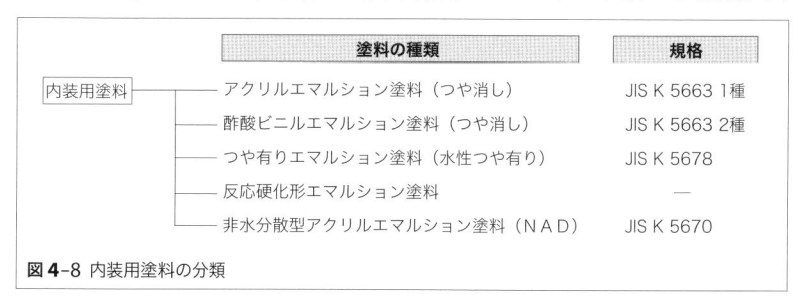

	塗料の種類	規格
内装用塗料	アクリルエマルション塗料（つや消し）	JIS K 5663 1種
	酢酸ビニルエマルション塗料（つや消し）	JIS K 5663 2種
	つや有りエマルション塗料（水性つや有り）	JIS K 5678
	反応硬化形エマルション塗料	—
	非水分散型アクリルエマルション塗料（NAD）	JIS K 5670

図 4-8 内装用塗料の分類

項目	酢酸ビニル系エマルション塗料[※1]（EP-1）	アクリル系エマルション塗料[※2]（EP-1）	水性つや有りエマルション塗料[※3]（EP-G）	反応硬化形エマルション塗料[※4]	非水分形アクリルエマルション塗料[※5]（NAD）
耐水性	△	○	○	○	◎
耐湿性	△	○	○	○	◎
耐アルカリ性	△	○	○	○	◎
耐酸性	△	△	○	○	◎
耐洗浄性	△	△〜○	○	○	◎
耐汚染性	△	○	○	○	○
防かび性	△	○	△〜○	○	◎
作業性	◎	◎	◎	○	○
臭気	◎	◎	◎	○	△
火気安全性	◎	◎	◎	○	△
ビニルクロス面への塗装	×	×	×	○	×
旧SOP面への塗装	×	×	×	○ 研磨すること	○ 研磨すること

※1：耐候性，耐水性，耐アルカリ性に優れているので，屋内・外を問わず使用されている
※2：アクリル系に比べて耐候性，耐水性などが劣っている。美装面と適度な価格面から，内部用に用いられている
※3：つや消しからつや有りまで仕上がる水性塗料で，SOPやVEの代わりに内装に使われている
※4：つやつや消しからつや有りまで仕上がる水性塗料で，水が揮発すると反応硬化する
※5：シーラー無しで塗装でき，厚塗り性があるので1〜2回の塗装で仕上がる省工程塗料である。防かび性があり，浴室や台所などにも適用できる

表 4-17 内装用塗料の性能比較

別できる。おのおのの素材が持つ性質により，**図4-9**のような塗料が使用されている。

床用塗料

1）塗り床材の種類

塗り床材とは建築物の屋内における床，廊下などの主としてアスファル

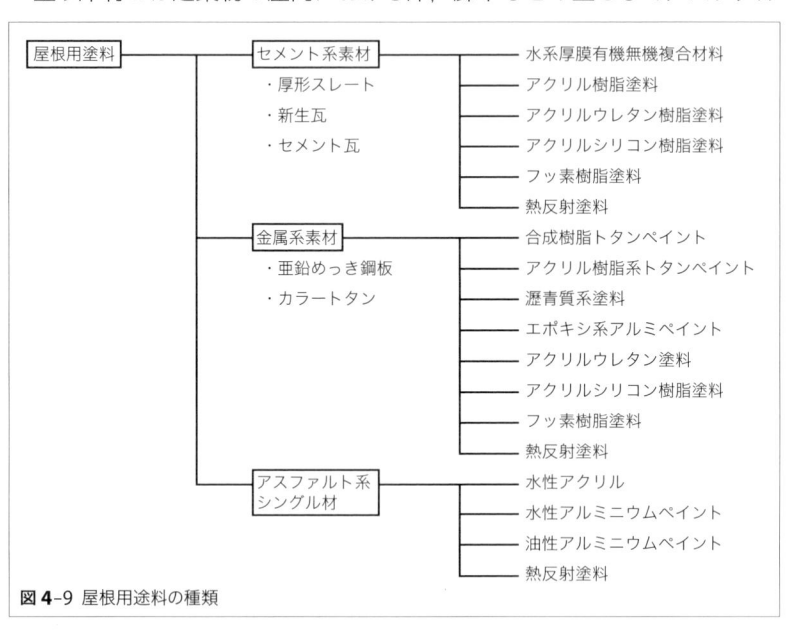

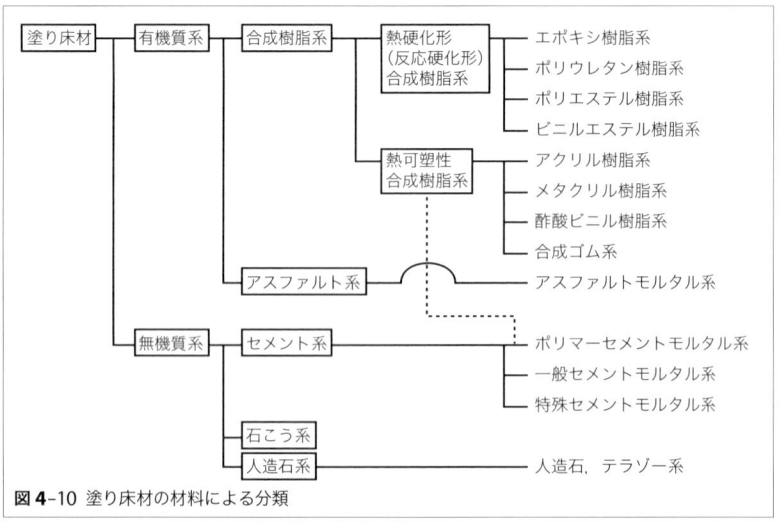

```
屋根用塗料─┬─セメント系素材─────┬─水系厚膜有機無機複合材料
          │  ・厚形スレート      ├─アクリル樹脂塗料
          │  ・新生瓦            ├─アクリルウレタン樹脂塗料
          │  ・セメント瓦        ├─アクリルシリコン樹脂塗料
          │                      ├─フッ素樹脂塗料
          │                      └─熱反射塗料
          │
          ├─金属系素材───────┬─合成樹脂トタンペイント
          │  ・亜鉛めっき鋼板    ├─アクリル樹脂系トタンペイント
          │  ・カラートタン      ├─瀝青質系塗料
          │                      ├─エポキシ系アルミペイント
          │                      ├─アクリルウレタン塗料
          │                      ├─アクリルシリコン樹脂塗料
          │                      ├─フッ素樹脂塗料
          │                      └─熱反射塗料
          │
          └─アスファルト系─────┬─水性アクリル
             シングル材           ├─水性アルミニウムペイント
                                  ├─油性アルミニウムペイント
                                  └─熱反射塗料
```

図4-9 屋根用塗料の種類

```
塗り床材─┬─有機質系─┬─合成樹脂系─┬─熱硬化形────┬─エポキシ樹脂系
         │          │            │ (反応硬化形)  ├─ポリウレタン樹脂系
         │          │            │ 合成樹脂系    ├─ポリエステル樹脂系
         │          │            │               └─ビニルエステル樹脂系
         │          │            │
         │          │            ├─熱可塑性─────┬─アクリル樹脂系
         │          │            │ 合成樹脂系    ├─メタクリル樹脂系
         │          │            │               ├─酢酸ビニル樹脂系
         │          │            │               └─合成ゴム系
         │          │            │
         │          │            └─アスファルト系──アスファルトモルタル系
         │          │
         └─無機質系─┬─セメント系─────┬─ポリマーセメントモルタル系
                    │                  ├─一般セメントモルタル系
                    │                  └─特殊セメントモルタル系
                    │
                    ├─石こう系
                    └─人造石系────────人造石，テラゾー系
```

図4-10 塗り床材の材料による分類

ト系やセメント系のコンクリートやモルタルなどの下地に現場施工によって塗られる床材である。図4-10に塗り床材の材料による分類を，図4-11に塗り床材の分類を示す。

2）工法
①コーティング工法

　コーティング工法は，ローラー刷毛を使って塗布する工法で，1～3回塗り重ねて仕上げる。この工法は，仕上げ厚みが最も薄く，耐摩耗性をあまり必要としない歩行用床に用いられる。

　したがって，使用用途は防塵や美装が主目的な一般工場，事務所，廊下，ロビーなどである。

②流し延べ工法

　流し延べ工法は，セルフレベリング性の高い塗り床材を，流し延べたりまたは金ごてで平滑に仕上げる工法である。この工法は高粘度のペースト状液体で，主に無溶剤形の塗材を5～20mm厚程度に仕上げる工法である。さらに，床に厚みを付けるためには，珪砂などの骨材を容積比で樹脂100に対して骨材を0～100加えて仕上げる。

③樹脂モルタル工法

　この工法は，合成樹脂を結合材として用いたモルタル仕上げ工法である。樹脂モルタルはこて塗りで作業を行うのが通常で，塗り床材で最も厚い塗装仕上げが得られる工法の1つである。

④ノンスリップ工法

　ノンスリップ工法は，別名を骨材散布工法という。この工法は，床の滑り止め仕上げを目的とした工法である。用途は主に工場，駐車場，プールサイドなどの床である。この他に，弾性床材には塗装をゆず肌状に吹付けて，すべり止めする工法もある。

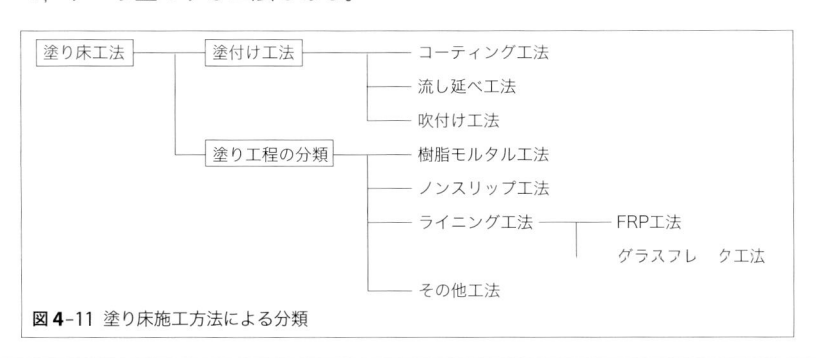

```
塗り床工法 ─┬─ 塗付け工法 ──────┬─ コーティング工法
            │                    ├─ 流し延べ工法
            │                    └─ 吹付け工法
            └─ 塗り工程の分類 ───┬─ 樹脂モルタル工法
                                  ├─ ノンスリップ工法
                                  ├─ ライニング工法 ─┬─ FRP工法
                                  │                   └─ グラスフレーク工法
                                  └─ その他工法
```

図4-11　塗り床施工方法による分類

⑤ライニング工法

ライニングとは，水槽や薬品槽などの内面に耐薬品性，防水性などの性能を高めるために行う内面塗装法のことである。液状樹脂または樹脂ペーストを下地面に塗布し，硬化する前にガラスクロス（シート状のガラス繊維）やマットなどを積層し，液状樹脂または樹脂ペーストが硬化後に，さらにその上から液状樹脂または樹脂ペーストを塗り重ねする仕上げ工法である。

表4-18に，塗り床工法の種類と標準的な仕様などを示す。

木部用塗装

木部の塗装は，金属塗装が素地の防錆保護を主とするのに対して，色彩，光沢などの美観を与えることに重点を置いている。

仕上げには，木目を生かした透明仕上げと不透明なエナメル仕上げがある。

1）木材の種類と仕上げ

木材は，針葉樹と広葉樹に大別される。木目のきれいさから針葉樹は不透明仕上げ，広葉樹は透明仕上げが多い。

2）木材の伸縮と膨張

木材の繊維膜が含有する水分は，大気の条件によって増減し，この作用で膨張・収縮を繰り返す。

種類 項目	①コーティング工法	②流し延べ工法	③樹脂モルタル工法	④FRPライニング工法	⑤フレークライニング工法
仕様	上塗り／下塗り／プライマー／下地	上塗り／下塗り（ペースト）／プライマー／下地	上塗り／樹脂モルタル／下塗り／下地	上塗り／中塗り（クロス目つぶし）／ガラスクロス／下塗り／下地／プライマー	上塗り／中塗り（クロス目つぶし）／下塗り（フレーク入り）／下地／プライマー
厚さ(mm)	0.2～1.0	1～3	13～10	1～3	0.4～2.0
工法	樹脂を比較的薄く塗布する	骨材を混合したペースト状の樹脂緒コーティング工法よりも厚く流し延べる	骨材や充填材を混合してモルタル状にした樹脂をこてで厚く塗る	ガラス繊維・マット，合成繊維などの補強材を積層し，樹脂を塗り重ねる	鱗片状のガラス薄片（フレーク）を混入した樹脂ペーストを塗布する
特徴	施工が簡単で安価ではあるが，耐久性は劣る軽度な工法	ある程度の外力に対する抵抗性が必要で美観上，平滑に仕上る場合の工法	耐薬品性に加え，耐摩耗性・耐衝撃性・耐荷重性などが重視される場合の工法	補強材によって樹脂の強度特性を改善し，耐衝撃性・耐クラック性などを向上した工法	フレークにより樹脂の耐浸透性や強度をし，耐薬品性・耐熱性などをさらに向上した工法

注）引用文献：大澤悟「防水ジャーナル」1990年5月号

表4-18 合成高分子系塗り床材の主要工法

3) 木材の管理

木材は収縮と膨張をするので，反りや寸法の狂いが生じる。この解決は含水率の管理にあり，一般的に 10 ～ 15％を標準としている。

4) 木部の前処理（漂白，着色，目止め，シーラー塗り）

漂白，着色，目止め，シーラー塗りという木部の前処理は，最後の塗装仕上げに大きく左右する最も重要な工程である。

①漂白

漂白は，木材の色のばらつきを少なくするために行う。

②着色

着色は，素地に色彩を与え優雅な味を出すことと，高級材に似せて価値を高めることのために行う。例えば，染料や顔料を用いて着色し，均一な色を付ける。

③目止め

目止めは，平坦な面をつくり，次に塗る塗料の吸収を防いで上塗りの基礎をつくるために行う。

④シーラー

一般にウッドシーラーという。シーラーは，素地固めと吸込み防止と，次に塗る塗料の足がかりをつくるために行う。

5) 代表的な木工用塗料

①ラッカー

塗膜は，非常に堅固で不粘着，耐油性，耐水性，耐久性がある。美観の点でも優れている。ただし，塗装は，数回行う必要がある。

②ポリエステル樹脂塗料

ポリエステル樹脂塗料は，2 液混合塗料である。塗装した塗料のほとんどが塗膜になるため，1 度の塗装で十分な塗膜が得られる。この塗料は，塗装環境により仕上りが左右されやすい。

③ポリウレタン樹脂塗料

ポリウレタン樹脂塗料は，1 液型と 2 液混合型塗料がある。この塗料は，光沢，肉持ち（厚みのある塗装のことをいう）などに優れているが，乾燥が遅い欠点がある。

④アミノアルキッド樹脂塗料

アミノアルキッド樹脂塗料は，正しくは常温硬化形アミノアルキッド樹脂塗料という。この塗料は，比較的安定した性状を有し，乾燥が早い。2

液性とはいえ，可使時間（塗装できる時間のことをいう）が２日と長く，肉持ちなどの仕上がりもよく標準的な木工用塗料である。

⑤合成樹脂調合ペイント

合成樹脂調合ペイントは，１液型で不透明仕上げ塗料である。建設現場では，一般的に使われる塗料である。

塗装によく起きる問題

塗料は，正確に塗装されて始めて，本来持っている美装と保護の効果を完全に発揮できる。塗装時の気象条件，素地調整から塗料の調合，塗装作業，その他の条件に問題があると，塗膜の欠陥としてたちまち表われてくるのが常であり，半製品としての塗料の宿命である。これらの原因を究明し，繰り返さないためにもその対策を取ることが肝要である。**表 4**-19 に，塗膜の欠陥と対策を示す。

塗膜の欠陥	原因	対策
はけ目	塗装の流動性が不足している場合	柔らかい刷毛を用いる
流れ	厚塗りのしすぎ，希釈のしすぎ，遅いシンナーの使いすぎ	希釈量を減らす，厚塗りをしすぎない
しわ	厚塗りのしすぎ 内部の硬化不良	薄く塗って，回数を増やす 乾燥の速いシンナーの使用を減らす
ガン肌	塗装粘度が高すぎる 塗料のチキソ性が高い	粘度を低めに調整する
糸引き	速乾性の塗料で，高い粘度での塗装	希釈量を多めにし，乾燥の遅いシンナーを用いる
はじき	被塗面に油，水などの付着 シリコンシーリング材の汚れ	被塗面を清浄にする はじき止めの添加剤を使用する
リフティング	下の塗膜が，次の塗装のシンナーで膨潤し，一部溶解すること	乾燥時間を十分に取る シンナーの種類を替える
色分かれ	塗装の混合不十分 異種塗料の混入 不適当な溶剤の使用	適正な使用方法を順守する 沈殿物を均一に混合する
つやむら	下地の吸い込みむらに起因 湿気によるつや引け	厚塗りしないで塗り回数を増やす リターダーシンナーを用いる
乾燥不良	湿気が高い，通風が悪い 油，ヤニの付着 塩ビクロス面へのEP塗装	通風をよくする シンナーで，付着物の除去 塩ビクロス用塗料を用いる
はがれ	古い塗膜の付着不良 チョーキング面への塗装 トタン面の付着不良 塗料の選定ミス	旧塗膜のケレンをやり直す 素地調整を十分に行う トタン面用塗料を用いる 塗料の用途確認
変色・退色	樹脂の劣化 顔料の耐候性 コンクリートの灰汁（アク）	塗料種類の性能確認 要求性能との確認 アルカリ止めシーラーの選定
チョーキング	太陽光線，風雨などで塗膜が老化し，塗膜表面が粉化する現象	耐候性のよい塗料を使用する
ひび割れ	日時の経過とともに塗膜の柔軟性が失われ，塗膜の伸縮につれて生じる	一度に厚塗りしない 塗替えの回数が多い場合は，一度ケレンして除去後に塗装する
しみ	天井などの水漏れのしみ	溶剤形塗料で塗装する しみ止めシーラーを用いる

表 **4**-19 塗膜の欠陥と対策

環境問題

2003年7月の建築基準法改正

2003年の建築基準法の改正は，シックハウス対策といわれている。改正の主要なポイントは，クロロピリホスの使用禁止・ホルムアルデヒド放散建材の使用制限・換気設備の義務付けの3点である。

F☆☆☆☆

各種建築材料はそのホルムアルデヒド濃度の放散速度によって，使用量が制限される。**表4-20**に，建築基準法改正後の建築材料の区分を示す。

シックハウス症候群

シックハウス症候群とは，新築の家やビルおよびリフォーム直後の居室に入ると，目がちかちかしたり，頭痛，身体の各部に痛みや湿疹などの症状が発症する現象。原因は内装材に使用された建材中の化学物質が室内空気を汚染し，居住者にいろいろな体調不良が生じる。

VOC

VOCは揮発性有機化合物（Volatile Organic Compound）のこと。代表的な室内汚染物質にはVOCに代表されるガス状物質や粉塵や可塑剤などの粒子状物質（POM：Particulate Organic Matter）などがある。シックハウスやシックスクールの原因になっている。

MSDS化学物質安全データシート（MSDS:Material Safety Data Sheet）

化学物質は，健康や環境へ影響する要因となっている。化学物質を取り扱うに際して健康への影響，環境への影響を防止するための情報を，取扱者に提供するもの。VOCについては，単一の物質で1％以上含有するものについて表示している。

ホルムアルデヒドの放散速度 (mg/m²·h)	告示で定める建築材料 名称	対応規格	F☆表示	内装使用制限
0.005以下新基準	規制対象外	JIS・JASの上位規格	F☆☆☆☆	制限無し
0.005超 0.02以下	第3種ホルムアルデヒド発散材料	JIS・JASの旧E_0, FC_0	F☆☆☆	使用面積の制限
0.02超 0.12以下	第2種ホルムアルデヒド発散材料	JIS・JASの旧E_1, FC_1	F☆☆	使用面積の制限
0.12超	第1種ホルムアルデヒド発散材料	JIS・JASの旧E_2, FC_2	F☆	使用禁止

表4-20 建築材料の区分

塗料の新しい流れ

低汚染塗料

フッ素樹脂塗料は，劣化しにくく20年以上の耐久性がある。耐久性が延びてくると，同時に汚染性の向上が塗料の重要な機能となってくる。

その考え方として，以下の2つがある。
① 塗膜を親水性にして雨水で汚れを除去する方法
② 撥水塗膜にして汚れを付着させない方法

前者は日本で行われ，後者はフランス，イギリスなどで行われている。日本では，前者が主流になっているので，図4-12に汚染のメカニズム，図4-13に汚れ除去のメカニズムを示す。

光触媒

酸化チタンは非常に活性が強く，太陽光に当たると酸化チタンの周辺にある物質を分解する性質がある。

塗料の中に光触媒酸化チタンを顔料として用いると，表面に接触した物質を分解して除去する性質を持つようになる。環境機能に優れた光触媒酸

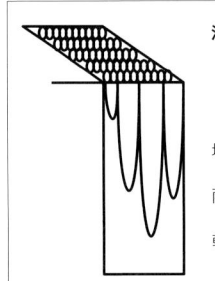

汚染物質の付着
- 帯電性
- 水や油の親和性
- 粘弾性
⇓
埃が雨水で流下
⇓
雨筋汚れの発生
⇓
乾燥・固着

汚れが付きにくい
汚れは，
　空気中の汚染物質を溜まりやすい部位に堆積し，それが流れ落ちて雨筋の汚染になる。
汚染防止の第一ステップは，
・ほこりを呼びつけない
・ほこりをためない
・ほこりを風で凪がすこと
そこには，帯電時間が大きく寄与している。
　低汚染型熱硬化性フッ素樹脂塗料の汚染防止は，この帯電時間を最短にすることから始まる

図4-12 汚染のメカニズム

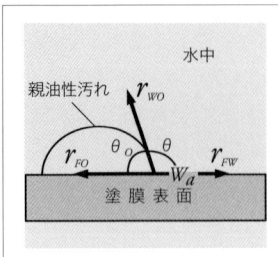

（Young式）
$$r_{FW} = r_{FO} + r_{WO} \cos \theta_O$$
$$W_a = r_{FW} + r_{WO} - r_{FO}$$
$$\longrightarrow r_{WO}(1 + \cos \theta_O)$$

W_a：親油性汚れの塗膜への付着仕事
r_{FW}：塗膜の表面張力
r_{WO}：親油性汚れの表面張力
r_{FO}：塗膜／親油性汚れの界面張力

塗膜表面の水との接触角を小さくすることで，ほこりの下の水が流れて，ほこりを浮かび上がらせる。水との接触角は小さく，油との接触角は大きい方が汚れにくい

図4-13 汚れ除去のメカニズム（ローリングアップ構法）

化チタン塗料は，幅広い用途に対応できる。主な効果は次のとおりである。

なお，一般の塗料に用いられている酸化チタンはアルミ，スズ，亜鉛などで表面処理して，活性を抑えることで耐久性をよくしている。

① 大気汚染浄化効果

NOx，Sox など大気汚染物質を酸化除去する。例えば，高速道路のコンクリート壁，ガードレール，防音壁や大規模交通交差点の道路施設などに使用できる。

② 抗菌，防かび効果

強力な酸化作用が，細菌やウイルス，かびを分解して繁殖を抑制する。例えば，病院や学校，給食施設などに使用できる。

③ 脱臭効果

タバコ臭，新建材臭，生ゴミ臭，ペット臭などの悪臭を分解して取り除く。例えば，ホテル，店舗，老人ホーム，ペットショップに使用できる。

④ 汚れ除去効果

タバコのヤニや油類のガンコな汚れも分解し，元の状態に戻す。例えば，オフィスやレストラン，キッチン，工場の内装などに使用できる。

図 4-14 に，光触媒の NOx 除去メカニズムを示す。

遮熱塗装

遮熱塗料は，太陽光の熱エネルギーを効率よく遮断し，建物や構造物の温度上昇を防止する目的のため，太陽光を高反射し，熱を高放射する塗料である。

図 4-15 に，塗膜断面の遮熱メカニズムを示す。

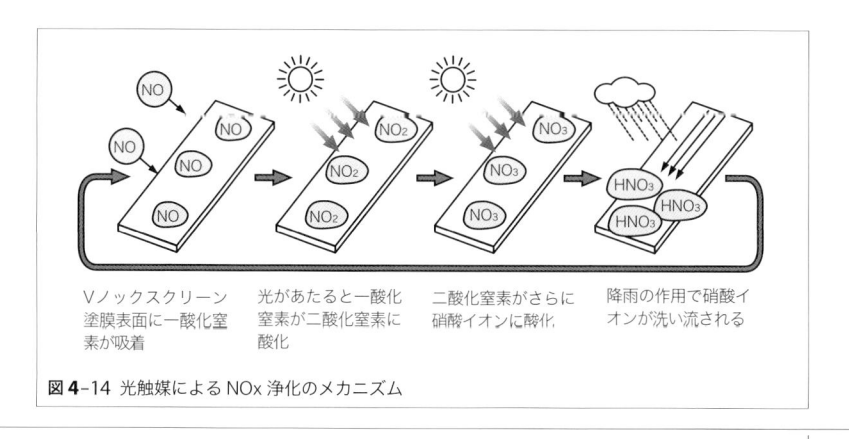

図 4-14 光触媒による NOx 浄化のメカニズム

耐火塗装

耐火塗料は，外見は一般の塗料だが，火災時にはベースコートの成分が熱と反応し，1mm ほどの塗膜が発泡し始める。その結果，形成される緻密な発泡層（数 10mm）は，断熱性に優れ長時間耐火性を保持し，鉄骨を高温から保護する。耐火塗料は，耐火被覆材に代わる塗料であり，美観と耐火機能を併せ持つ。**図 4**-16 に，耐火（発泡）のしくみを示す。

落書き防止塗装

落書きや張り紙の被害が町中で多発し，社会問題になっている。落書きや張り紙を消したり除去したりすることは容易ではなく，大変な手間とコストが必要である。落書き防止塗料は，張り紙を容易に除去できて，落書きしにくい塗料である。

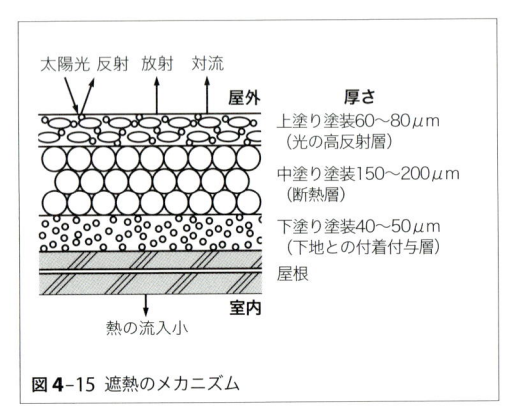

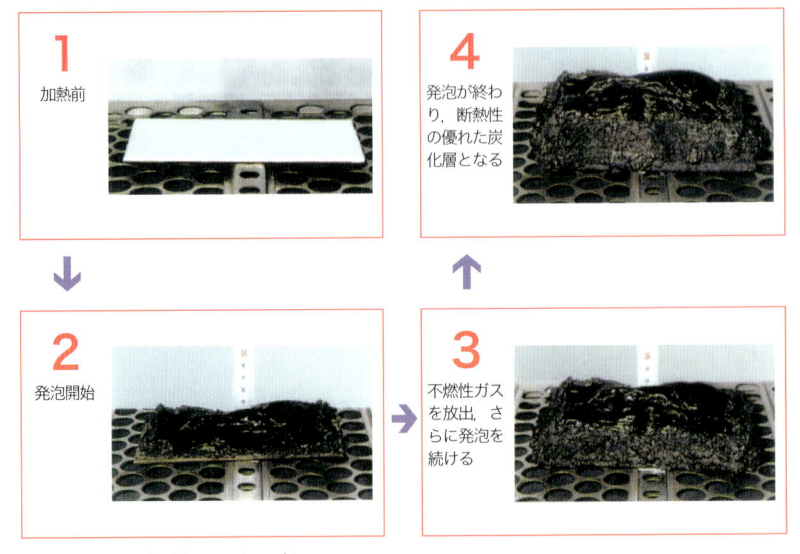

図 4-15 遮熱のメカニズム

厚さ
上塗り塗装60〜80μm
（光の高反射層）
中塗り塗装150〜200μm
（断熱層）
下塗り塗装40〜50μm
（下地との付着付与層）

1 加熱前

2 発泡開始

3 不燃性ガスを放出，さらに発泡を続ける

4 発泡が終わり，断熱性の優れた炭化層となる

図 4-16 耐火（発砲）のメカニズム

第5講 金属工事

　金属工事は，建築の内外装仕上として最も意匠性の高いものの一つです。金属は設計者の設計意図をストレートに表現するものですので，材料の質感，テクスチャー，表面処理など高度な加工技術が必要です。また，接合部などもできるだけきれいに納めるための組立て技術が不可欠です。質の高い金属工事を実施するには，十分な事前検討と製作・施工期間の確保が大切です。それらの勘所について詳述していますので，是非理解されて金属工事を遂行してください。

金属工事に関する基本事項

金属工事とは何か

　　金属工事とは，金属が使われているものすべてが，金属工事の範疇に含まれると考えられている。しかし，内装工事業者が扱う内装の軽微な金属パネルやルーフドレインなど，型枠大工が型枠工事として取り付けるものなどは金属工事と捉えることは難しい。

　　そこで本講では，「JASS 13 金属工事」に取り上げられている金属仕上工事を対象にする。

　　金属工事として対象になるものは，次の5種類である。

①表面仕上げ類（**写真 5**-1，**5**-2）

　　意匠的隠蔽，接触防護，点検，躯体挙動吸収を目的としたカバーリング

写真 5-1　表面仕上げ類（天井パネル）の例

写真 5-2　表面仕上げ類（庇パネル）の例

写真 5-3　フェンス類の例

写真 5-4　手摺類の例

写真 5-5　面格子類の例

写真 5-6　はしご・キャットウォーク類の例

類，取合い部位見切り，隅角部補強を目的としたボーダー類，照明ボックス，鏡などの化粧を目的とした枠類などの表面仕上げ

②フェンス類（**写真 5-3**）

　遮断性，危険防護性を目的として，床面より自立して立ち上げた線状，面状あるいは格子状のフェンスなど

③手摺類（**写真 5-4**）

　歩行補助，誘導あるいは墜落防止の目的で設置される手摺類

④面格子類（**写真 5-5**）

　人・動物・虫などの侵入・脱出防止，墜落防止，物の落下防止を目的として開口部に取り付けられる格子，光，空気のコントロールを目的に取り付けられる格子，視線遮断などを目的に取り付けられる格子など

⑤はしご・キャットウォーク類（**写真 5-6**）

　設備機器の点検，メンテナンスを目的として，人が昇降，水平移動するためのはしご・キャットウォークなど

金属材料の特徴

1）金属材料概説

　歴史を通観すると，銅，金，銀，錫（すず），鉄，亜鉛，鉛の金属元素は紀元前にすでに発見されている。青銅器時代や鉄器時代は，鋳造か錬鉄程度しか製造技術がなかったので，装飾品や農耕具・武具などに使用さ

金属名	記号	比重	引張強度 (N/mm^2)	弾性係数 (kN/mm^2)	線膨張係数 ($\times 10^{-6}$)	融点 (℃)	価格（比）重量当たり	
スチール	SS400	7.8	400～510	211	11.7	1,530	75	(1.6t)
	SPCC	7.8	270 以上	211	11.7	1,530	100	(1.6t)
	SPA-C	7.8	480 以上	211	11.7	1,530	210	(1.6t)
ステンレス	SUA430	7.7	450 以上	199	10.4	1,430	250	(2.0t)
	SUS304	7.9	520 以上	193	17.3	1,400	350	(2.0t)
	SUS316	7.9	520 以上	193	16.0	1,370	540	(2.0t)
アルミニウム板	A1100P-H14	2.7	120～145	70	23.5	643	600	(2.0t)
	A3003P-H24	2.7	135～175	70	23.5	643	600	(2.0t)
	A5052P-424	2.7	235～285	70	23.5	643	660	(2.0t)
アルミニウム押出形材	A6063S-T5	2.7	155 以上	70	23.5	643	540	
アルミニウム合金鋳物	AC3A-F	2.7	140 以上	70	23.5	643	300	
チタン	TP270C	4.5	270～410	106	8.4	1,668	4,000	(2.0t)
	TP340C	4.5	340～510	106	8.4	1,668	4,000	(2.0t)
銅	C1100P-O	8.9	195 以上	129	16.7	1,083	770	(2.0t)
丹銅	C2200P-O	8.9	225 以上	129	16.7	1,083	800	(2.0t)
黄銅（真鍮）	C2801P-O	8.9	325 以上	129	16.7	1,083	720	(2.0t)
青銅鋳物	CAC406	8.9	195 以上	129	16.7	1,083	330	

注 1）価格は SPCC（冷間圧延鋼板）を 100 とした時の重量単価の比較であり，面積単位ではないので注意する
　 2）価格は常に変動しているのであくまでも目安として掲載している

表 5-1 建材として使用される金属の特性

素材名	アルミニウム合金				ステンレス鋼			炭素鋼			耐候性高張力鋼	
呼称 (JIS)	A 1100	A 5052	A 6063	AC3A	ADC5 (特殊合金)	SUS304	SUS430	SS41 (または同等品)		ホーロー用特殊鋼 (KT-S-M)	SPA	SMA50
加 工	平板 ベンダー・ロール 絞り・加工	平板	押出形材	鋳物 (他のものに比べて立体的なものが可能)		形鋼 平板(冷間圧延) ベンダー・ロール 絞りの加工	形鋼・平板	形鋼 平鋼	平板(冷間圧延) ベンダー・ロール 絞りの加工	一般構造用2種	形鋼・平板 平板	平板 ホーロー用鋼板
組成 (%)	純アルミ Al：99.0 Cu：0.13	Al-Mg系 Mg：2.5 Cr：0.25	Al-Mg-Si系 Mg：0.52 Si：0.42	Al-Si系 Si：1.15	Al-Mg系 Mg：7.5	オーステナイト系 C≦0.08 8≦Cr≦10.5 18≦Ni≦20	フェライト系 C≦0.12 16≦Cr≦18		一般構造用2種 0.15≦C≦0.25		高耐候性 圧延鋼板 C≦0.12	溶接構造用耐候性熱間圧延鋼材 0.10≦C≦0.19
物性その他										ホーロー用鋼板 C≦0.12 特に低炭素もの		
比重	2.71	2.68	2.70	2.66	2.57	7.90	7.56	7.860				
引張強度 (kg/mm²)	9.1(O) 16.9(18H)	19.7(O) 29.5(H38)	9.1(O) 24.6(T6)	19〜22(F)	22.4(1) 28.5(2)	63.3 105	53.0	41〜52		28.5	46〜50	50〜62
降伏点 (kg/mm²)	3.5 15.5	9.1 26.0	4.9 21.8	7〜8	10.5 17.6	28.1 87.9	28.0	25≦		17.0	32〜36	34〜37
伸び(%) (50mm)	35 5	25 7	12	6〜14	17.9 5.4	55 15	27	≦21(t=5以下)		50.0	15〜26	15〜21
熱膨張係数 (×10⁻⁶)	23.6	23.8	23.4	20.0	25.0	17.3	10.8	13.0		—		
一般的特性および使用上の注意事項	・最も市場性のある素材で安価・成形加工性、表面加工性良好・建材にはほとんど使われる・素材寸法(1,000(標準最大寸法)〜1,600(特注最大可能)、量と納期に注意) 長さ2,000〜4,000(標準製造寸法)	・中程度の強度を有し、耐海水性、成形加工性に優れている・一般建築用形材としても用いられる	・押出成形性良好・陽極酸化性に優れている・一般建築用形材としてほとんど用いられる	・最も鋳造性良好・大型CWに適する・陽極酸化性が必要・塗装仕上げが望ましい	・色合わせが非常にむずかしいので、カラークリ必要・陽極酸化はケースバイケースとなどと使われない・特殊仕上げ大型困難	・建材として使用されるところでは1.0〜3.0mmの厚さは冷間圧延・使用寸法 巾標準1,200以下(最大1,500)長さは最大6,000以内に納めることが望ましい・耐食性 SUS410＜SUS304＜SUS316・建築外装用としては SUS304が適しており、内装用としては SUS430、SUS410も使用可能		・使用板寸法 一般板巾1,200 2,400, t/m1,500 長さ3,000 平板厚さ 1.2 1.6 2.3 3.2・ホーロー用鋼板は熱間圧延のため平坦度が悪く、大型パネル製作の場合最大1,500×3,000の鋼板で成形できる範囲・塗装仕様については素地調整、塗装仕様の検討を行い、発錆防止を計ること、特に切断部、溶接部に注意			・大気汚染の著しいところでは安定が難しい・板面を曲げるような場合、普通鋼よりクラックが入りやすいので曲げ加工に注意・表地の流出および内部への浸食を考慮・均一な安定さびを得るためには凹凸の少ないシンプルな形状が望ましく、水溜まりなど形状は避ける	
塗装 常温 焼付け	・化成処理した面には塗料の密着性が良い					△				○	△	△
表面化学処理 二次電解 着色	・最も多く用いられる処理方法											
陽極酸化プラス塗料処理 ホーロー処理	・陽極酸化皮膜の上に透明合成樹脂塗料を施し使用するのが一般的										○	

注意1. 諸物性の項で2段に表示されているものは、熱処理の違いを示す
　　　H：加工硬化したもの　O：焼鈍したもの
　　　F：製造のまま　T：F・O・H以外の熱処理安定調質

注意2. 表面仕上げのうち
　　　○印：好ましい仕上げ方法
　　　△印：まれに使用される仕上げ方法 (要注意)

表 5-2　金属材料の諸物性

れていた。16世紀の製錬技術が確立されて以降，いろいろな金属を製造，加工することができるようになった。

　現在，建築の仕上材料として使用されている代表的な金属材料は，鉄鋼，ステンレス合金鋼，アルミニウム合金，銅合金，チタン材などである。建築工事の仕上材として金属を選択する場合は，その種類と特性を把握して使用する必要がある。

　金属材料は石，木，ガラス，タイル，コンクリートなどと比べて，比重が大きい。しかし，材料自体は薄く加工できるために，製品としては面積の割には軽量化することが可能であり，大きな強度をもたせることもできる。

　表5-1に，建築で使用される金属の物性を示す。金属材料は同じ種類の材質でも，その構成成分，製造方法，熱処理によって，性質（物理的特性）が大きく異なる。その金属の物埋的特性を把握して，最適なところに使用することが肝要である。

　金属の中でもアルミニウム合金，ステンレス鋼および炭素鋼は使用頻度が高いので，**表5**-2に詳細な物性を示す。

2）鉄（スチール）

①特徴

　精錬技術が確立される以前は，錬鉄を木炭とともに加熱し，炭素を吸収させて，硬さと強さを有する鋼にしていた。事実，鍬や刃物，鋲などには，鍛造などが使われている。

　16世紀以降では，鋳鉄や圧延鋼板などが製造可能になり，現在のように広範囲に使用されるようになった。

　建築における鉄（スチール）の使い方としては，強度と耐熱性が高いことを利用して，構造支持部材や接合材として活用されることが多い。仕上材としては，内装では内壁，柱型，天井，手摺などに使用される。

　また外装としては，外壁，フェンス，面格子などに使用される。

　鋼種としては，鋼板，帯鋼（フラットバー），型鋼（Ｈ鋼・アングル・チャンネル），棒鋼（丸・角・異形），鋼管（丸・角・楕円）などがある。ただし，素材のままでは錆が発生しやすいので，防食めっきまたは防錆塗装を施してから，使用することが必要である。なお，鋼板や帯鋼では，あらかじめ溶融亜鉛めっき，電気亜鉛めっきなど，めっき処理した既製品がある。

　表5-3に，スチールの種類と特性を示す。

種類	記号	名称	特性
形鋼および鋼板	SS400	一般構造用熱間圧延鋼材	鋼板，形鋼，平鋼などがある。板厚は鋼板で1.2から50mmの範囲，平鋼では4.5から36mmの範囲で標準値が規定されている。形鋼は山形鋼，H形鋼，溝形鋼などの断面形状がある
	SPHC	熱間圧延軟鋼材	板厚は1.2から14mmであり，その範囲で標準値が規定されている。強度は構造用材に比較して低い
	SPCC	冷間圧延鋼材	板厚は標準厚さで3.2mm以下。表面仕上げにはダル仕上げ，ブライト仕上げの2種類がある。強度は要求がある場合のみ規定され，SPHCと同程度。主に化粧材として使用される
軽量形鋼	SSC400	一般構造用軽量形鋼（冷間成形）	断面形状は軽溝形鋼，軽Z形鋼，軽山形鋼，リップ溝型鋼などがある。強度はSS400と同程度
鋼管	STK400	一般構造用炭素鋼管	外径21.7mmから1,016mmまでの範囲で寸法が規定されている。強度はSS400と同程度
	STKR400	一般構造用角形鋼管	正方形鋼管，長方形鋼管があり，それぞれ寸法が規定されている。強度はSS400と同程度
亜鉛めっき鋼板	SECC SEHC	電気亜鉛めっき鋼板	冷間圧延鋼板・熱間圧延鋼板を原板として，電気亜鉛めっきを標準付着量片面当たり，10，20，30，40，50g/m^{2}施したもの。表面加工にはクロム酸処理，リン酸塩処理，塗油の3種類がある。強度はSPCCと同程度
	SGCC SGHC	溶融亜鉛めっき鋼板	冷間圧延鋼板・熱間圧延鋼板を原板として，溶融亜鉛めっきを標準付着量片面当たり，80から600g/m^{2}施したものがあるが，金属工事として一般的に使用するものは60から120g/m^{2}のものである。強度はSPCCと同程度
高耐候性圧延鋼材	SPA-H	熱間圧延鋼板および鋼帯，形鋼	板厚は16mm以下の鋼板，形鋼，鋼帯。耐候性の優れた鋼材であり，強度はSS400より高い
	SPA-C	冷間圧延鋼板および鋼帯	板厚は0.6mmから2.3mmの鋼板，鋼帯。耐候性の優れた鋼材であり，強度はSS400より高い
溶融Al55％－亜鉛合金めっき鋼板および鋼帯	SGLHC	冷間圧延鋼板および鋼帯	板厚は1.6から2.3mm。Al-55%，シリコーン1.6%，残部亜鉛を標準組成とする溶融めっきを行った鋼板および鋼帯。通常の溶融亜鉛めっき鋼板の数倍の耐候性をもつ。

表5-3 スチールの種類と特性（「JASS14 カーテンウォール工事」より）

②寸法

　スチールの板材はほかの金属材料と異なり，板厚がインチサイズ基準で製造されているので，注意が必要である。

【板厚】

　0.6，0.8，1.0，1.2，1.6，2.3，3.2，4.5，6.0mm

【サイズ】

　3'×6'（914×1,829mm），4'×8'（1,219×2,438mm），4'×12'（1,219×3,658mm），5'×10'（1,524×3,048mm）。

　このように定寸で準備されているので，これを超える寸法の板材を使いたい場合は，ジョイントをどこに設けるかなどを考える必要がある。

　なお，長さ寸法については，2mより500mm単位で在庫材が用意されている場合もあるので，事前確認を行う。

③仕上げ

　磨き，電気亜鉛めっき鋼板，溶融亜鉛めっき鋼板など

3）ステンレス鋼

①特徴

　ステンレス鋼は鉄をベースにして，主にクロムあるいはクロムとニッケルを含有させた合金である。鉄は空気中で酸化するのでさびやすいが，約11％以上のクロムを添加すると，耐食性が向上しさびにくくなる。この現象は，クロム元素が空気中の酸素と結合して，地金の表面に強固で緻密な不働態化被膜（酸化被膜）を形成するからである。この被膜が酸化作用を防ぎ，さまざまな腐食要因から地金の表面を保護する役目を果たす。また，ニッケルやモリブデンは不働態化皮膜を改善強化する働きを有する。

②寸法

　ステンレスのサイズについては，インチ基準とメートル基準が混在して

主成分による			金属組成による分類	材質別用途
基本成分区分	通称名	SUS410		
クロム系ステンレス	13クロム鋼	SUS430	フェライト系	SUS304ほどの耐食性がないので，外装や腐食的な環境での使用はできるだけ避けたい。内装，装飾，調度品などに使われるが，手入れを怠ると錆びることがある
クロムニッケル系ステンレス	18クロムニッケル鋼（18-8鋼）	SUS304	オーステナイト系	建材として最も多く使用されており，内外装や設備関係などすべての用途に適している。屋外製品（外装・屋根・門扉・フェンス）に使用される
		SUS316		SUS304にモリブデンを加えたもので，より耐食性に優れた鋼種である。海岸地帯，工場地帯，その他塩分や腐食性ガスなどの影響を受けやすい場所で使用される

表5-4　ステンレスの系統別の特性

いる。

表5-4に，ステンレスの種類と特性を示す。

【板厚】

0.6，0.8，1.0，1.2，1.5，2.0，2.5，3.0，4.0，5.0，6.0mm

【サイズ】

3'×6'(914×1,829mm)，1,000×2,000，4'×8'(1,219×2,438mm)，4'×10'(1,219×3,048mm)，5'×10'(1,524×3,048mm)

なお，長さ寸法については，2mより500mm単位で在庫材が用意されている場合もあるので，事前確認を行う。

また幅寸法は，国内で建材として生産しているのは5'(1,524mm)までであるが，欧州では2m幅が生産されている。

③仕上げ

ステンレスの代表的な表面仕上げには，2B（にぶい灰色のやや光沢のある仕上げ），BA（鏡面に近い光沢をもった仕上げ），HL（長く連続した研磨目をもった仕上げ），鏡面（バフ，または砥石で研磨した鏡のような仕上げ）などがある。

種類	合金系統	合金呼称	特性
アルミニウムおよびアルミニウム合金板	純アルミニウム（1000系）	1100	成形性，表面処理性が優れ，耐食性はアルミニウム合金中で最良の系統。Al純度が99%以上の一般用途のアルミニウム
	Al-Mn系（3000系）	3003	1100より強度が約10%高く，成形性，溶接性，耐食性に優れる
	Al-Mg系（5000系）	5052	中程度の強度を持った最も代表的な合金。耐食性，溶接性，成形性が良い。特に強度の割りに疲労強度が高く，耐海水性に優れている
アルミニウムおよび押出形材	Al-Mg-Si系（5000系）	6061	熱処理型の耐食性合金。T6処理（焼入れ後焼戻し処理）によりかなり高い耐力値が得られるが，溶接継手強度が低くなるため，ボルト，リベット構造用に使用される
		6N01	中程度の押出し用合金。6061と6063の中間の強度を有し，押出し性，プレス焼入れ性ともに優れる。複雑な形状の大型薄肉形材が得られる。耐食性，溶接性も良い
		6063	代表的な押出し用合金。6061より強度は低いが押出し性に優れ，複雑な断面形状が得られる。耐食性，表面処理性も良好
アルミニウム合金鋳物	Al-Si系	AC3A	流動性に優れ，耐食性も良い。耐力は低い
	Al-Si-Mg系	AC4A	鋳造性が良く，じん性に優れる。強度が要求される大型鋳物に適する
		AC4C	鋳造性に優れ，耐圧性，耐食性も良い
	Al-Mn系	AC7A	耐食性に優れ，じん性，陽極酸化性が良い。鋳造性は良くない

表5-5 アルミニウムの種類と特性

4) アルミニウム合金
①特徴

　アルミニウムは，現在最も広く使用されている金属である。しかしその歴史は浅く，18世紀中頃に初めてその存在が明らかになり，19世紀後半に電解製造法が開発されて現在に至っている。

　建築で使われるパネルなどの成形品に使用する材質としては，純アルミニウム系（1000系），Al-Mn系（3000系），Al-Mg系（5000系）があり，押出形材としてはAl-Mg-Si系（6000系）がある。また，鋳物ではAl-Si系（シルミン）がある。Al-Si-Mg系は大型のカーテンウォールやパネルに使用することが多い。

　表5-5に，アルミニウムの種類と特性を示す。

②寸法

　アルミニウム合金押出形材としては，バー，FB（フラットバー），角棒，H形材，アングル，チャンネルなどが，既製品として販売されている。

　なお，材料の長さは，断面の小さいものは2m，一般的には4m，6mである。

　また，アルミニウム合金板のサイズはメーカーにより多少異なるが，一般的なサイズについて以下に示す。

【板厚】

　0.6，0.8，1.0，1.2，1.5，2.0，2.5，3.0，4.0，5.0，6.0mm

【サイズ】

　400×1,200，600×1,200，1,000×2,000，1,000×3,000，1,250×3,000，1,600×3,000，1,600×4,000mm

　なお，在庫材としては少ないが，2,400mm幅まで製造できるメーカーもある。

③仕上げ

　アルミニウム合金の表面仕上げには，アルマイト仕上げを施したもの，コイルの状態で連続塗装を行った後，所定寸法にカットしてカラーアルミにしたものなどがある。

5) チタン
①特徴

　チタンは，他の金属材料にはない性質を有するため，夢の金属といわれている。

チタンはステンレス鋼と同様に，耐食・耐久性，美観，強度，加工性などが優れている。また，ステンレス鋼との重量比は57%と軽量である。耐食性については，ステンレス鋼の不働態化皮膜が酸化クロムなのに対して，チタン材の不働態化皮膜はさらに強固な酸化チタンであるので，耐食性は数段上である。

このようにチタンは金属の中でも優れた素材特性を有しているので，塩素雰囲気（海岸地帯），その他の腐食雰囲気（工業地帯，都市，温泉地帯）や高温多湿の環境下にある，外装，屋根，配管類などに使用されている。

チタンには，純金属で主に一般産業用に使われる純チタンと，航空機のエンジンや機体部品などに使われるアルミやバリウムなどの元素を加えたチタン合金に大別できる。建材用として使われる板材は，ほとんどが純チタンである。

チタン素地の色調は，アルミニウムとステンレスの中間色で，そのままでも美しい素地面を有している。機械的研磨もステンレスと同様に可能である。また，陽極酸化法によって，多色の自然発色もできる。ただし，チタンはほかの金属に比較して非常に高価であるため，当初は薄板のチタン材を用い屋根に使用されることが多かった。現在では，チタン製造技術の発達によりコストダウンが可能になり，外装パネルにも採用されるようになってきている。

②寸法

チタンは近年建材としての使用は多くなったものの，まだ特殊材料の範疇である。使用に関しては，事前に製造メーカーや材料メーカーに，使用時期，使用量を確認することが肝要である。

【板厚】

0.5, 1.0, 1.2, 1.5, 2.0, 2.5, 3.0mm

【サイズ】

350 × 1,200, 600 × 1,200, 1,000 × 2,000, 1,000 × 3,000, 1,219 × 2,500, 1,519 × 3,000mm

③仕上げ

チタンの表面仕上げとしては，2B仕上げ，2D仕上げなどが代表的である。

6) 銅合金

①特徴

銅の発見は，紀元前8000年頃で，最古の金属素材といわれている。国

内で建築に使用されたのは，桃山，江戸期の銅屋根が最初で，手で叩いて延ばした板を採用していた。

　その後，現在多用されている伸銅品（板，条，棒，線，管）をつくる技術が明治期に欧米より導入され，金属屋根や雨樋などに圧延板が使われるようになった。

　銅自体は赤色だが，銅合金はほかの添加元素によって千差万別の色となる。10円硬貨は青銅と呼ばれ，鉛と錫が合計で4〜6%入っており，銅に近い赤色を示す。5円硬貨は黄銅（真鍮）で，亜鉛が40%入っており黄金色を示す。

　また100円硬貨は白銅で，ニッケルが25%入っており白銀色を示す。銅合金は大気中で自然に酸化被膜を生成し，耐食性が向上する。なお，含有する銅成分が多いほど酸化が進みやすく，最終的には緑青（ろくしょう）となる。

　建築における銅や銅合金は，通称ブロンズという。特に丹銅（10%の亜鉛含有の銅合金で，9：1（くいち）黄銅ともいう）は，特記仕様書でブロンズと特定され使われることが多い。銅合金は，銅と添加元素とによって，微妙に変化した色調をもっている。なお色に由来する合金名は，丹銅，黄銅，青銅，白銅，洋白がある。

　特に多く使われている合金に，銅屋根の銅，ブロンズ建具や金属工事の丹銅，内部金属工事の黄銅（真鍮），銘板や飾り金物のブロンズ鋳物が挙げられる。銅屋根では緑青，丹銅・黄銅・ブロンズ鋳物では硫化イブシ（五硫化アンチモンで硫化銅を析出させる仕上方法で，黒褐色から生地に近い色まで出すことができる）が一般的に採用されている。

　銅合金は，伝統的な重厚感を表現する場合にかかせない材料で，社寺建築にも多く使用されている。

②寸法

【板厚】

　0.6，0.8，1.0，1.2，1.5，2.0，2.5，3.0，4.0，5.0，6.0 mm

【サイズ】

　365 × 1,200，1,000 × 2,000，1,250 × 2,500 mm

③仕上げ

　銅合金の代表的な仕上げには，2Bがある。

金属材料の表面仕上げ

　金属材料の表面仕上げの方法には，大別して3種類がある。設計された意匠に応じてこれらの表面仕上げを使い分けることで，金属仕上げにさまざまのバリエーションを与えることができる。**表**5-6に，素材別における仕上げの種類を示す。また，代表的な処理方法を以下に示す。

機械的仕上げ

　機械的仕上げは，金属の表面に対し機械的に研磨，切削，打ち抜き，型打ちなどを行い，金属の表層にテクスチャーを施した方法である。代表的な仕上げには，鏡面仕上げ，HL（ヘアーライン仕上げ）（**写真**5-7），パーマネントHL仕上げ（**写真**5-8），ブラスト（**写真**5-9），エンボス加工（**写真**5-10，5-11），パンチング加工（**写真**5-12）などがある。

物理的表面処理

　代表的な物理的表面処理には，塗装，溶融めっき，各種コーティング，金箔押しなどがある。
　特に塗装では，仕上げ色を自由に選択することができ，ほとんどの色彩を表現することができる。塗料の種類としては，常温乾燥タイプと焼付け

写真 5-7 HL仕上げ　　**写真** 5-8 パーマネントHL仕上げ　　**写真** 5-9 ブラスト仕上げ

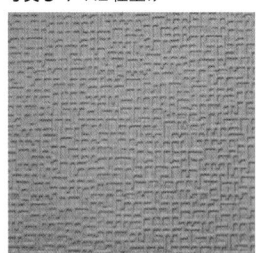

写真 5-10 ロールエンボス加工　　**写真** 5-11 プレスエンボス加工　　**写真** 5-12 デザインパンチング

(強制乾燥)タイプがある。現場でも塗れる常温乾燥タイプは便利であるが、焼き付けタイプの方が一般的に耐候性がよい。

また、ラミネート皮膜を吹付け接着したり、放電によるイオンプレーティング法やスパッタリングによってコーティングする方法がある。

素材	表面仕上げの種類		概要	備考
スチール	各種樹脂塗装		各種樹脂塗料をエアースプレー、刷毛、ロールなどで塗布し、常温または強制乾燥（90℃程度）を行う	適切な前処理を怠ると塗膜剥離の原因となる
	各種樹脂焼付け塗装		各種樹脂塗装をエアースプレーで塗布し焼付け炉で所定の温度（120～240℃程度）で焼付ける。焼付けるため常温乾燥に比較して短時間で次工程に移れ効率的であり、一般的に常温乾燥より耐候性がよい	
	各種電気めっき		めっき浴中で通電し、被膜金属を母材金属の表面に電気化学的に析出させる	
	各種溶融めっき		溶融金属めっき浴に母材金属を浸漬させ表面に付着させる	高温のため薄板ものはひずみが発生する
アルミニウム	陽極酸化皮膜		通常、アルマイトと称され、硫酸などの融解液によって電解酸化される。皮膜厚さは6～25μ程度のものがよく使われ、耐食性・耐摩耗性に富む	・加工後の表面処理が一般的 ・槽の大きさが、メーカーにより大きく異なるため事前確認を要する ・板の生産ロットにより色調が微妙に異なるので、材料の一括注文を要する ・同じ仕上げを行っても、板材メーカーによって色合いが微妙に異なる
	自然発色		陽極酸化皮膜自体を発色させる方法で、地金に特殊アルミ合金を使う合金発色と電解液に有機酸溶液を使う一次電解発色がある。特殊な色が可能で皮膜は安定しているが、色むらなどの管理が難しく、納期もかかり、概してコスト高となる	
	二次電解着色		陽極酸化皮膜形成後、金属塩溶液で二次電解し、陽極酸化皮膜の通電孔に金属イオンを沈析させる方法。耐久性に富み、最も多用される	
	塗装		アルミニウムへの塗装は電解着色に比べて色の選択が広いこと、大型形状でも可能なことで用いられるが、塗装の種類、塗装方前処理には充分な考慮をする必要がある	高温フッ素樹脂焼付け塗装の場合は適合したアルミ材質を使用しないとひずみの発生原因となる
ステンレス	研磨仕上げ	No.2D	冷間圧延後熱処理、酸洗いしたもの。にぶい銀白色のつや消し仕上げ	加工後の再仕上げは不適
		No.2B	上記の処理後、適当な光沢を得る程度に冷間圧延仕上げしたもの。2Dよりやや光沢のある銀白色仕上げ	
		BA (ビーエー)	冷間圧延後、光輝熱処理を行い、さらに光沢をあげるため、軽い冷間圧延をしたもの。鏡面に近い光沢をもった仕上げ	
		ヘアーライン (HL)	適当な粒度（#120～240）の研磨ベルトで髪の毛のように長く連続した研磨目をつけたもの	建材の最も一般的な仕上げ
	特殊仕上げ	陽極酸化皮膜	主に、クロム酸溶液に浸漬通電着色後、硬膜処理を施したもの。カラーステンレスと称する。色調が限定されるが、密着性、耐摩耗性は良好	板の状態で着色し、加工を行う。使用する板の寸法は発色槽の制約から1,200×4,000以内とする
		エッチング	仕上げ表面に適宜な模様を耐酸性の被覆材で覆い、その他の部分を腐食液で腐食溶解したもの	
		エンボス	ローラーの表面に凹凸の模様を付けた特殊圧延機により、板の表裏両面に凹凸の模様を圧延転写したもの	
		塗装	各種合成樹脂塗装を行う	パネル形状のものは高温焼付けはひずみを発生するので避ける
チタン	ヘアーライン(HL)		適当な粒度（#120～240）の研磨ベルトで、髪の毛のように長く連続した研磨目をつけたもの	
	陽極酸化皮膜		主に、クロム酸溶液に浸漬通電着色後、硬膜処理を施したもの。カラーステンレスと称する。色調が限定されるが、密着性、耐摩耗性は良好	板の状態で着色し、加工を行う。使用する板の寸法は発色槽の制約から1,200×4,000以内とする
銅合金	硫化イブシ		銅合金の表面が数ヶ月から数十年かけて赤褐色から褐色さらに黒檀色へと変化していく過程を、人の手によって短時間で変化させる方法である。五硫化アンチモンにより、硫化銅を析出させた古典仕上げ。色合いは時間の経過により、多少濃い目に変化する	乾式法と湿式法があるが、建材のパネル類は左記の方法の乾式が主に使われ、湿式法は小物類に使用されることが多い
	人工緑青仕上げ		長尺板にメーカーが銅のさびを被覆して着色する被覆法（塗装法）と、銅の表面に繰り返し酸性薬品（タンパ酢など）を吹き付けてさび（緑青）を発生させる発錆法がある	銅のみ他の銅合金には不可。都会の汚染された大気中では緑青は生成されない

表5-6 素材別仕上げの種類

化学的表面処理

1) 電気化学的表面処理

電気化学的表面処理とは，金属材料を電解液に入れ通電して，皮膜を生成させる方法である。材質別にまとめると，次のようになる。

①ステンレス，チタン：陽極酸化皮膜処理

②アルミニウム合金：陽極酸化皮膜処理（アルマイト），一次電解発色，二次電解着色

③スチール：各種電気めっき

表面仕上げのうち，アルミニウムに対して実施される二次電解着色は，最も広範に使われているので，**図5**-1にその作業工程を示す。

2) 化学研磨

化学研磨は，酸性浴（酸性の水溶液を入れた水槽）に材料を入れ，洗うように材料を動かし，金属表面を緩やかに研磨し，金属表面に光沢を出させる方法である。表面光沢を抑えた梨地仕上げや，さらに表面を深く溶解させるエッチングなどの処理もできる。

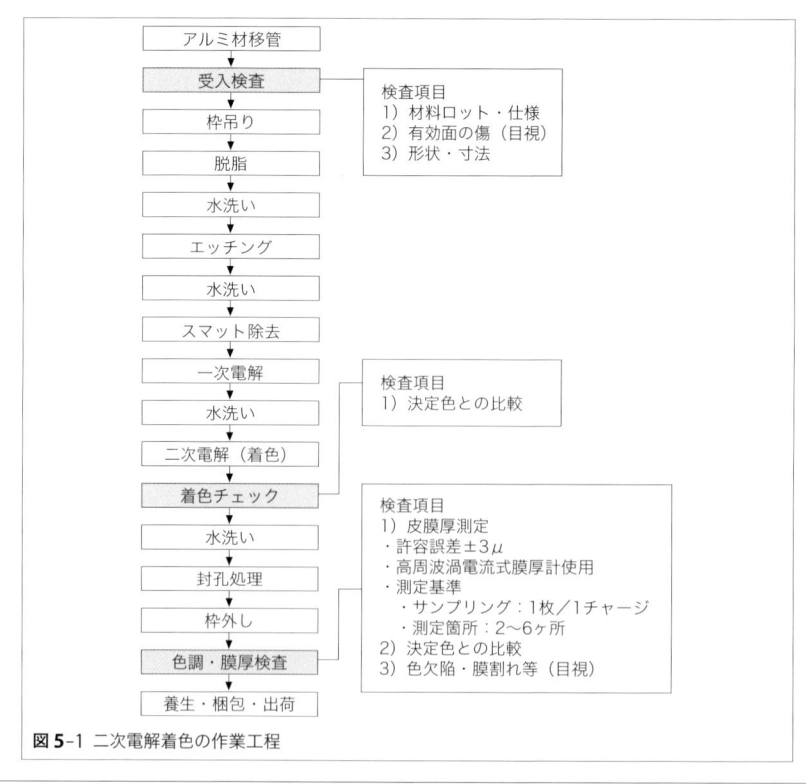

```
アルミ材移管
    ↓
 受入検査 ── 検査項目
    ↓        1) 材料ロット・仕様
 枠吊り       2) 有効面の傷（目視）
    ↓        3) 形状・寸法
  脱脂
    ↓
 水洗い
    ↓
 エッチング
    ↓
 水洗い
    ↓
 スマット除去
    ↓
 一次電解 ── 検査項目
    ↓        1) 決定色との比較
 水洗い
    ↓
 二次電解（着色）
    ↓
 着色チェック ── 検査項目
    ↓          1) 皮膜厚測定
 水洗い           ・許容誤差±3μ
    ↓             ・高周波渦電流式膜厚計使用
 封孔処理         ・測定基準
    ↓               ・サンプリング：1枚／1チャージ
 枠外し             ・測定箇所：2～6ヶ所
    ↓           2) 決定色との比較
 色調・膜厚検査  3) 色欠陥・膜割れ等（目視）
    ↓
 養生・梱包・出荷
```

図5-1 二次電解着色の作業工程

金属工事における設計

　金属工事においてはゼネコンなどの発注側と，サブコンやメーカーなどの受注側との関係は昔と比べて大きく変化している。1960年代以前は，発注側が工法を指定する工法発注がほとんどであった。しかしこの関係は，1960年代を境に徐々に変わってきた。発注側は実績を積み重ねた製造メーカーに対し，採用する工法については任せるようになり，意匠図と性能でニーズを指示する性能発注が多くなっている。

　金属材料は，石材，ガラス，タイル，木材などの建材に比べて，複雑な断面形状が表現できる。さらに材質，加工方法，表面仕上げなどについて，さまざまな組合せを行うことにより，いろいろな意匠を再現できる。

　ただし品質確保のためには，製造メーカーに対して，適切な製作日数を確保して，図面承認を出すなどの配慮が必要である。突貫工事になってしまっては，手の込んだ金属工事はできないことを認識しておくことが大切である。

設計段階での留意点

　金属工事の設計段階では，次に挙げるチェック項目に注意する必要がある。
①要求性能を満足させる数値的裏付けがなされているか
　製品本体・下地・アンカー類の強度計算・シールの目地設計・材料・仕上げの耐用年数など
②設計仕様・特記仕様と合致しているか
　施工範囲・数量・材質・仕上げ・水密・気密などの諸性能など
③施工が可能か
　製品が取付け場所に搬入可能な大きさか。また，施工上取り扱える大きさか
④取付け位置が正確に表現されているか
　通り心，基準レベル・柱心・壁心などの位置関係が正確に表現されているか
⑤他業種との取合いは適切な納まりで表現されているか
　躯体・鉄骨・石・タイル・木と直接接触させるのか。のみ込ませる方法で納めるのか。目地，シール目地などの納まりは妥当か
⑥設備などの図面と整合性がとれているか

照明・空調吸排気孔・スプリンクラー・コンセント・スイッチなどの穴あけ位置の確認など

金属工事の価格

　金属工事は設計段階で，採用する材質，テクスチャー，寸法，工法などについて，十分検討しないとコストに大きく影響する。

　以下に，設計段階でコストに影響を与える項目を挙げる。

①部材寸法が大き過ぎても，小さ過ぎても，コストは上がる

　標準的な大きさの採用（製品により異なるが1人で扱える大きさ，重量）がコストダウンにつながる。

　パネルを例にとると，**表5-7**のとおりである。

②役物の比率が大きくなると，コストは上がる

　役物（基準のサイズ以外のもの）の場合は，それぞれ1つの製品に対して1つの加工図を作成し，段取りもそのたびに変える必要がある。したがって，なるべく基準品を多く使用することがコストダウンになる。

③決定事項の部分保留はコストを上げる

　全体として図面承認を出しても，一部保留部分があると製作の際に必ず後戻り工程が発生する。例えばパネルを製作する場合，通常，穴あけは板の状態で機械加工を行う。もし穴の寸法が保留の場合は，パネルの曲げ加工の後の穴あけとなり，機械加工ができず手加工となるため時間がかかり，さらに機械加工のようにきれいにできない。

④設計変更はコストを上げる

　図面承認後の製作途中の変更は，製造工程をストップさせることになり，加工図などの再作成，材料の再手配，製品の再加工，再仕上げという余計な手間がかかってしまう。また取付け途中での変更は，製品の取り外し持ち帰りなど新たな手間がかかる。手直しで済まない場合には，廃品となることもあり，この場合は大きなコストアップになる。

大きすぎる場合	・材料入手が困難，材料単価が高くなる ・工場内の加工，移動に多くの人手を要する ・運賃が高くなる（大型トラックが必要になる） ・取付け費用が高くなる（1枚パネルを扱うのに多くの人手が必要）
小さすぎる場合	・材料ロス率が大きくなることがある ・工場内の加工費が高くなる（切断，切欠き，曲げ，組立ての工数が多くなる） ・取付け費用が高くなる（単位面積当たりの取付け枚数が増える）

表5-7 パネルの寸法とコスト

⑤必要性能を上回る性能要求はコストを上げる

　建物全体に対して要求される性能に比較して，金属工事の一部分だけに対して極端に高い性能値が要求される場合がある。

　風圧設定，荷重性能，耐震性能，安全性，遮音性能，断熱性能，気密性能，水密性能，防錆性能，耐久性，隠れた部分の仕上げなどに対し，不必要な条件設定は余計な材料と手間が掛かりコストアップになる。

⑥特注部品はコストを上げる

　製品の形状，断面を少し変えることで市販の部品が使用できる場合に，敢えて特注品を使用すると，そのために納まり図や部品図を作成し，製作することになるのでコストアップになる。

⑦入手しにくいものを使うとコストアップになる

　市販のもので機能を満足できる場合は，敢えて外国の特定製品を使用するなど海外調達を採用すると，価格も調達日数も多くかかりコストアップになるケースがある。最近では反対に既製品，ライン部品など，うまく海外調達を行うと，コストダウンにつながることもある。

金属工事の製作

　金属工事は，板材を曲げるまたは切板で使用するパネル工事と，パイプ，アングル，チャンネルなどの棒材を切断，曲げ加工して使用する工事に大別できる。

　工場内の製作工程も，機械を使って材料を加工する機械加工と，機械加工されたものを接合して組み合わせる組立加工に大別できる。

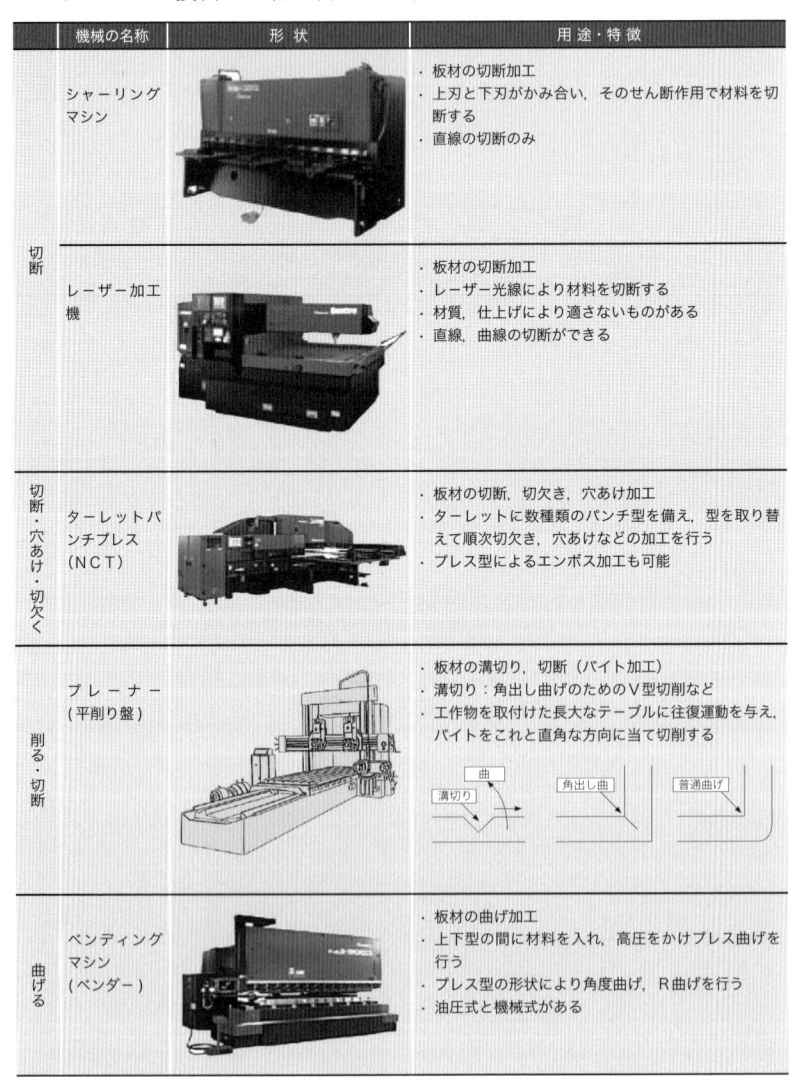

	機械の名称	形　状	用途・特徴
切断	シャーリングマシン		・板材の切断加工 ・上刃と下刃がかみ合い，そのせん断作用で材料を切断する ・直線の切断のみ
	レーザー加工機		・板材の切断加工 ・レーザー光線により材料を切断する ・材質，仕上げにより適さないものがある ・直線，曲線の切断ができる
切断・穴あけ・切欠く	ターレットパンチプレス（NCT）		・板材の切断，切欠き，穴あけ加工 ・ターレットに数種類のパンチ型を備え，型を取り替えて順次切欠き，穴あけなどの加工を行う ・プレス型によるエンボス加工も可能
削る・切断	プレーナー(平削り盤)		・板材の溝切り，切断（バイト加工） ・溝切り：角出し曲げのためのV型切削など ・工作物を取付けた長大なテーブルに往復運動を与え，バイトをこれと直角な方向に当て切削する 曲　　角出し曲　　普通曲げ 溝切り
曲げる	ベンディングマシン（ベンダー）		・板材の曲げ加工 ・上下型の間に材料を入れ，高圧をかけプレス曲げを行う ・プレス型の形状により角度曲げ，R曲げを行う ・油圧式と機械式がある

表 5-8 加工機械の例

機械加工

　建築の金属工事に使用される機械には、旋盤、フライス盤、マシニングセンターといった付属部品の製作に使用するもののほか、板金加工用に使用するものがある。それらの機械加工には、切断、穴あけ、切欠く、削る、曲げるという組合せがある。**表**5-8 に、加工機械の例を示す。

組立加工

　組立作業とは、機械加工で製作した部材と部材、購入部品などを組み合わせて接合する作業である。

　その中間工程または最終工程で、表面仕上げ（塗装、電解着色、研磨）などの工程が組み込まれることが多い。

1）接合作業

　金属の接合方法は、その機構によって分類すると、機械的接合と冶金的接合に大別できる。

　機械的接合の代表的方法は、鋲（リベット）またはビス、ボルトである。冶金的接合の代表的方法は、溶接である。

①リベット（ブラインドリベット）

　本来のリベットは接合する材料に下穴をあけ、リベットを差し込み、リベットの頭を金床に当て、先を叩き潰し圧着するのが通常である。しかし組立て加工の都合上、片側からしか作業できない場合が生じる。最近では、接合する材料の片側から作業を行えるブラインドリベットが多く用いられている。**図**5-2 に、ブラインドリベットの原理を示す。

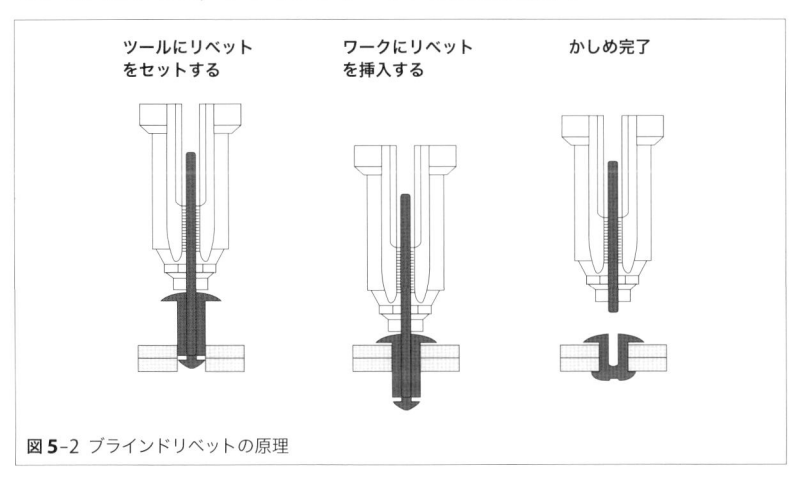

図5-2 ブラインドリベットの原理

②スタッド溶接

　スタッドボルト（ビス）を溶植するスタッド溶接は，ボルトやビス類の植え込み作業を，穴あけタップ立てなどの機械的加工やアーク溶接などによる隅肉溶接を行わずに，瞬間的に溶植する方法である。**写真5**-13 に，スタッドボルト（ビス）溶接の例を示す。

③冶金的接合

　TIG 溶接（Tungsten Inurt Gas）と MIG 溶接（Metal Inurt Gas）が，一般的である。

　冶金的接合の特徴は，次のとおりである。

写真5-13　スタッド溶接の例

①継手構造が簡単になること
②材料および工数の節減が可能で経済的であること
③継手効率が高く，優れた気密性，水密性を有すること
④厚さに関してはほとんど無制限に接合できること
⑤作業時の騒音が少ないこと

　しかし，冶金的接合には次の問題点がある。

①局部的な加熱冷却によるひずみが発生すること
②残留応力が発生し，応力集中にも注意が必要であること
③母材の材質が変化する（アルミ，ステンレスなどに2次電解着色を行う場合には，溶接部が変色しやすい）こと
④作業者の技量が品質に大きく影響すること

　したがって，建築の化粧面の材料を冶金的接合で接合する場合は，極力溶接長さを短くし，ひずみの発生を抑えることが肝心である。特にステンレスの鏡面仕上げについては，見付け面の溶接は避け，見えない部分でビスなどによる接合を採用することが望ましい。

2）接合方法の分類

　これまで述べてきた金属の接合方法の分類を，**図5**-3 に示す。

```
金属接合法 ── 金属的接合法 ── リベット・ボルト
                        ├─ 折込み・巻締め
                        ├─ ねじ込み・キー
                        └─ 焼きばめ・冷やしばめ

          └─ 冶金的接合法 ── 圧接 ── 超音波溶接
                              ├─ 摩擦溶接
                              ├─ ガス圧接
                              ├─ 抵抗溶接（スポット溶接）
                              ├─ 加圧テルミット溶接
                              ├─ 鍛接
                              ├─ 冷間圧接
                              └─ 爆発溶接

                        ├─ 融接 ── ガス溶接
                              ├─ 被覆アーク溶接
                              ├─ TIG（タングステンイナートガスアーク溶接）
                              ├─ MIG（メタルイナートガスアーク溶接）
                              ├─ プラズマアーク溶接
                              ├─ 電子ビーム溶接
                              ├─ レーザー溶接
                              └─ スタッドボルト（ビス）溶植

                        └─ ろう接 ── はんだ付（軟ろう付）
                                └─ （硬ろう付）
```

図 5-3 金属の接合方法の分類

金属工事の施工管理

図5-4に，金属工事の受注から引き渡しまでの基本的な流れを示す。工場で製作された金属製品は，一般に保護養生のうえ，コンテナ積みな

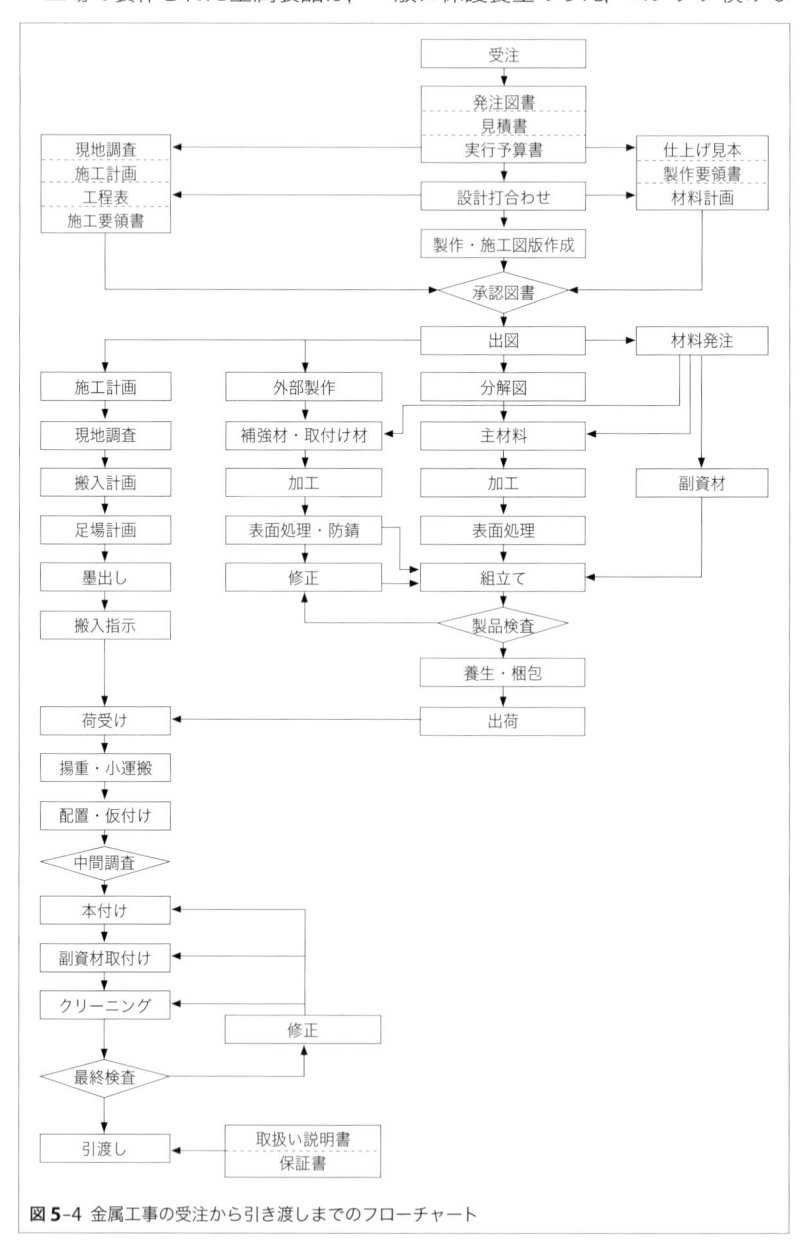

```
                            受注
                             │
                        ┌────┴────┐
                        │ 発注図書 │
                        │ 見積書   │
                        │ 実行予算書│
    ┌─────────┐         └────┬────┘         ┌─────────┐
    │ 現地調査 │              │              │仕上げ見本│
    │ 施工計画 │              │              │製作要領書│
    │ 工程表   │────── 設計打合わせ ──────│ 材料計画 │
    │ 施工要領書│              │              └─────────┘
    └─────────┘              │
                       製作・施工図版作成
                             │
                         ◇承認図書◇
                             │
                            出図 ──────→ 材料発注
                             │                │
   ┌─────┐  ┌─────┐    ┌─────┐              │
   │施工計画│  │外部製作│    │ 分解図 │            │
   └─────┘  └─────┘    └─────┘              │
   ┌─────┐  ┌──────────┐ ┌─────┐         ┌─────┐
   │現地調査│  │補強材・取付け材│ │ 主材料 │         │副資材│
   └─────┘  └──────────┘ └─────┘         └─────┘
   ┌─────┐    ┌───┐        ┌───┐
   │搬入計画│    │ 加工│        │ 加工│
   └─────┘    └───┘        └───┘
   ┌─────┐  ┌───────┐  ┌──────┐
   │足場計画│  │表面処理・防錆│ │表面処理│
   └─────┘  └───────┘  └──────┘
   ┌─────┐    ┌───┐        ┌───┐
   │ 墨出し │    │ 修正│        │組立て│
   └─────┘    └───┘        └───┘
                             │
                        ◇製品検査◇
                             │
   ┌─────┐               ┌──────┐
   │搬入指示│               │養生・梱包│
   └─────┘               └──────┘
      │                      │
   ┌─────┐               ┌───┐
   │ 荷受け │ ←───────── │ 出荷│
   └─────┘               └───┘
   ┌──────┐
   │揚重・小運搬│
   └──────┘
   ┌──────┐
   │配置・仮付け│
   └──────┘
        │
    ◇中間調査◇
        │
   ┌────┐
   │ 本付け │
   └────┘
   ┌──────┐
   │副資材取付け│
   └──────┘
   ┌──────┐
   │クリーニング│ ←──── ┌───┐
   └──────┘        │ 修正│
        │             └───┘
    ◇最終検査◇ ────────┘
        │
   ┌────┐    ┌──────┐
   │引渡し│ ←── │取扱い説明書│
   └────┘    │ 保証書    │
              └──────┘
```

図5-4 金属工事の受注から引き渡しまでのフローチャート

どにより現場に搬入され，一旦ストックヤードに一時保管される。その後，順次取付け場所へ移動し，躯体に取り付けられる。一連の作業を計画的に進める一方，搬入から引き渡しまでの全行程で安全に効率よく進むように配慮する。

金属工事における下地の考え方

　　金属工事以外の工事では，当該工事の前に必ず下地の工事が存在している。
　　しかし，金属工事では，製品精度がよくないと最終の出来映えに影響するので，下地工事も金属工事として一括で施工することが一般的である。そのため他工程の下地工事と同様に，下地だけ先行して施工しておき，ある期間を経て金属仕上げを行うことが通常である。

施工管理上の留意事項

　　金属工事は，工程数の多い工種である。施工の各段階で詳細な事前検討が必要である。以下に，各段階に応じたチェックポイントを列挙する。

1）搬入前

①搬入，施工時期
　　金属工事は一般にかさばるものが多いので，詳細な施工工程表を作成し，どの部材をいつ搬入し，いつ取り付けるかを明確にすることが大切である。このことにより，部材の損傷や傷がつくことをかなり低減，防止できる。

②施工手順
　　金属仕上げ類は最終仕上げ品なので，損傷すると取り替えざるを得ない。したがって，取付け階の設定は重要である。他工種の施工工程の進捗と関連して上階から施工するか，下階から施工するかどちらがよいかを検討する。

③搬入経路，車両制限
　　かさばる部材では，加工度を上げてしまうと搬入できない場合がある。部材をどのレベルまで分割して組み立てるのが最良であるか，使用可能な運搬車両との関連で設定する。**図5-5**に，トラックの寸法を示す。

④現場内での垂直移動や水平移動の経路，通路幅，高さなど
　　③と同様の点に注意する。

⑤ストックヤードの場所，広さ

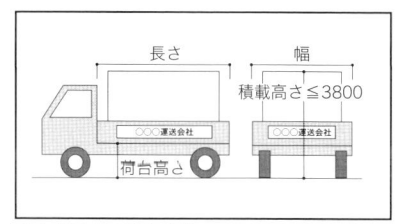

図5-5 トラックの寸法

搬入した部材は損傷させないように，適切なストックヤードが必要である。場所の設定と広さについては十分に検討し，確保することが必要である。

⑥揚重の方法，荷姿制限（大きさ，重量）

⑦取合い製品との納まり，施工順序

　金属工事と取り合う工種との納まりについて十分検討をしておかないと，いざ施工という段階になってきれいに納まらない。

　事前に，関連部分の調整を済ませておくことが肝要である。

⑧基本墨（心墨・陸墨）の事前確認

　金属工事は最終仕上げ品であるので，墨出しが正確に行われないときれいに納まらない。心墨，陸墨の確認は，入念に行う必要がある。

2）搬入

①製品の数量，附属品の数量

　施工前に製品，附属品が必要数量入っているか，取付けのための関連部品は揃っているかを確認する。これを怠ると，本施工が始まってから手待ちが生じるので注意する。

②製品の損傷の有無

　製品は，一度取り付けるとそれが最終仕上げとなる。取付け前に損傷の有無を確認し，傷があるものについては返品する。また，そのための予備品を揃えておく。

③搬入用コンテナの確保（大きさ，形状，キャスターの有無）

④必要搬入車両台数の手配（積載重量，荷台寸法，低床車，ユニック車）

　輸送に使用されるトラックの車種は，製品の形状，寸法，重量，揚重方法などの建築現場の条件，さらには輸送経路の諸条件によって決定される。特に市街地では時間制限など車両交通規制，近隣との取り決めなどがあるので，車両の待機場所を含めて交通規制，渋滞情報などを考慮して所要時間を割り出し，必要に応じて前日に積み込んで，早朝出発するなどの判断が必要である。

3）荷受け，荷降ろし

　荷受けは単に荷物を受け取るのではなく，送られてきた製品の仕様・損傷などの確認を行い，納品書との品番，数量確認を行うことが必要である。この確認を確実にしないと，後工程に支障をきたすことになる。**表5**-9に，トラックの積荷に関する寸法を示す。

4）施工取付準備から取付作業まで

取付時に行うべき事項を示す。

①基準墨より製品の取付けに必要な位置出しのための返り墨を出すこと

基準墨を確認したら製品取付け用の返り墨をできるだけ正確に出す。これを怠ると，完成度の高い金属製品はきれいに納めることができないので注意する。

②必要に応じて，後打ちアンカーを打設すること

金属製品を取り付けるためのアンカー類は，事前に埋込みアンカーを施しておくことが最良である。しかし，やむを得ず後打ちとする場合は，正確に後打ちアンカーを施工する。

③ファスナー類を取り付けること

④溶接を使用した場合には，溶接箇所に防錆塗料を塗布すること

溶接部をそのままにしておくと，あとで発錆するので，必ず防錆処理を施す。

⑤製品の仮締めを行い，図面通りの位置に取り付いているか確認を行うこと

製品はいきなり本締めを行うと調整ができないので，仮締めの段階で取付け位置を確認し，正しいことを確かめてから本締めを行う。

⑦本締めを行い，付属品の取付けを行い，必要に応じてシール打ちを行う。

5）清掃，養生

製品の取付け完了後，建築工事の諸要因に起因するほこり，汚れ，手垢，時には表面仕上げに傷が発生する場合がある。検査後の汚れに対しては，その程度に応じて，清水，中性洗剤溶液，溶剤などで清掃を行い，傷などについては程度に応じてタッチアップなどの補修を行う。

取付け後，竣工までの間は，製品の取付場所の通行頻度などによっては損傷する可能性があるので，紙，ビニール，エアークッション，段ボール，ゴムシート，合板などで養生を行う。

車種	幅	長さ	荷台高さ
4トン車	2,100	4,300	1,100
4トン低床車	2,100	4,300	900
4トンユニック車	2,100	5,200	1,100
4トンロング車	2,100	5,200	1,100
11トン車	2,350	8,300～9,600	1,400
11トン低床車	2,350	8,300～9,600	1,100

（注）トラックの大きさはメーカーによって異なるため，輸送業者に確認が必要

写真 5-9 トラックの積荷に関する寸法

屋 根

建物名称……桐生市市民文化会館
設　　計……坂倉建築研究所東京事務所
所 在 地……群馬県桐生市
竣 工 年……1997年
品　　名……軒天井パネル
材　　質……アルミ
仕 上 げ……フッ素樹脂焼付塗装

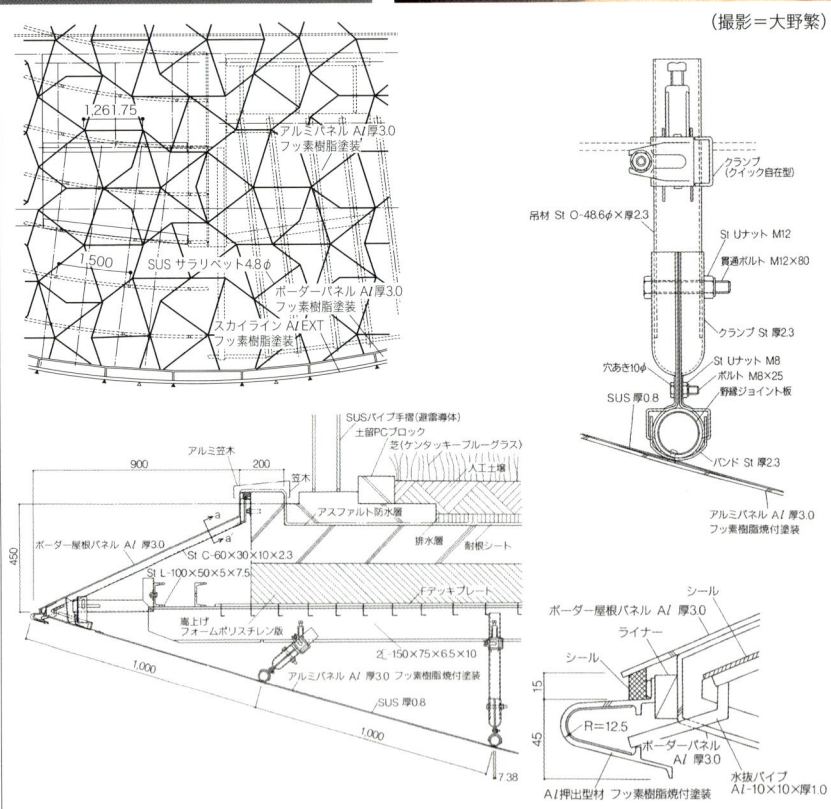

(撮影＝大野繁)

桐生市は絹織物で有名な産地であり，設計コンセプトはそれを象徴する「まゆ玉」の形状を金属で表現することであった。しかしその形状は楕円球ではなく，特殊曲面のために，パネルの割付は方向性を持たない方法が要求された。その結果，天井面は2,720m^{2}の面積に対して，約3,800種類のパネルで構成されている。パネルの施工はまず丸パイプの曲線野縁にステンレス板を下張りし，化粧パネルを1枚ごとリベットで施工した。

バルコニー

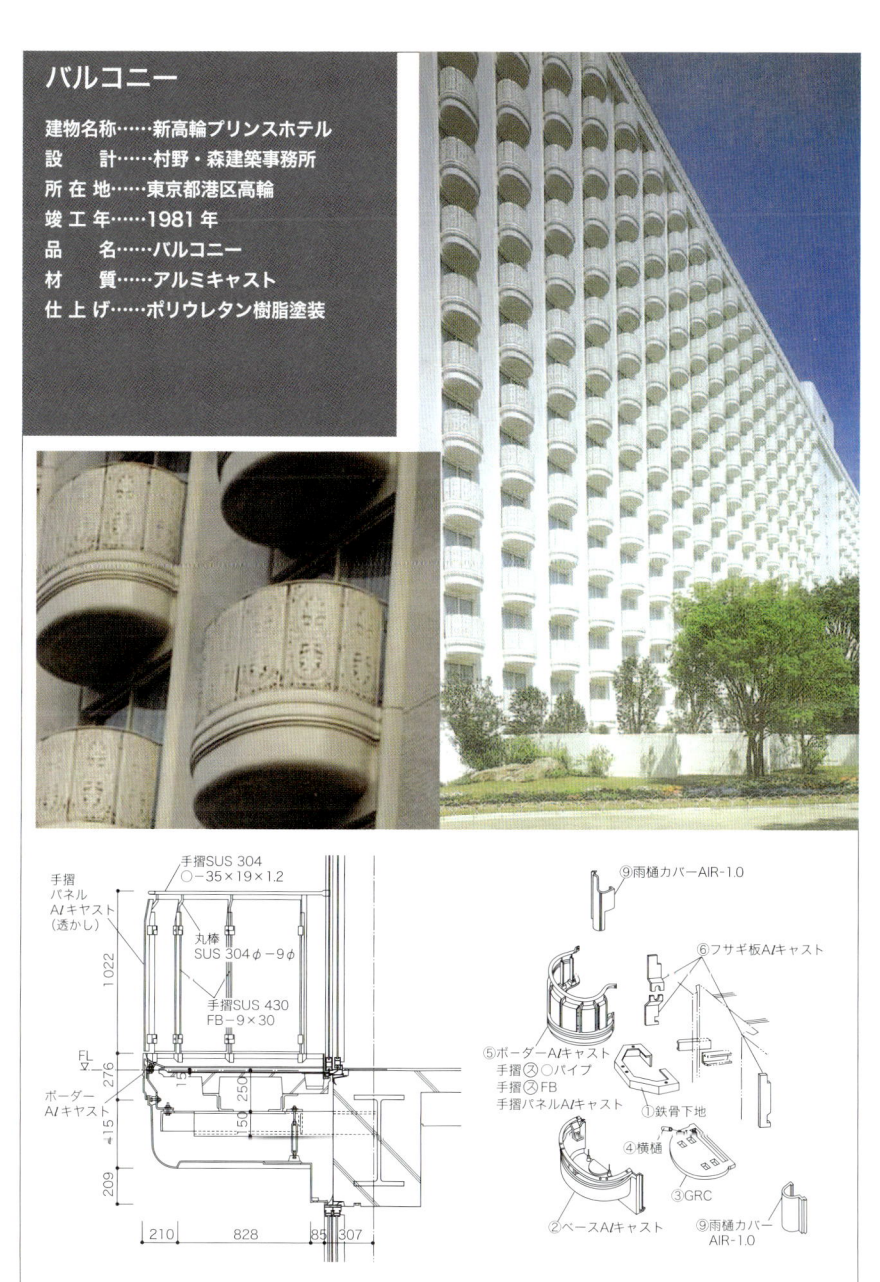

建物名称……新高輪プリンスホテル
設　　計……村野・森建築事務所
所 在 地……東京都港区高輪
竣 工 年……1981年
品　　名……バルコニー
材　　質……アルミキャスト
仕 上 げ……ポリウレタン樹脂塗装

バルコニーのデザインは，村野藤吾先生のフリーハンドデッサンによる複数の線の中から一本の線を選び出し，基本図を作成することから始まった。長期間にわたって部分模型，そしてモックアップにより先生のイメージを確認し，製作図の作成をした。このデザインを具現化するためにアルミ鋳物が選定され，また手摺，模様付きパネル，底板ボーダーと，その形状を得意とする鋳物業者数社に分割発注して，菊川工業が組立，施工をした。

第5講　金属工事

柱型パネル

建物名称……新東京国際空港第2旅客ターミナルビル
設　　計……日建設計・梓設計
所 在 地……千葉県成田市
竣 工 年……1993年
品　　名……柱型パネル
材　　質……ステンレス
仕 上 げ……鏡面・エッチング

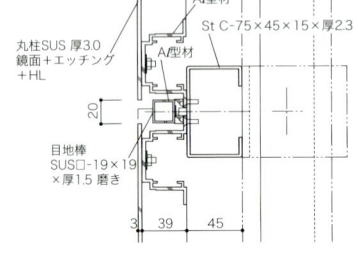

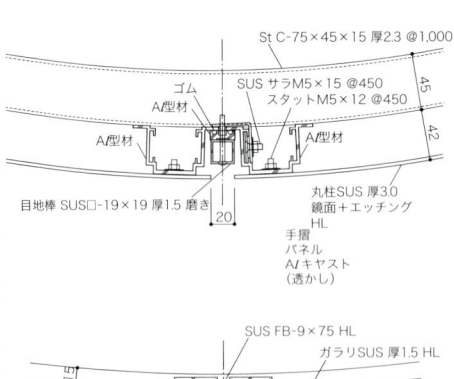

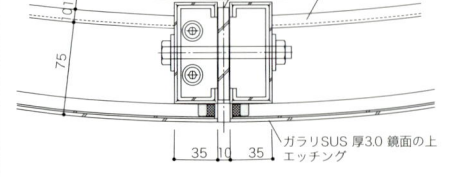

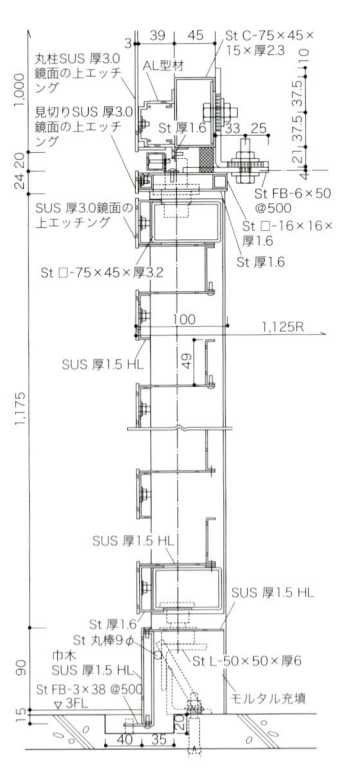

日本の表玄関である新東京国際空港の巨大な空間に，直径2mを越す金属製の丸柱がそびえ立ち，施工後10年以上経過した今でもきれいに輝いている。この丸柱は厚さ3mmの鏡面仕上げ切り板パネルとエッチング仕上げ切り板パネル，下部はエッチング仕上げの切り板パネルで製作したガラリ（一部は点検扉として開閉する）で構成されている。パネル下地は，アルミの型材を使用して納まりを簡潔にしている。

建具（縦軸回転扉）

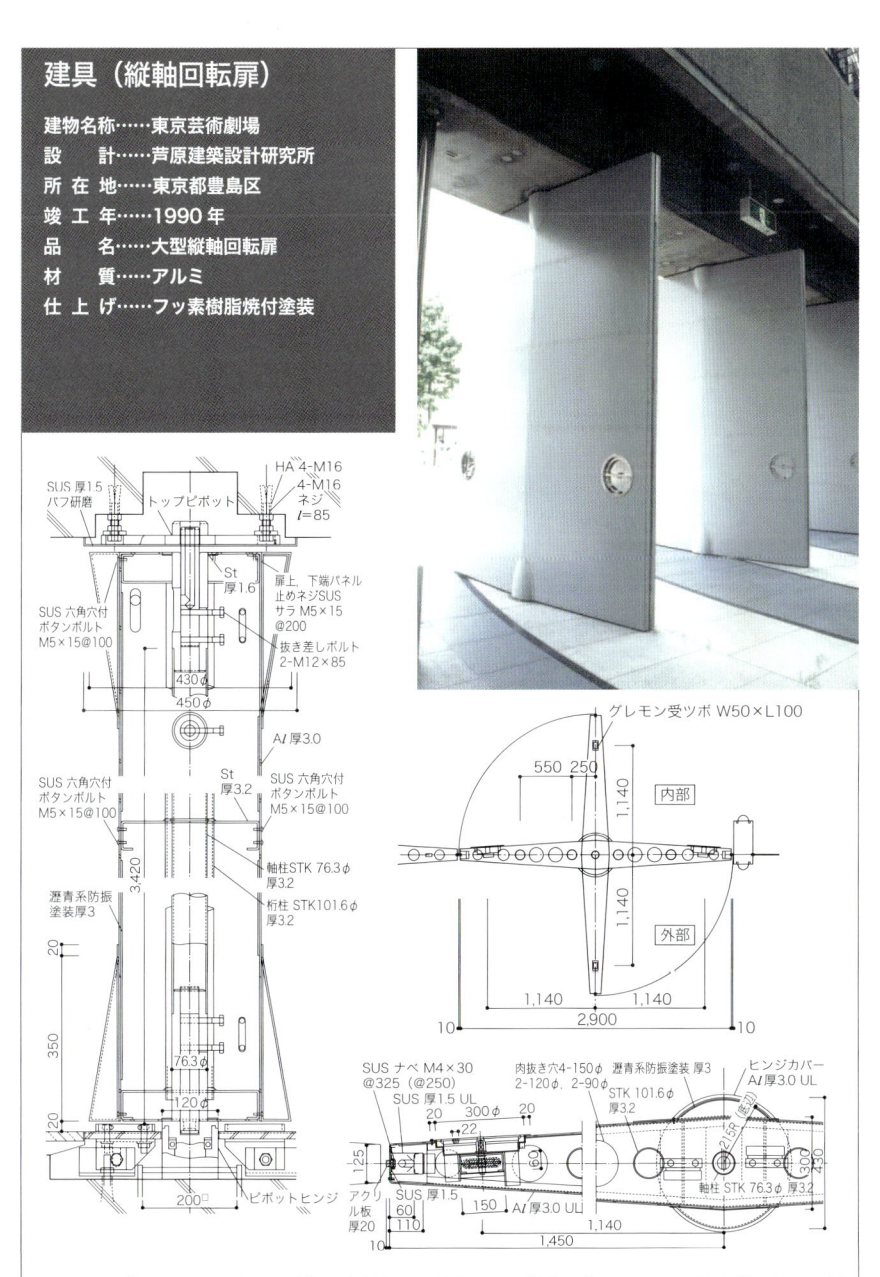

建 物 名 称……東京芸術劇場
設　　　計……芦原建築設計研究所
所 在 地……東京都豊島区
竣 工 年……1990年
品　　　名……大型縦軸回転扉
材　　　質……アルミ
仕 上 げ……フッ素樹脂焼付塗装

この扉は開放することにより，建物の内外部を一体化させる機能を持っている。「飛行機の翼」に似た意匠図をもとに，飛行機の翼の仕組みを細かく分析し，扉として構造化する研究を重ね，翼の構造に倣い，骨組みを専用の板曲げ材で構成し，構造材の打抜きおよび，力骨に直接アルミの化粧材をビス止めする工法を用いて超大型扉の軽量化を実現した。
外見上も飛行機の翼をイメージさせるため，六角穴付ボタンボルトを使用した。

第5講　金属工事

階 段

建物名称……目黒アイケイビル
設　　計……日建設計
所 在 地……東京都品川区
竣 工 年……1993年
品　　名……階段
材　　質……スチール・アルミキャスト
仕 上 げ……アクリル樹脂塗装

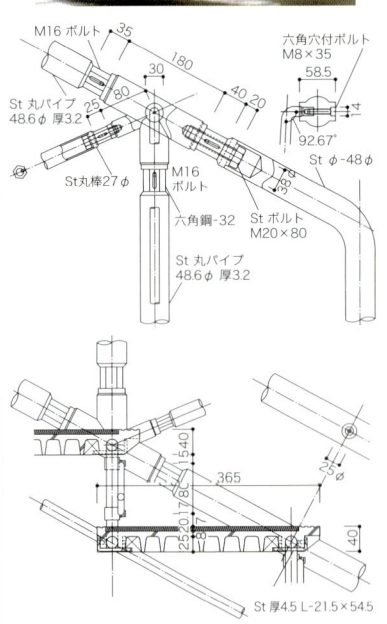

この階段は、軽快さと透明感を構造で表現している。特徴はささら桁という梁材と踊り場の支柱を廃止し、線材のみでの構成である。これを実現させるために「自在継手」考案し、「トーションボックス構造」を採用した。

手 摺

建物名称……ワールドビジネスガーデン
設　　計……日本設計・鹿島建設
所 在 地……千葉県千葉市
竣 工 年……1991年
品　　名……手摺
材　　質……ブロンズ形材
仕 上 げ……鏡面

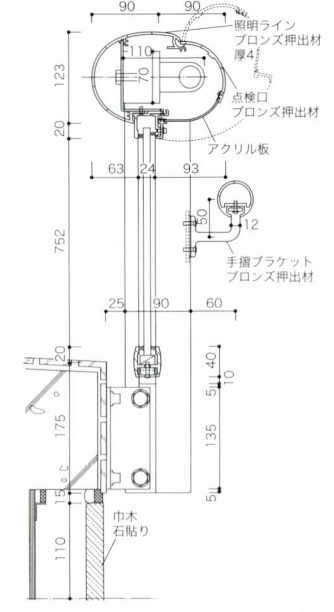

この手摺を構成している金属材料はブロンズ型材である。当時国内では、この大きさのブロンズ型材は製作できず、オーストラリアのメーカーに注文し製作した。笠木には、照明が内蔵され、通路を照らしている。

第6講　ガラス工事

　ガラス工事は，ちょっと前までは，サッシ枠に単板ガラスをはめ込むという形式がほとんどでした。しかし最近では，単板ガラスに対してセラミックプリントを始めとする種々の加工ができるようになったばかりでなく，合わせガラス，複層ガラスといった付加価値の高い加工品に対しても，装飾性を高めたものが多用されてきています。

　また，ガラスの納め方も単にサッシ枠へのはめ込みだけではなく，金物で支持する，構造シーラントで支持するなど新しい構法が出現しています。従来の構法のみならず，是非，新しい材料，構法にも精通してほしいものです。

ガラス工事に関する基本事項

ガラスの特徴

　　ガラスは，風雨を防ぎ，安定性・耐久性に優れた素材であり，かつ光や視線を通す材料として，建築には欠かせない存在である。
　　従来は，透明の単板ガラスが多用されてきた。最近では，光・熱的性能に優れたガラス，より高い強度をもつガラス，視線を制御するガラス，遮音性を向上させたガラスなど，ガラスの高性能・高機能化が進んでいる。高機能ガラスには，従来のガラスに何らかの加工を施したり，他素材と組み合わせたものが多い。したがって，各部材の取扱いや使用方法を誤ると，本来の機能が発揮できないばかりか，製品寿命を縮めてしまうおそれがある。
　　本講では，建物に使用されるガラスとガラス工事における注意事項やチェックポイントを中心に説明する。

ガラス工事の施工管理業務の流れ

　　ガラス工事の施工管理業務は，**図6**-1の手順で行う。
　　ガラスでは，単独では開口部になり得ない場合が多く，必ずサッシや取付け用部材など，周辺工事との取合いが発生する。また，ガラス工事は，建築工事全体の中では比較的終盤に施工される場合が多い。しかし，ガラスの板厚によってサッシの溝幅が決まるなど，ガラスの仕様が周辺部材の仕様決定に大きな影響を与えるため，比較的早期に周辺工事と並行して検討していくことが不可欠である。

```
建物における開口部の要求性能と，ガラスの構法（施工法）を決める
        ↓
採用される構法によって，使用するガラスの性能上・強度上の仕様を決める
        ↓
建築全体工事の中で，周辺工事（サッシ枠や取付け部材，シーリングなど）との取合いを考慮しながら，ガラス製品の製作過程，ガラス工事の工程を決める
```

図6-1　ガラス工事の施工管理業務の流れ

ガラスの性能

ガラスを含む開口部に対する要求性能は,「JASS 17 ガラス工事」に詳述されている。開口部(ガラス)に要求される主な機能は,**図6**-2に示す10項目である。

ガラスは,透視・採光を目的として使用される場合が多い。外壁材料の中では,板厚が薄いので,断熱性能や遮音性能は,ほかの外壁材料に比べてかなり劣っている。また,衝撃や荷重に対する強度が小さく割れやすいこと,火災時にガラスが割れて開口部からの類焼に注意する必要がある。したがって,外壁の性能は開口部分の性能によって決定することが多い。開口部の要求性能に応じて,必要な機能を有したガラスの選択が重要である。

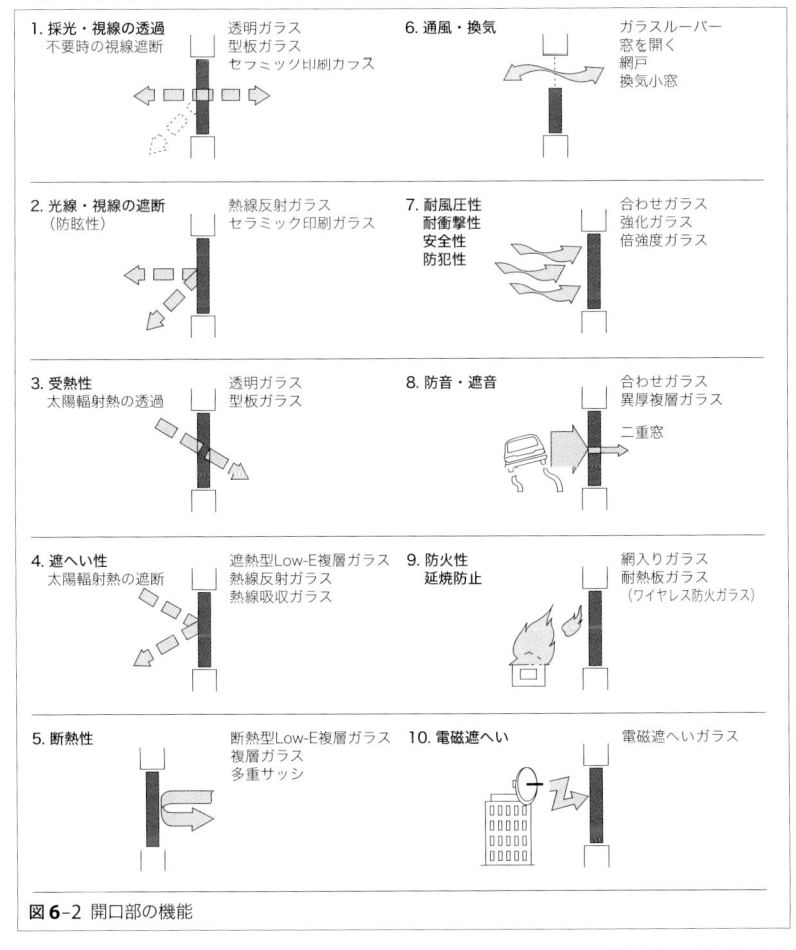

1. 採光・視線の透過 不要時の視線遮断	透明ガラス 型板ガラス セラミック印刷ガラス	6. 通風・換気		ガラスルーバー 窓を開く 網戸 換気小窓
2. 光線・視線の遮断 (防眩性)	熱線反射ガラス セラミック印刷ガラス	7. 耐風圧性 耐衝撃性 安全性 防犯性		合わせガラス 強化ガラス 倍強度ガラス
3. 受熱性 太陽輻射熱の透過	透明ガラス 型板ガラス	8. 防音・遮音		合わせガラス 異厚複層ガラス 二重窓
4. 遮へい性 太陽輻射熱の遮断	遮熱型Low-E複層ガラス 熱線反射ガラス 熱線吸収ガラス	9. 防火性 延焼防止		網入りガラス 耐熱板ガラス (ワイヤレス防火ガラス)
5. 断熱性	断熱型Low-E複層ガラス 複層ガラス 多重サッシ	10. 電磁遮へい		電磁遮へいガラス

図**6**-2 開口部の機能

熱的性能

1）断熱性能

ガラスの断熱性は，JIS R 3107 に示される計算法によって得られる熱貫流率（U 値：W/m^2・K）で表される。単板ガラスの熱貫流率は 6.0 W/m^2・K 程度であり，この値は熱線吸収ガラスや熱線反射ガラスであってもあまり変わらない。

ガラスの断熱性能を向上させるには，複数のガラスで中空層を設けることにより，熱移動を抑える複層ガラスを使用するのが効果的である。2 枚の透明ガラスを使用した複層ガラスの U 値は，中空層 6mm の場合 3.3 W/m^2・K，中空層 12mm の場合 2.9W/m^2・K 程度である。

また，複層ガラスの中空層面側に Low-E コーティングをしたガラスを用いると，断熱性能はさらに向上する。U 値は中空層 12mm で 1.7 W/m^2・K 程度まで向上する。**図 6**-3 に，Low-E 複層ガラスの構造を示す。また，**表 6**-1 に代表的なガラスの U 値を示す。

2）日射熱遮熱性能

日射は，ガラス面で透過・反射・吸収される。吸収された日射は，ガラス両側の熱伝達抵抗の比によって，室内側と室外側に再分配される。この結果，室内へ流入する熱量は，ガラスを直接透過する分と吸収後に室内に再放出される分の合計となる。ガラスに入射する日射熱量を 1 とした場合の室内に流入する熱量の割合を示す数値が日射熱取得率（η 値）である。**表 6**-2 に，代表的なガ

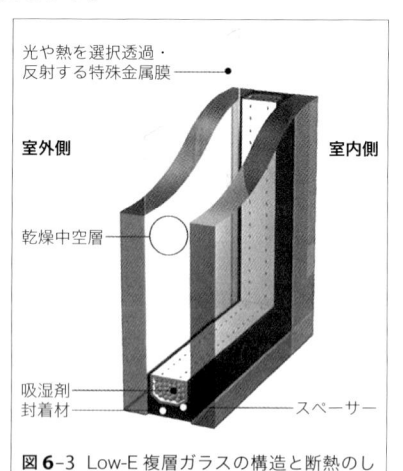

図 6-3 Low-E 複層ガラスの構造と断熱のしくみ

ガラス品種・構成・呼び厚さ		熱貫流率 U値(W／m^2・K)
単板ガラス	透明フロート板ガラス 6mm	5.9
	熱線吸収板ガラス　グリーン 6mm	5.9
	高遮へい性能熱線反射ガラス 6mm（反射色調ブルー系，可視光透過率 35%）	5.3
合わせガラス	透明 5mm+ 中間膜 0.8mm（30mil）+ 透明 5mm	5.6
複層ガラス	透明 6mm+ 中空層 6mm+ 透明 6mm	3.3
	透明 6mm+ 中空層 12mm+ 透明 6mm	2.9
Low-E 複層ガラス	Low-E6mm+ 中空層 6mm+ 透明 6mm	2.5
	Low-E6mm+ 中空層 12mm+ 透明 6mm	1.7

表 6-1 各種ガラスの熱貫流率

ラスのη値を示す。

室内に流入する熱量を抑えるためには，直接透過や吸収後の室内側への再放出を少なくすることが有効である。図6-4に，遮熱のしくみを示す。

日射熱遮へいに有効なガラスには，熱線吸収ガラス，熱線反射ガラス，遮熱Low-E複層ガラス，IRカット遮熱合わせガラス（赤外線吸収材を混入させた中間膜を使用した合わせガラス）などがある。IRカット遮熱合わせガラスは，ガラス本来の透明さを損なわずに，日射熱を遮ることが可能である。

遮音性能

ガラスの遮音性能は，JIS A 1416に規定される試験方法で測定され，音響透過損失によって表される。

ガラスの遮音特性は，いわゆる「質量則」によって，ガラスが厚いほど，また周波数が高いほど音響透過損失が大きくなるが，板厚別にある特定の周波数（コインシデンス限界周波数：f_c）付近で急激に落ち込むことがわかっている。使用するガラスのコインシデンス限界周波数を熟知したうえ

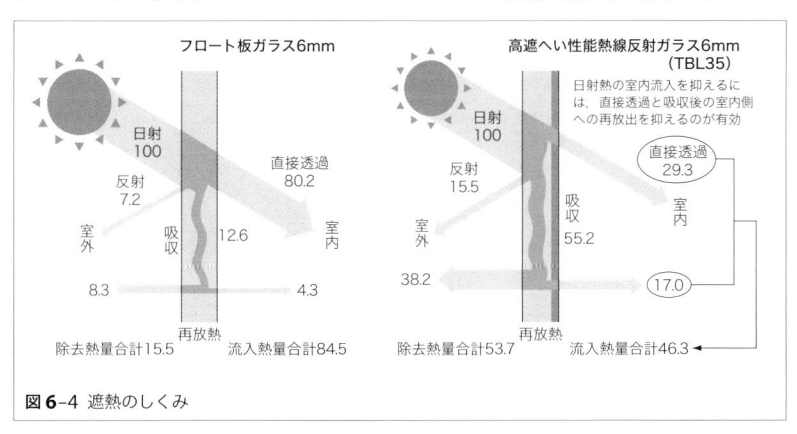

図6-4 遮熱のしくみ

ガラス品種・構成・呼び厚さ		日射熱取得率 η値
単板ガラス	透明フロート板ガラス 6mm	0.84
	熱線吸収板ガラス グリーン 6mm	0.65
	高遮へい性能熱線反射ガラス 6mm（反射色調ブルー系，可視光透過率35%）	0.46
合わせガラス	透明 5mm+ 中間膜 0.8mm (30mil) + 透明 5mm	0.78
遮熱Low-E 複層ガラス	Low-E6mm+ 中空層 6mm+ 透明 6mm	0.42
	Low-E6mm+ 中空層 12mm+ 透明 6mm	0.40
IRカット遮熱 合わせガラス	透明 5mm+ 遮熱中間膜 0.8mm(30mil)+ 透明 5mm	0.66
	透明 5mm+ 遮熱中間膜 1.5mm(60mil)+ 透明 5mm	0.61

表6-2 各種ガラスの日射熱取得率

で，ガラス板厚を選択する必要がある。

　複層ガラスの遮音性能を向上させるには，異なる板厚を使用した複層ガラスで，互いのコインシデンス効果を打ち消し合い，低音域共鳴透過を抑えるのが有効である。**図6**-5に，単板ガラスと複層ガラスの音響透過損失を示す。

　一般に，一重のガラス（合わせガラスや複層ガラスも一重として）で得られる遮音性能は，平均透過損失で35dB程度が限界であり，それ以上の性能が要求される場合には，二重窓にする必要がある。また，二重窓として十分な効果を得るためには，ガラスどうしの間隔を50mm以上とし，異なる厚みのガラスを組み合わせるのが望ましい。

防火・耐火性能

　建築基準法では，開口部に対して屋外からの延焼，または屋内における延焼の防止を要求する部位を指定している。これらの部位にガラスを使用する際には，所定の防火・耐火性能を有するガラスの使用が義務付けられている。**図6**-6に，防火・耐火性能が必要な建物の部位と使用できるガラスを示す。

　この中で，最も使用頻度の高いのは，外壁開口部に延焼のおそれがある部分に使用される防火設備である。**表6**-3に，防火設備に使用できるガラスを示す。特定防火設備，1時間耐火間仕切壁は，建物内部に使用される場合が多い。それぞれサッシ枠とガラス，副資材を一体とした個別認定を

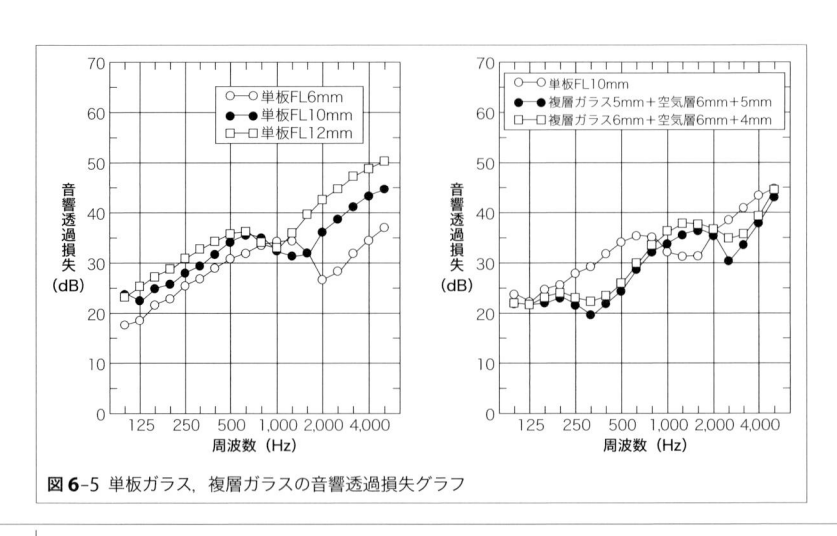

図6-5 単板ガラス，複層ガラスの音響透過損失グラフ

取得しているため，一般のスチールサッシ枠と防火ガラスの組合せでは，認定仕様にならない。

その他の性能

建物のガラスの仕様を決めるうえで，前述したほかに必要な性能には，透視性や光透過性，色などの光学性能，ガラス製品の寿命を示す耐久・耐用性能，万一ガラスが破損した場合の安全・防災性能が挙げられる。

1）光学性能

一般のフロート板ガラスは，平滑で透明性が高いため，透視性に優れている。さらに，光透過性や視線制御を求められる場合もある。光の透過性は可視光線透過率で表され，JIS R 3106 に試験方法が規定されている。

熱線吸収ガラスは，微量の金属を加えて着色することによって，熱線の吸収度合いが高くなる。また熱線反射ガラスは，コーティングされた金属薄膜によって反射・吸収を高めてある。これらのガラスは，日射熱の遮蔽を目的としたものであるが，可視光線透過率も低くなる。可視光線透過率が低くなると，日射による眩しさを和らげる効果があるが，室内の明るさ・暗さに直結するので，室内の光環境に影響を及ぼす。

Low-E 複層ガラスは，可視光線透過率を比較的高く保ちながら，高い

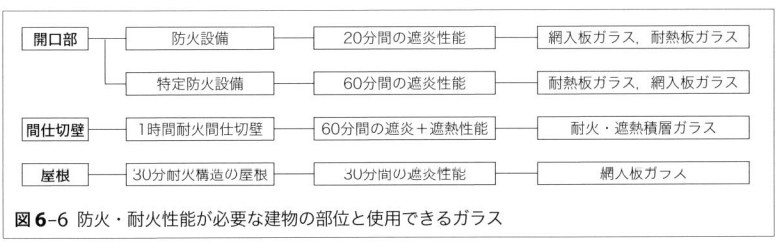

開口部	防火設備	20分間の遮炎性能	網入板ガラス，耐熱板ガラス
	特定防火設備	60分間の遮炎性能	耐熱板ガラス，網入板ガラス
間仕切壁	1時間耐火間仕切壁	60分間の遮炎+遮熱性能	耐火・遮熱積層ガラス
屋根	30分耐火構造の屋根	30分間の遮炎性能	網入板ガラス

図6-6 防火・耐火性能が必要な建物の部位と使用できるガラス

品種	特徴		
網入板ガラス	従来から防火戸用に使用されている，内部に金網を挿入したガラス。表面を研磨した網入磨き板ガラスと，表面に型模様のついた網入型板ガラスがある。火炎を受けてガラスが破損しても，ガラス内部に挿入された金網が破片を保持して開口を生じさせないことで，火炎の貫通を防ぐ		
耐熱板ガラス	網の入っていない防火戸用のガラスを総称して，耐熱板ガラスと呼んでいる（ガラスメーカーでは，ワイヤレス防火ガラスと呼ぶ場合もある。火炎を受けても，破損しないことで火炎の貫通を防ぐ。耐熱板ガラスには，製法や諸特性の違いで，以下のバリエーションがある		
	耐熱強化ガラス	一般の建築用に使用されているソーダ石灰ガラスのエッジに特殊研磨を施した後，特殊な強化処理をして耐熱強度を高め，防火戸用に使用できるようにしたガラス
	低膨張防火ガラス	一般の建築用とは違う特殊組成のホウ珪酸ガラスのエッジに特殊研磨を施した後，特殊な強化処理をして耐熱強度を高め，防火戸用に使用できるようにしたガラス
	耐熱結晶化ガラス	一般の建築用とは違う特殊組成のガラスを再加熱処理して微細結晶を均一に析出させ，熱による膨張をほとんど無くして耐熱強度を高め，防火戸用に使用できるようにしたガラス

表6-3 防火設備に使用できるガラス

熱的性能を有するため，適度な日射熱の遮熱と光環境を配慮したガラスである。**表6**-4に，代表的なガラスの可視光線透過率を示す。

　また，視線を制御するガラスとしては，型板ガラスやすりガラス，サンドブラストした後にフッ酸で表面を滑らかにしたフロストガラスが挙げられる。いずれも表面の凹凸によって不透視性を得ているため，水などで濡らすと透けて見えやすくなる。使用部位の選定や，凹凸面の向きに注意が必要であるのと，一般的に強度が低いため，外装には使いにくい。

　ガラスフリット（融点の低いガラス粉末）を混入させたセラミックインクをガラス表面に印刷して，600℃程度の高温で焼き付けたセラミックプリントガラスは，最近流行の不透視ガラスである。インクを高温で焼き付ける際に熱処理することになるので，強化ガラスまたは倍強度ガラスなどと同程度の強度となる。印刷部と非印刷部の面積比（開口率）によって，不透視の度合いをコントロールしたり，好みの模様を印刷することができるため，意匠上の多様なニーズに応えることが可能である。**写真6**-1に，セラミックプリントガラスのパターン例を示す。

2）耐久・耐用性能

　一般の透明ガラスや熱線吸収ガラスなどは，破損する以外には，特に耐久性を論じる必要はないが，複層ガラスや合わせガラス，網入板ガラスのような，他素材と組み合わされた製品や，熱線反射ガラスのように表面コーティングされた製品は，注意が必要である。

　複層ガラスは封着部の劣化による中空層内部での結露の発生，合わせガ

ガラス品種・構成・呼び厚さ		可視光線透過率（％）
単板ガラス	透明フロート板ガラス 6mm	88.9
	熱線吸収板ガラス　グリーン 6mm	75.2
	高遮へい性能熱線反射ガラス 6mm（反射色調ブルー系，可視光透過率35%）	36.6
遮熱Low-E複層ガラス	Low-E6mm+ 中空層6（12）mm+ 透明6mm	66.8
IRカット遮熱合わせガラス	透明5mm+ 遮熱中間膜 0.8mm（30mil）+ 透明5mm	81.3
	透明5mm+ 遮熱中間膜 1.5mm（60mil）+ 透明5mm	76.3

表6-4 各種ガラスの可視光線透過率

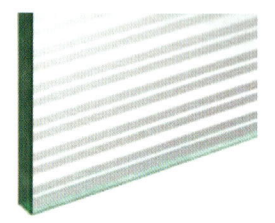

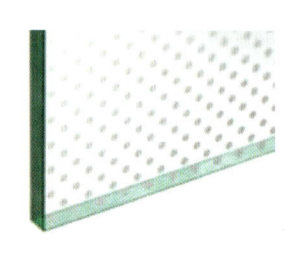

写真6-1 セラミックプリントガラスのパターン例

ラスは中間膜の剥離や白濁，網入板ガラスは網がさびることによる割れなどが起きる場合がある。ただし，これらの現象は，かかり代や面クリアランスといったサッシ納まりや，止水・排水に十分な配慮をすることで，大部分を予防することができる。

　熱線反射ガラスは，膜面を硬いもので擦ると傷がつく場合がある。傷のついた部分は，光の透過が変化するので，特に内観からは傷として目立ちやすい。膜面に付いた傷は，補修不可能なので，ガラス施工後の養生や清掃用具の選定には，注意が必要である。

　また，強化ガラスや倍強度ガラス，耐熱強化ガラスやセラミックプリントガラスは，熱処理の工程でガラス表面の硬度が変化するため，熱処理していないガラスに比べると傷が付きやすくなっている。したがって，金属製の清掃用具の使用は避ける必要がある。

表 6-5 に，各種ガラスの耐久性，メンテナンス上の注意項目を示す。

3）安全・防災性能

　ガラスは脆性破壊する物質であり，割れると破片で人に傷害を与える可能性がある材料である。安全対策としては，「ガラスが割れないこと」もしくは「ガラスが割れても重大な傷害を生じさせないよう細粒状に破壊すること」が要求される。

　強化ガラスは，耐衝撃性が高いガラスである。合わせガラスは割れても破片が飛散しにくく，強靭な中間膜によって貫通しにくくなっているので，出入口まわりや不特定多数が往来する場所など，安全対策を講ずる必要のある部位に使用することが望ましい。

　また，地震などによってガラスが破壊・脱落すると，人命を損ねるばかりか，建物に開口が生じて風雨の浸入を許し，建物としての機能を失うおそれがある。災害時に避難場所となるような学校，病院，公共施設などのガラスは，耐震性の検討とともに，万一の場合に破片の飛散による二次災害防止や防災効果の高い合わせガラスの使用が望まれる。

ガラス種類	注意点
複層ガラス	封着部に紫外線が当たらないよう，サッシ納まり上の寸法チェック，水分が長時間滞留して付着しないよう，止水・排水機能のチェックが必要
合わせガラス	中間膜に水分が長時間滞留して付着しないよう，止水・排水機能のチェックが必要
網入ガラス	小口の網に水分が長時間滞留して付着しないよう，止水・排水機能のチェックが必要
熱線反射ガラス	金属膜に傷をつけないよう，施工後の養生や清掃用具の選定に注意が必要
強化ガラスなどの熱処理をしたガラス	熱処理していないガラスに比べ，表面硬度が若干低いので，金属製清掃用具を使用しないなど，清掃用具の選定に注意が必要

表 6-5 各種ガラスの耐久性，メンテナンス上の注意点

ガラスの強度設計

建物では、窓などに使用されるガラスが、台風などの強風によって生じる風圧力によって破壊されないよう、十分な強度をもつガラスを選択する必要がある。具体的には、使用場所における設計風圧力を求め、板ガラスの品種・板厚・寸法などを決定する。ガラスの強度設計には、荷重の種類、支持方法、使用部位などによって、さまざまな検討方法がある。

図6-7に、風圧に対する検討方法の選択の仕方を示す。

また、外壁開口部、または天窓やトップライトなどの屋根に準ずる使用部位は、以下の関連法規で定められた設計風圧力や考え方を共通項として採用する。

①建築基準法施行令第87条2（速度圧 $q = 0.6 \times E \times V_{o2}$）
②平成12年建設省告示第1454号（基準風速 V_o と E_r を求める方法）
③建築基準法施行令第36条3（超高層建築物の定義）
④平成12年建設省告示第1461号（超高層建築物の構造計算）

四辺ともサッシにのみ込まれている場合（四辺単純支持）の強度計算

ガラスの四周、すなわち四辺ともサッシにのみ込まれているものを、四辺単純支持という。平成12年建設省告示第1458号（屋根ふき材及び屋外に面する帳壁に関する風圧計算）に示された方法を基本にした板硝子協会が推奨する耐風圧設計法がある。

四辺単純支持以外の場合の強度計算

設計風圧力は、建築基準法施行令や建設省告示によって求める。四辺単

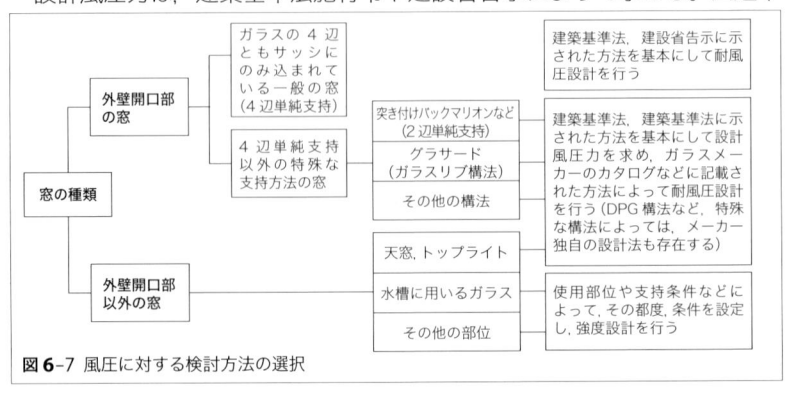

図6-7 風圧に対する検討方法の選択

純支持とは異なり、ガラスごとの許容荷重で判断するのではなく、ガラスに発生する応力が、ガラスの持つ許容応力以下になるように設計する。外観上は同一に見えても、サッシ納まりによるガラスの支持条件によって、強度検討の方法が異なるため、注意が必要である。**表**6-6に、バックマリオンなど四辺にサッシが回っていない場合の耐風圧の検討方法を示す。また、**図**6-8に、トップライトなどのガラス面に作用する荷重と強度設計について示す。

その他の部位に使用するガラスの強度計算

室内に使用される間仕切や手摺などは、外壁に使用するガラスとは異なり、風圧はかからないが、人が寄りかかったり、人体衝突などの荷重を想定して強度設計を行う必要がある。

また、「ガラスを用いた開口部の安全設計指針」(建設省住宅局建築指導課長名、昭和61年5月31日付通達、平成3年4月4日付通達)が、人体衝突が起こりやすい開口部を対象とした安全ガラスの選定方法の指針として定められているので、これらの指針なども考慮に入れて、強度設計を行う。

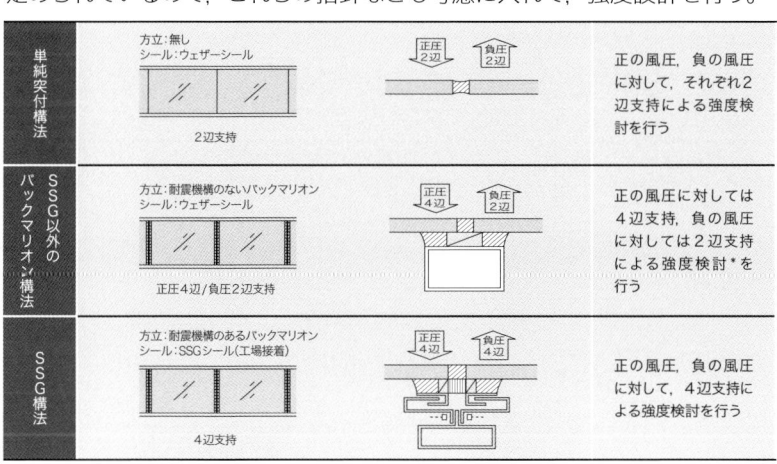

*日本建築学会「SSG構法研究報告書」による

表6-6 バックマリオンなど4辺にサッシが回っていない場合の耐風圧検討

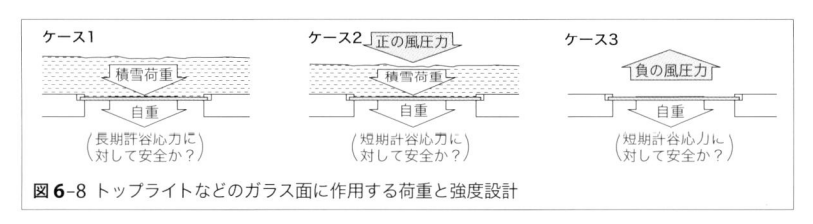

図6-8 トップライトなどのガラス面に作用する荷重と強度設計

ガラスの品質

　ガラスの品質は，厚み，寸法などの許容差など，ガラス種類に共通のものから，複層ガラスの露点温度や強化ガラスの破片数など，製品固有の品質のものまでさまざまであり，それぞれ日本工業規格（JIS）に定められている。**表**6-7 にフロート板ガラス，**表**6-8 に建築用ガラスに関連する主なJISを示す。**表**6-9 に，複層ガラスのJISの要約を示す。

項　目		基　準（JIS）		検査方法
厚さ		2ミリ　1.9 ± 0.2mm 3ミリ　3.0 ± 0.3mm 4ミリ　4.0 ± 0.3mm 5ミリ　5.0 ± 0.3mm 6ミリ　6.0 ± 0.3mm	8ミリ　8.0 ± 0.6mm 10ミリ　10.0 ± 0.6mm 12ミリ　12.0 ± 0.8mm 15ミリ　15.0 ± 0.8mm 19ミリ　19.0 ± 1.2mm	マイクロメーター （JIS B 7502）
泡	泡の径	泡の個数の許容上限		オンライン欠点検出機および JIS R 3202-5 による
	0.5mm 以上 1.5mm 未満	5.5 × S		
	1.5mm 以上 3.0mm 未満	1.1 × S		
	3.0mm 以上 5.0mm 未満	0.44 × S		
	5.0mm 以上 10.0mm 未満	0.22 × S		
	10.0mm 以上	0		
異物	異物の径	異物の個数の許容上限		
	0.5mm 以上 1.0mm 未満	2.2 × S		
	0.5mm 以上 2.0mm 未満	0.44 × S		
	1.0mm 以上 3.0mm 未満	0.22 × S		
	3.0mm 以上	0		
点状欠点密集度		径が1.5mm以上の泡，および径が1.0mm以上の異物について，2個の泡と泡，異物と異物，または泡と異物との距離が15cm以上であること		
線状・帯状欠点		5.1 の (1) の試験において，目視で識別できるものがないこと		
傷	1枚の板の面積	傷の長さの許容上限 (mm)		
	1.0m² 未満	60		
	1.0m² 以上 4.0m² 未満	60 × S		
	4.0m² 以上	240		
	1枚の板の面積	1枚の板における傷の長さの総和の許容上限 (mm)		
	1.0m² 未満	240		
	1.0m² 以上	240 × S		
透視ひずみ		5.1 の (3) の試験において，直線しま (縞) 模様がひずんで見えないこと		
ひび		5.1 の (1) の試験において，目視で識別できるものがないこと		
切り口欠点		切り口の欠け，はま欠け，つの（角），そげ，逃げなどの形状欠点は，ガラス板の面に垂直に見るときの切りすじ線からの偏差が，ガラス板の厚さ呼称値以下，かつ，10mm以下であること		
長さおよび幅の許容差		3,000mm 以下の長さ，幅の場合 2ミリ，3ミリ，4ミリ　　　　+1，−2mm 5ミリ，6ミリ　　　　　　　±2mm 8ミリ，10ミリ　　　　　　　+2，−3mm 12ミリ，15ミリ　　　　　　±3mm 19ミリ　　　　　　　　　　±5mm 3,000mmを超え 5,000mm 以下の長さ，幅の場合 8ミリ，10ミリ　　　　　　　+3，−4mm 12ミリ，15ミリ　　　　　　±4mm 19ミリ　　　　　　　　　　±6m		鋼製巻尺 （JIS B 7512）

表6-7 フロート板ガラス（JIS R3202-1996）

番号	タイトル
JIS R 3106	板ガラス類の透過率・反射率・放射率・日射熱取得率の計算方法
JIS R 3107	板ガラス類の熱抵抗および建築における熱貫流率の算定方法
JIS R 3202	フロート板ガラスおよび磨き板ガラス
JIS R 3203	型板ガラス
JIS R 3204	網入板ガラスおよび線入板ガラス
JIS R 3205	合わせガラス
JIS R 3206	強化ガラス
JIS R 3208	熱線吸収板ガラス
JIS R 3209	複層ガラス
JIS R 3220	鏡材
JIS R 3221	熱線反射ガラス
JIS R 3222	倍強度ガラス

表6-8 建築用ガラスに関連する主なJIS

種類		記号	熱貫流抵抗 $1/U$ $K \cdot m^2 / W$	日射熱除去率 $(1-\eta)$
断熱複層ガラス	1種	U1	0.25以上	
	2種	U2	0.31以上	
	3種	U3-1	0.37以上	
		U3-2	0.43以上	
日射熱遮へい複層ガラス	4種	E4	0.25以上	0.35以上
	5種	E5		0.50以上

項目	基準（JIS）		検査方法
厚さ	材料板ガラスの呼び厚さと空気層の和が 17mm未満　　　　　　許容差±1.0mm 17mm以上22mm未満　　許容差±1.5mm 22mm以上　　　　　　　許容差±2.0mm ただし、空気層が2層以上のもの、材料板ガラスの1枚の厚さが15mm以上のものについては、当事者間の協定による		マクロメーター (JIS B 7502)
一辺の長さの許容差	1m未満　　　　　　　±2mm 1m以上2m未満　　　+2、-3mm 2m以上　　　　　　　±3mm		鋼製巻尺 (JIS B 7512)
外観	ガラスの内面に透視に差し支えるような汚れ、接着剤などの飛散があってはならない		JIS R 3209-9.2による
露点	封入空気の露点は-35℃以上であってはならない		JIS R 3209-9.4による
封止の加速耐久性※	I類	耐湿耐光試験7日+冷熱繰り返し試験12サイクルの後、すべての試料の露点が-30℃以上のものがあってはならない	JIS R 3209-9.5による
	II類	I類の試験過程に続き、耐湿耐光試験7日+冷熱繰り返し試験12サイクルの後、すべての試料の露点が-30℃以上のものがあってはならない	
	III類	II類の試験過程に続き、耐湿耐光試験28日+冷熱繰り返し試験48サイクルの後、すべての試料の露点が-30℃以上のものがあってはならない	
光学薄膜の性能の加速耐久性※		耐湿耐光試験、冷熱繰返し試験を行い、全サイクルを実施した後試料を解体して、光学薄膜の試料につき実施前との放射率の差が0.02以下でなければならない	JIS R 3209-9.6による

※封止の加速耐久性、光学薄膜の加速耐久性の検査は、新しい製品の設計または製品仕様もしくは製造条件の変更以外は省略することができる

表6-9 複層ガラス（JIS R3209：1998）

ガラスの構法

ガラス工事に採用される構法については,「JASS 17」の分類に従って説明する。各構法の主な特徴は, **表6**-10 に示す。構法により意匠や機能が異なるので, 要求に応じて, 適切な構法選択を行うことが重要である。

構法名	説明
はめ込み構法 (写真 6-2)	最も一般的なガラス構法で, 開口部にアルミやスチールなどのサッシや, ガスケットなどを取り付け, それらのガラス溝にガラスをはめ込む構法
ガラススクリーン構法 (写真 6-3)	大寸法のガラスとガラス方立てによって構成される, 自立型および吊下げ型ガラススクリーン構法, 孔をあけた強化ガラスなどを点支持金物で取り付けるDPG構法, ガラスを部分的に支持する構法などがある
SSG構法 (写真 6-8)	構造シーラントを用いてガラスに支持部材を接着し, この接着支持辺をガラスの強度計算における強度上の支持辺とみなす構法
張付け構法 (写真 6-9)	ガラス鏡や壁装ガラスを接着剤で壁下地に接着して支持する構法。主に内装に使用される

表6-10 ガラスの構法

はめ込み構法

はめ込み構法は, 一般的な窓枠に設けられた溝に, 板ガラスをはめ込み取り付ける構法である。窓枠にガラスを取り付ける際のポイントは, ガラスの自重を受けるためのセッティングブロックと, 風圧力を受けるためのバックアップ材やシーリング材である(**図6**-9)。

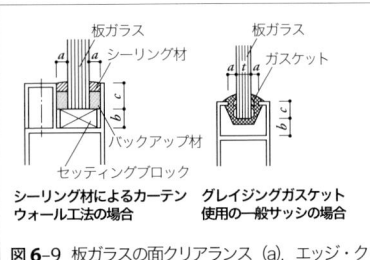

図6-9 板ガラスの面クリアランス (a), エッジ・クリアランス (b), かかり代 (c)

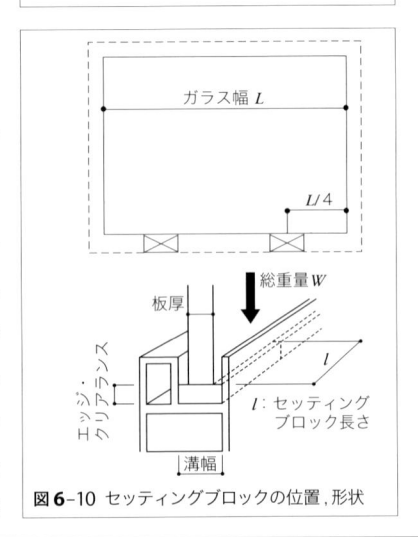

セッティングブロックは, ガラスのエッジと建具が直接接触することを防ぐために設けられる。一般に, 硬度90度程度のゴム製品が使用されている。クロロプレンゴムの場合では, 許容荷重が 0.5MPa (5kgf/cm^2) と定められているため, ガラス重量に応じて, 必要なセッティングブロック長さが計算できる。また設置位置では, 通常, ガラス幅の左

図6-10 セッティングブロックの位置, 形状

右1/4の部分に設けられる（**図6**-10）。

さらにバックアップ材やシーリング材は，耐風圧性や水密性を確保するために重要である。この際シーリング材は，ガラスとサッシ枠の2面だけで接着させることが重要である。シーリング材用のバックアップ材と接着してしまう3面接着とすると，シールに無理な荷重が加わり，耐久性が低下してしまう。

また，ガラス溝にガラスを施工する場合は，溝の上下左右にガラスを当てないようにやり返しながら，はめ込む必要がある。その時に，いずれか1辺の溝深さは，かかり代の2倍プラス寸法誤差と作業用のクリアランスを加えた寸法が必要となる（**図6**-11）。

さらに，耐震性を考慮すると，地震による建物の層間変位で，サッシは面内方向に強制変形を受けて，平行四辺形になる。ガラスは，変形したサッシから力を受けて回転するが，変形量が大きければ端部でガラスとサッシはぶつかる。この際，ガラスは変形しないので，破壊することになる。耐震性を考える時，ガラスとサッシがぶつからないようにクリアランスを設計することは極めて重要である。**図6**-12に，耐震設計に採用されている「Bouwkampf（ブーカム）の式」を示す。

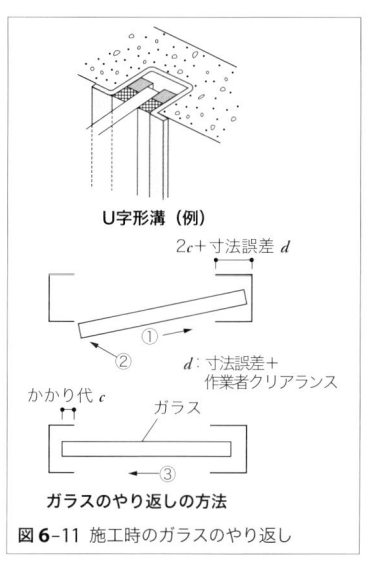

図6-11 施工時のガラスのやり返し

写真6-2 はめ込み構法の施工例

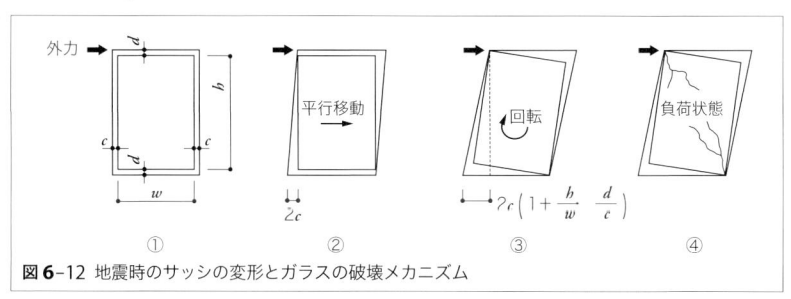

図6-12 地震時のサッシの変形とガラスの破壊メカニズム

なお，詳細な納まり寸法については，「JASS 17」不定形シーリング材構法，ガスケット構法についての一般的な3方押縁の場合の納まり寸法標準を参照されたい。なお**写真6**-2に，はめ込み構法の施工例を示す。

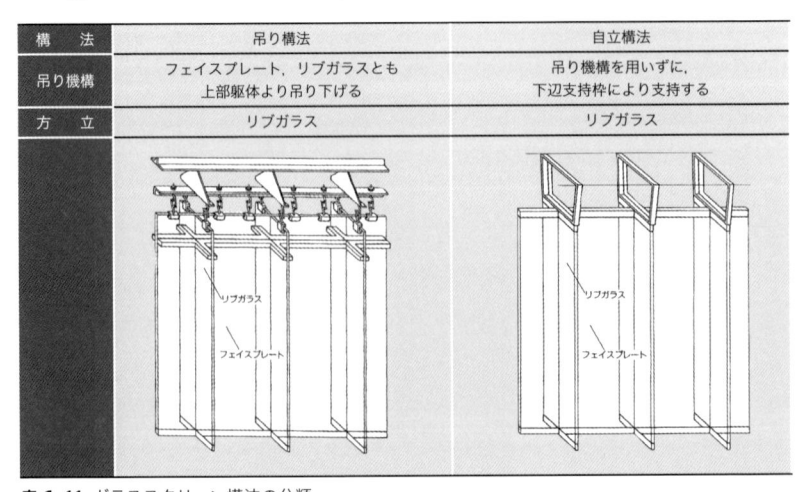

ガラススクリーン構法

ガラススクリーン構法は，枠を介さずにガラスどうしを突き合わせで連続させて，透明性の高いガラス面を構成する方法の総称である。

ガラススクリーン構法は，非常に種類が多い。製造業者によって使用するガラスや支持部品を1つのパッケージのシステム商品として，責任施工する形態のものと，異なるガラスと支持部材を組み合わせて構成するものとがある。ただし後者の場合は，責任の所在が不明確となることが多く，施工管理上十分な注意が必要である。

ガラススクリーン構法は，狭義には面ガラスとリブガラスとで構成されたシステムを示すことが多い。ここで面ガラスの自重を下部の枠で受けるか，上部から吊り下げて受けるかによって，自立型，吊り下げ型に分類することができる。通常，面ガラスとリブガラスとは，構造シーラントで接着されている。ガラスと構造シーラントの相性は非常によく，施工時にきちんと施工されていれば，40年以上経過した物件でも，構造接着系に大きな問題は生じていない。

表6-11にガラススクリーン構法の分類，**図6**-13に面ガラスとリブガラスの納まりを示す。**写真6**-3に，ガラススクリーン構法の例を示す。

表6-11 ガラススクリーン構法の分類

図6-13 面ガラスとリブガラスとの納まり

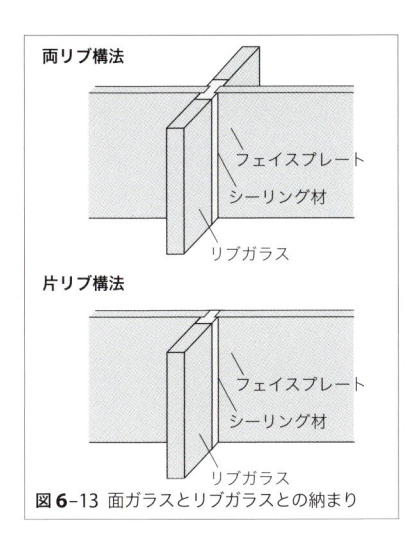

写真6-3 ガラススクリーン構法の例

DPG構法(ドットポイント構法)

　DPG(Dot-Point-Glazing)構法は，支持部品や支持構造によってさまざまなタイプがある。ガラスの固定方法には，ガラスに皿孔をあけることで支持部品がガラス面に突出しないタイプや，ストレート孔で支持部品が突出するタイプがある。

　荷重の支持構造には，目地ごとの方立や，ワイヤーやロッドの張力により支持するタイプ，ガラス方立によって支持するタイプなどさまざまな方式がある。ドットポイント部分の支持部品に回転機構が内蔵されているものは，最も優れたDPG構法の一つである。このシステムでは，四隅に皿孔加工を施した強化ガラスをフレキシブルに回転する特殊ヒンジボルトを用いて固定している。ガラス周囲にサッシフレームが存在しないため，ガラスの透明性を極限まで引き出した大型ガラスファサードをつくりあげることができ，内観的にもすっきりしたインテリア空間が実現できる。

　日本では1992年以来，すでに数百件を超える実績があり，多くのバリエーションが生まれている。

　DPG構法に代表される点支持構法が，日本で発展した理由はガラス分野における有限要素法(FEM解析)の普及にある。実験により，解析の信頼性が確認され，ガラスサイズや支持点位置，支持条件による違いが検討できるようになってきたことが背景にある。

　図6-14にDPGシステムの断面図，図6-15にDPGシステムの構成図，

写真 6-4 に DPG 金物，写真 6-5 に DPG 構法の例を示す。また写真 6-6 に，FEM 解析の例を示す。

MPG 構法（メタルポイント構法）

MPG 構法は，DPG 構法の一種と考えられるが，ガラスに孔加工を施すことなく，目地部からガラスエッジの表裏に緩衝材を介して，支持部品で挟み込んでガラスを支持する構法である。

ガラス周囲にサッシフレームが存

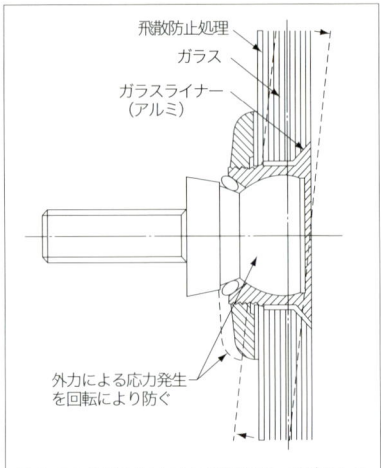

図 6-14 DPG システムの特殊ヒンジボルトの断面図

図 6-15 DPG システムの構成図

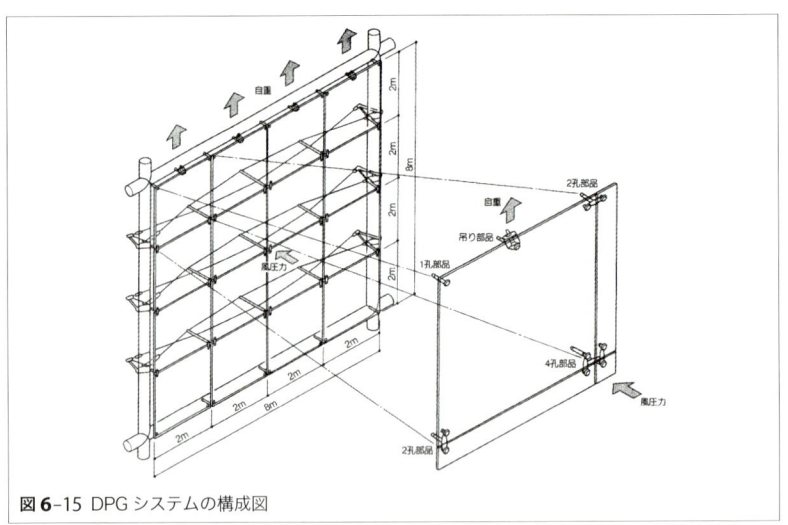

写真 6-4 DPG 金物

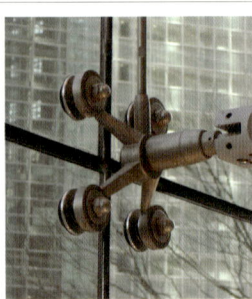

写真 6-5 DPG 構法の例

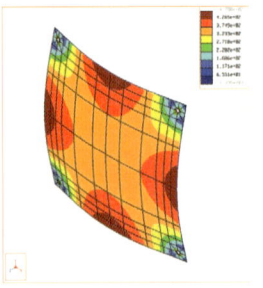

写真 6-6 孔明きガラスの FEM 解析の例

在しないため，ガラスの透明性を引き出した大型ガラスファサードをつくりだすことができる。メタルポイントは，ガラスに孔加工が不要なため，設計条件によってはフロートガラスの使用が可能となり，支持部品の形状や長さに応じてさまざまなバリエーションが出せる（**図6**-17）。

なおMPG構法では，ガラスを支持金物で部分的に支持するため，有限要素法によるガラスの発生応力，変位などを確認する必要がある。MPG構法においても，安全性を配慮した合わせガラス，省エネルギー性に配慮したペアガラス，Low-Eペアガラスを採用することができる。

図6-16にMPG構法の概念図，**写真6**-7にMPG構法の例を示す。

SSG構法

SSG（Structural Sealant Glazing System）構法は，板ガラスをサッシ溝に嵌め込んで支持固定するのではなく，構造シーラントを板ガラスと支持部材との間に充填して構造接着させ，構造接着部にもガラス枠と同様に荷重を負担させる方法である。したがって四辺支持構造として，強度計算を行うことが可能である。

図**6**-16 メタルポイント構法の概念図

写真**6**-7 メタルポイント構法の例

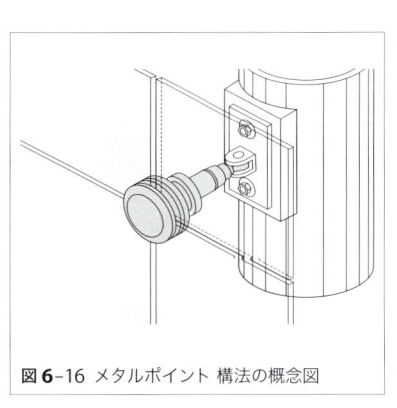

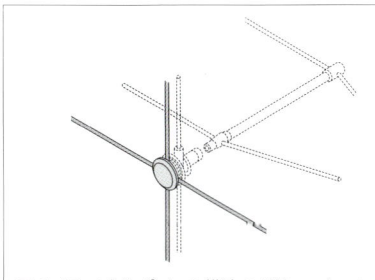

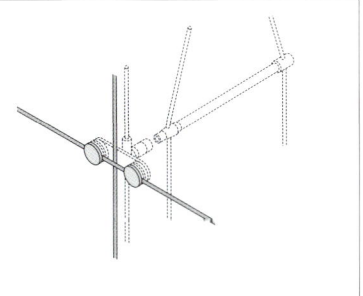

図**6**-17 メタルポイント構法のバリエーション

ただし四辺ともSSGとする構法は，日本では安全性の配慮からあまり実施されていない。一般的には，横辺をサッシで支持し，縦辺をSSGとする2辺SSGが多い。

なお，構造接着部の施工は工場で行う場合と現場で行う場合があるが，安全性確保のため，工場でシールを施工する方法が採用されることが多い。また，長期的な接着信頼性の確保の面で，定期的な点検などの維持管理が重要である。

なおこの構法はアメリカから導入された技術で，熱線反射ガラスとともに流行した。最近は，透明ガラス主体のデザインが中心となっているなかで，SSG構法の採用も減少傾向にある。

図6-18にSSG構法のシステム概念図，**図6**-19にSSG構法のシステム詳細図を示す。**写真6**-8に，SSG構法の例を示す。

図6-18 SSG構法のシステム概念図

図6-19 SSG構法のシステム詳細図

写真6-8 SSG構法の例

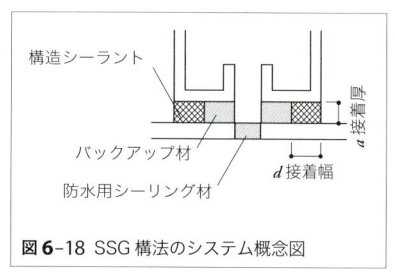

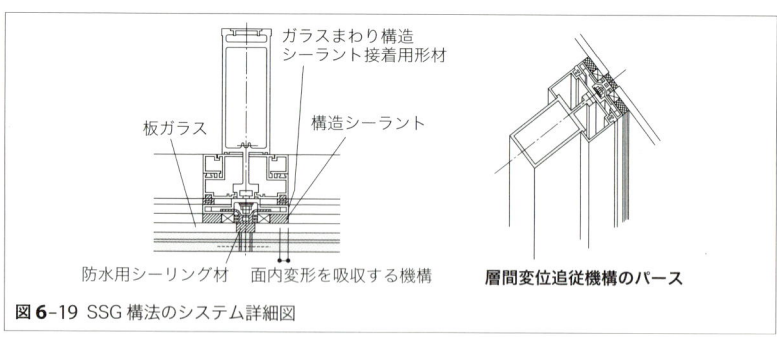

写真6-9 張付け構法の例

ガラス材料

建築用ガラス製品の分類

建築用ガラスの分野では，素板ガラスの生産ラインから直接板採り（採板）されるガラスを，板ガラスという。また，素板生産ラインと異なる何らかの加工を施したガラスを，加工ガラスという。この使い分けは，ガラスを施工する場合に，管理方法が異なるので理解する必要がある。

① 板ガラス

フロート板ガラス，熱線吸収板ガラス，網入板ガラスなど

② 加工ガラス

複層ガラス，合わせガラス，強化ガラス，ガラス鏡など

板ガラス

1）フロート板ガラス

フロート板ガラスを製造するためのフロート法とは，最も一般的な板ガラスの製造方法であり，溶融したガラスを溶融した金属（すず）の上に浮かべて製板する方法である。

ガラスの原料は，主に粉体であるが，溶融槽内で約 1,600℃の熱で溶解され，液状となった状態でフロートバスに流れ込み，ガラスよりも比重の重い溶融金属（すず）の上を浮かびながら広がる。流れる過程で温度降下とともに，固化し均一な板幅と厚みをもった帯状のガラスとなる。

フロート法の発明により，大きく品質の安定したガラスが大量に生産できるようになった。フロート法におけるガラスの厚さの調整は，基本的にはガラスを引っ張るスピードによりコントロールしている。すなわち早いスピードで帯び状ガラスを引っ張れば，それだけ薄いガラスが生産できる。

除冷炉，強制空冷ゾーンを経て 100℃以下になったガラスは，所定の長さに切断されることになる。

ガラスの幅は，溶融炉，フロートバスの設備的な制限のため，約 3m に限定されている。一方ガラスの長さは，原理的には製造上の制限はなく，むしろ輸送上や施工上の制約により，その最大長さが制限されている。図 6-20 に，フロート板ガラスの製造工程を示す。

2）型板ガラス・網入ガラス

型板ガラスは，2 本の水冷ロールの間に，直接，ガラスの溶融生地を通し

て製板するロールアウト法で製造する。下側ロールに型模様ロールを用いることで，ガラス面に型板ガラスの模様を連続的に刻み込むことができる。

網入ガラスや線入ガラスは，ロールアウト成型時に，金属網や金属線を挿入することで製品としている。ロールアウト法によって製板した素板を両面平滑に研磨したものが，網入磨き板ガラスや線入磨き板ガラスである。

図6-21にロールアウト法，図6-22に網入ガラスの製造方法，図6-23にロールアウト法による製造工程を示す。

3）熱線吸収ガラス

熱線吸収ガラスは，透明板ガラスの原料の中に，ニッケルやコバルトなどの金属を加えて，ブルー，グレー，ブロンズ，グリーンなどに着色したガラスである。製造方法は，フロート板ガラスと同様である。

日射の吸収率が高くなるため，冷房負荷を軽減し，外観意匠を向上させることができる。しかし，最近はLow-Eペアグラスが普及し，透明ガラスが好まれる傾向にあるため，使用量は減少している。

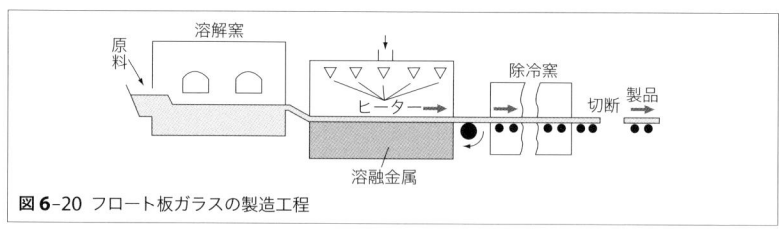

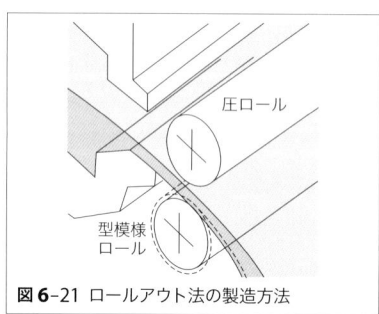

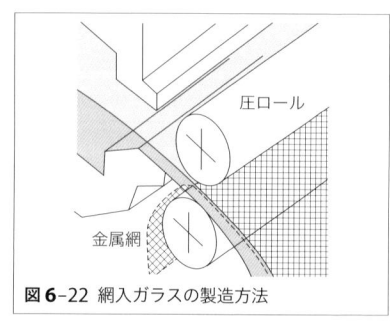

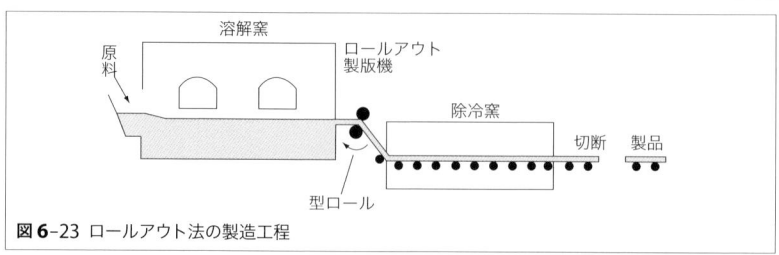

図6-20 フロート板ガラスの製造工程

図6-21 ロールアウト法の製造方法

図6-22 網入ガラスの製造方法

図6-23 ロールアウト法の製造工程

4）高透過ガラス

　一般のガラスには，特有の青みがある。この青みはガラス内部に含まれる鉄分の影響である。高透過ガラスは，原材料の成分をコントロールして特有の青みを少なくし，より透明でかつ透過色を忠実に再現するガラスである。

　従来，このガラスは博物館・美術館用の特別なガラスとして輸入されていた。ところが現在では国内でも生産が可能になり，外装の意匠性や光の透過性を重視した建物に採用されるようになってきている。

建築用のガラス加工

　フロート板ガラスをもとにさまざまな加工を施したガラスを，加工ガラスという。加工ガラスは，加工の種類別に分類すると，次のようになる。
①ペア加工：複層ガラスなど
②コーティング：スパッタリング，鏡加工など
③熱処理加工：強化ガラス，倍強度ガラスなど
④合わせ加工：合わせガラスなど
⑤表面加工：サンドブラストなど
⑥形状加工：切断，曲げ加工など

1）複層ガラス

　複層ガラスは，2枚のガラスをスペーサーで一定間隔に保ち，その周囲を封着材で密閉したものである。スペーサー内部には吸湿剤を設置することで，内部を乾燥状態に保っている。この乾燥空気層の効果で，単板では得られない断熱性能が確保され，省エネルギー対策として広く採用されている。**図6**-24 に，複層ガラス（ペアガラス）の構成を示す。

2）Low-E ペアガラス

　Low-E とは，低放射の意味である。ガラス表面に金属コート（低放射コート，Low-E コート）を施し，表面放射率を小さくすることで，放射伝熱を抑えることができる。通常の板ガラスの垂直放射率は 0.896 であるが，低放射コートしたガラスでは 0.2 以下となる。Low-E ペアガラ

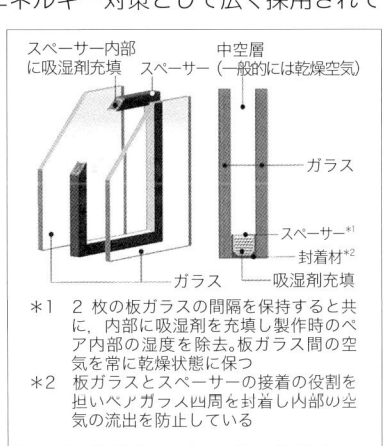

図6-24 複層ガラス（ペアガラス）構成

*1 2枚の板ガラスの間隔を保持すると共に，内部に吸湿剤を充填し製作時のペア内部の湿度を除去。板ガラス間の空気を常に乾燥状態に保つ
*2 板ガラスとスペーサーの接着の役割を担いペアガラス四周を封止し内部の空気の流出を防止している

スでは，中空層側ガラスの表面を金属コートすることで，通常の複層ガラスを上回る高い断熱・遮熱性能を獲得している。**図6**-3 に，Low-E ペアガラスの構成を示す。低放射コートは，スパッタリング法によりガラス表面に特殊金属膜を薄くコーティングしている。スパッタリング法とは，真空容器の中に特殊ガラスを注入し，電圧を加えることで，ターゲット材からの元素を表面に製膜する方法である。ターゲット金属の組合せにより異なる性能，色調を得ることができる。**図6**-25 に，スパッタリング模式図を示す。

3）熱線反射ガラス

　熱線反射ガラスには，スパッタリング法によるものと，オンラインコート法の2種類がある。現在ではスパッタリング法により，ガラス表面に極薄の金属膜をコーティングしたものが，品種も多い。

　この金属膜が日射を遮蔽するので，冷房負荷を低減することができる。なお色調は，クリア，ブルー，グレー，ブロンズ，グリーンなどである。

4）強化ガラス

　板ガラスを強化炉でガラスの軟化温度近くの 650 〜 700℃まで加熱した後，ガラス両面に空気を一様に吹き付けて急冷する。すると，ガラス表面が先に固化し，安定した表面圧縮応力層ができるため，耐風圧強度などが大幅に向上したガラスができる。これが強化ガラスである。

　強化ガラスは，耐風圧強度のほか耐衝撃強度も向上するが，表面の圧縮応力層と内部の引張応力層のバランスが崩れると，全体が一瞬に割れる特徴がある。ただし，万一破損した場合でも，破壊したガラス破片は細かい粒状となるので，フロート板ガラスのような鋭利な破片が生じにくい。安全設計の必要性が高い部位での使用にも適している。ただし，日本では外部に使用することは極めてまれである。**写真6**-10 に強化ガラスの破

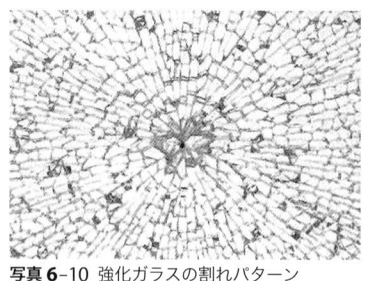

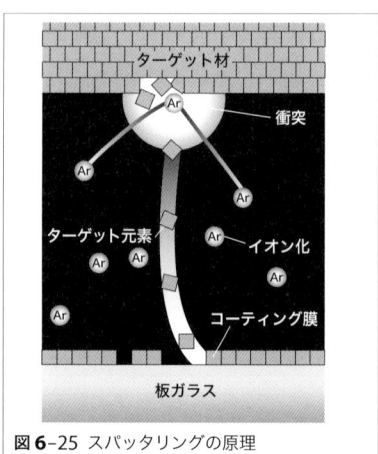

写真6-10　強化ガラスの割れパターン

図6-25　スパッタリングの原理

損状況を，**図 6**-26 に強化ガラスの断面応力を示す。

5）倍強度ガラス

倍強度ガラスは，強化ガラスと同様の製造方法で製造される。このガラスは，冷却の仕方をコントロールすることで，表面圧縮応力を強化ガラスより低く抑え，耐風圧強度で同厚のフロート板ガラスの約2倍の強度を有するように製造されている。このガラスは耐風圧強度の向上とともに，熱割れに対しても約2倍の強度を有している。また，万一破損した場合にも，フロート板ガラスに近い割れ方となり，サッシ枠からの脱落は少ないので，外部にも使用される。

6）合わせガラス

合わせガラスは，2枚の板ガラスの間に柔軟でかつ，強靭な特殊フィルムを挟み，熱と圧力を加えて接着したガラスである。**図 6**-27 に，合わせガラスの構成図を示す。

合わせガラスの特性は，破片が飛散しにくいこと，衝撃物が貫通しにくいことである。特殊フィルムと装飾フィルムとを組み合わせて使用することで，さまざまなパターンや色調が表現できる。

7）ガラス鏡

鏡は，板ガラスの片面に反射面としての銀膜を生成したものである。なお銀膜面は酸化しやすいので，銅めっきや塗料により多重にコーティングしている。**写真 6**-11 に，ミラー加工の例を，**図 6**-28 にガラス品種別の破損パターンを示す。

図 6-26 強化ガラスの断面応力

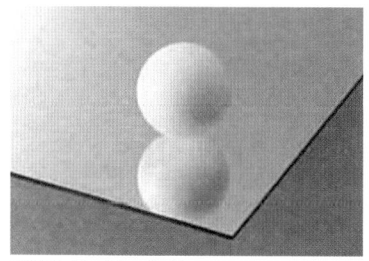

注）強化ガラスの基本物性は素板の性能と同等である

写真 6-11 ミラー加工

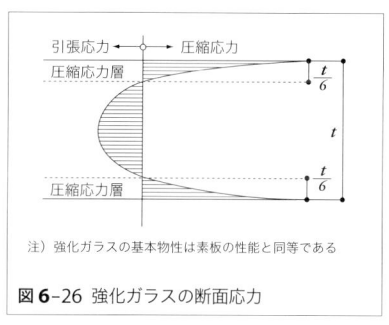

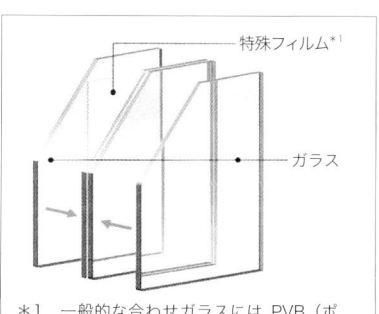

*1　一般的な合わせガラスには PVB（ポリビニルブチラール）が用いられ，圧力窯の中で加熱圧着工程を経ることにより板ガラスと接着する。
特殊フィルムの厚さは 15mil（0.375mm）を基本単位として倍数で管理される

図 6-27 合わせガラス構成図

表面加工

1) サンドブラスト加工

サンドブラスト加工は，金剛砂を吹き付けてガラス表面を粗くしたり，彫り込んだりする加工であり，図柄を表現することが可能である。

2) フロスト加工

フロスト加工とは，サンドブラストで模様を彫り込んだ表面を，フッ酸により表面を腐蝕させ，滑らかにし，汚れを付き難くした加工である。細

フロート板ガラス
一般的に多く使われているガラスで，破損すると鋭利なガラス片が残り，非常に危険である。衝撃物はガラスを飛散させ貫通する。

網入板ガラス
火災時には延焼を防ぐ防火設備用のガラスある。衝撃物は網を破って貫通する。

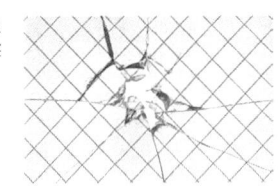

合わせ板ガラス
2枚のガラスで特殊なフィルムを挟んでいるため，ガラス片の飛散や貫通もほとんどない。中間の特殊フィルムを厚くすることで，耐貫通性もより大きくなる。

強化ガラス
フロート板ガラスの約3倍の強度がある。破損した場合，ガラス片が小粒状になり，大きなケガから人体を守る。衝撃物は，ガラスを飛散させて貫通する。

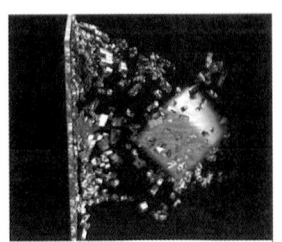

図6-28 ガラス品種別の破損パターン比較

かな凹凸を有する表面が淡く光を拡散することで、半透明なスクリーンとなり、視線を遮蔽できる。同様な効果を得るものとして、すりガラスがある。すりガラスとは、金剛砂と金属ブラシで、ガラス表面に細かな傷をつけたものである。**写真 6**-12 に、すりガラスとフロストガラスの効果を示す。

3）Vカット加工

ガラス表面に、彫刻刀で彫ったようなV字型の溝をつくったものをVカットという。Vカットは、研磨部分がV字型のホイールで研削するが、溝の深さなどによって強度が低下するため、採用にあたっては注意が必要である。

4）セラミックプリント加工

ガラス表面への印刷技術の代表的な方法は、シルクスクリーン印刷である。シルクスクリーン印刷は、シルクスクリーンに絵柄を製作し、インクをスクリーンに透過してガラス面に載せることで、絵柄をガラス面に写し取る方法である。

セラミックプリントとは、シルクスクリーン印刷により、セラミックインクをガラス表面に塗布し、熱処理の過程で焼き付けたものである。強化ガラスや倍強度ガラスとして適用できる。

形状加工

1）切断

ガラスの切断は、「折る」または「割る」に近い方法で行われる。ダイヤモンド・カッターにより、ガラス表面に割れ目（にゅうという）を入れて、その部分に力を入れて"折る"ことで、ガラスを切断する。特に、金剛砂

すりガラス（金剛砂＋金属ブラシ加工）　　フロストガラス（サンドブラスト加工＋フッ酸処理）
写真 6-12 すりガラスとフロストガラス

を混ぜた水をガラス面に高速で吹き付け，ガラスを切断する方法をウォータージェット加工という。複雑な形状の切断には，この方法が適している。

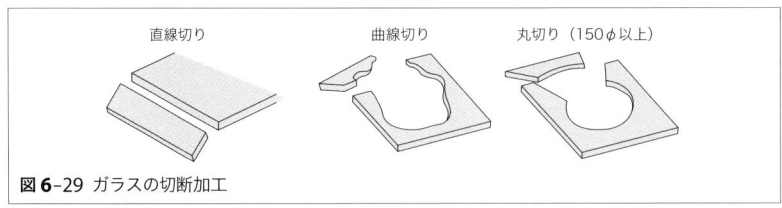

図6-29 ガラスの切断加工

断面形状による分類	研磨仕上げ程度による分類
糸面取り 切断面の両角を45°に小さく削り取るもので，ガラスのエッジを露出させない場合でも，危険防止と強度低下防止のために，粗ずり程度の糸面取りを行うことがある。 糸面幅を広く取ったものに，1分糸面や2分糸面がある	糸面取り 1分糸面（1分＝約3.3mm）
平磨き 小口面全体を平らか，やや丸めに磨き，角に小さく糸面を取るものである。この加工は，各種ガラス什器やテンパライトドアなど，非常に広範囲に用いられている。仕上げの程度は，ガラスどうしの突き合わせ部分に粗ずりあるいはつや消し，ショーケースにはつや出しというように用途によって異なる	コバ面全体を磨く 平磨き
カマボコ 一般に糸面を取らず，小口をカマボコ状に丸く研磨するもので，昔は蛇腹とも呼ばれていた。自動車用ガラスやテーブルトップなど，手でガラスのエッジに触ることが多いものに加工される。通常は，つや消しまたはつや出し仕上げを行う	カマボコ
斜面取り 切断面を斜めに削り取り，頂点に糸面を取るものである。ガラスをある角度で斜めに突き合わせる場合などには，斜面取りの傾斜角度で調整する。例えば，120°の角度で突き合わせる場合，斜面取りの角度は120÷2＝60になる。通常はつや消し，あるいはつや出し仕上げを行う	斜面取り（60°60° 120°）
幅広面取り 斜面取りの傾斜を浅くし面取り幅を広く取るもので，一般的には傾斜45°〜10°程度である。形状を指定する場合は，ガラスの板厚，面取り幅，そしてコバに残る厚さで表す。例えば「6ミリ厚の板ガラスで，10mmの面を取り，コバを2mm残す」という具合になる。装飾用に使われることが多く，一般的にはつや出し仕上げをする。	幅広面取り（2mm, 10mm, 6mm）
面取り小口磨き 面取りをした後に残った小口を丸く磨くもので，取り付け鏡に多く用いられる。鏡はビス止めにしろツメ止めにしろ，ガラス小口が露出するので，この加工が必要ある。通常はつや消しあるいはつや出し仕上げを行う	面取り小口磨き
特殊形状の面取り 上記までを応用して，複雑な形状のものや，両面からの面取り，半カマボコ状の面取りなど，さまざまな面取りができる。特殊な研磨装置あるいは，手作業による高度な研磨技術が必要で，加工メーカーが限られる	特殊形状の面取り

表6-12 ガラスのエッジ加工

なお**図6**-29に，ガラスの切断加工の例を示す。

2）孔あけ・切欠き

　ガラスへの孔加工は可能である。加工部分には，微細な傷が生じやすく，強度が低下するため，孔形状，エッジからの距離などに十分な注意が必要である。孔あけ部，入隅部には応力集中が生じやすく，破損しやすいので，それらの加工を施したものは必らず熱処理を施し，破損が起きないように処理するのが通常である。

3）エッジ加工

　エッジ加工とは，ガラス切断面を研磨または研削することをいう。ガラスの周辺（エッジ）の加工は，寸法精度，ガラスの強度を左右する重要な要素である。

　その他，エッジを露出して使用する場合には，化粧の目的が加わる。なおエッジは切断しただけの状態では，鋭利な刃物と同様で非常に危険なため，安全性を向上させるためにもエッジ加工は重要である。**表6**-12に，ガラスのエッジ加工の例を示す。

4）曲げ加工

　曲げ加工は，ガラスメーカーではなく，曲げ加工を専門としている専業業者が実施する。ガラスを軟化温度付近（約620〜630℃）に加熱し，型に沿って，ガラスの自重により曲げるものである。**表6**-13に，ガラスの曲げ加工の例を示す。

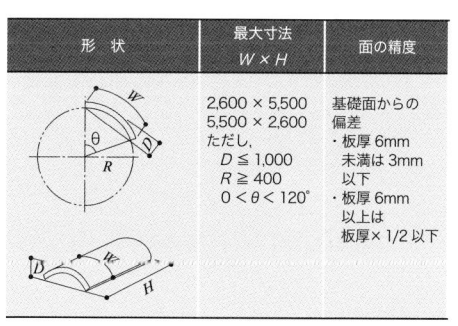

形　状	最大寸法 $W \times H$	面の精度
（図）	2,600 × 5,500 5,500 × 2,600 ただし， $D \leq 1,000$ $R \geq 400$ $0 < \theta < 120°$	基礎面からの偏差 ・板厚6mm未満は3mm以下 ・板厚6mm以上は板厚×1/2以下

表6-13　ガラスの曲げ加工の例

施 工

施工準備

一般的な建物のガラス工事では，全体の躯体工事が終了後，サッシが2～3層分づつ取り付けられ，その後を追いかけるように，ガラスを施工する場合が多い。

最近の高層ビル，超高層ビルの場合では，工場でサッシとガラスを一体化してパネル化し，現場ではこのパネルを取り付けるだけでカーテンウォールが構成できるユニタイズという施工方法が普及している。

図6-30に，ユニット方式の施工方法を示す。

施工計画書

ガラスの製作，施工に先立ち，施工計画書を作成する。施工計画書には，総則，一般事項，組織図のほか，使用材料，副資材が明記される。

施工の内容には，輸送，搬入計画，揚重計画，施工計画，シール工事，安全・管理，検査の各項目がまとめられている。

図6-31に，ガラス施工のフロー図を示す。

施工手順

1）DPG構法の施工方法

DPG構法の基本的な施工手順は次のとおりである（**写真6-13～6-26**）。

① 基準墨からの位置決め
② 下地金物取り付け
③ ガラス取り付け
④ シーリング施工
⑤ クリーニング

2）ガラススクリーン構法の施工方法

ガラススクリーン構法は，一般にガラスの寸法が大きいので，特殊な施工機を用いて施工が行われる（**写真6-27～6-35**）。

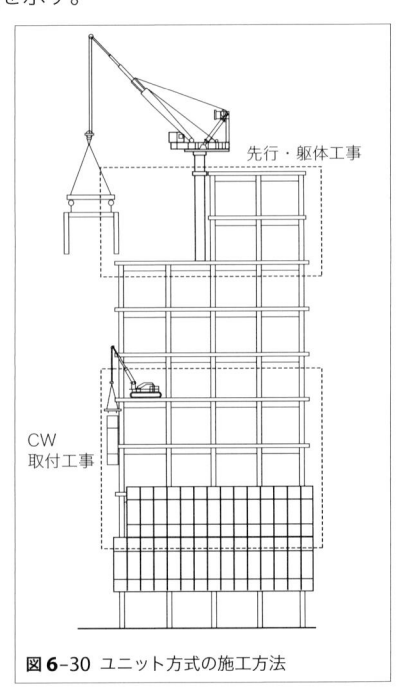

図6-30 ユニット方式の施工方法

3）スリットペヤ（屋根使い）構法の施工方法

屋根使いで行うスリットペヤ構法の施工方法を工程写真で説明する（**写真 6**-36 〜 **6**-39，**図 6**-32）。

4）一般サッシ枠へのガラスの施工方法

ガラスは，裸台，木箱，パレットなどに梱包されて搬入される。

保管方法は，平置きを避け，縦置きとする。ガラスは非常に重いため，保管場所の床，壁などの載荷限界を超えないように注意する必要がある（参考：ガラス $1m^2$ 当たり，10mm 厚のガラスで 25kg の重量がある）。

ガラスの設置が終了すると，シーリング材がガラスまわりに施工される。なお**図 6**-33 に，一般サッシ枠へのガラスの施工手順を示す。

①サッシ点検

サッシ溝幅，深さ，高さ，対角寸法を確認する。

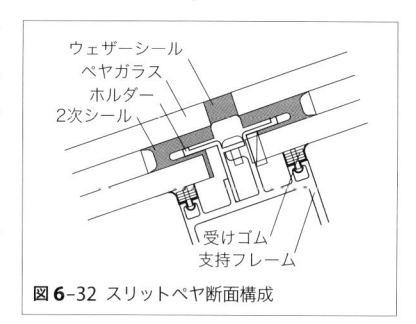

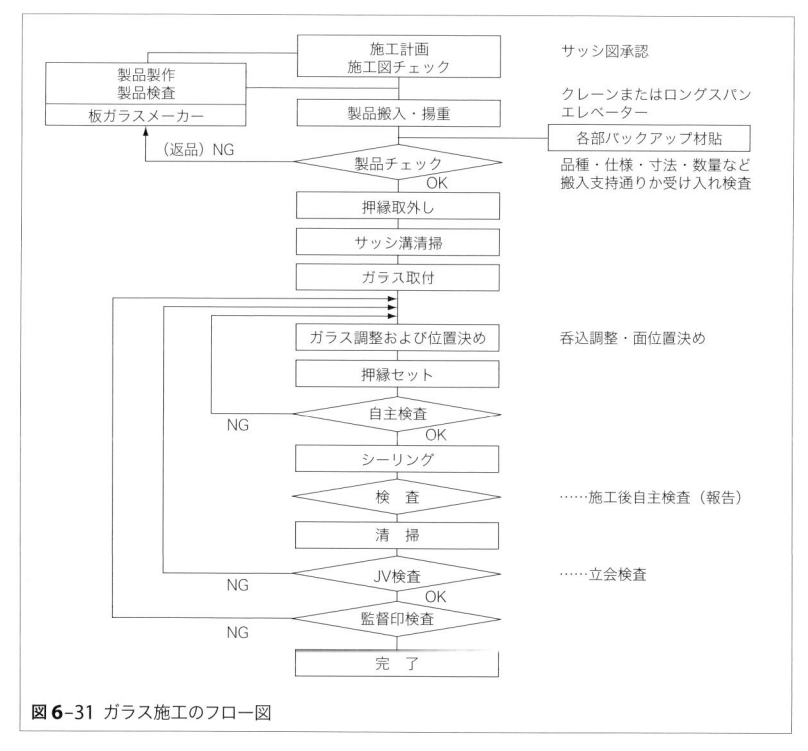

図 6-32 スリットペヤ断面構成

図 6-31 ガラス施工のフロー図

②押縁

　押縁を外す。押縁には，一方押縁，二方押縁，三方押縁，四方押縁があり，三方，四方押縁が施工性に優れており，ほかの場合はやり返しが必要となる。

③セッティングブロック

　所定の寸法のセッティングブロックを，所定の位置にセットする。

④ガラスセット

　エッジに傷をつけな

DPG構法の施工工程

写真 6-13 基準を示す水糸をベースに下地を溶接固定

写真 6-14 ケーブルトラスの設置

写真 6-15 支持金物部分

写真 6-16 パレットで納入されたガラス

写真 6-17 ガラスの吊り込み

写真 6-18 ガラスリブの施工

写真 6-19 基準を示す水糸を目安にガラスを施工

写真 6-20 屋根使いの場合の施工状況

写真 6-21 屋根使いの場合の施工状況

写真 6-22 シール施工準備（マスキングテープ貼り）

写真 6-23 シールガンによるシール施工（壁面）

写真 6-24 ヘラによるシールの仕上げ（壁面）

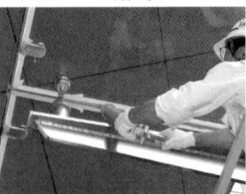

写真 6-25 シールガンによるシール施工（庇面）

写真 6-26 シール施工完了

いようにガラスをセットする。ガラスに当て傷などが生じると強度が低下し，破損の原因となる。ガラスセット後，押縁を取り付け，バックアップ材を挿入し，ガラスを固定する。

⑤マスキング

　目地部の両側に2mm程度の隙間を設けて，マスキングテープを貼り付ける。**図6**-34に，マスキングテープの貼り付け位置を示す。

⑥プライマー

　シーリング材の接着性を向上させるために，プライマーを塗布する。プライマーはできるだけ薄く塗るとよい。

⑦シーリング

　プライマーが乾燥した後，シーリング材を目地に充填する。充

ガラススクリーン構法の施工工程

写真 6-27　ガラスの搬入（大サイズのガラスは木箱で納入される）

写真 6-28　ガラス施工マシン

写真 6-29　ガラス施工マシンのガラスへのセット

写真 6-30　ガラス施工マシンによる吊り上げ

写真 6-31　ガラスの吊り上げ

写真 6-32　ガラスの建て込み

写真 6-33　ミニクレーンによるガラスの施工

写真 6-34　ガラスの吊り込み

写真 6-35　内部側の施工（内部からの施工では小さなクレーンを持つ特殊な施工機が使用される）

第6講　ガラス工事

填後，できるだけ早急に，ヘラなどを用いて，仕上げを行う。その後，マスキングテープを剥し，清掃を行う。図6-35に，シール施工の仕上げの良否を示す。

⑧清掃

清掃を行う。

スリットペヤ構法の施工工程

写真6-36 ガラスの取り付け 
写真6-37 スリット部の詳細 
写真6-38 ガラスの施工後の状態 
写真6-39 メンテナンス用デッキ

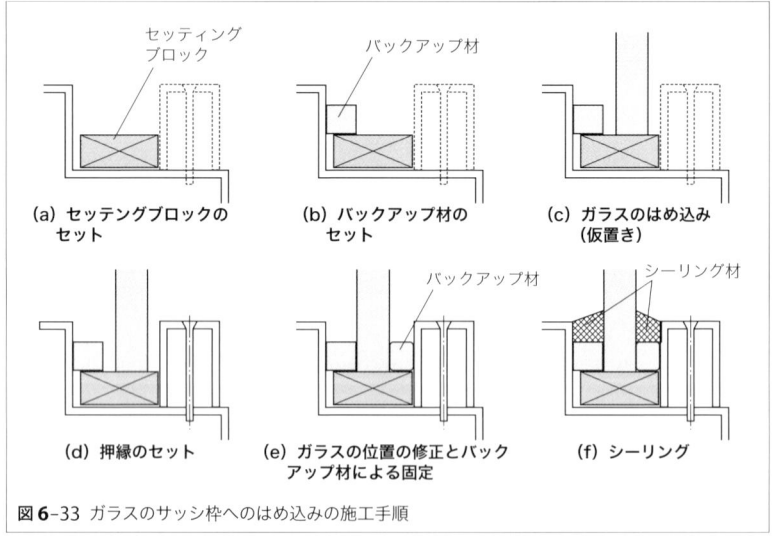

(a) セッティングブロックのセット
(b) バックアップ材のセット
(c) ガラスのはめ込み（仮置き）
(d) 押縁のセット
(e) ガラスの位置の修正とバックアップ材による固定
(f) シーリング

図6-33 ガラスのサッシ枠へのはめ込みの施工手順

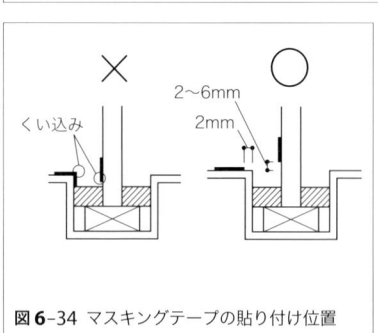

図6-34 マスキングテープの貼り付け位置

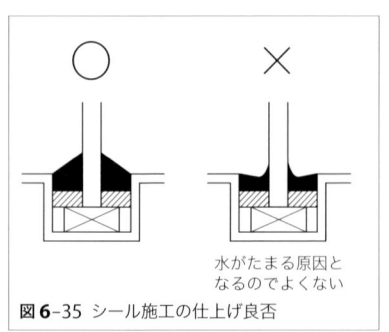

図6-35 シール施工の仕上げ良否

第7講 メタルカーテンウォール工事

　メタルカーテンウォール工事は，他工種と異なり工場製作段階での加工度が極めて高いものです。したがって，カーテンウォールの設計にあたっては，かなり詳細な点についてまで検討を実施しておく必要があります。すなわち，現物搬入後では手直しができないことを，理解しておく必要があります。また，要求されている性能を満足できないと，取付け後に漏水や音漏れなどのクレームにつながりかねません。よい性能のメタルカーテンウォール工事を行うには，施工よりかなり前段階での検討が重要であることを認識してください。

メタルカーテンウォール工事に関する基本事項

建築とカーテンウォール

1）カーテンウォールとは

カーテンウォール（Curtainwall）とは，耐震壁（耐力壁）以外の壁，つまり非耐力壁のことである。言い換えると，カーテンのように空間を仕切るだけで建物の構造には寄与しない壁のことであり，別名帳壁ともいう。**図7**-1に，建築物の構成要素を示す。

近代建築では，カーテンウォールを構造体である骨組の前面に空間区画のために設ける薄い壁として捉えることで，全面ガラス張り建築が可能となった。カーテンウォールの出現により，近代建築の外装デザインは一変した。

2）カーテンウォールの歴史

日本におけるカーテンウォールの歴史は比較的浅く，1960年代に欧米から導入されたのが初めてである。最初は比較的中小規模の建物に採用されていたが，1968年，日本初の超高層ビルである霞ヶ関三井ビルにメタ

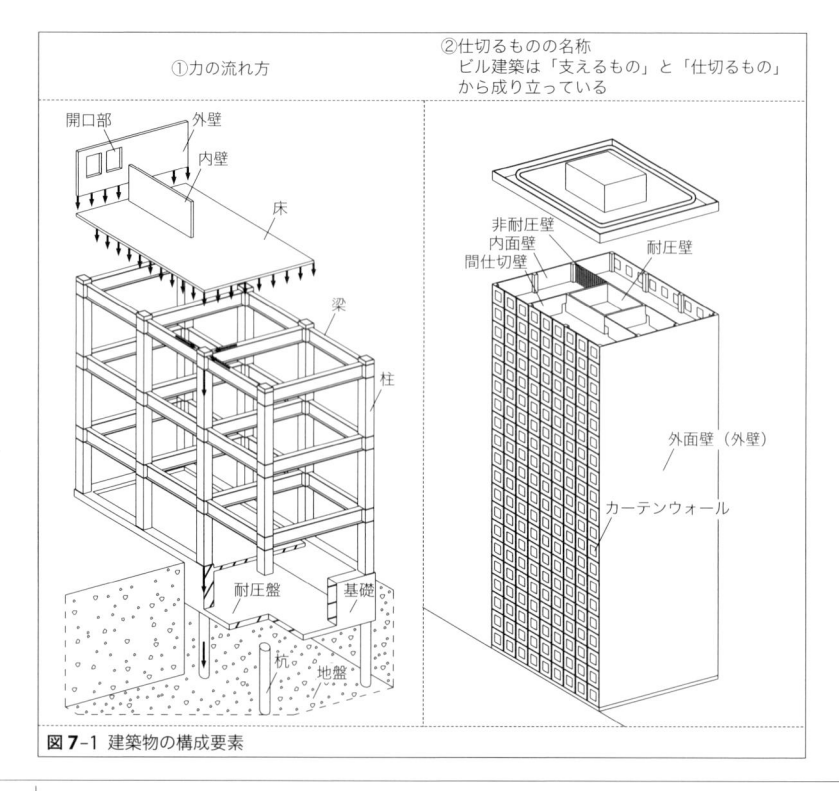

図7-1 建築物の構成要素

ルカーテンウォールが採用されて以後本格的に普及し始め，現在に至っている。現在では，建築工事の工期短縮化の傾向もあり，中規模ビルなどでも一般的に使われるほど普及している。

表**7**-1に，メタルカーテンウォールの歴史を示す。

3）カーテンウォールの役割

カーテンウォールの役割は多岐にわたるが，中でも外壁そのものであるため，外部環境に左右されないように室内環境を保つ役割が最も大きい。その他，カーテンウォールに要求される性能は次の2つである。

①地震・台風・火災・音，風雨，ほこりなどの建物への侵入の阻止
②光や熱の建物への影響の調節機能

日本特有の性能として，特に地震時の揺れの吸収，漏水，冬期の内部結露の防止などの性能が重要視される。

4）カーテンウォール工事のポイント

カーテンウォール工事は，工場での製品加工度が高く，現場では完成品を取り付けるだけの工事である。したがって，カーテンウォールに要求される機能をすべて満足する完成度の高い製品にしておく必要がある。

例えば，大きな外壁面を施工する場合はそのユニット部材を現場で組み上げていくため，製品と製品のジョイントがどうしても発生する。カーテンウォールはジョイント部の良否で，水密性，気密性などの重要な性能のレベルが決まるといっても過言ではない。

カーテンウォールの分類

1）主材料，構造形式による分類

カーテンウォールは，メタルカーテンウォールとPC（プレキャストコンクリート）カーテンウォールの2つに大別される。

PCカーテンウォールについては，第8講で詳述する。

メタルカーテンウォール（広義）は，金属面のうち金属パネル部分が多く，窓部だけにガラスを組み込んだメタルカーテンウォール（狭義）と，意匠性や採光性を考慮する窓部分以外の腰パネル部分にもガラスをはめ込み，壁面全体をガラスで構成したガラスカーテンウォールに大別される。

主材料による分類では，単独のメタル系とメタルとPCが複合する複合系がある。

また構造形式による分類では，メタル系にはガラスを枠に納めるフレー

ム型，ガラスをシーラントで支持し，枠をなくしたフレームレス型がある。

さらに窓部分周辺をガラスとメタルで構成する以外に，柱・梁やスパンドレル部（腰部）を PC とした複合系がある。

2) 構成方式による分類

メタルカーテンウォールは，構成方式により 3 種類に分類できる。

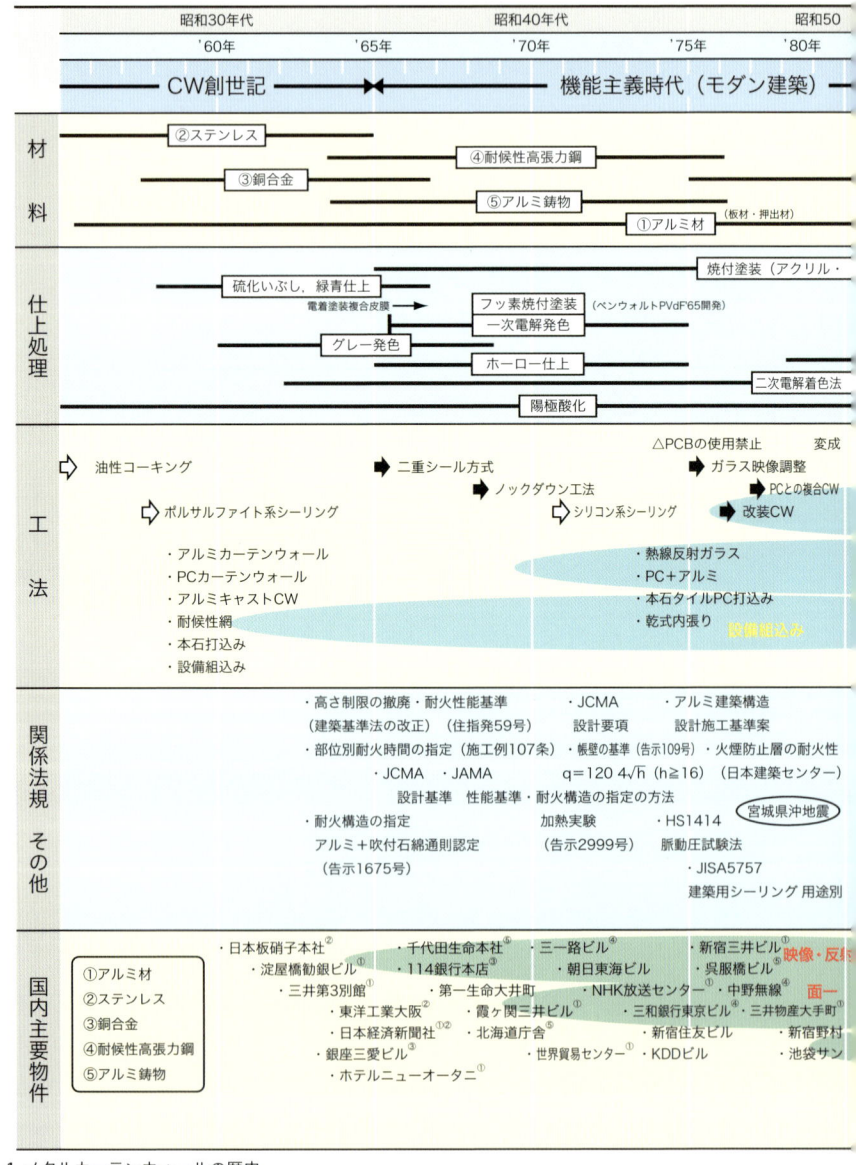

	昭和30年代		昭和40年代		昭和50
	'60年	'65年	'70年	'75年	'80年
	CW創世記	▶◀	機能主義時代（モダン建築）		
材料	②ステンレス ③銅合金		④耐候性高張力鋼 ⑤アルミ鋳物	①アルミ材（板材・押出材）	
仕上処理	硫化いぶし，緑青仕上 電着塗装複合皮膜 →	グレー発色	フッ素焼付塗装（ペンウォルトPVdF65開発） 一次電解発色 ホーロー仕上 陽極酸化	焼付塗装（アクリル・ 二次電解着色法	
工法	→ 油性コーキング → ポルサルファイト系シーリング ・アルミカーテンウォール ・PCカーテンウォール ・アルミキャストCW ・耐候性網 ・本石打込み ・設備組込み		→ 二重シール方式 ノックダウン工法 → シリコン系シーリング ・熱線反射ガラス ・PC＋アルミ ・本石タイルPC打込み ・乾式内張り	△PCBの使用禁止　変成 → ガラス映像調整 ・PCとの複合CW 改装CW 設備組込み	
関係法規　その他		・高さ制限の撤廃・耐火性能基準 （建築基準法の改正）（住指発59号） ・部位別耐火時間の指定（施工例107条） ・JCMA　・JAMA 設計基準　性能基準・耐火構造の指定の方法 ・耐火構造の指定 アルミ＋吹付石綿通則認定 （告示1675号）	・JCMA 設計要項 ・帳壁の基準（告示109号） q=120 4√h（h≧16） 加熱実験 （告示2999号）	・アルミ建築構造 設計施工基準案 ・火煙防止層の耐火性 （日本建築センター） ・HS1414　宮城県沖地震 脈動圧試験法 ・JISA5757 建築用シーリング用途別	
国内主要物件	①アルミ材 ②ステンレス ③銅合金 ④耐候性高張力鋼 ⑤アルミ鋳物	・日本板硝子本社② ・淀屋橋勧銀ビル① ・三井第3別館① ・東洋工業大阪① ・日本経済新聞社①② ・銀座三愛ビル① ・ホテルニューオータニ①	・千代田生命本社② ・114銀行本店③ ・第一生命大井町 ・霞ヶ関三井ビル ・北海道庁舎 ・世界貿易センター①	・三一路ビル④ ・朝日東海ビル ・NHK放送センター ・三和銀行東京ビル④ ・新宿住友ビル ・KDDビル	・新宿三井ビル ・呉服橋ビル④ ・中野無線 ・三井物産大手町① ・新宿野村 ・池袋サン 映像・反射 面一

表 7-1 メタルカーテンウォールの歴史

①マリオン方式

　マリオン方式は，主にガラスカーテンウォールに採用される方式で，ガラスをメタルのフレーム材で支持する構成方式である。

②パネル方式

　パネル方式は，面状のパネルでカーテンウォールを構成するものである。

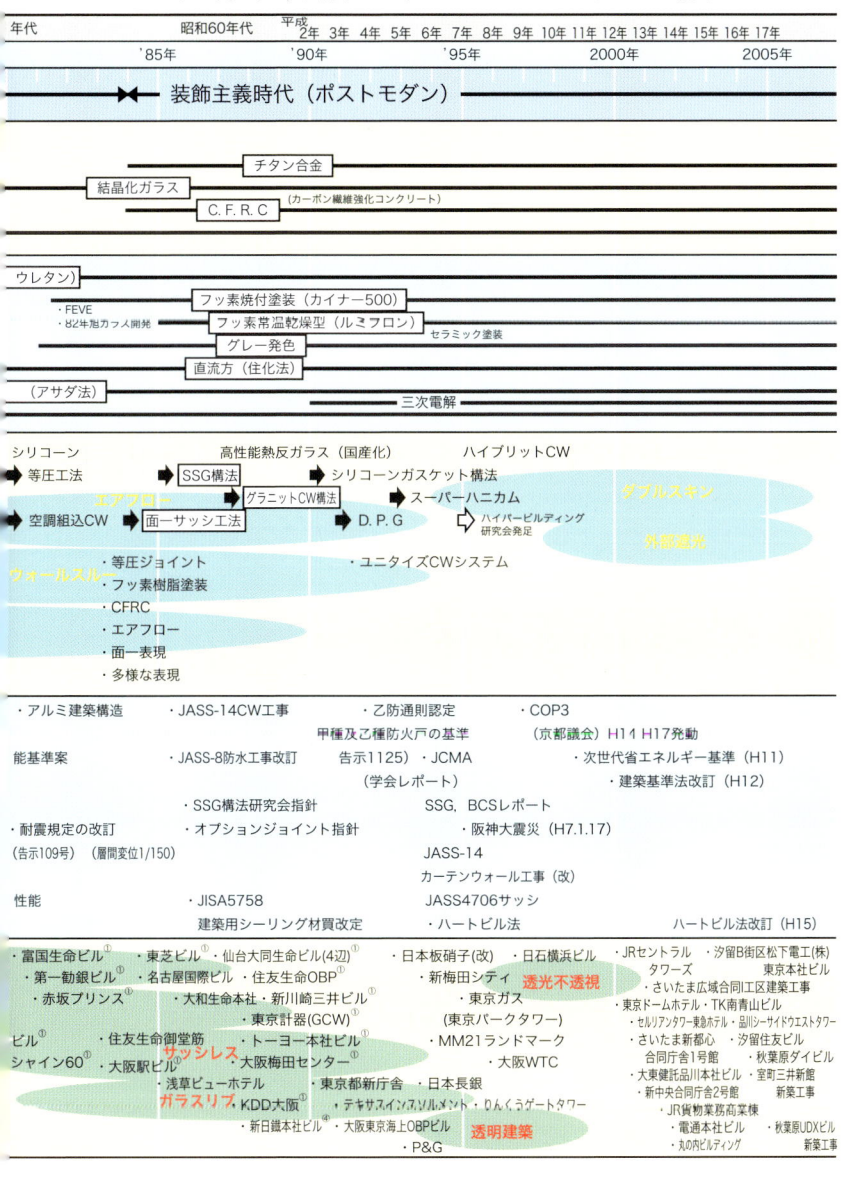

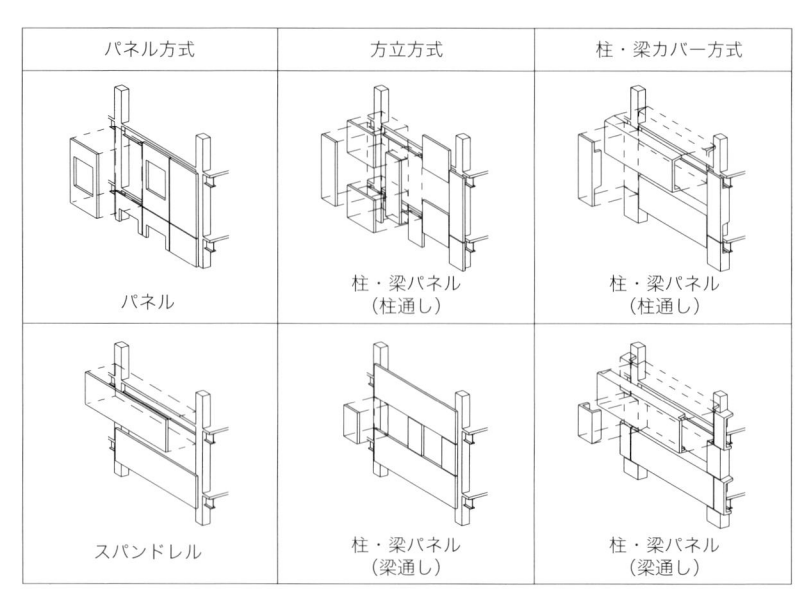

図7-2 構成方式による分類

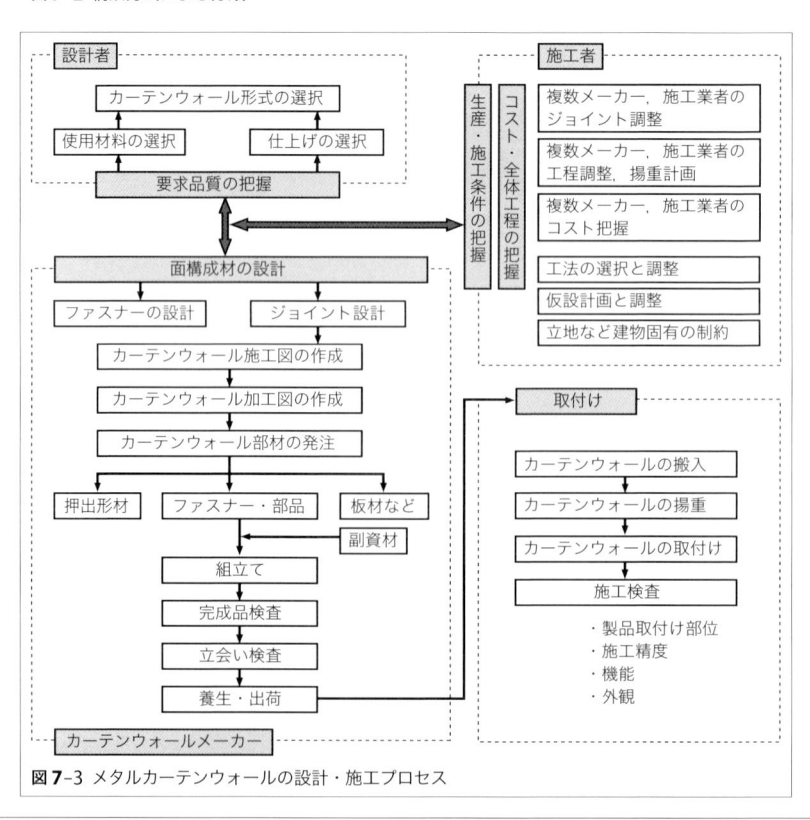

図7-3 メタルカーテンウォールの設計・施工プロセス

この方式はメタルのパネルをユニット化したり，複数枚のガラスをユニットにしてパネル状にしたり，サッシを PC に組み込んだりしてパネル化したものを，構造体に緊結する構造である。

③スパンドレルパネル方式

建築物の構造体のうち梁部分のことを，カーテンウォールではスパンドレル部（腰部）という。スパンドレルパネル方式は，各階のスパンドレル部にメタルのパネルを設置し，その間をサッシで納めてカーテンウォールを構成する方式である。

図7-2 に，構成方式による分類を示す。

メタルカーテンウォールの生産体制

1）カーテンウォールの発注プロセス

カーテンウォールは工場生産なので，品質や精度は工場で確認されており，現場での作業は最少限の取り付けだけを行う点が，ほかの工種とは大きく違っている。カーテンウォールは工場で完成品をつくる行為なので，その生産体制を管理することがとても大切になる。

建築物の外壁をカーテンウォールで構築する場合は，その多くは性能発注である。カーテンウォールメーカーは設計図書に基づき，詳細設計，製作および施工のすべてを受注するのが通常である。カーテンウォールの詳細設計は，設計者と施工者およびカーテンウォールメーカーが外装定例会議などで協議を重ね，種々の角度から検討して内容を詰めていく。

また，外装全体はジョイント部分を接合して組み立てるため，複数の建築部品メーカーや協力会社が関連する。施工者は，カーテンウォールに関与するすべてのメーカー，協力会社の作業内容や施工管理の流れの全体像を把握しておくことが大切である。

2）カーテンウォールの設計・施工プロセス

カーテンウォールの設計・施工プロセスは，図7-3 に示すとおりである。

デザインの決定，要求性能の把握は，設計者を中心に行われる。ただし，各部位の詳細については，カーテンウォールメーカーおよび関連メーカーや施工者の技術協力が必要である。実際には，カーテンウォールメーカーが詳細設計を行い，施工者が施工計画を立案し，設計者がそれをチェックするという順序で，設計・施工のプロセスが進行することが多い。

要求性能と設計施工条件の設定

メタルカーテンウォールの要求品質

メタルカーテンウォールの設計は，①要求性能の把握，②カーテンウォールを構成する材料の設計（材質や強度の確認，部材断面の設定など），③建築物固有の施工条件，工法などの要求，という3つの条件を設定したうえで設計を行う。

1）メタルカーテンウォールの基本性能

設計者は，外壁カーテンウォールを設計する際に，その性能を満足するための設計条件（要求性能）を設定しなければならない。

建築物の特性，カーテンウォールの特性を考慮して設定された要求性能は，施工者を通してカーテンウォールメーカーに伝達される。カーテンウォールメーカーはこの要求性能を確保するために，詳細設計，コスト，工程立案を行う。

通常，カーテンウォールに要求される基本性能は次の6項目である。
①耐風圧性能
②層間変位追従性能
③水密性能
④気密性能
⑤遮音性能
⑥断熱性能

この6項目の性能目標は，カーテンウォール・防火開口部協会『カーテンウォール性能基準 2003』にグレードの数値が設定されているので，通常はどのグレードを選択すればよいかを決めればよい。しかしこの6性能項目以外にはグレード設定がなく，それ以外については個別に検討を行う必要がある。代表的なものは次の3つである。
⑦耐火性能
⑧耐久性能
⑨耐温度差性能

この3項目については，設計者が建築物に要求される性能目標を個別に設定し，施工者およびカーテンウォールメーカーはその性能目標を達成しているかを確認する。

2）性能の確認

カーテンウォールの性能については，以下の3つの方法から選択して確認する。

① カーテンウォールメーカーの技術資料，検証データに基づく検証
② 過去に蓄積された設計者，施工者，カーテンウォールメーカーの類似案件の技術資料からの類推および類似案件に基づく性能実現の可能性の検証
③ 実大試験による検証

実大試験は特記仕様（設計図書に特記事項として記述された仕様）で設計者が指定し，その遂行にあたっては設計者，施工者，カーテンウォールメーカーの三者が協働で行う。

メタルカーテンウォールの性能基準の設定

1）耐風圧性能

風は建物にぶつかるときは建物を押し，裏に回ったときは渦をつくって建物を引っ張る。押す力を正圧，引く力を負圧という。風に伴う圧力を『風圧力』といい，この風圧力が単位面積当たりで耐え得る限界風圧力を『耐風圧性能』という。

耐風圧性能は，建築基準法施行令第82条の5および平成12年建設省告示第1458号に基づく計算値，もしくは設計者の指定する風圧力に対して，主要構成部材，躯体取付け部材およびガラスが安全であることと規定されている。**表7**-2に，性能グレードを示す。

① 性能グレードと建物高さ

各グレードの風圧力は，仕様書による算出式の基準風速・建物の高さなどの条件に基づいて算出する。なお，区分・建物の高さが60m以下についてはグレード1・2を，60mを超える建築物に対してはグレード2・3を選択することが望ましい。

② 風圧力に対する可否判断基準

一般的に用いられる主要構成部材の風圧力に対する可否判断基準は，次

性能グレード	1	2	3
風圧力 （N/m², Pa）	平成12年建設省告示第1458号による値	日本建築学会『建築物荷重指針・同解説』の設計用再現期間100年を用いた値	日本建築学会『建築物荷重指針・同解説』の設計用再現期間300年を用いた値

表7-2 耐風圧性能グレード

のとおりである。
・躯体取付け部材の発生応力は，その部材の許容応力度以下
・たわみは部材支点間距離に対して 1/150 以下のたわみ率
　さらに，たわみの量を併記して性能確認基準としている。
　ガラスに対する風圧力は告示 1458 号に基づいて検討し，設計者が耐風圧性能を施工者やカーテンウォールメーカーに提示するのが原則である。

2）耐震性能

建物が地震や風で揺れるとき，階高に対する上階の床と下階の床が水平方向にずれる割合を，層間変形角（ラジアン）という。層間変形角とは『層間変位追従性能』，つまり『耐震性能』を表す数値基準である。

耐震性能は，慣性力と層間変位追従性能に対して，主要構成部材，躯体取付け部材およびガラスが安全であることと規定されている。

①慣性力に対する安全性能

地震による慣性力に対して，ほとんど補修の必要なしに継続使用に耐える性能値とする。水平力，鉛直力の値は，おおむね次のとおりである。

・水平力 F_{eh} の値は次式による。

　　$F_{eh} = 1.0x$（自重）

・鉛直力 F_{ev} の値は次式による。

　　$F_{ev} = 0.5x$（自重）＊

　　＊鉛直方向には，自重＋F_{eu} をもって確認する。

②層間変位追従性能

層間変位追従性能は，建物の層間変位によってカーテンウォールの面内方向に生じる変位に，カーテンウォールが追従できる限界を層間変形角で表示し，ほとんど補修の必要なしに継続使用に耐える限界として 1/300 を設定している。また，カーテンウォール部材が脱落しない限界として，1/100 を採用することが多い。**表 7**-3 に，層間変位追従性能のグレードを示す。

ここで，「カーテンウォール部材が脱落しない」の定義は以下のとおりである。

・ガラスが破損しないこと
・部材が破損しないこと（部材相互が衝突しないこと，または部材に発生

性能グレード	1	2	3	4
層間変形角（ラジアン）	1/200	1/150	1/120	1/100

表 7-3 層間変位追従性能グレード

する応力がその部材の短期許容応力以下であること）

面外方向に生じる変位は，上下接合部の回転とパネル・方立の変形で十分吸収される場合が多いので，通常は検討していない。ただし，コーナー部分は形状によっては，ねじれが無視できない場合もあるので別途検討を行う。

メタルカーテンウォールはPCカーテンウォールに比べて自重が軽いために，層間変位追従性能を耐震性能の検証性能とみなしていることが多い。

3）水密性能

台風のように風を伴う雨のときは，サッシを含めてメタルカーテンウォールのジョイント部から室内側に，漏水が発生しやすくなる。一定の降雨量のとき，どの程度の風圧まで雨水による室内側の漏水を防げるかを水密性という。その限界の圧力の程度を，「水密性能」という。

水密性能では，FIX部（固定窓部分）と可動部がそれぞれ室内側に漏水を起こさないこととしている。性能値は漏水を起こさない室内外の限界の上限圧力差で表示し，性能グレードは**表**7-4に示す。

なお，性能値の確認は『カーテンウォール性能基準2003』に示す性能試験要領による試験か，カーテンウォールメーカーの技術資料および蓄積された技術資料などに基づく計算値のいずれかによる。

4）気密性能

気密性では，サッシ，メタルカーテンウォールのジョイント部やメタルタッチ部などの隙間から，空気が漏れる程度を定義する。気密性は1m^{2}における1時間当たりに漏れる空気量を性能値としており，表示する数値が小さいほど気密性能は高いと判断する。

気密性能は，カーテンウォールに組み込まれた可動部（サッシ部）の気密性能を気密等級線により評価したもので表示する。**表**7-5に，性能グレー

性能グレード	1	2	3	4	5
FIX部 （圧力差 Pa）	975未満	975	1,500	$P \times 0.5$ かつ 最低値1,500	$P \times 0.75$ かつ 最低値2,250
可動部 （圧力差 Pa）	525未満	525	750	1,000	1,500

（注）P：耐風圧性能に用いた最大正圧値（Pa）

表7-4 水密性能グレード

性能グレード	1	2	3
等級 （等級線）	JIS等級A-3 （A-3等級線）	JIS等級A-4 （A-4等級線）	0.5等級 （0.5等級線）

表7-5 気密性能グレード

ドを示す。また，一般的に，性能グレードの採用目安は，市街地の高層建築物ではグレード2，風の強い地域や超高層建築ではグレード3を推奨する。グレード1は，穏やかな環境下で通常の空調設備を有する建築物に適している。

5）遮音性能

遮音性能では，内部から外部へ，外部から内部へ，漏れる音を遮る程度と定義する。内外の騒音レベル差は，内外を仕切っている壁，部材の遮音性能によって決まる。遮音性能は，開口部（ガラスのFIX部および可動部とし，腰スパンドレル部やパネル部などは除く）の遮音性能で示す。**表7**-6に，性能グレードを示す。

なお，表示の基準はJIS A 4706（サッシ）に規程する遮音等級で評価したものによる。

遮音性能については，カーテンウォールの部材寸法が大きいため，実験室による測定が難しい。そのため気密性能とほぼ同等の性能とみなして，ガラスの遮音性能（JIS A 1416による測定値をJIS A 4706遮音等級線で適合したもの）で代用してもよい。

遮音性能の必要値は，建築物の使用目的または立地条件などで異なるため，特定することは難しい。一応の目安を通常の使用状況からみると，グレード1は最も一般的な建物に用いられる。グレード2は，市街地騒音を防ぐ必要のある建物に用いられる。グレード3は，通常のカーテンウォールでは最高の遮音性能のものとして，遮音性能を重視する建物に用いられる。グレード4は，特殊構造（二重構造のカーテンウォールなど）となる。特に，遮音性能を必要とする特殊建物に使用される。

6）断熱性能

断熱性能では，熱が対流や伝導によって移動することを抑制する性能と定義する。断熱性能は，温度差1℃で1m^{2}当たり1時間に移動する熱量Kの逆数で示す。断熱性能は，開口部（ガラスのFIX部および可動部とし，

性能グレード	1	2	3	4
等級 （等級線）	JIS等級T-1 （T-1等級線）	JIS等級T-2 （T-2等級線）	JIS等級T-3 （T-3等級線）	JIS等級T-4 （T-4等級線）

表7-6 遮音性能グレード

性能グレード	1	2	3	4	5
等級 (熱貫流抵抗 m^2・K/W)	JIS等級H-1 （0.215以上）	JIS等級H-2 （0.246以上）	JIS等級H-3 （0.287以上）	JIS等級H-4 （0.344以上）	JIS等級H-5 （0.430以上）

表7-7 断熱性能グレード

腰スパンドレル部やパネル部などは除く)の断熱性能で示す。**表 7**-7 に，性能グレードを示す。

　なお，表示の基準は JIS A 4706（サッシ）に規定する断熱等級で評価したものによる。一般的にグレード 1 は，断熱性能を特に配慮しない地域または建築物に適している。グレード 2 は，気候の穏やかな地域で冷暖房を行う建築物に適している。グレード 3 および 4 は，冬季の暖房を重視する寒冷地だけでなく，一般地域でも夏季の冷房効率を重視する建築物に適している。グレード 5 は，寒冷地で特に気候の厳しい地域に適している。

　断熱性能を試験で求める場合には，JIS A 4710（建具の断熱性試験方法）による。しかし，カーテンウォールは部材寸法が大きいため，実験室による測定は難しい。FIX 窓および気密性能グレード 2 または 3 の可動部には，使用するガラスの品種によるガラスの熱貫流抵抗値を用いて，ガラスの品種の使用面積を加味した加重平均によって，開口部全体の熱貫流抵抗とする。この値を測定値の代用としてもよい。

　ただし，気密性能グレード 1 の可動部の断熱性能は，空気の漏れが多いので，上記の計算によることはできないことに注意する。

7) 耐火性能

　耐火性能では，火災時に建物内外からの火熱によって，損傷・脱落しにくい程度を定義する。想定された火災条件において，何分間必要な程度を保持できるかで性能を表示する。

8) 耐温度差性能

　耐温度差性能は，気温の変化や直射日光の影響から部材が伸縮した際，欠陥などが生じないよう，伸縮に対して追従する性能をいう。温度差の設定によって確認する。

9) その他

　上記のほか，耐久性能，防露，発音防止などは，要求条件によって性能基準を設定する。

メタルカーテンウォールの詳細設計

1) カーテンウォールの種類と形式選択

　スタンダードカーテンウォールは，カーテンウォールメーカーが任意の品質，デザイン，仕様をあらかじめ盛り込んで商品化したカーテンウォールである。設計者は，簡便な方法としてラインアップされたスタンダードカーテ

ンウォールからイメージに近いものを選択し，設計することも可能である。

オーダーメードカーテンウォールは，カーテンウォールメーカーに対して性能，仕様を提示して発注（性能発注）し，製造するカーテンウォールのことである。

2) スタンダード，オーダーメードの違い

アルミニウム製カーテンウォールを一例に，スタンダードとオーダーメードの違いを説明する。

①コスト

オーダーメードの場合は，新規に金物や押出型材を製作し，表面処理を決めるため，スタンダードと比べてオーダーメードのカーテンウォールは大幅なコスト高となる。

②製作期間

金物，押出形材は，設計者の指示でカーテンウォール製造メーカーが新規に設計するため，性能基準を満たしているかの検証を行う必要がある。これらの部材は，新たに製作することが前提である。したがって，オーダーメードは，新規に作製する部材分の製作期間がスタンダードの製作期間に加えられることになる。

高層建築物のカーテンウォールは建築物の顔となるので，意匠性への要求度が年々高くなっている。最近は，スタンダードの採用は減り，オーダーメードが主流である。

3) 詳細設計における重要項目

メタルカーテンウォールの詳細設計を行ううえで重要な項目は，①使用する金属材料および複合材料（石，パネルなど）の仕上げ，②構造・工法・材料の構成方式，③コストである。

メタルカーテンウォールの全体計画で，実現可能なデザインや性能に対して，適切なコストを検討したうえで，性能発注することが必要である。

4) カーテンウォールメーカーにおける詳細設計フロー

設計図書に示されるメタルカーテンウォールの意匠，機能および性能に基づいて，カーテンウォールメーカーが詳細設計を行う。図7-4に，詳細設計のプロセスを示す。

詳細設計では，次のような設計作業を行う。なお，図7-5に参考として，カーテンウォールの面材構成（ノックダウン例）を示すので各名称を認識されたい。

①設計条件（性能，形式，材料，部材割りなど）からメタルカーテンウォール

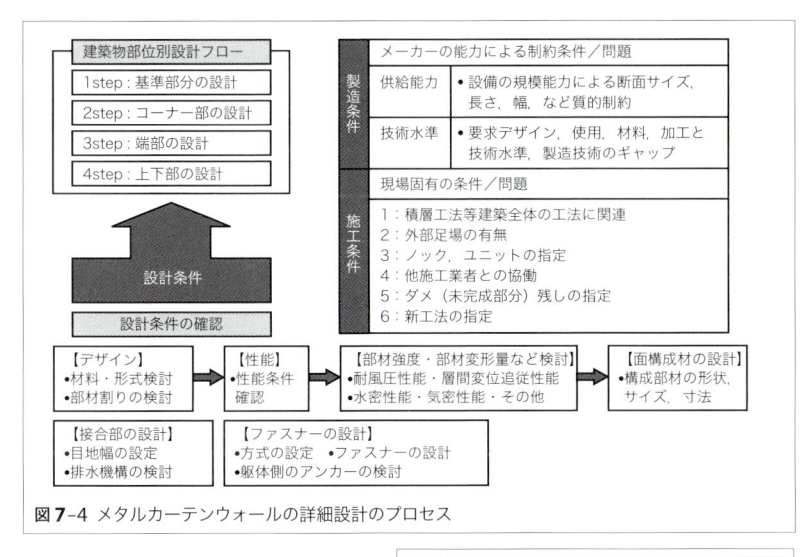

図7-4 メタルカーテンウォールの詳細設計のプロセス

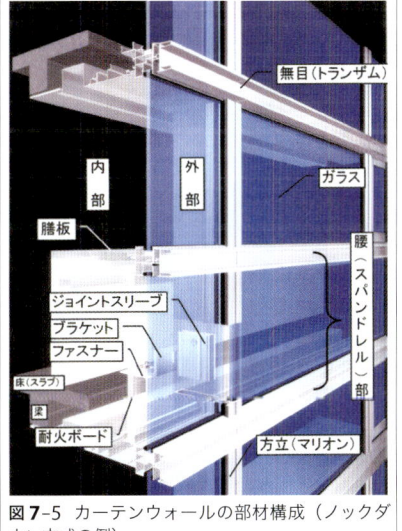

の面材の構造モデルを決定する。
②設計仕様または建築基準法，風荷重指針などを基に風圧力の計算を行う。
③使用する部材の断面を仮定する。
・マリオンや無目，パネルやパネルの力骨に対して，風荷重分布を仮定する。
・使用部材の許容応力度，許容たわみを検証しながら，断面性能を確認検証する。
④意匠，納まり，要求される諸性能，ジョイント部の水密性，製造条件，施工条件を考慮し，各断面の断面形状を仮定する。

図7-5 カーテンウォールの部材構成（ノックダウン方式の例）

⑤仮定した断面性能を計算し，③の性能を満足するか検証し，調整する。
⑥各接合部，ファスナー部への荷重を計算する。
⑦無目受け，ファスナー部の設計を行う。

　ファスナー，ブラケット本体・接合ボルト，溶接がある場合は溶接強度の計算検証，さらに，取付け性，層間変位，熱伸びなどの対策を検討してファスナー設計を完成させる。

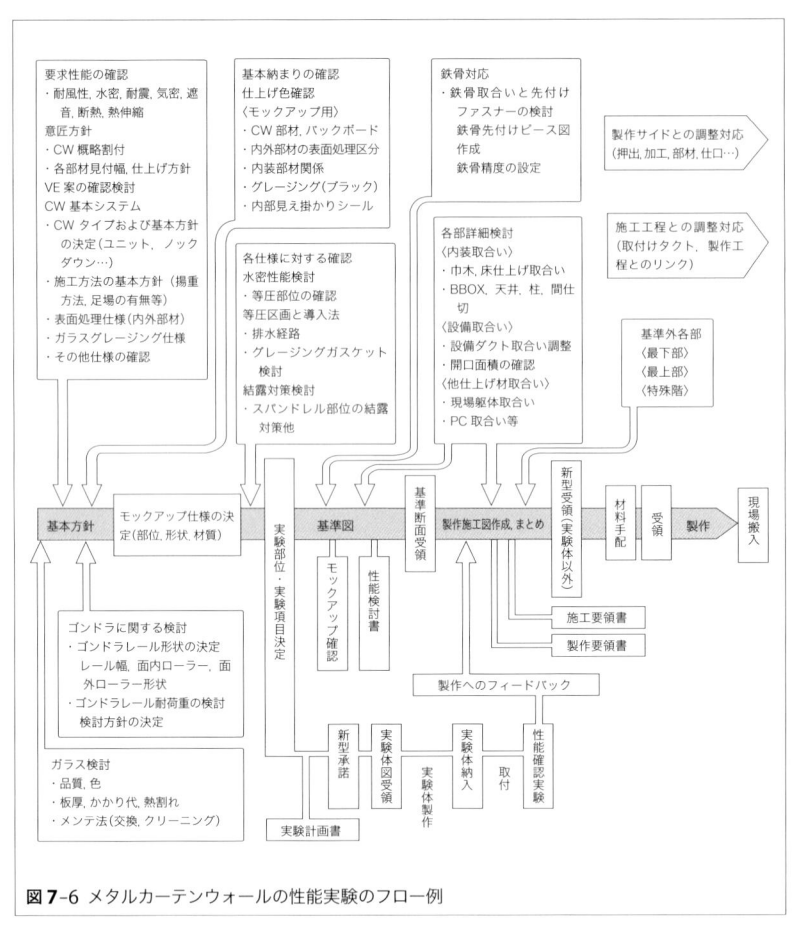

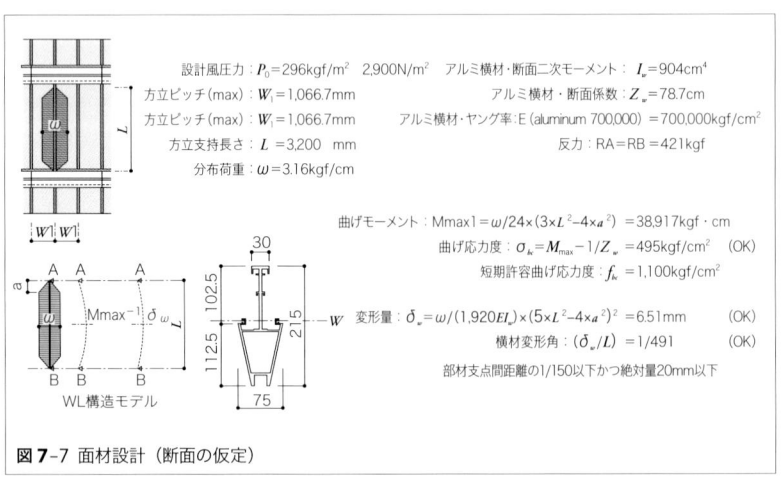

図7-6 メタルカーテンウォールの性能実験のフロー例

設計風圧力：P_0=296kgf/m² 2,900N/m²　アルミ横材・断面二次モーメント：I_w=904cm⁴
方立ピッチ(max)：W_1=1,066.7mm　アルミ横材・断面係数：Z_w=78.7cm
方立ピッチ(max)：W_1=1,066.7mm　アルミ横材・ヤング率：E (aluminum 700,000) =700,000kgf/cm²
方立支持長さ：L=3,200 mm　反力：RA=RB=421kgf
分布荷重：ω=3.16kgf/cm

曲げモーメント：Mmax1=$\omega/24\times(3\times L^2-4\times a^2)$ =38,917kgf・cm
曲げ応力度：$\sigma_k = M_{max}-1/Z_w$ =495kgf/cm² （OK）
短期許容曲げ応力度：f_k=1,100kgf/cm²
変形量：$\delta_w = \omega/(1,920EI_w)\times(5\times L^2-4\times a^2)^2$ =6.51mm （OK）
横材変形角：(δ_w/L)=1/491 （OK）
部材支点間距離の1/150以下かつ絶対量20mm以下

図7-7 面材設計（断面の仮定）

⑧ガラスのグレイジング（はめ込み）仕様の決定，シーリング材の断面の決定，排水機構の確認などが行われる。

⑨実大性能実験の実施

大規模なものは，実大性能実験を行うことが多い。

図7-6に，メタルカーテンウォールの性能実験のフロー例を示す。

5）詳細設計の実際

詳細設計フローのうち，特に重要な①断面設計，②水密設計，③層間変位追従設計，④ファスナー設計について説明する。

①断面設計（**図7**-7）

【STEP1 ＝断面決定】

・構造モデルを仮定
・設計要求性能から風圧力の設定を行う
・計算から断面性能と形状の仮定を行う

【STEP2 ＝性能検証】

・仮定した断面性能から各部の性能を計算検証する

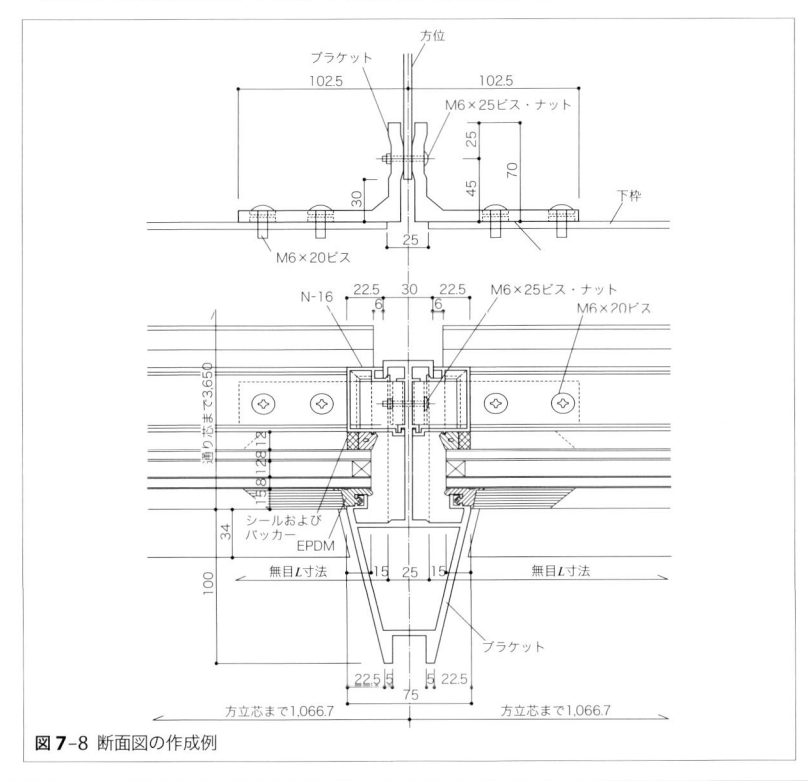

図7-8 断面図の作成例

【STEP3 ＝納まり検討】
・納まり，他部材との取合い，その他の性能確認を行う
・仮定した断面の調整を行う
　【STEP4 ＝断面の決定】
・断面確定を行い，断面図を作成（**図7**-8）
・断面性能を確認，計算を行う
・断面決定を行う
　【STEP5 ＝最終調整】
・最終断面を調整し，施工図を作成

②水密設計

　カーテンウォールは，工場生産された部材やユニットを建築現場において構造体の外側に繋ぎ合わせて取り付ける。工場生産された部材間，または材料間の接合部分は，カーテンウォール単体に要求される性能と同等の

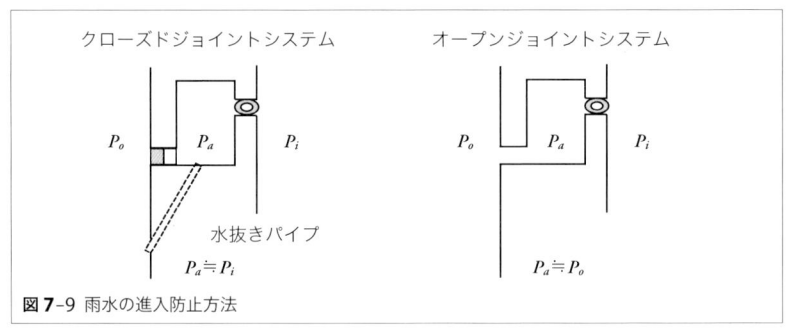

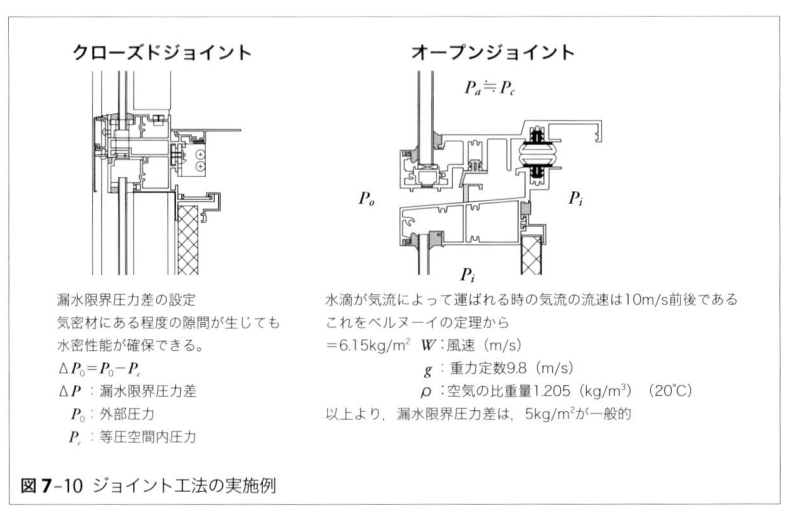

クローズドジョイントシステム　　　オープンジョイントシステム

P_o　P_a　P_i　　　　　　　　　P_o　P_a　P_i

水抜きパイプ
$P_a \fallingdotseq P_i$　　　　　　　　　　　　$P_a \fallingdotseq P_o$

図7-9　雨水の進入防止方法

クローズドジョイント　　　　オープンジョイント

$P_a \fallingdotseq P_c$

P_o　　P_i

漏水限界圧力差の設定
気密材にある程度の隙間が生じても
水密性能が確保できる。
$\Delta P_0 = P_0 - P_c$
ΔP　：漏水限界圧力差
P_0　：外部圧力
P_c　：等圧空間内圧力

水滴が気流によって運ばれる時の気流の流速は10m/s前後である
これをベルヌーイの定理から
$= 6.15 kg/m^2$　W：風速（m/s）
　　　　　　　　g：重力定数9.8（m/s）
　　　　　　　　ρ：空気の比重量1.205（kg/m³）（20℃）
以上より，漏水限界圧力差は，5kg/m²が一般的

図7-10　ジョイント工法の実施例

性能を満足するものでなくてはならない。したがって，ジョイント部を減らすためにユニットをできるだけ大型化することも重要である。

なお，カーテンウォールの接合部に求められる主な機能は次のとおりである。
・雨水が浸入しないような機構とすること，すなわち水密設計を施すこと
・層間変位や熱伸縮などから生じる変形を吸収できること
・部材の製作および取付け誤差を調整できること

これらの要求機能を実現する方法には，大別してクローズドジョイントとオープンジョイントがある。**図7**-9に雨水の浸入防止方法，**図7**-10にジョイント工法の実施例を示す。

なお，水密設計の基本は次の2項目である。**表7**-8に，雨水浸入因子と対策を示す。
・雨水が室内に浸入する条件を取り除く。
・接合部や目地に浸入した雨水を移動させる因子に対して対策を講じる。

③層間変位に対する詳細設計

ここでは，メタルカーテンウォールの地震時の挙動を吸収し，層間変位追従性能を確保するための対策を考慮することが重要である。**図7**-11〜**7**-14に，性能確保の対策を示す。

メタルカーテンウォールの中でガラスのはめ込み部周辺の層間変位追従性能を確保するための設計として，ファスナーの回転がしやすいように設

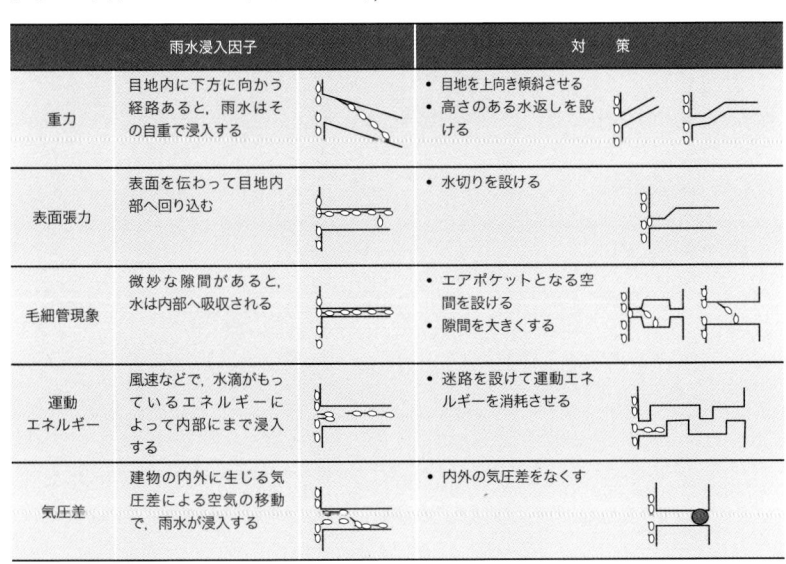

雨水浸入因子		対　策	
重力	目地内に下方に向かう経路あると，雨水はその自重で浸入する	・目地を上向き傾斜させる ・高さのある水返しを設ける	
表面張力	表面を伝わって目地内部へ回り込む	・水切りを設ける	
毛細管現象	微妙な隙間があると，水は内部へ吸収される	・エアポケットとなる空間を設ける ・隙間を大きくする	
運動エネルギー	風速などで，水滴がもっているエネルギーによって内部にまで浸入する	・迷路を設けて運動エネルギーを消耗させる	
気圧差	建物の内外に生じる気圧差による空気の移動で，雨水が浸入する	・内外の気圧差をなくす	

表7-8 雨水浸入因子と対策

計することが挙げられる。また、メタルカーテンウォールのガラス保持のための主構成部材は、ほとんどの場合アルミニウムが採用されており、層間変形をアルミニウム部材で吸収しても、その許容応力が限界を超えることは少ない。そのため、アルミニウム部材が破壊することはない。

それより、保持されるガラス本体の剛性が高いので、シールやガスケッ

横移動＝スエイ、回転＝ロッキングという

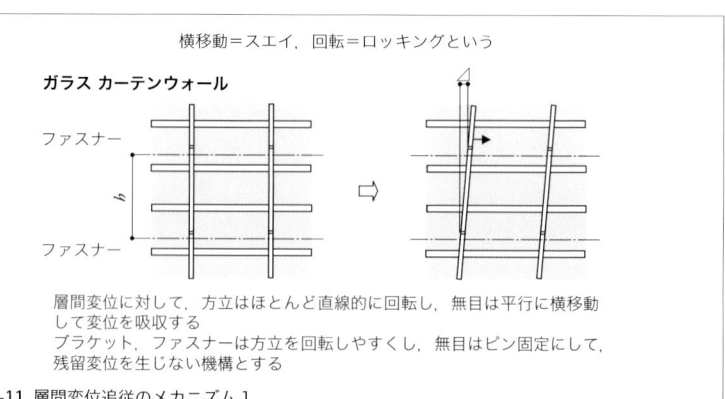

ガラス カーテンウォール

層間変位に対して、方立はほとんど直線的に回転し、無目は平行に横移動して変位を吸収する
ブラケット、ファスナーは方立を回転しやすくし、無目はピン固定にして、残留変位を生じない機構とする

図7-11 層間変位追従のメカニズム1

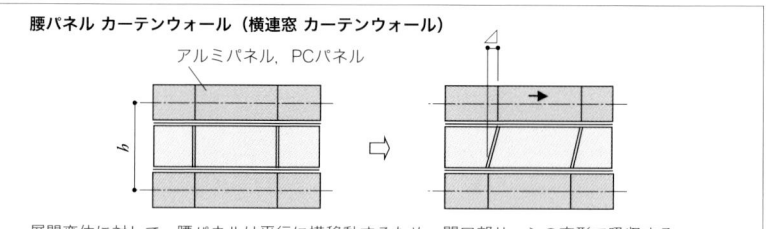

腰パネル カーテンウォール（横連窓 カーテンウォール）

アルミパネル、PCパネル

層間変位に対して、腰パネルは平行に横移動するため、開口部サッシの変形で吸収する。
そのため、サッシの変形が大きくなるので、方立、サッシ枠の結合構造およびガラスのエッジクリアランス、シール目地の検討が必要である
サッシ枠のブラケット、ファスナー部で変位を吸収する機構の場合は、サッシ枠上下枠と腰パネルのシール目地の変形が大きくなるので要注意

図7-12 層間変位追従のメカニズム2

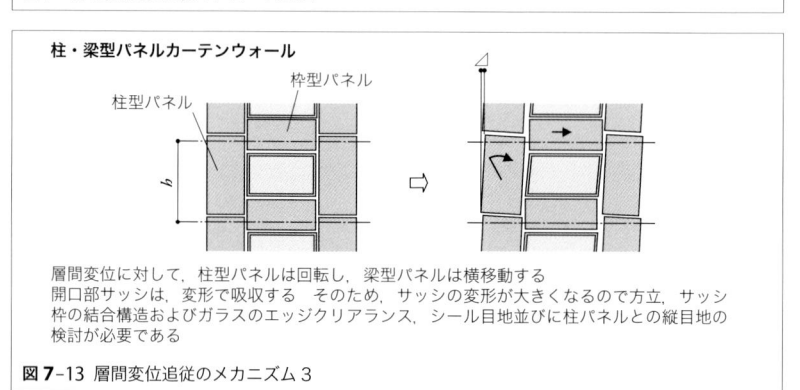

柱・梁型パネルカーテンウォール

柱型パネル　枠型パネル

層間変位に対して、柱型パネルは回転し、梁型パネルは横移動する
開口部サッシは、変形で吸収する　そのため、サッシの変形が大きくなるので方立、サッシ枠の結合構造およびガラスのエッジクリアランス、シール目地並びに柱パネルとの縦目地の検討が必要である

図7-13 層間変位追従のメカニズム3

トを介して，メタルカーテンウォールの変形をガラスのはめ込み部周辺で吸収し，かつアルミニウム枠と干渉して破壊しないように設計することが，層間変位を吸収するための対策となる。**図7**-15 には，エッジクリアランスの限界について，ブーカムの改良式から算出する例を示す。この限界を超えないように，フレームのエッジクリアランスを設計する。

　また，ガラス溝で吸収する機構を採用した場合は，ガラスのはめ込み部の追従性能についても併せて検証を行う。なおパネルで構成されるカーテンウォールの場合は，PC カーテンウォールと同様に剛性が高くなるので，ファスナーに層間変位吸収機能を持たせることで対応する。

④ファスナー設計

　メタルカーテンウォールのファスナーは，カーテンウォール本体を躯体に緊結する重要な部材である。このファスナーに要求される機能には，次の 3 項目がある。

・カーテンウォールの自重，地震力，風圧力を躯体に伝えるための力の伝達機能
・躯体の層間変位および垂直方向の変形に対する追従性と，金属の温度変

スリットガラスカーテンウォール（柱型 PC パネル＋スリットサッシ）

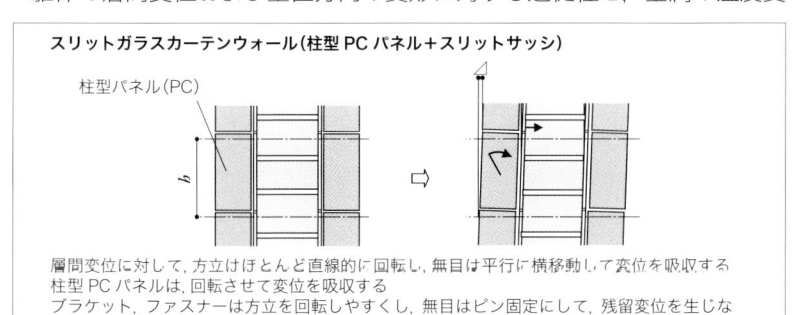

柱型パネル（PC）

層間変位に対して，方立はほとんど直線的に回転し，無目は平行に横移動して変位を吸収する
柱型 PC パネルは，回転させて変位を吸収する
ブラケット，ファスナーは方立を回転しやすくし，無目はピン固定にして，残留変位を生じない機構とする

図7-14 層間変位追従のメカニズム 4

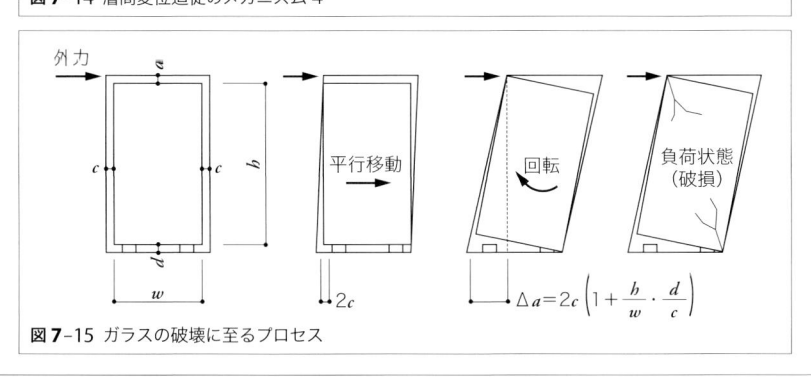

外力　平行移動　回転　負荷状態（破損）

$$\Delta a = 2c\left(1 + \frac{b}{w} \cdot \frac{d}{c}\right)$$

図7-15 ガラスの破壊に至るプロセス

化による伸縮を拘束しない変形吸収機能
・躯体誤差，製品誤差，取付け誤差を吸収する誤差吸収機能

図7-16に，ファスナーの設計事例を示す。

3つの機能を保持するためには，躯体側（一次）ファスナーとカーテンウォール側（二次）ファスナーの組合せで設計する。また，近年は作業環境の改善から非溶接化を実践する現場も増えており，ファスナー本体の選択，設計への条件設定が変化している。特に，短期荷重において部材伸縮力（熱応力）が熱伸縮の影響で，ボルトやねじの締結力を超えたときに一気に伸縮が起こり，金属間の摩擦音の発生が問題になる場合がある。その対策として，金属間への摩擦低下を促す滑り材（ステンレス板，テフロン板）などをセットする場合も増えている。なお，写真7-1に，ファスナーの施工例を示す。

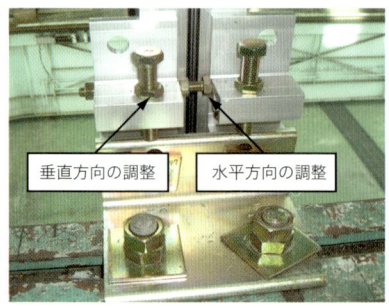

写真7-1 ファスナーの施工例

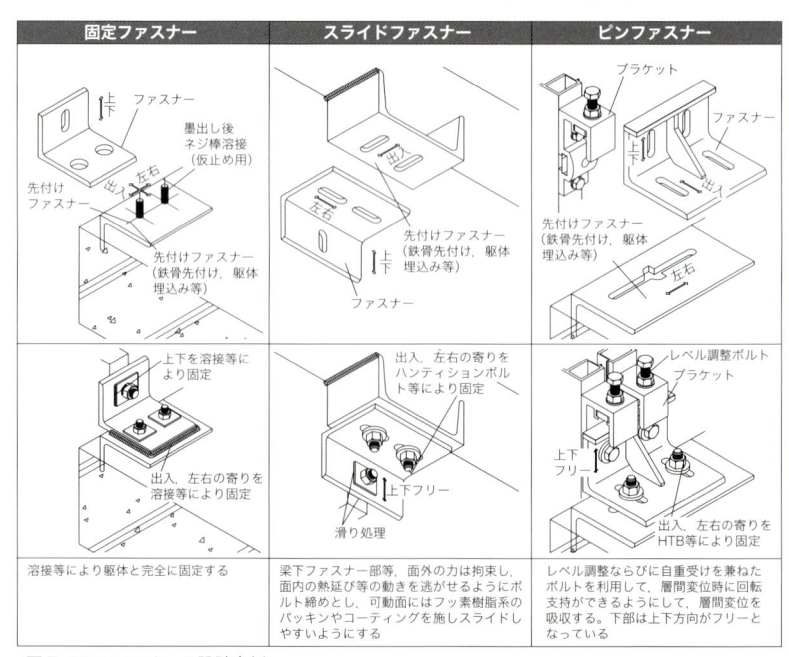

図7-16 ファスナーの設計事例

メタルカーテンウォールの製作

メタルカーテンウォールの製造概要

　　メタルカーテンウォールの製作は，設計図書（施工図），型材図，部品図，仕口図（ジョイント設計図），仕様書，製作要領書に基づいて，工場で製造される。

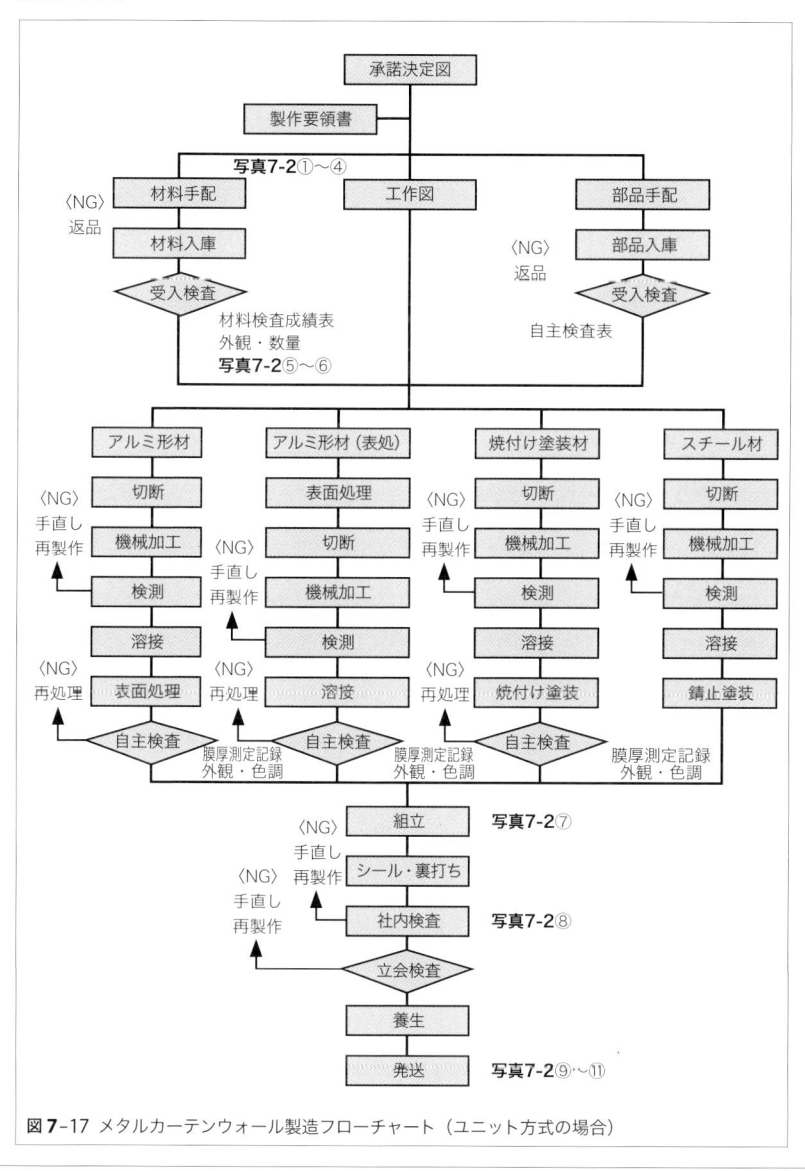

図7-17　メタルカーテンウォール製造フローチャート（ユニット方式の場合）

製作管理は，製作要領書に基づいて，部材の切断寸法，切欠き，穴あけ位置，寸法，曲げ寸法の精度や部材の材質，表面仕上げ処理の仕様を指示，記載した工作図を作成して，実施する。

製造工程と製造管理

ユニット方式の場合のメタルカーテンウォールの製造フローチャートを，**図7**-17に示す。

まず，アルミ地金を溶解し，成分調整したうえで，鋳造してビレットと呼ばれるアルミの円筒状の塊をつくる。これを加熱して押出し機に通し，所定の型材の形に整形する。さらに必要寸法に切断し，熱処理を施す。その後，二次電解着色や焼付け塗装など仕様に決められている表面処理を施

①型材プロセス（アルミ地金のアルミ地金の溶解） 　②型材プロセス（押出加工）

③型材プロセス（押出成形） 　④型材プロセス（切断処理）

⑤表面処理プロセス（二次電解着色） 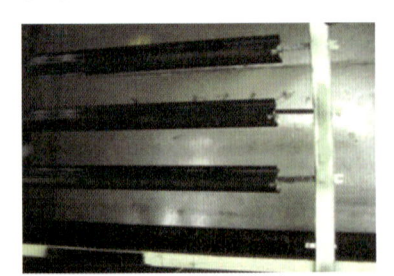　⑥表面処理プロセス（焼付け塗装）

写真7-2 カーテンウォールの製造工程（ユニット方式の場合）

す。表面仕上げを施した部材を加工，組立てて所定の製品に仕上げていく。さらに，ガラスを組み込み完成品とする。完成品は検査を受けたのち，コンテナという架台にセットし，トラックに積み込み，発送する。

なお，製造プロセスの管理は，製作要領書に記載される内容によってコントロールする。なお製作要領書の主な記載内容は，総則，一般事項，組織表，材料，表面処理，製作，検査，発送などである。

写真7-2に，ユニット方式の場合の製造工程を示す。

⑦組立て事例

⑧検査

⑨ガラス建込み風景

⑩コンテナ据付

⑪トラックへの積込み風景

メタルカーテンウォールの施工

施工計画

施工計画のための基本事項は、次のとおりである。
①品質：設計図書に示された性能・品質を確保
②工程：全体工期に対して合理的で実行可能な工程計画
③安全：災害が起こりやすい環境下での安全対策の実施
④経済性：品質、工程、安全を考慮した、最小コストでの工事の実施

カーテンウォール工事に関するすべての事項は、施工要領書および工事工程表にまとめて一元管理する。カーテンウォール工事は、綿密な施工計画に基づいて実施され、質、量とも設計目標どおりの期限内に納めることができるように、施工管理することが重要である。なお、**図7**-18に工事工程表の例を、**写真7**-3にメタルカーテンウォールの取付け施工工程を示す。

施工

工事の着手に際し、製品の搬入、保管、搬出が適時、適確に行えるかどうかが、カーテンウォール工事の進捗と関連工事の協力会社の工事工程に大きく影響を与える。

1) 製品の搬入のプロセス

工場で養生・コンテナ積みされた製品を現場搬入し、所定の階に揚重する。

揚重方法は、建物の外部からクレーンなどで直接吊り上げる外部揚重と仮設エレベータなどを使用して建物内部から運搬する方法がある。

2) 輸送方法と積載制限

輸送方法では、運搬に先立ち、製品の養生方法、輸送荷姿について検討する。輸送制限については、コンテナやパレット積みにした現場搬入荷姿など、事前に検討確認する事項などが道路交通法に示されている。

3) カーテンウォールの施工

①製品の揚重

製品の揚重計画および実施作業

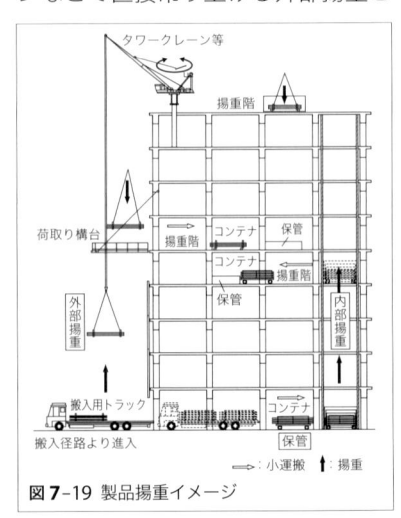

図7-19 製品揚重イメージ

での良否は，工事全体の進捗，施工コストに大きく影響する。**図7**-19 に，製品揚重のイメージを示す。

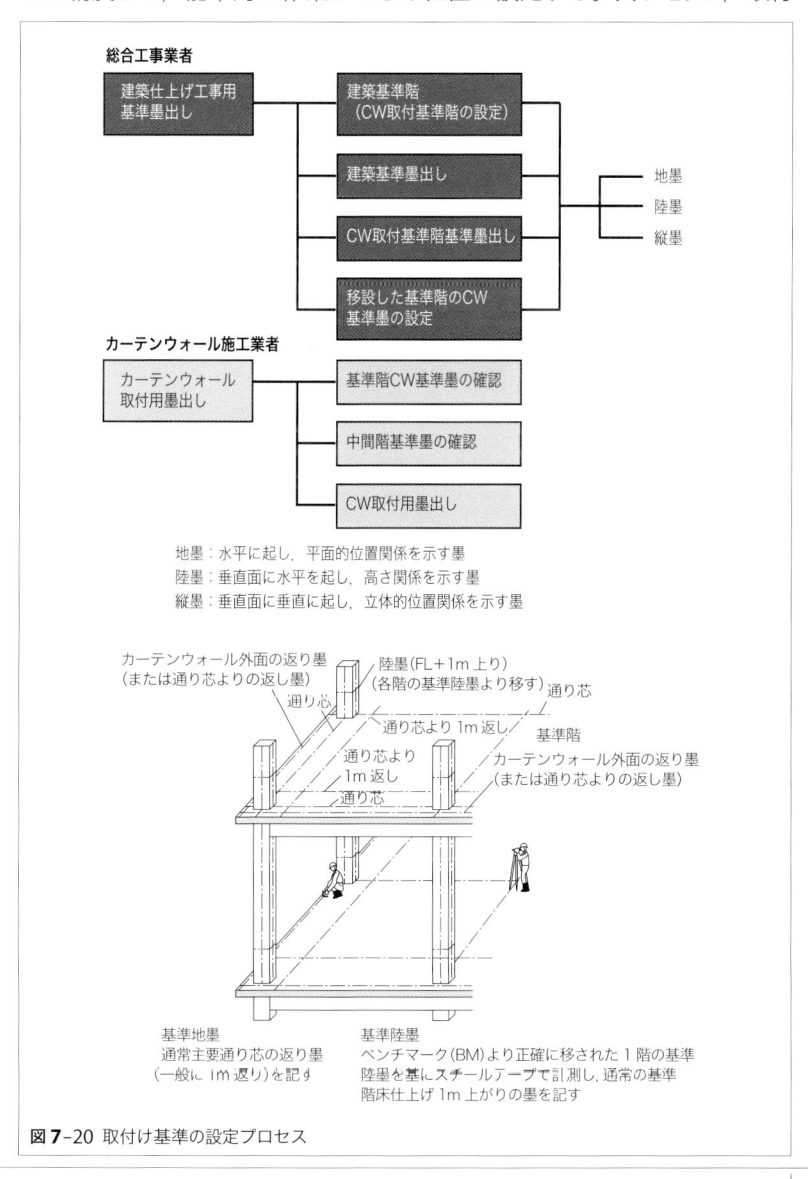

②取付け基準の設定

カーテンウォールの取付けは，建築工事の仕上げに先立ち，建物の各床，柱・壁などに表示される仕上げ工事基準墨を基に行う。取付け墨は，取付けが精度よく，能率的に作業ができる位置に設定する。**図7**-20 に，取付

```
総合工事業者
建築仕上げ工事用 ─┬─ 建築基準階
基準墨出し         │   （CW取付基準階の設定）
                  ├─ 建築基準墨出し ─────┬─ 地墨
                  │                      ├─ 陸墨
                  ├─ CW取付基準階基準墨出し ┴─ 縦墨
                  └─ 移設した基準階のCW
                     基準墨の設定

カーテンウォール施工業者
カーテンウォール ─┬─ 基準階CW基準墨の確認
取付用墨出し      ├─ 中間階基準墨の確認
                 └─ CW取付用墨出し
```

地墨：水平に起こし，平面的位置関係を示す墨
陸墨：垂直面に水平を起こし，高さ関係を示す墨
縦墨：垂直面に垂直を起こし，立体的位置関係を示す墨

カーテンウォール外面の返り墨　陸墨（FL＋1m 上り）
（または通り芯よりの返し墨）　（各階の基準陸墨より移す）　通り芯
　　　　　　　通り芯より1m 返し
　　　　　　　通り芯より　　　基準階
　　　　　　　1m 返し　　　　 カーテンウォール外面の返り墨
　　　　　　　通り芯　　　　　（または通り芯よりの返し墨）

基準地墨　　　　　　　　　　基準陸墨
通常主要通り芯の返り墨　　　ベンチマーク(BM)より正確に移された1階の基準
（一般に1m 返り）を記す　　 陸墨を基にスチールテープで計測し，通常の基準
　　　　　　　　　　　　　　階床仕上げ1m 上がりの墨を記す

図7-20 取付け基準の設定プロセス

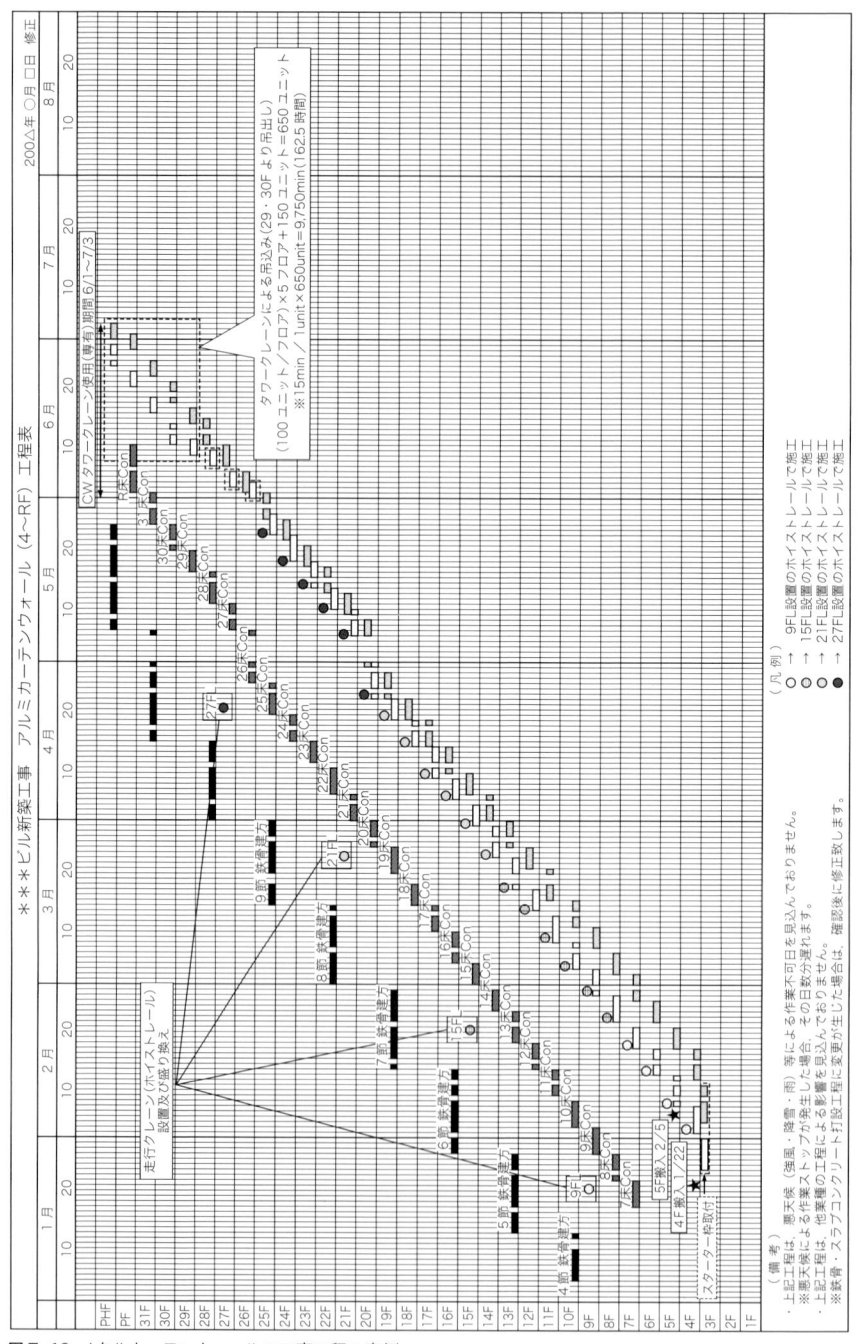

図7-18 メタルカーテンウォールの工事工程の事例

①工場出荷（コーナーユニット） 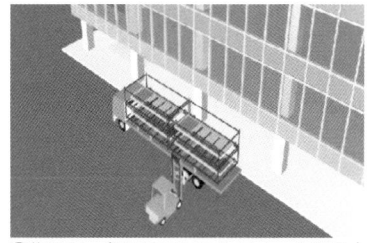　②荷おろし（平置きコンテナ，フォークリフト）

③揚重（クレーン） 　④クレーン揚重（コーナーユニット）

⑤出入りと寄りの調整1 　⑥配置

⑦位置決め（ハイテンションボルト） 　⑧仮決め，本締め（ハイテンションボルト）

⑨出入りと寄りの調整2
写真7-3　メタルカーテンウォールの取付け施工工程

け基準のプロセスを示す。

③カーテンウォール取付け墨出しと，位置決め

　カーテンウォールは，建物の上下階に連続して取付けを行う。そのためピアノ線を使用して，垂直ならびに水平方向に連続した基準を設定するのが一般的である。**図7**-21に，墨出しと位置決めイメージを示す。

　基準墨は，建物の躯体建方の工程とその進捗や建物の形状に合わせて設定する。通常5～6階おきに定める建築基準階で，全体を調整する。この作業が，カーテンウォール取付け用の墨出しの原点となる。

　取付け墨出しは，カーテンウォールの取付けを精度よく，また能率的に行うために，基準墨をもとに取付けに必要な墨の設定作業を行うことをいう。基準階に設定した地墨,垂直ピアノ線,水平ピアノ線がその基準となる。

④カーテンウォール取付け用墨出しと，位置決め

　ファスナーは，カーテンウォールを構造体に結合する重要な部材である。あらかじめ，構造体に取り付けられたアンカーにファスナーを取付け，そのファスナーにブラケットを介してカーテンウォール本体を取り付ける。

　アンカーおよびファスナーには，高い精度と強度が要求され，その施工の良し悪しは，カーテンウォールの性能や外観に大きく影響を及ぼす。そのため，アンカーの施工精度の確認など，細心の注意を払う必要がある。一般的に，カーテンウォール工事に使用する先付けアンカーは，躯体の一部として施工するものである。その施工精度の確保がファスナーの取付

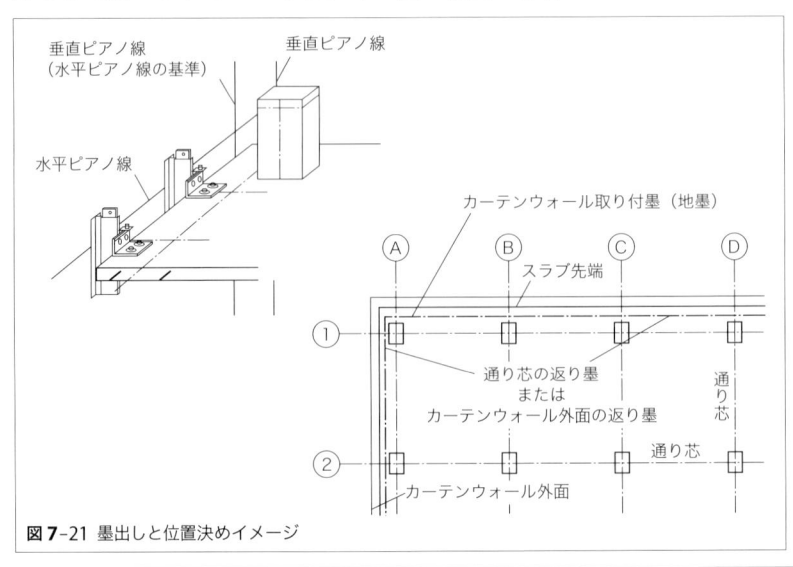

図7-21 墨出しと位置決めイメージ

図7-22 ファスナー取付け用の墨出しイメージ

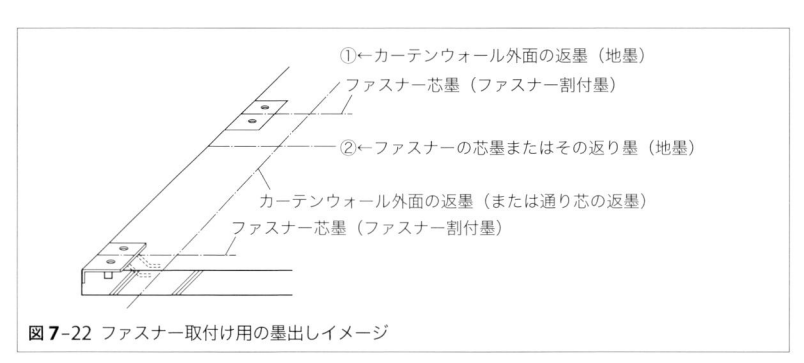

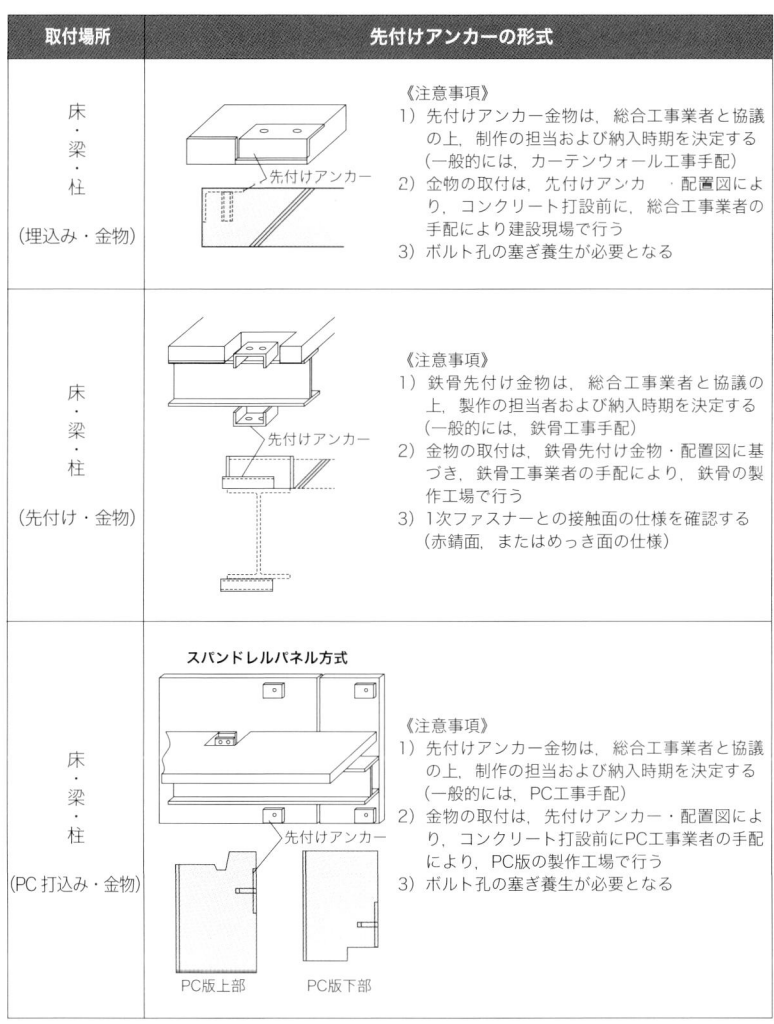

① ← カーテンウォール外面の返墨（地墨）
ファスナー芯墨（ファスナー割付墨）
② ← ファスナーの芯墨またはその返り墨（地墨）
カーテンウォール外面の返墨（または通り芯の返墨）
ファスナー芯墨（ファスナー割付墨）

取付場所	先付けアンカーの形式	
床・梁・柱（埋込み・金物）	先付けアンカー	《注意事項》 1）先付けアンカー金物は，総合工事業者と協議の上，制作の担当および納入時期を決定する（一般的には，カーテンウォール工事手配） 2）金物の取付は，先付けアンカー・配置図により，コンクリート打設前に，総合工事業者の手配により建設現場で行う 3）ボルト孔の塞ぎ養生が必要となる
床・梁・柱（先付け・金物）	先付けアンカー	《注意事項》 1）鉄骨先付け金物は，総合工事業者と協議の上，製作の担当者および納入時期を決定する（一般的には，鉄骨工事手配） 2）金物の取付は，鉄骨先付け金物・配置図に基づき，鉄骨工事業者の手配により，鉄骨の製作工場で行う 3）1次ファスナーとの接触面の仕様を確認する（赤錆面，またはめっき面の仕様）
床・梁・柱（PC打込み・金物）	スパンドレルパネル方式 先付けアンカー PC版上部　PC版下部	《注意事項》 1）先付けアンカー金物は，総合工事業者と協議の上，制作の担当および納入時期を決定する（一般的には，PC工事手配） 2）金物の取付は，先付けアンカー・配置図により，コンクリート打設前にPC工事業者の手配により，PC版の製作工場で行う 3）ボルト孔の塞ぎ養生が必要となる

表7-9 先付けアンカーの取付けイメージ

け許容差に影響するので，精度確保に注意する。**図7**-22 にファスナー取付け用の墨出しイメージ，**表7**-8 に先付けアンカーの取付けイメージ，**図7**-23 にファスナー取付け調整のイメージを示す。

⑤ユニット方式カーテンウォールの本体位置決め方法

また近年，増えているユニット方式のカーテンウォールの3次元方向の位置決め作業方法を説明する。高さはレベルを使用して，面外方向は水平ピアノ線により，また面内方向は垂直ピアノ線の返りにより位置決めをする。中間ユニットに対しても，考え方は同様である。ただし，高層建築で

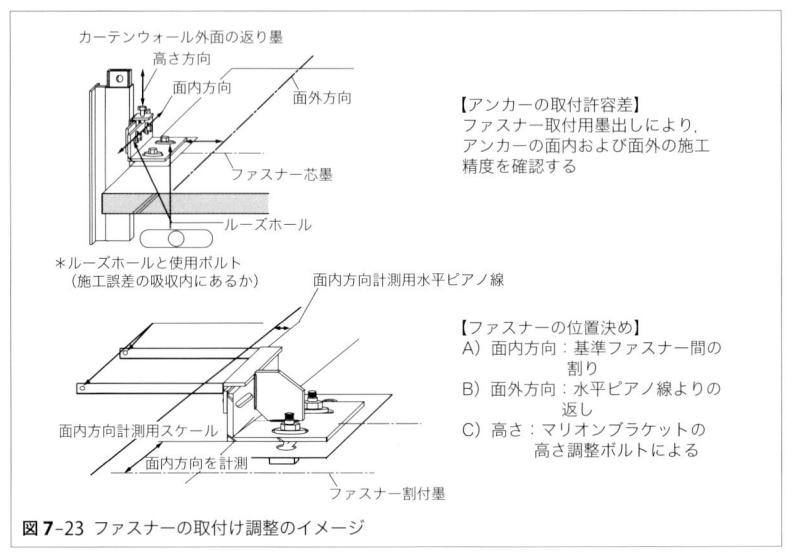

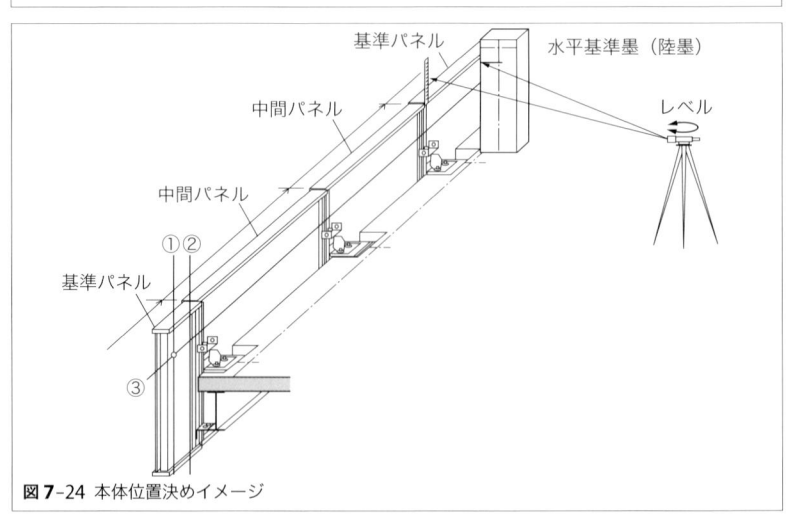

図7-23 ファスナーの取付け調整のイメージ

図7-24 本体位置決めイメージ

の無足場ユニット化工法では、水平ピアノ線を外部に設置するのは、ユニット本体の吊り込み作業を困難にさせるので、一般的には内部の返り地墨によって、面外の出入りおよび面内方向の寄りを決めている。

なお、取付け後の精度検査用に、ピアノ線を内部に設定して計測を行う場合もある。図7-24に本体位置決めのイメージ、図7-25に内部にピアノ線を使用して位置決めする場合のイメージを示す。

さらに、大型のユニット化に際しては、次のような点に注意が必要である。揚重用設備の設置、本体吊り込み用専用機材の移動など、事前の計画や、作業手順の良し悪しが、後工程のカーテンウォール工事の工程に大きく影響する。また、大型化するユニット工法で重要となる玉掛け作業での本体吊り上げについては、ユニットをどのように吊り上げするのか、荷取り穴や、吊り上げ冶具など、設計段

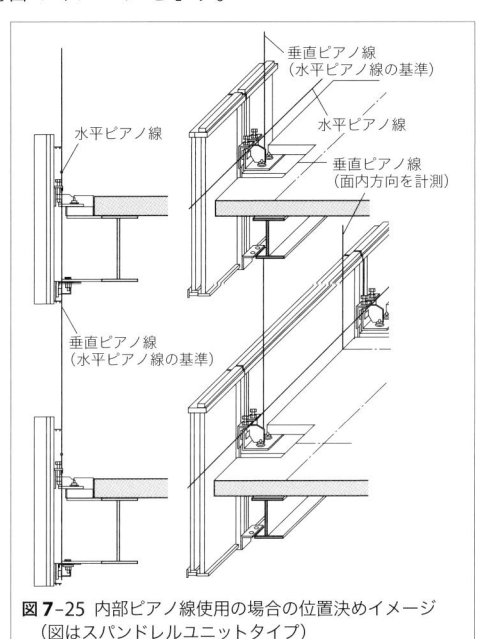

図7-25 内部ピアノ線使用の場合の位置決めイメージ
（図はスパンドレルユニットタイプ）

図7-26 本体配置と吊り込み機械設備の事例

階で事前に検討しておく必要がある。なお図7-26に，本体配置と吊り込み機械設備の例を示す。

⑥ファスナーの固定

本体位置決めの後，速やかに行うべき作業がファスナーの固定である。

現状，ファスナーの固定方法は，溶接を使用して固定する方法が一般的である。ただし，ユニット化工法や高層化する建築物では，非溶接を可能にする高力ボルト接合による固定方法が要求されている。

溶接固定する場合は，位置決め用で使用した普通ボルトを，所定のトルクで本締めした後，施工図に指示された溶接部位に対して，熟練した溶接工が行う必要がある。図7-27に溶接固定，図7-28に高力ボルトによる取付けの例を示す。

⑦躯体本体への工事

近年，すでにガラスの建込みが終了している完成度の極めて高い大型ユニットを，直に躯体へ吊り込む方法が増えている。この場合は，取付けが終了した時点で外装として完成するので，後続作業はほとんどない。なお，現場で部材を組み立てていくノックダウンの場合は，ジョイン

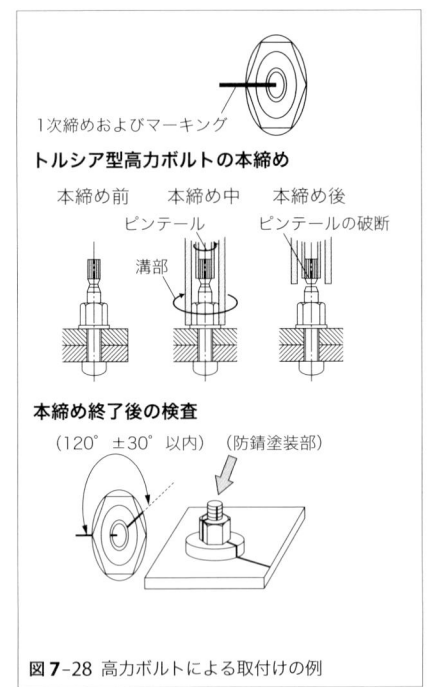

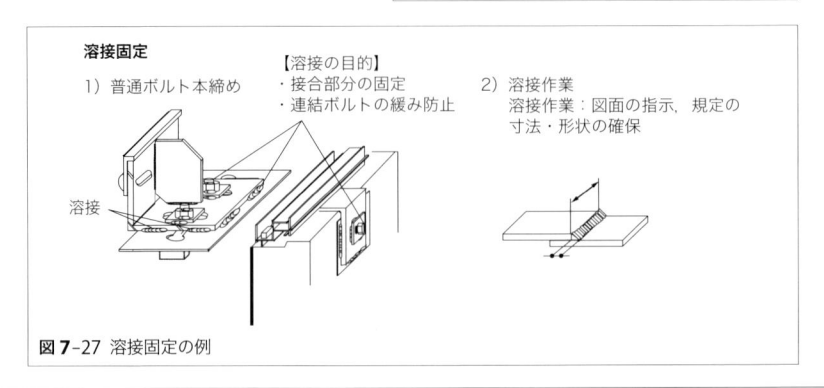

トルシア型高力ボルトの本締め

1次締めおよびマーキング

本締め前　本締め中　本締め後
ピンテール　　　　　ピンテールの破断
　　　　　溝部

本締め終了後の検査
（120°±30°以内）　（防錆塗装部）

図7-28 高力ボルトによる取付けの例

溶接固定
1）普通ボルト本締め

【溶接の目的】
・接合部分の固定
・連結ボルトの緩み防止

2）溶接作業
溶接作業：図面の指示，規定の寸法・形状の確保

溶接

図7-27 溶接固定の例

トシール，ガラス建込み，ガラスグレイジングシールなどの施工が後続作業として行われる。

⑧養生と清掃

a）清掃の目的

一般的にカーテンウォールの表面には，建築工事に伴う汚れやほこりが付着しているので，建物引渡しまでに表面の美観を復元させる作業が必要である。これを清掃，一般的にはクリーニングという。

製品への養生は，通常工場で行うが，この養生はカーテンウォールの工事中の保護を目的としたものであり，長期間放置すると清掃作業を困難にさせ，また，場合によっては製品本体の表面処理に影響を及ぼす場合もある。したがって，その養生材の除去の時期を十分考慮する必要がある。

また，最近では，超高層ビルなどで養生をしない場合が増えている。

b）清掃方法

・布に水をつけ，アルミ製品を磨き，乾いた布で乾拭きする
・中性洗剤（薄めたもの）を布につけ，アルミ製品を磨き水洗い後，乾いた布で乾拭きする
・下部に水を落とさないようにする

c）清掃前のチェック項目

他職種との関連状況，すなわち，足場の使用，揮発性溶剤を使うに当たっての周囲に及ぼす影響を検討する。

施工プロセス管理と検査項目

カーテンウォール工事の検査の目的は，カーテンウォールの施工での各作業の過程で所期の目的を達成させるため，事前にその判定基準を定めておき，適合または不適合を判定することである。

各工程における検査のポイントは，事前に検査の内容，検査の基準およびその方法，検査の時期，検査を行う人を明確にすることが重要である。

また，実施要領に基づき，検査を実施した結果を，どのように処理して反映させるのか，その記録と保管をどのように取り扱うかが，さらに重要な課題である。

図7-29 に，各段階における検査のフローと検査基準を示す。

躯体の寸法許容差
- 躯体の建入り精度 ── ±25mm以内とする
- 躯体のレベル精度 ── ±20mm以内とする

躯体付き金物の取付許容差
- 出入り ── ±10mm以内とする
- 寄り ── ±10mm以内とする
- 高さ ── ±5mm以内とする
- 数量 ── 埋込みアンカー図通りとする

躯体の誤差・埋込みファスナーの位置等で納まり上の問題がある場合は、監理者に報告の上、対応を協議する

フロー：
- 製品搬入・小運搬
- 受入れ検査（NG → 返却）
- 揚重
- ユニット積換え（平台車へ）※基準ユニットのみ
- 基準墨の確認
- 割付墨の設定
- ファスナー仮付け
- 吊治具のセット
- ユニットの吊込み
- ユニットの調整・仮固定
- 取付精度検査（NG）
- ユニット固定（H・T・B本締め）
- HTB検査（NG）
- 層間塞ぎ受材取付
- クリーニング
- 自主検査（NG）
- 立会検査（NG）
- 引渡し

凡例：□ 専門業者工事　◇ 検査関連

（受入れ検査）

確認項目	確認方法
外観上の傷・破損等の有無	目視
工場シールの施工状態	目視・触手
タイト材・ガスケットの取付状態	目視・触手
部材の取付状態	目視・触手
数量・仕様の確認	目視

（取付精度検査の例（JISS14等による））

確認項目	確認方法
レベル（±3.0mm以内）	実測
面内方向（±3.0mm以内）	実測
面外方向（±3.0mm以内）	実測
タイト材・ガスケットの納まり	目視

（HTB検査）

確認項目	確認方法
ピンテールの破断	目視
破断後の防錆処理	目視
ナット共回り有無の確認	目視

（自主検査）

確認項目	確認方法
傷・損傷の有無	目視
清掃状態の確認	目視
部材の取付状態の確認	目視

図7-29 各段階における検査のフローと検査基準

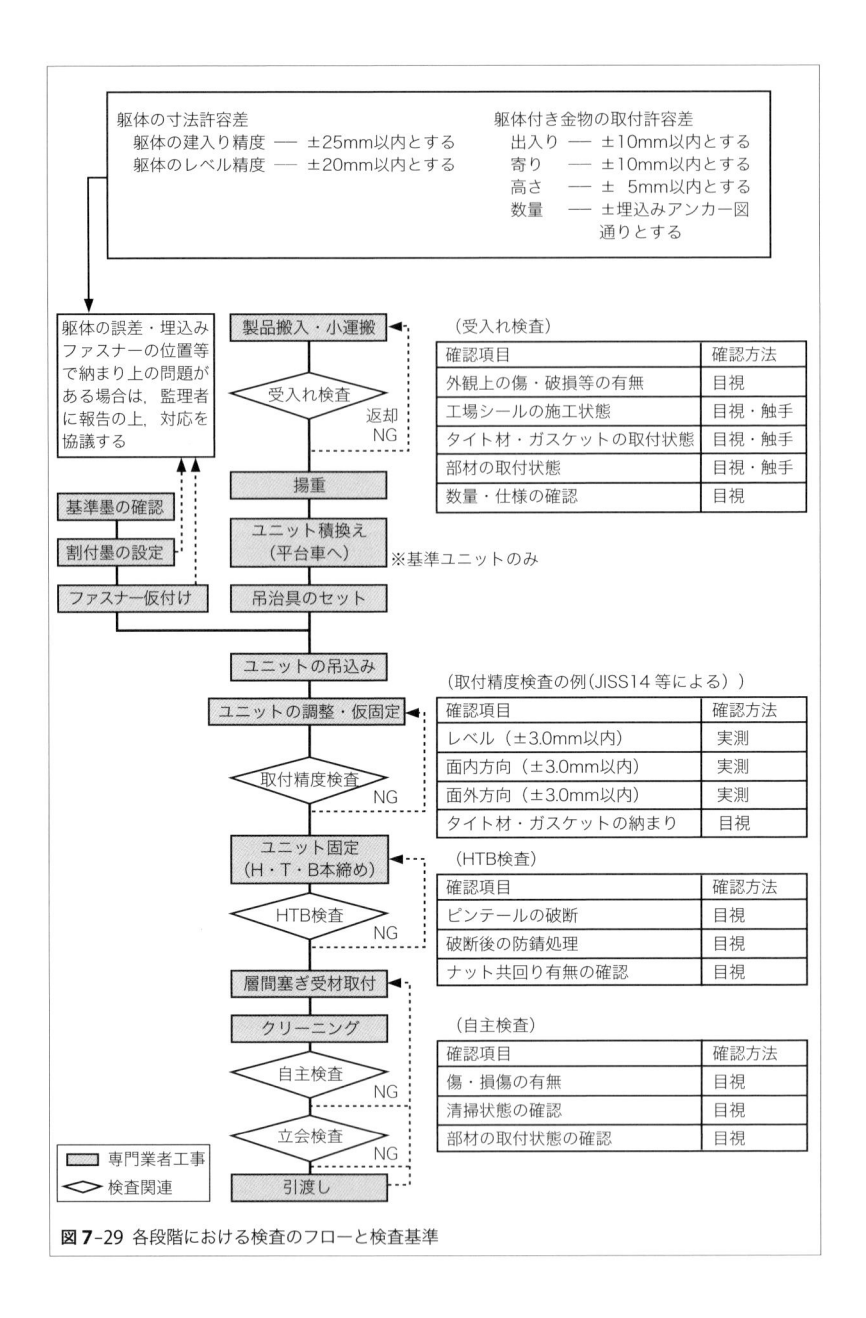

第8講 PCカーテンウォール工事

PCカーテンウォールはメタルカーテンウォールと同様，完成度が高い製品です。また表面仕上げ材となるタイルや石，塗装工事といった別工種と密接に関連しているため，それらとの関係についても十分に把握しておくことが大切です。

さらにコンクリート製品であるので，型枠，配筋，コンクリートの打設といったいわゆる鉄筋コンクリート工事の基本的な管理事項についても理解しておかなければなりません。

本講では，PCカーテンウォールの詳細設計，製作，施工のポイントについて述べていますので，十分理解されたうえで施工管理に望まれることを期待します。

PCカーテンウォール工事の管理プロセス

PCカーテンウォールの定義と種類

　　PCカーテンウォールは，英語ではPrecast Concrete Curtain Wallという。現在，PCカーテンウォールといえば，建築物外周部にある帳壁耐震壁（耐力壁）以外の壁であり，それも工場生産（プレキャスト化）された部材を上下の床や梁に直接架け渡して（下地などを組まずに）支えるものをいう。力の流れによる構成は，第7講メタルカーテンウォールの**図7**-1を参照されたい。

PCカーテンウォールの発注プロセスと工事の流れ

　　PCカーテンウォール工事は，他工種と違い，複数のメーカーが関連するので，まず施工管理業務の流れを把握することが大切である。**図8**-1に，PCカーテンウォールの発注プロセスを示す。

　そのとりまとめの中心となるのが施工者で，建築物全体の品質，コスト，工程を考慮し，設計者に対しフィードバック調整を行うことが主な業務である。PCカーテンウォールの詳細設計段階（施工図作図）では，設計者および監理者の意図を明確にPCカーテンウォールメーカーに伝達し，関連工事協力会者と納まりなどの調整を行う。また，製作段階では，事前にPCカーテンウォールメーカーに製作要領書を提出させ確認を行い，PCカーテンウォール製作工場で施工図どおりに製品が製作されているか，立会検査などを通して確認する。

　さらに施工段階では，事前段階で基準墨出しを行った後，躯体上に間違いなく躯体側一次ファスナーが配置されているかを確認する。また，施工計画書をまとめ搬入動線が確保されているか，重機配置が適切に行われて

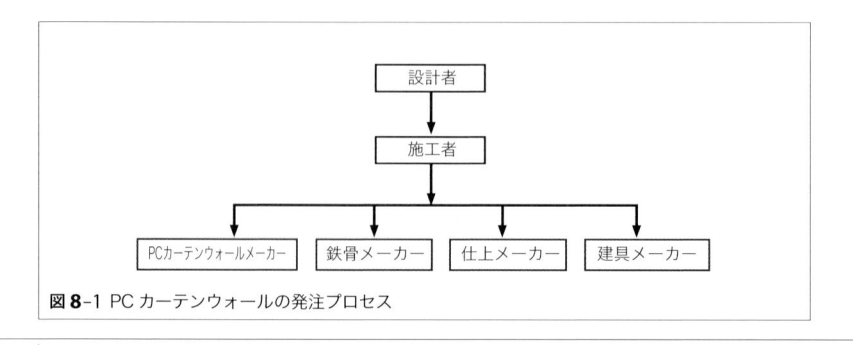

図**8**-1 PCカーテンウォールの発注プロセス

いるかなどを確認する。

　工場で生産されたPCカーテンウォールを現場に搬入し，納入検査（主として外観）を経て取付け後，施工検査を行い，最終的に要求された品質を満たしているかを確認する。この場合は，PCカーテンウォール工事だけでなく，建具工事・シーリング工事といった後工程作業も要求を満たしているか確認する。

PCカーテンウォールの設計・製作・施工プロセス

　PCカーテンウォールの設計・製作・施工プロセスは，**図8**-2に示すとおりである。施工者は設計者からの要求品質を把握し，面構成材の設計を通じて具体的な形状に落とし込んでいくのが，通常の業務プロセスである。

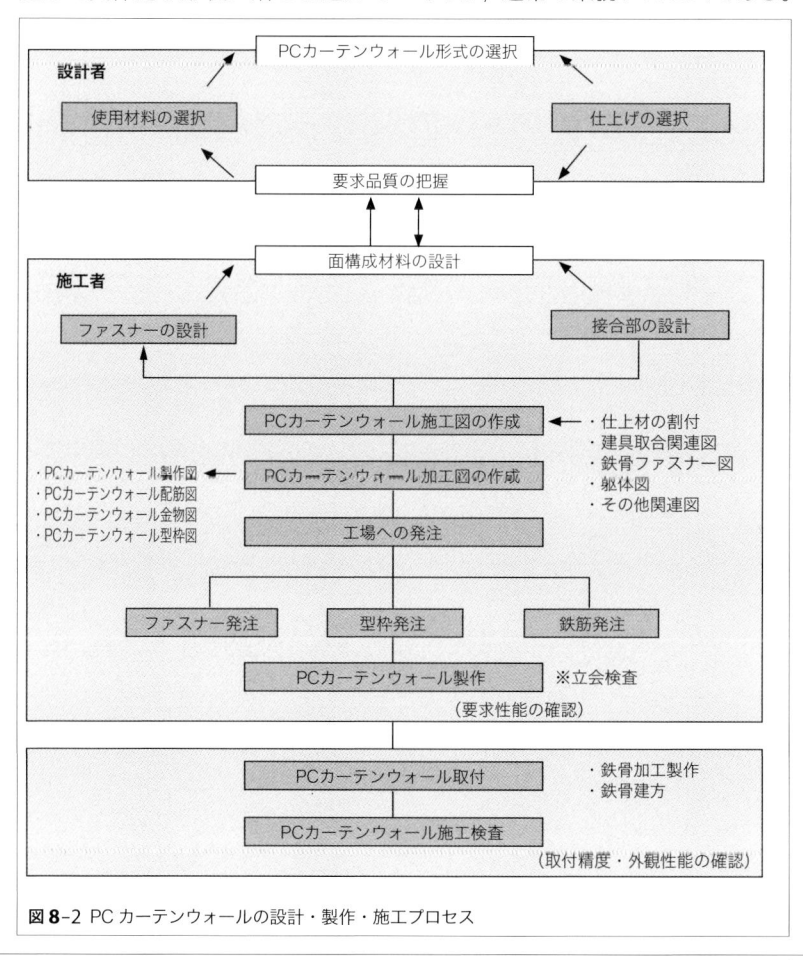

図8-2 PCカーテンウォールの設計・製作・施工プロセス

PCカーテンウォール工事の仕様

PCカーテンウォールの分類

PCカーテンウォールは,意匠面および構造面からさまざまな分類ができる。
①構成方式による分類
②表面仕上材による分類
③コンクリート材料による分類
④層間変位追従性能による分類

構成方式や表面仕上材の選定にあたっては,設計者の意向を反映して施工者が判断を行う。また,コンクリート材料の種別や層間変位追従性能などの性能面の確保は,施工者の決定が必要不可欠である。

PCカーテンウォールの方式の選択にあたっては,建築物全体の要求性能に対して,最も適正な方式を選別し組み合わせる。例えば,構成方式による分類では,パネル方式にするか,方立方式にするか。また,表面仕上材による分類では,塗装仕上げにするか,タイル仕上げにするか,石仕上げにするか,などである。

1）構成方式による分類

PCカーテンウォールの構成方式は,第7講メタルカーテンウォールの**図7**-2に示す。構成方式と同様で,大別すると次の3種類である。

①パネル方式

パネル方式は,代表的なPCカーテンウォールの構成方式の一つである。このうちパネル内に独立した窓があるパネルを,ポツ窓形式という。方立て方式が柱－梁方式で窓を構成するのに対し,パネル方式はサッシを打ち込むので止水性に富み,サッシ工事も不要となるため,現場作業が大幅に省力化される。また,腰壁の部分だけ（柱前も含む）がパネルで構成され,上下のパネル間にサッシを組み込み横連窓の表現とするPCカーテンウォールの構成方式をスパンドレル方式という。

②方立て方式

方立て方式は柱前面に柱を隠すように縦材を取り付けて構成する方式である。柱前だけをPCカーテンウォールで構成し,その他の部分はガラスカーテンウォールで構成する縦連窓方式が代表的である。それ以外にも,柱前の縦材および梁前の横材を,PCカーテンウォールで構成する場合もある。

なお方立て方式には,縦材を通す柱通し方式と,横材を通す梁通し方式

がある。

③柱・梁カバー方式

柱・梁カバー方式は方立て方式と基本的に考え方は同一であるが，特に壁面より窓面を内部に引き込み，陰影を表現するために，構造躯体の柱・梁を包み込むようにコの字形状のパネルで組み合わせた方式である。

2）表面仕上材による分類

PCカーテンウォールの表面には，さまざまな仕上材を施工することが可能である。代表的な仕上材には，タイル・本石・塗装がある。それら仕上材には，さまざまな仕上げのバリエーションがあるため，多様な表面をつくり出すことが可能である。**図8**-3に，種々の表面仕上材を示す。

3）コンクリート材料による分類

PCカーテンウォールはその名称のとおり，コンクリートを主材料にして，パネル化を図ったものである。PCカーテンウォールに使用されるコンクリートの種類によって，大別すると次の3つに分類できる。なお**図8**-4に，コンクリート材料による分類を示す。**表8**-1に，各種コンクリートと製造方法を示す。

①普通コンクリート

普通コンクリートは，一般的にコンクリートといわれるもので，セメント・砂利・砂・水を混練してつくるコンクリートである。普通という言葉を特に用いる場合は，一般的な建築分野では，普通ポルトランドセメントを使用したコンクリートをいうが，PCカーテンウォールの場合は，セメント

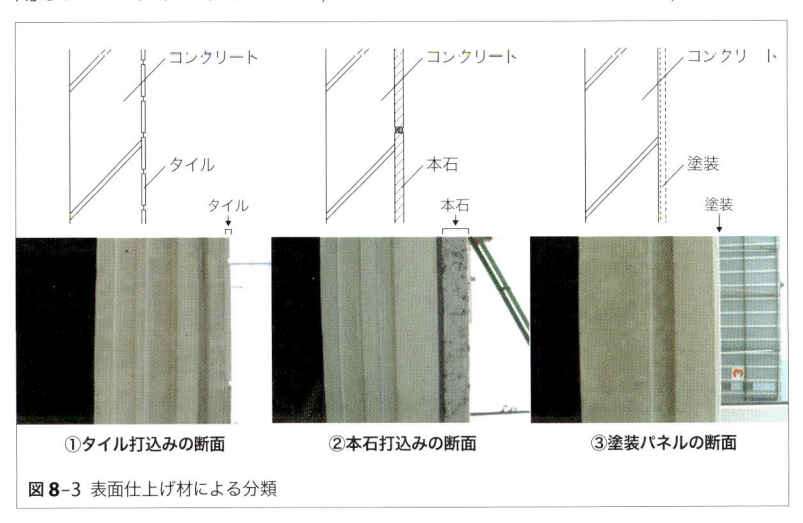

図8-3 表面仕上げ材による分類

の種類による分類ではなく，単に天然骨材を使用したコンクリートをいう。

単位容積質量は 2.4t/m³ で，設計基準強度は 30 〜 40N/mm² 程度で広く使用されている。

②軽量コンクリート

軽量コンクリートは，骨材に人工軽量骨材を用いたコンクリートである。

砂利のみに人工軽量骨材を使用するものを I 種といい，砂利・砂ともに使用するものを II 種という。それぞれの単位容積質量は，I 種が 1.9t/m³，II 種が 1.6t/m³ で，設計基準強度は 30N/mm² が一般的である。

③繊維補強コンクリート

繊維補強コンクリートは，土壁のすさ（わら）のように，コンクリートやモルタルに繊維を混入し，曲げ強度を高めたコンクリートをいう。それぞれ混練りする繊維によって，呼び方が変わる。

最も広く知られているのが，ガラス繊維を混練りした GRC である。そのほかにカーボン，ビニロン，アラミドなどの繊維が挙げられる。大きな特徴は，版厚を薄くすることにより軽量化が図れることである。また，モルタルに繊維を混入した場合は粗骨材が含まれていないので，複雑な型枠形状に馴染みやすいため，意匠性・造形性に富んだ表現が可能である。

層間変位追従性能による分類

層間変位追従性能による分類は詳しくは後述するが，PC カーテンウォールの取付方式による分類といってよい。**表**8-2 に，地震などで層間変位を受けたときの挙動を示す。

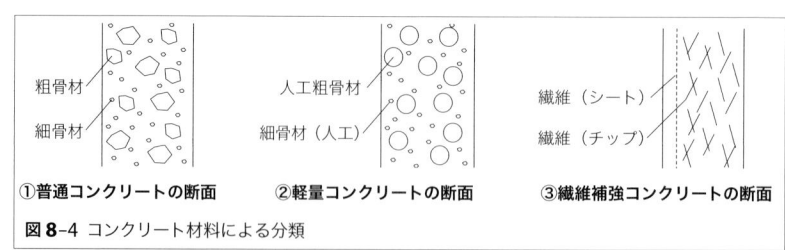

①普通コンクリートの断面：粗骨材，細骨材
②軽量コンクリートの断面：人工粗骨材，細骨材（人工）
③繊維補強コンクリートの断面：繊維（シート），繊維（チップ）

図 8-4　コンクリート材料による分類

主材料＼製造方法	全断面 PCa	ハーフ PCa	薄肉 PCa (リブ式)	薄肉 PCa (フレーム式)
普通コンクリート	◎	◎	○	ー
軽量コンクリート	◎	◎	○	ー
超軽量コンクリート	◎	ー	ー	ー
繊維補強コンクリート	ー	ー	◎	◎

◎……一般的　　○……製造条件により可能

表 8-1　各種コンクリートと製造方法

1) ロッキング方式

　主として縦長のパネルの場合は、層間の変位をパネルの回転に置き換えて吸収する手法を用いる。この方式をロッキング方式という。コーナー部の変位吸収が比較的容易で、大変形にも追従しやすい方法である。このため、入隅・出隅の多い建物や鉄骨造の高層建物に用いられるのが一般的である。また、同一壁面で形状の異なる部材が併用される場合は、ロッキング方式を採用しないと PC カーテンウォールの目地処理が困難になる。

2) スエイ方式

　スエイ方式は原則として横長のパネルに用いられる手法で、上部または下部のファスナーのどちらかにルーズホールなどを設けることでスライドさせることにより層間変位を吸収し、パネルを挙動させない方式である。比較的変位量が小さい場合に適用される。ただしこの方式では、コーナー部の目地幅に注意が必要である。

3) 固定方式

　固定方式は梁型パネルのように同一梁の上下フランジに取付けられる。直接層間変位を受けないような部材では、この方式を採用することが可能である。ただし、熱伸びなどの微少な挙動については、吸収できるように

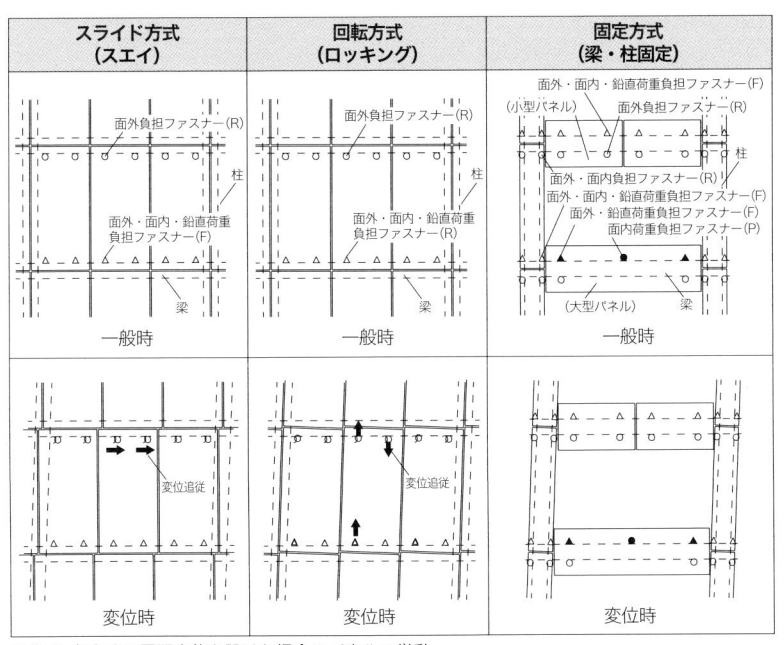

スライド方式 (スエイ)	回転方式 (ロッキング)	固定方式 (梁・柱固定)
一般時	一般時	一般時
変位時	変位時	変位時

表8-2 各方式で層間変位を設けた場合のパネルの挙動

しておく必要がある。この場合，層間変位の吸収については窓部に該当する他部材，横連窓の場合であればサッシ側が受け持つことになる。

4）そのほかの方式

そのほかの方式として，ハーフロッキングがある。これはスエイ方式とロッキング方式を組み合わせた方式で，頻繁に起こると思われる地震で小さな変位については（例えば層間変位5mm程度）スエイさせることで吸収し，残りの変位をロッキングさせることで吸収する方式である。スエイ方式と同様，コーナー部の目地処理に注意が必要である。

PCカーテンウォールの要求品質

PCカーテンウォールの方式を決定するには，設計図，特記仕様書に準拠することは当然である。さらに，関連法規を含む設計条件（要求性能）を満足する設計とする必要がある。

一般的に，PCカーテンウォールに要求される基本的な性能には次の3つがある。

①耐風圧性能
②耐震性能
③水密性能

このほかに，耐火性能，遮音性能，耐熱性能もある。

1）耐風圧性能

建築物に作用する風圧に対して，PCカーテンウォールが躯体上に支持され，PCカーテンウォールが破壊されないことや生じたひび割れが一定幅で制御されるように設計する。この時に要求される性能を，耐風圧性能という。風圧は建築物の建つ場所・高さによって大きく変化する。風圧は，当然建築物が高ければ高いほど大きい。また，PCカーテンウォール1枚当たりの面積やスパンドレルパネルのような場合には，風圧を負担すべきサッシの面積にも影響を受ける。

一般的に，PCカーテンウォールは鉄筋コンクリート構造の単純梁として検討される。風圧から導き出された荷重より，モーメントを算出し鉄筋量を求める。強度が高く鉄筋量が多くなり，鉄筋の間隔がコンクリートの充填に問題がでるほど小さくなるようであれば版厚を厚くするか，鉄筋径を大きくし，間隔をあけるなどの処理が必要である。

同時に，PCカーテンウォールでは微細なひび割れの発生については，

コンクリートの性状からある程度許容されている。その幅は無開口パネルでは 0.2mm 以下，開口パネルでは 0.1mm 以下に制御する必要があるため，ひび割れ幅のチェックを行う。ひび割れ幅を補足するためには，同一鉄筋量でも鉄筋径を細くし本数を増やすことで，できる限り鉄筋間隔を小さくし，その拘束面積を小さくすることが有効である。このためこれらを検討し，最適な鉄筋量・鉄筋径・間隔を求めることが重要となる。**図 8**-5 に，配筋設計のフローチャートと配筋例を示す。なお，パネルの厚さ・配筋量は，風荷重と地震荷重を比較して大きくなる方を採用する。

そのほか PC カーテンウォールのハンドリング時，建起し時，脱型時（コンクリートの弱材齢時）など，荷重のかかり方が異なる場合についてもチェックをする。特に厚さについては，埋込み金物のアンカー耐力，反りにも留意することが重要である。

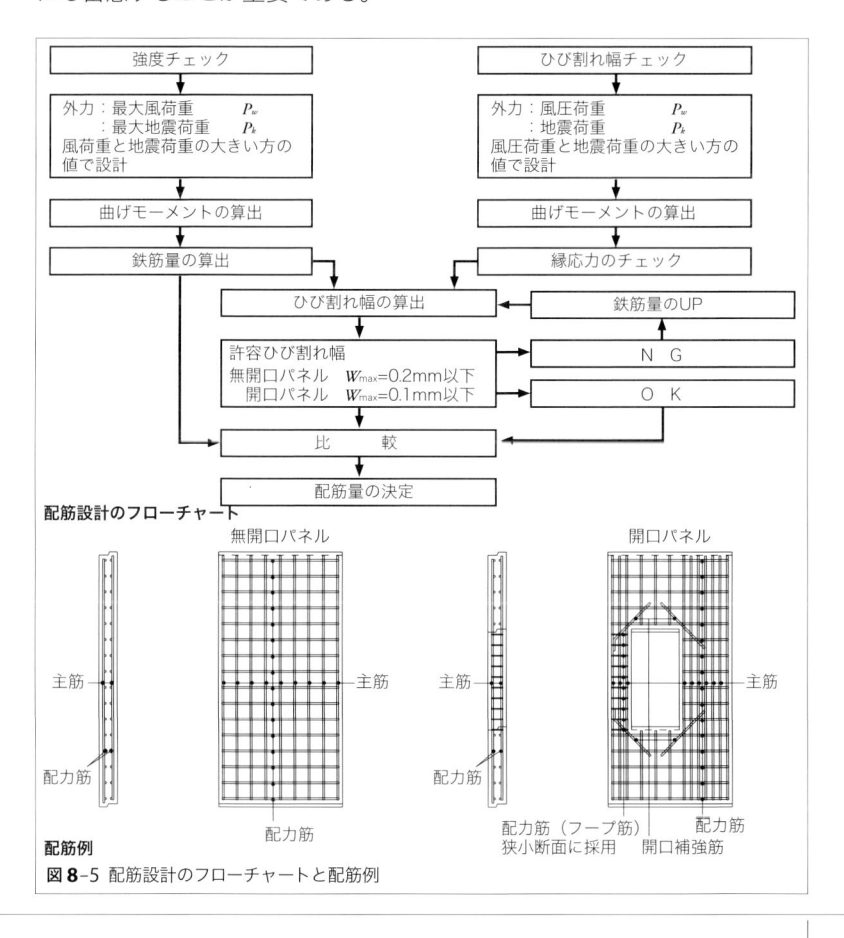

図 8-5 配筋設計のフローチャートと配筋例

2）耐震性能

①層間変位追従性能

層間変位追従性能は，建築物の層間変位角と階高よりその階高における変位量を求め，PCカーテンウォールの各支持点の変位量を算出し，ボルト径・施工誤差・製造誤差を加えた数値のルーズホールをファスナーに設けることにより確保する。**図8**-6に，ロッキング方式のルーズホールの設計例を示す。

各方式のルーズホールについては，**図8**-7に示すように変位追従方向に対し，計算で得られた変位量を十分許容する形状とする。

②PCファスナーによる荷重の躯体への伝達

耐震性能・耐風圧性能を確保するうえで重要なのは，PCカーテンウォールが受ける荷重を躯体にスムーズに伝達することであり，伝達するための部材をPCファスナーという。PCファスナーには，使用される部位によりさまざまな力（鉛直方向の力，面外方向の力，面内方向の力）が作用する。この3方向の力を，個々のPCファスナーに分担させて，躯体に伝達させる。

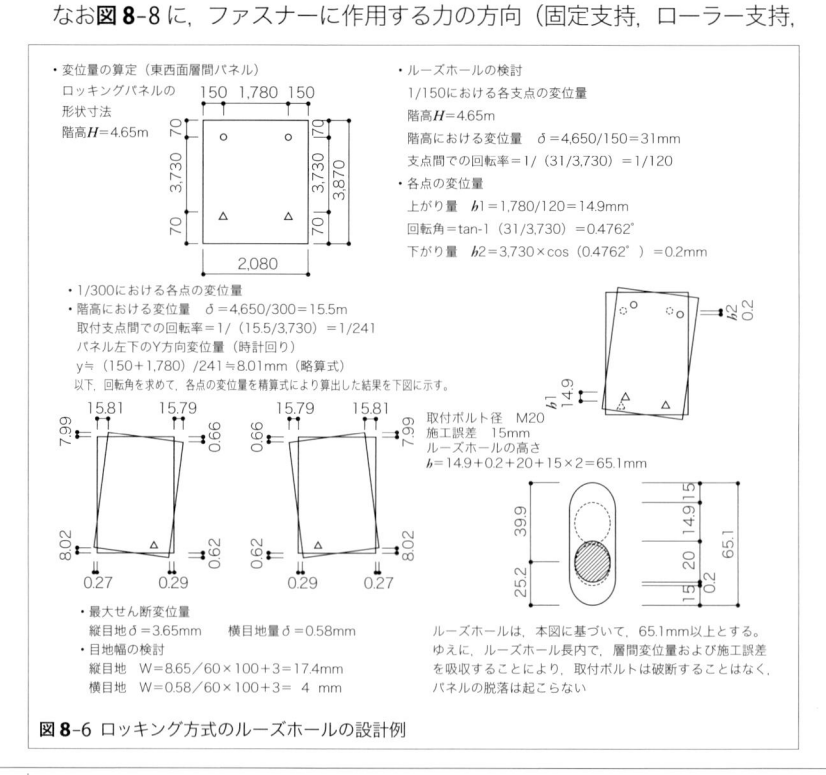

なお**図8**-8に，ファスナーに作用する力の方向（固定支持，ローラー支持，

- 変位量の算定（東西面層間パネル）
  ロッキングパネルの形状寸法
  階高 H=4.65m

- ルーズホールの検討
  1/150における各支点の変位量
  階高 H=4.65m
  階高における変位量 $δ$=4,650/150=31mm
  支点間での回転率=1/(31/3,730)=1/120

- 各点の変位量
  上がり量 h_1=1,780/120=14.9mm
  回転角=$\tan^{-1}$(31/3,730)=0.4762°
  下がり量 h_2=3,730×cos(0.4762°)=0.2mm

- 1/300における各点の変位量
  階高における変位量 $δ$=4,650/300=15.5m
  取付支点間での回転率=1/(15.5/3,730)=1/241
  パネル左下のY方向変位量（時計回り）
  y=(150+1,780)/241≒8.01mm（略算式）
  以下，回転角を求めて，各点の変位量を精算式により算出した結果を下図に示す。

取付ボルト径 M20
施工誤差 15mm
ルーズホールの高さ
h=14.9+0.2+20+15×2=65.1mm

- 最大せん断変位量
  縦目地 $δ$=3.65mm　横目地量 $δ$=0.58mm
- 目地幅の検討
  縦目地　W=8.65/60×100+3=17.4mm
  横目地　W=0.58/60×100+3= 4 mm

ルーズホールは，本図に基づいて，65.1mm以上とする。ゆえに，ルーズホール長内に，層間変位量および施工誤差を吸収することにより，取付ボルトは破断することはなく，パネルの脱落は起こらない

図8-6 ロッキング方式のルーズホールの設計例

方式	モデル図	特徴
スライド方式 （スエイ）	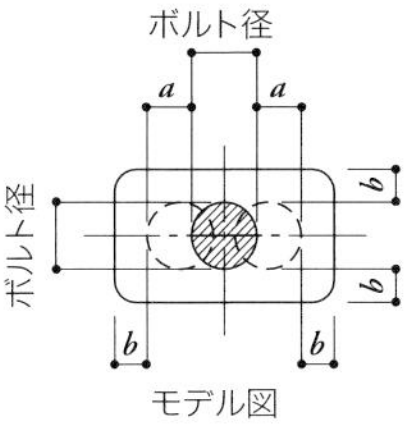 ボルト径、ボルト径、a, a, b, b	【特徴】 ・反力は面外荷重のみ支持し，面内・鉛直荷重は支持しない ・ルーズホールのサイズ決定は，層間変位による変位量および施工誤差の調整しろを考慮した寸法の設計を行う必要がある ボルト径：取付ボルトの外径寸法 a＝層間変位による変位量 b＝施工誤差調整しろ
回転方式 （ロッキング）	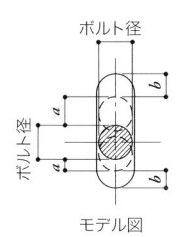 ボルト径、ボルト径、a, b	【特徴】 ・反力は面外・面内荷重を支持し，鉛直荷重は支持しない ・ルーズホールのサイズ決定は，層間変位によるボルトの浮き上がり量および施工誤差の調整しろを考慮した寸法の設計を行う必要がある ボルト径：取付ボルトの外径寸法 a＝層間変位による変位量 b＝施工誤差調整しろ
複合方式 （ハーフロッキング）	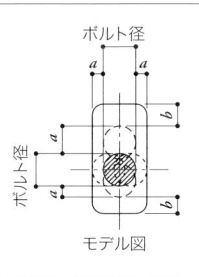 ボルト径、ボルト径、a, a, b, b	【特徴】 ・スライド方式と回転方式の機構を複合させ変位に追従させる ・2つの方式を組み合わせることにより，ルーズホールとファスナーとのサイズバランスを保つことができる ・水平方向の施工精度は機構上，シビアな管理が必要となる ボルト径：取付ボルトの外径寸法 a＝層間変位による変位量 b＝施工誤差調整しろ

図 8-7 各方式のルーズホールの形状

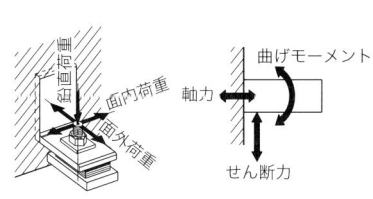

・ファスナーが固定された状態で支持されている
・ファスナーには曲げモーメント，せん断力，軸力の3つの支持反力が生じる

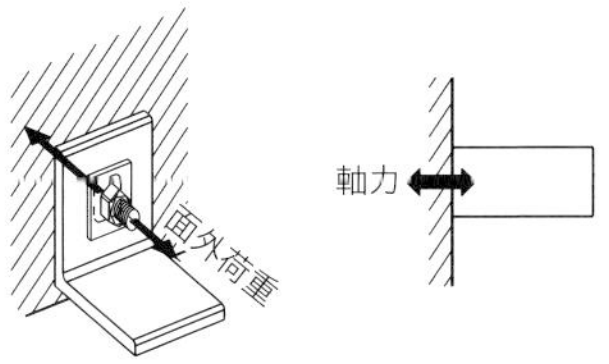

・ファスナーがローラー状態で支持されている
・支持面に直角方向のみ反力が生じ，直角方向以外は自由に移動し回転できる

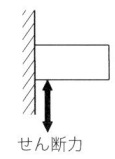

・ファスナーがピン接合で支持されている

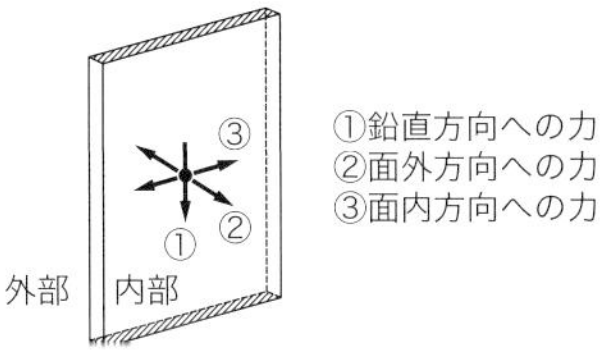

①鉛直方向への力
②面外方向への力
③面内方向への力

図 8-8 ファスナーに作用する力の方向

ピン支持）を示す。また，**図 8**-9 に，ファスナーの躯体への設置方法を示す。

3）水密性能

　水密性能を決定するものは，PC カーテンウォールどうしの目地である。その他，PC カーテンウォールとメタルカーテンウォール系の他材間の目地においても，十分検討することが重要である。

　一般的に，PC カーテンウォールの目地は，大別すると 2 つある。**図 8**-10 に，PC カーテンウォールの目地を示す。

①クローズドジョイント（ウェットシールによる非等圧目地）

　クローズドジョイントは，一次側（外部側）で不定型シーリング材を用い完全に密閉する。万一，一次シーリングが切れ，目地内部に水が進入した場合でも，二次側（内部側）に定型シーリング材（ガスケット）を設置しておき，室内への水の浸入を防ぐ方法である。

　一次側のシーリング材には，変成シリコーンを用いることが一般的であ

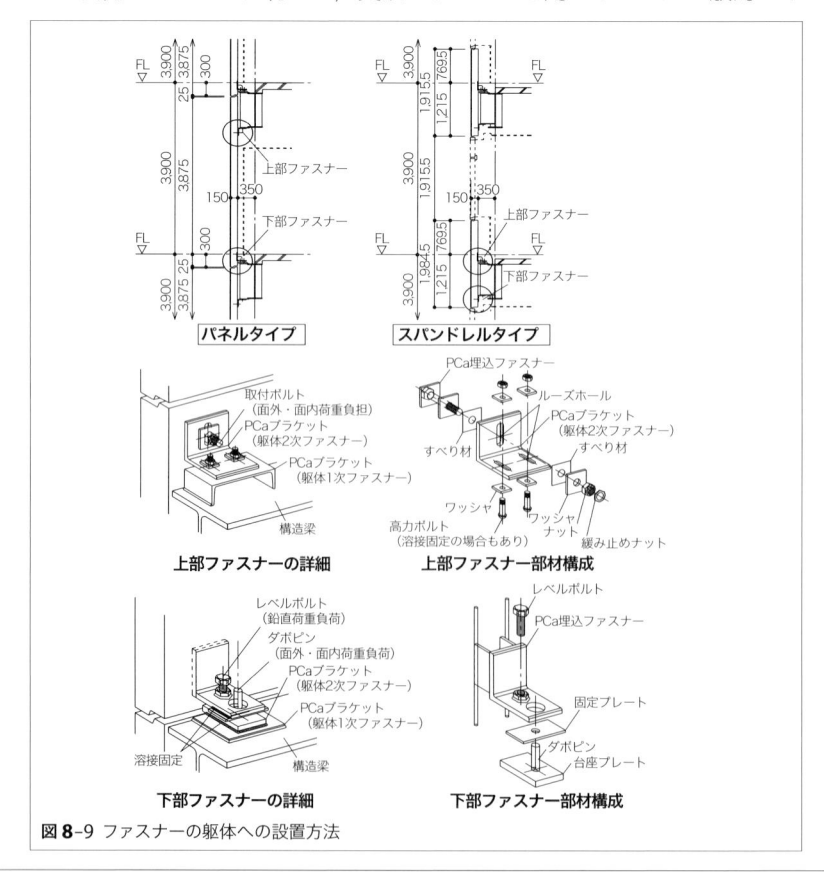

図 8-9　ファスナーの躯体への設置方法

る。これは，シリコンに比べ汚染が少なく，ポリサルファイドに比べ変形追従性がよいことから，PC カーテンウォールの目地のようなムーブメントジョイント（可動目地）に適しているからである。この場合 PC カーテンウォール工事完了後に，足場・ゴンドラなどを設置し，一次側のシーリング工事を行う必要があるので，比較的低層ビルの施工に適している。

②オープンジョイント（ドライシールによる等圧目地）

　一次側の定型シーリング材から浸入した水は，二次側の定形シーリング材の隙間によって生じた圧力差によって，目地内部で室内側に移動する。この圧力差をなくし，等圧にすることにより，目地内部に浸入した水はそれ以上移動せずに目地内部で留まることを利用して，屋内へ浸入を防ぐ方法をオープンジョイントという。

　圧力差を一定にするために，一次側のシーリング材に定型シーリング材（レインバリアガスケット）を使用し，二次側のシーリング材にも定型シーリング材（ウインドバリアガスケット）を使用する。レインバリアには，ウインドバリアの施工で予測される隙間（漏気量）に応じ，開口（等圧開口）を設けて，圧力差を生じさせない（等圧）ようにする。なお，等圧にするためには目地を一定区間で仕切る（等圧区画）必要がある。また，目地内部に水が存在することを許容するため，パネル小口部分のコンクリート表面には撥水処理を行っておく必要がある。一次，二次側のシーリング材には，定型シーリング材を使用しているため，PC カーテンウォールに取付けと同時に施工が完了するので，高層ビルなどの無足場工法に適している。

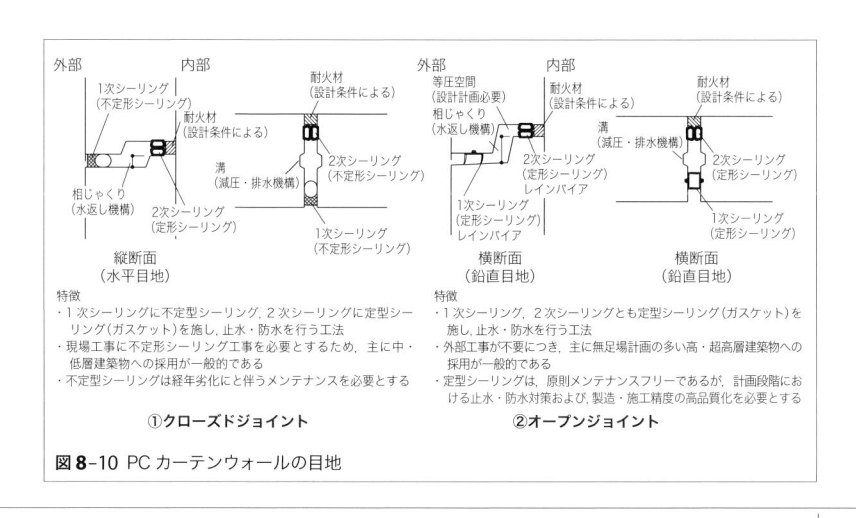

①クローズドジョイント

特徴
・1 次シーリングに不定形シーリング，2 次シーリングに定型シーリング（ガスケット）を施し，止水・防水を行う工法
・現場工事に不定形シーリング工事を必要とするため，主に中・低層建築物への採用が一般的である
・不定形シーリングは経年劣化にとも伴うメンテナンスを必要とする

②オープンジョイント

特徴
・1 次シーリング，2 次シーリングとも定型シーリング（ガスケット）を施し，止水・防水を行う工法
・外部工事が不要につき，主に無足場計画の多い高・超高層建築物への採用が一般的である
・定型シーリングは，原則メンテナンスフリーであるが，計画段階における止水・防水対策および，製造・施工精度の高品質化を必要とする

図 8-10　PC カーテンウォールの目地

PCカーテンウォールの製作

製作図

　　設計監理者により種々の条件，取合いを満たした施工図が承諾を受けた段階で，各パネルの製作図（製品図）を作図し，製作・型枠・金物・鉄筋などの材料を発注する。

　　製作工場では，この製品図が重要であり，製作する情報をすべて網羅する。そのほかには，仕上材（タイルシート割図・本石敷並べ図）関連図面・配筋図がある。**図 8**-11 にタイル打込みパネルの例を，**図 8**-12 に本石打込みパネルの例を示す。

製作要領書および製造のフローチャート

　　また，PC カーテンウォールの製作に先立ち，製作図を作図する。PC カーテンウォールの製作にあたっては，現場工程（納入・取付）を遵守するとともに，製作のしやすさなどを考慮して，PC カーテンウォール工事工程

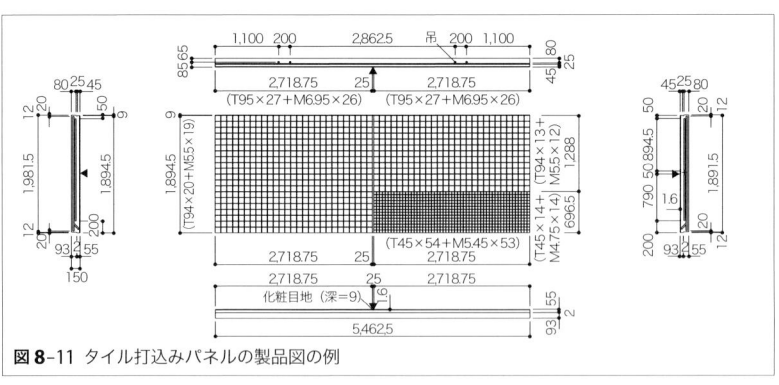

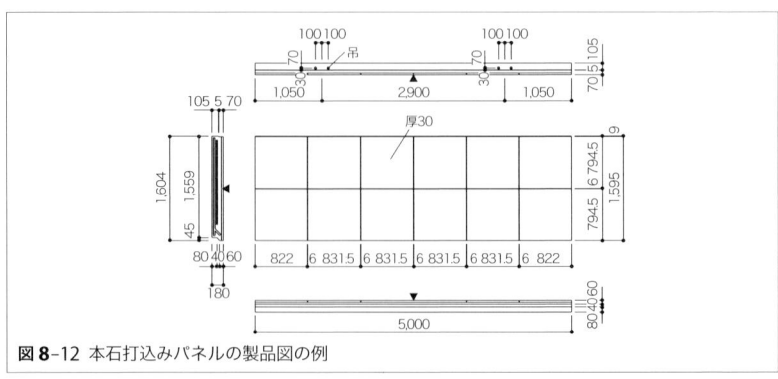

図 8-11 タイル打込みパネルの製品図の例

図 8-12 本石打込みパネルの製品図の例

表を作成する。この工程表に基づいて、型枠台数を決定し、PCカーテンウォール製作工程を作成する。

さらに製作する方法、材料・許容値などを記載した製作要領書も作成する。なお、施工者が行う製作要領書のチェックポイントは、次のとおりである。

① 適用図書（発注者・設計者により特別な図書がある場合は注意を要する）については、複数ある場合、優先順位などの確認を行う。

② 工場概要については、管理組織、責任者、主要設備、ストックヤードの広さなどを確認。

③ 使用材料では、適切な材料が使用されているかを確認する。そのときにメーカー名を確認し、検査表・成績表を必ず提出させておく。

④ 製造要領では、フローチャートによる製作・工程検査の確認のほか、仕上材の敷き並べ方法が適切かどうかを確認する。そのほかに、配筋（方法・管理基準の確認）、コンクリートの調合は、調合計算にてフレッシュ性状・強度、単位、水量を確認しておく。養生方法では特に、一次養生（加熱養生・高温常圧養生）については温度管理を提出させ、確認する。二次養生については、PCカーテンウォールをストックする場合の支持位置、方法を図示にて確認する。**図**8-13にPCカーテンウォールの製作フローチャート、**写真**8-1に各段階の製造工程を示す。

⑤ 検査では、各段階の検査・項目方法を確認する。

PCカーテンウォールの製造段階での検査

1）材料試験

セメント・骨材・混練水・混和剤・鉄筋の材料試験は、主に原材料メーカーによる試験成績表にて確認を行うが、天然骨材については、PCカーテンウォールの製造メーカーの自主検査で確認をする項目があることに注意する。また、試験成績表については、日付が適切かを注意する。

2）支給材受入検査

支給材の寸法精度などは、支給材納入メーカーの責任範囲において自主検査される。したがって、PCカーテンウォールの製造メーカーは、受入検査を原則として行わない。発注先の技術レベルの確認が重要である。

石、タイルなどの表面仕上材は、敷き並べたときに寸法の誤りが確認できる。したがって、仕上材の寸法精度の許容値を超えたものが、PC製品として出荷されることはほとんどない。

ただし，支給材納入メーカーの許容値がPCカーテンウォールの品質を確保できない場合もあるので，PCカーテンウォール製造メーカー側の許容値を明確にする必要がある。これらの事由により，PCカーテンウォールメーカーが行う受入検査は，主として納入数量のチェックを行うこととなる。

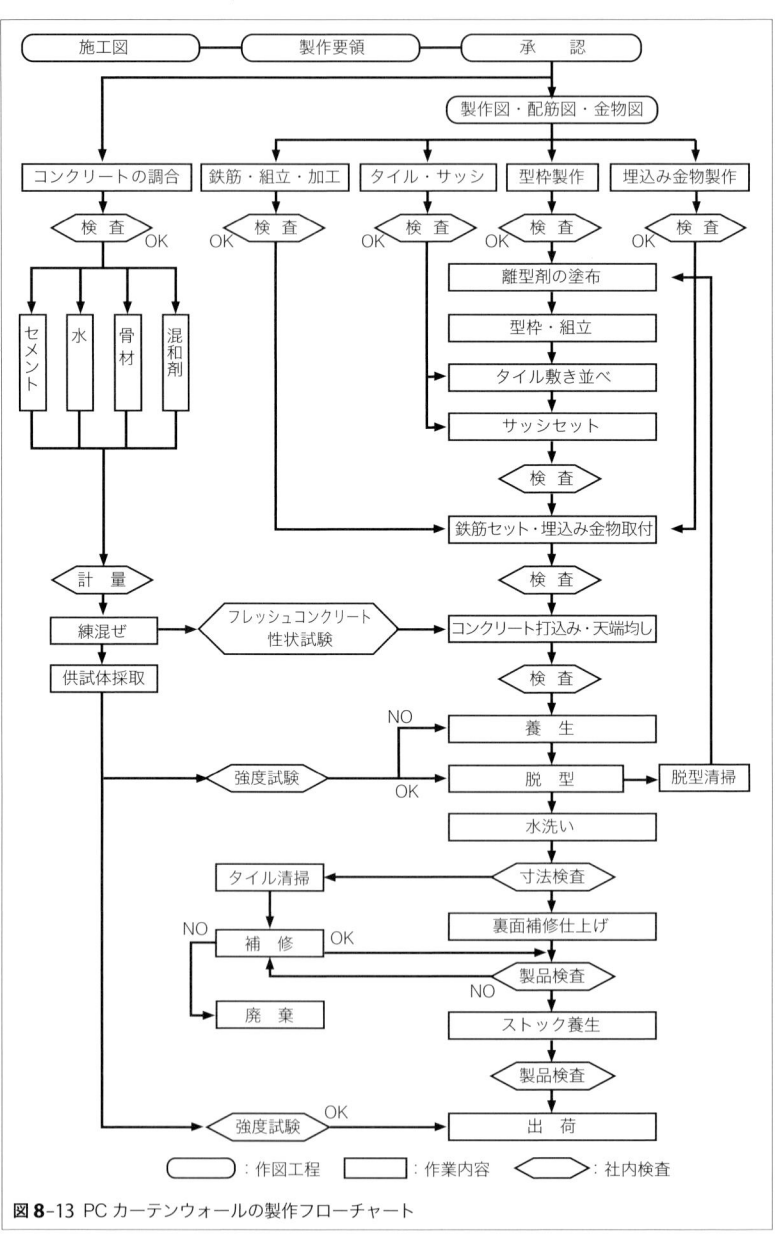

図8-13　PCカーテンウォールの製作フローチャート

3) コンクリートの管理試験

原則として,現場打ちコンクリートの管理と相異はない。ただし,PC製品は翌日に脱型し,材齢28日を待たずに出荷するケースもあるため,脱型強度および製品保証材齢(7日か14日)強度の圧縮試験を行う必要がある。

また,試験体の養生方法は,水中・気中・現場同一の方法があるため,監理者と協議して決定する。**表8**-3に,コンクリートの管理試験の条件を示す。

4) 寸法検査

①タイル敷並べ　　　　　　　　②鉄筋組込み

③ファスナー金物回り補強　　　④コンクリート打設

⑤コンクリート締め固め　　　　⑥脱型

⑦タイル水洗い　　　　　　　　⑧吊り上げ検査

写真8-1　タイル打込みの場合のPCカーテンウォール製造工程

①型枠寸法検査

　型枠受入時，型枠切換時，同一型枠使用回数が100回以上の時，それぞれに**表8-4**に示す基準と合致するか検査を行う。一般に型枠寸法基準は，製品寸法基準より厳しい値とする。

②型枠組込検査（中間検査）

　コンクリート打設直前に，**表8-5**および**表8-6**に基づいて，辺長，金物位置，配筋をチェックする。

③製品検査

　製品検査では，前述した同一項目について，打設終了後に再度検査を行う。反りやねじれについては，ストック時に発生することが多いので，出荷時に再度チェックする必要がある。

5）出荷検査

　出荷検査では，表面の汚れがないか，周囲のガスケットがきちんと貼り付けされているかを確認する。確認項目は少ないが，最終チェックであるため，見落とし箇所がないように実施する。

試験場所	試験体の採取	養生方法	材齢	供試体の数	試験方法
工場試験室	JIS A 1132による	部材と同一の養生条件	脱型時	各材齢につき3個	JIS A 1108による
		部材と同一の養生条件	7日or14日		
		部材と同一の養生条件	28日		

表8-3 コンクリートの管理試験条件

辺　長	±1.5mm	ねじれ・反り	2mm
板　厚	0 + 2mm	開口部寸法	1mm
対角線長差	3mm	面の凹凸	2mm
曲がり	2mm	取付用埋込み金物の位置	±3mm

表8-4 型枠寸法許容差（JASS 14カーテンウォール工事にもとづくメーカー基準値の一例）

測定箇所	許容差	測定箇所	許容差
辺　長	±3mm	ねじれ・反り	5mm
部材厚さ	±2mm	開口部寸法	±2mm
対角線長差	5mm	面の凹凸	3mm

表8-5 型枠組込み寸法許容差（JASS 14カーテンウォール工事にもとづくメーカー基準値の一例）

鉄筋径・本数・長さ	不足しているもの
鉄筋の間隔	図面間隔以下
鉄筋のかぶり	設計値　30mm以上 有効な仕上げ（シールなど）がある場合　20mm以下
固定	不十分で打設時に乱れるおそれのあるもの

表8-6 配筋検査（JASS 14カーテンウォール工事にもとづくメーカー基準値の一例）

PCカーテンウォールの施工

施工計画

1）現場サイドでの検討事項

PCカーテンウォールに関する現場サイドでの検討事項は，次のとおりである。

① 鉄骨建方・本締状況
② PCカーテンウォール取付け時の外部仮設（コラムステージ・連層吊足場など）状況
③ 荷取ヤードを含む，搬入動線の状況
④ コンクリート打設状況（床コンクリートが先打か後打かの確認）
⑤ 墨出しなどの事前段取りの状況
⑥ 吊り上げに使用するクレーンの種類および使用状況

2）メーカーサイドの検討事項

PCカーテンウォールに関するPCカーテンウォール製造メーカーの検討事項は，次のとおりである。

① 製作状況
② 荷姿
③ 取付寸法・搬入車輌台数による，一日の施工枚数の算出

3）施工工程の立案

前述の状況に応じて，施工工程を立案する。一般的に高層建築物では，各階ごとに施工していく積層（フロア上り）施工を原則とする。また，中低層においても積層施工を原則とする。ただし，狭小現場で十分な荷取ヤードが確保できず，かつタワークレーンの設置ができないような現場では，移動式クレーン（ラフター・オールテレーン・クローラの各種クレーン）を使用することもある。固定式のクレーンを一箇所に設置しただけでは，建築物越しに施工状況が発生し，クレーン能力が必要以上に大きくなる傾向となり不経済になるので，その場合は各面にクレーンを設置し，積層ではなくスパンごとに縦に取り付ける縦上がりとすることもある。

なお，施工者はPCカーテンウォール製造メーカーに対して，施工図（平面・立面）に下層階（特殊階）および基準階の施工順序などを記入させたものをあらかじめ提出させておく。

施工計画書

　PCカーテンウォールの施工に先立ち，施工図および製作要領書に準拠した，施工計画書を作成する。**図8**-14に，総合仮設計画面を示す。

　施工者が行う施工計画書のチェックポイントは，次のとおりである。

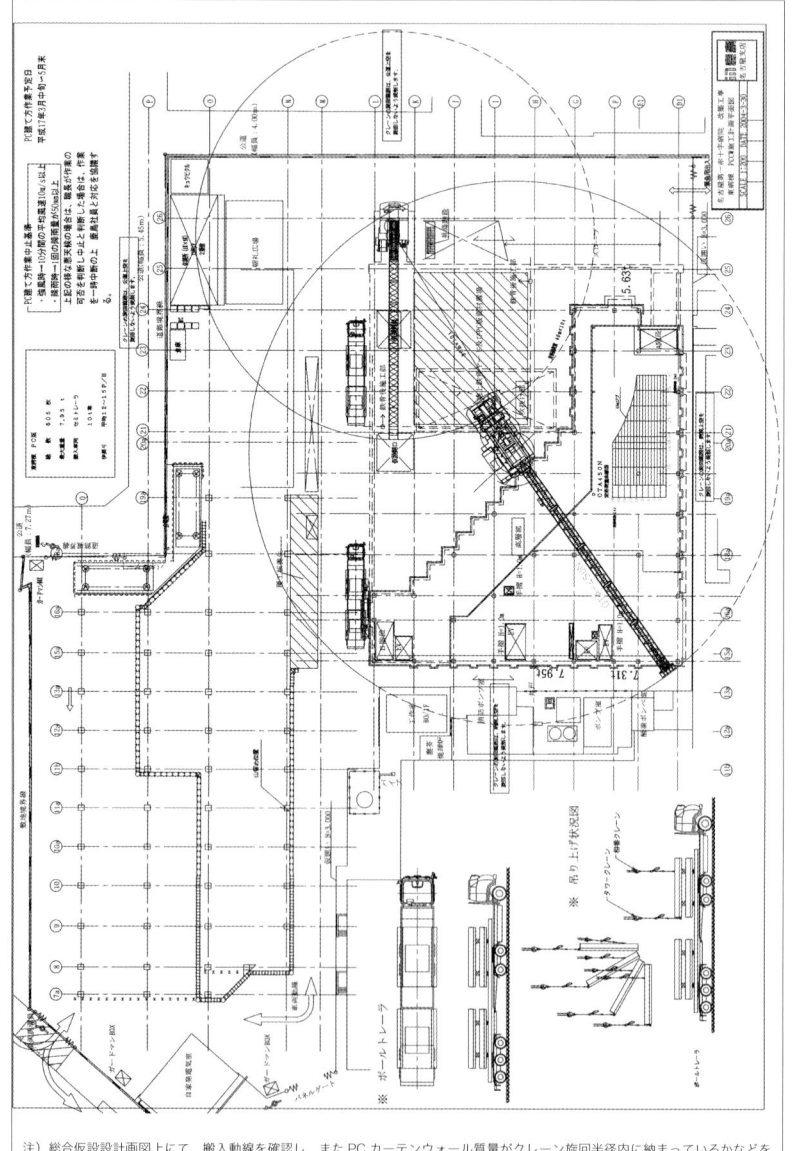

注）総合仮設計画図上にて，搬入動線を確認し，またPCカーテンウォール質量がクレーン旋回半径内に納まっているかなどを確認する

図8-14　総合仮設計画図でのPCカーテンウォールの取付け検討の例

①適用図書

　施工計画書についても，製作要領書と同様に，準拠図書の優先順位を確認する

② PC カーテンウォールのリスト表の確認（パネル重量が記載されたもの）

③輸送計画
- 荷姿の確認
- 使用車輌の確認（現場への進入が可能か）
- 輸送経路の確認

④搬入計画の立案
- 搬入動線の確認
- PC カーテンウォールの仮置きが可能か，必要か，の確認
- 荷卸し・仮置き状況の確認

⑤準備作業
- PC カーテンウォール施工フローチャートの確認
- 施工分担の確認（施工者および PC カーテンウォールメーカーの施工範囲を明確にしておく）
- 必要機器の確認（ワイヤーの長さや太さには特に注意する）

⑥事前作業
- 墨出し方法の確認
- 搬入動線などの確認
- 安全施設

　足場の有無および必要な場合の採用形式（ここで足場は原則として内部足場のことを指す）として，ローリングタワー・立馬・高所作業車・吊足場・単管足場などから選択する。
- 垂直ネット，手摺および仮設幅木の撤去の必要性の有無，および撤去した際の復旧方法の確認
- 親綱の種類および位置

⑦取付け
- PC カーテンウォール施工フローチャートで取付け，工事の流れを確認する。
- 吊上方法は適切か（PC カーテンウォールを破損せず，安全かつ能率的に吊り上げられる方法としているかを確認する）
- PC カーテンウォールの取付け作業状況は適切か（不完全な作業姿勢にならないか。安全設備は適切に配備されているかを確認する）

・PCカーテンウォールのファスナーの固定方法，溶接・ボルト締付要領は適切か

⑧検査
・検査項目に不足はないか。また，許容値は明確になっているか。検査方法は適切かを確認する。
・検査表び記載項目はすべて，記入できる状態になっているかを確認する。

⑨安全管理
・提出書類の確認
・現場ルールの周知

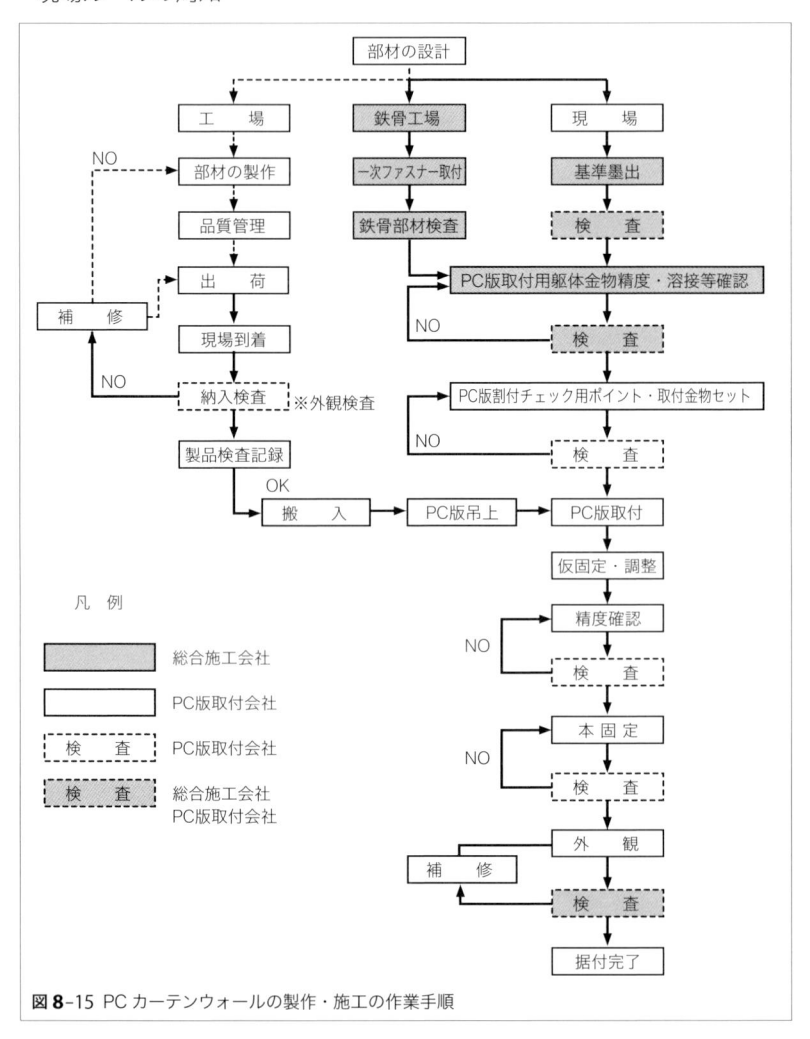

図8-15 PCカーテンウォールの製作・施工の作業手順

PC カーテンウォールの施工手順

図 8-15 に，PC カーテンウォールの実際の作業手順を示す。

また，図 8-16 に建起こしと吊上げ・取付け作業の例を，写真 8-2 に取付け作業工程の例を示す。

①荷降ろし状況 　　②吊治具のセット

③建起し状況　　④PC カーテンウォール取組み状況

⑤微調整 　　⑥溶接固定

⑦ファスナー部 　　⑧荷重受部

写真 8-2　PC カーテンウォールの取付け作業工程の例

第 8 講　PC カーテンウォール工事　251

施工管理・検査

PCカーテンウォール工事の施工管理・検査項目で最も重要なものは，精度管理である。**表 8**-7 に，その管理項目を示す。

特に重要な一次ファスナー位置の許容図では，躯体の施工誤差などの誤差を完全に吸収できるように検討する。なお一次ファスナー側のルーズホールの設定にも限界があるので，躯体の寸法許容の限界値もあることを認識しておく。

なお**図 8**-17 に，ファスナー位置の許容図の例を示す。

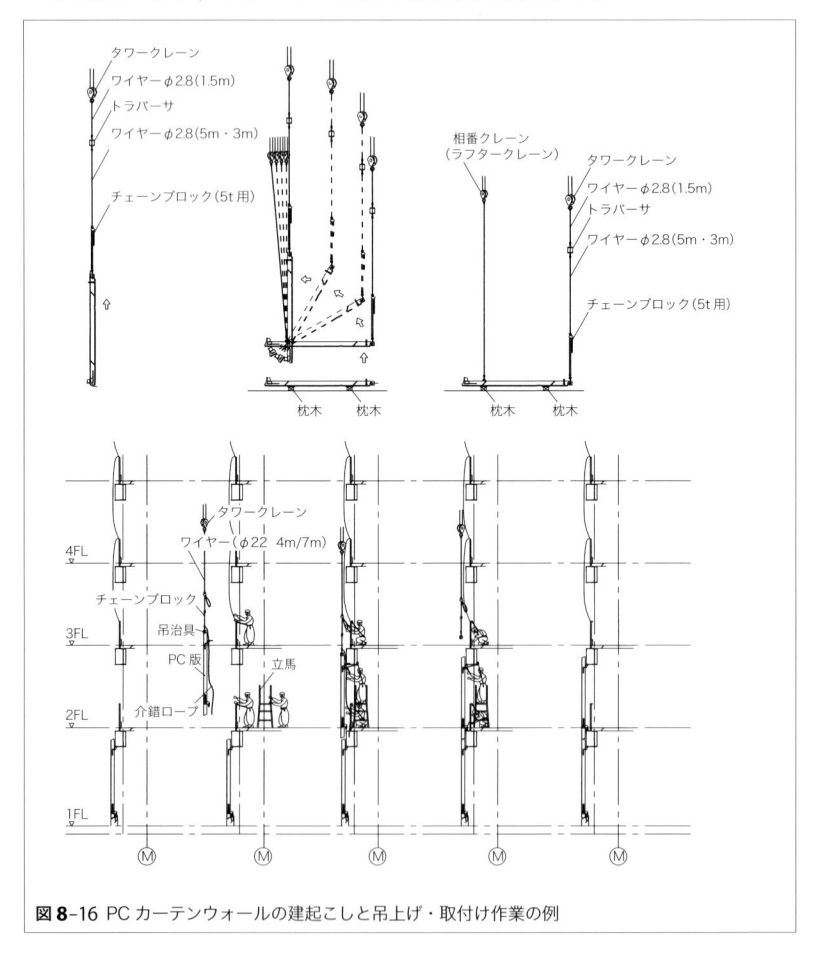

図 8-16 PCカーテンウォールの建起こしと吊上げ・取付け作業の例

最終検査・引渡し

各工程の検査は，PC カーテンウォールメーカーが主体として行う。最終段階では，設計監理者および施工者が，外観検査を中心に実施する場合

	検査項目	品質特性	基準値	許容範囲	検査方法	品質記録	備 考
納入時	製品の汚れ	外観	著しい汚れのないこと		目視	検査表・チェック	製作要領書
	製品の欠け・傷	外観	角欠け基準による		目視	検査表・チェック	製作要領書
	ガスケット	水密性能	破損・剥がれのないこと		目視	検査表・チェック	製作要領書
段取り	墨出し・目地割	取付精度・層間変位性能	基準墨		実測	チェック	
	レベルチェック	取付精度・層間変位性能	基準墨		実測	チェック	
	台座金物仮付	層間変位・耐震・耐風性能	基準墨	±3mm	実測	チェック	
	ファスナー仮付	層間変位・耐震・耐風性能	基準墨	±3mm	実測	チェック	
台座金物の溶接	脚長・のど厚	耐震・耐風性能	脚長6mm	基準値以上	目視	検査表・チェック	
	溶接長	耐震・耐風性能		基準値以上	目視	検査表・チェック	
固定金物の溶接	脚長・のど厚	耐震・耐風性能	脚長6mm	基準値以上	目視	検査表・チェック	
	溶接長	耐震・耐風性能		基準値以上	目視	検査表・チェック	
BNTT	鉄骨側取付ボルト	耐震・耐風性能	締付け状態		目視	検査表・チェック	
	PC側取付ナット	層間変位・耐震・耐風性能	回り止め・締付け状態		目視	検査表・チェック	
パネル調整	目地幅	取付精度・層間変位性能	基準墨	±3mm	実測	検査表・チェック	
	出入り	取付精度・層間変位性能	基準墨	±3mm	実測	検査表・チェック	
	レベル	取付精度・層間変位性能	基準墨	±3mm	実測	検査表・チェック	
	寄り	取付精度・層間変位性能	基準墨	±3mm	実測	検査表・チェック	
	傾き	取付精度・層間変位性能	基準墨	±3mm	実測	検査表・チェック	
	倒れ	取付精度・層間変位性能	基準墨	±3mm	実測	検査表・チェック	
取付完了	製品の汚れ	外観	著しい汚れのないこと		目視	検査表・チェック	製作要領書
	製品の欠け・傷	外観	角欠け基準による		目視	検査表・チェック	製作要領書
	ガスケット	水密性能	破損・空きのないこと		目視	検査表・チェック	製作要領書

表 8-7 検査項目および精度管理に必要な許容差一覧

が多い。また，ファスナー部の精度管理については，工程内でそれぞれの管理検査を確実に終了させておかないと，後工程の内装工事の進捗などにより隠れてしまい，検査が不可能となることもあるので注意する。

　また，シーリング部分の不良が生じるケースもあるので，PC カーテンウォール工事と取合う他工種を含めたかたちで最終検査を行うことが大切である。そして，すべての検査に合格した後，はじめて引渡しを行う。

アフターケア

　PC カーテンウォールの場合，竣工後に発生する不具合の多くは漏水である。これは，他工種とも関係するので，特定原因を見分けるのが非常に困難である。

　また表面仕上げが塗装の場合は，PC カーテンウォールの変形に伴い，塗料に追従機能がない場合は塗膜にひび割れが発生する場合がある。この場合，PC カーテンウォールそのもののクラック幅も調査する必要がある。調査の結果，塗膜が切れたのではなく PC カーテンウォールの母材（コンクリート）のクラックで，クラック幅 0.2mm 以上の場合は漏水につながることもあるので，板そのものの補修を行うのが通常である。

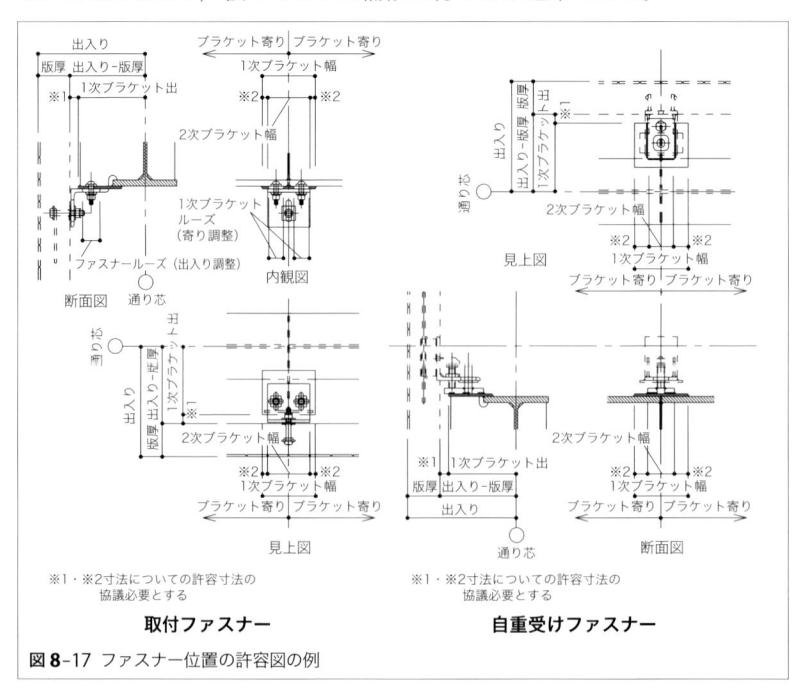

図 8-17 ファスナー位置の許容図の例

PCカーテンウォールの新しい潮流

　PCカーテンウォールの主材料であるコンクリートは，成熟し完成された材料と思われている。けれども現実的には，使用するコンクリートのフレッシュ性状・強度のみに着眼し，単位水量の少ないスランプの小さい一般的によいとされるコンクリートを，型枠に流し込んでいるのが現状である。しかし，複雑な形状部分では，コンクリートの充填性が悪いため，かえって，十分に締め固められたよいコンクリートを打設することが困難となっている。そこで，高充填性コンクリートなどの取組みが今後は必要となる。　メタルカーテンウォールは，一つのシステムとしてメーカーで完結できる。それに対して，PCカーテンウォールはタイルや石および塗装の各工事会社との連携が不可欠である。PCカーテンウォールの良否の評価は一構成要素である仕上材の評価のみに偏ることなく，今後はPCカーテンウォール全体のシステムとしての発展を，他工種とともに進展させていくことが大切である。

　ここでは，新しい潮流の超軽量コンクリートを使用したPCカーテンウォールと，電波吸収PCカーテンウォールについて詳述する。

超軽量PCカーテンウォール

　地震への不安から，建築物の耐震化・軽量化が求められ，PCカーテンウォールの軽量化への要求が強まっている。

　PCカーテンウォールの軽量化には，次の2つの方法がある。

①コンクリート単位容積質量の軽減

　単位容積質量の軽減では，骨材の軽量化・マトリックスへの空気の混入が必要となる。

　骨材の軽量化については，従来の人工軽量骨材がさらに軽量化された人工（超軽量）軽量骨材をはじめとし，ガラス発泡体・セラミック系軽量骨材などがある。

　これらの骨材を使用した単位容積質量1.4t/m^3（F_c=30N/mm^2）程度のコンクリートが，超軽量コンクリートである。ただし，いずれの骨材も需要が少ないため，天然骨材や人工軽量骨材に比べコストが非常に高い。

　もう1つの方法であるマトリックスへの空気の混入については，混和剤として一般的に使用されるAE剤による連行空気や，ALCのような発泡空

気ではなく，プレフォーム（泡状）された空気を混入するものである。

これによって，二次的に断熱効果が高まるという利点がある。

超軽量化されたコンクリートを使用したPCカーテンウォールを採用した場合，次のことに留意する必要がある。

・非耐力壁耐火認定品（個別耐火）であるか（柱・梁複合耐火の場合は，要求される耐火性能を有しているか）
・軽量骨材を使用している場合，骨材がプレウェッティングされ，水分が過剰となっていないか。水分が過剰だと，塗装仕上げの場合は，水分が蒸発する際に塗膜を押し上げてしまったり，寒冷地では凍結融解を招くおそれがある。

②繊維補強コンクリートを使用し単位面積質量の軽減

PCカーテンウォールの材料種別でも述べたように，コンクリートに繊維を混入し，曲げ強度を高め，PCカーテンウォール厚さを薄くすることによって軽量化を図る手法がある。

これには，全体の面版を薄くし，PCカーテンウォール四周および十字にリブ補強（厚さを厚くし補強）をするリブ工法と，同様に，面版を薄くし，リブの代わりに，鋼製のフレームで補強をするスティールフレーム工法の2種類がある。**図8**-18, **写真8**-3にスティールフレーム工法，**図8**-19に補強リブ工法を示す。

単位容積質量は1.8t/m^{3}程度であるが，一般的な軽量PCカーテンウォールは，厚さが160mmで単位面積質量が約320kg/m^{2}であるのに対し，繊維補強コンクリートは，単位面積質量を約130kg/m^{2}にすることが可

図8-18 スティールフレーム工法

図8-19 補強リブ工法

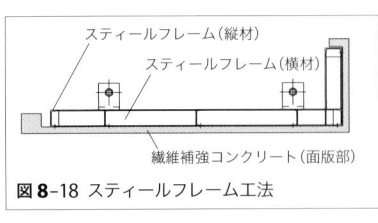

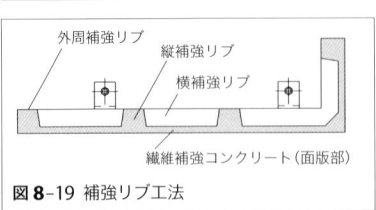

写真8-3 スティールフレーム工法の裏面側

能である．繊維補強コンクリートを採用する場合には，次のことに留意する．

・非耐力壁耐火認定品（個別耐火）であるか（柱・梁複合耐火の場合は，要求される耐火性能を有しているか
・セメント量が多くなるので，乾燥収縮による変形に注意する．リブ・スティールフレームで拘束されているため，面版部との収縮差が生じてひび割れを起こすことがある．
・一般的に剛性が弱いので，物理的な変形が生じやすい．

電波吸収パネル

建築物の高層化が進むにつれて，図8-20に示すテレビ塔送信アンテナから送信される電磁波が建築物によって障害を受けるようになってきている．

①遮蔽障害

送信アンテナと受信アンテナの間の建築物建ち，電磁波が建築物によって遮られ，到達する電磁波が非常に弱いために，薄く映る現象を遮蔽障害という．

②反射障害

送信アンテナから送信されて，直接受信アンテナに到達する直接波と，高層建築物に反射して受信アンテナに到達する反射波の間に生じる時間差によって，直接波の画像に薄く反射波が映し出される現象（ゴースト）を反射障害という．

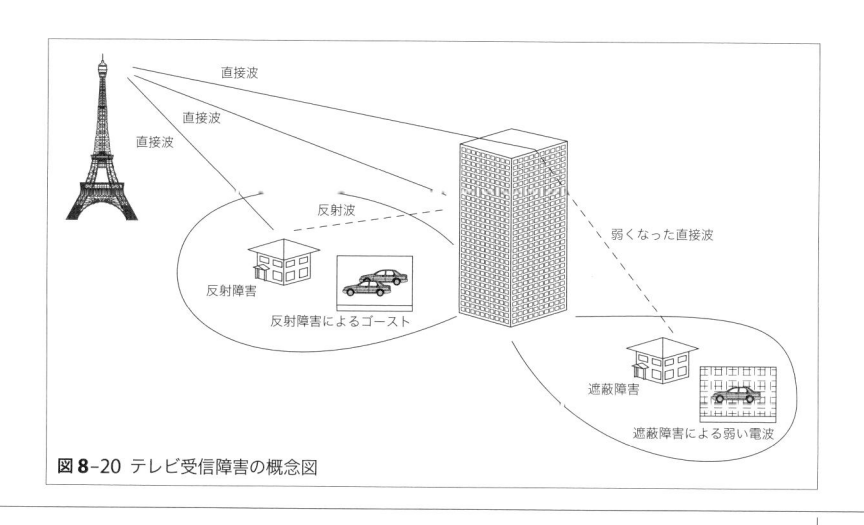

図8-20 テレビ受信障害の概念図

ゴースト対策は，反射波を建築物壁面で吸収し，反射波を起こさせないことが必要となる。この反射波を起こさせない機構を電波吸収といい，その外壁を電波吸収壁という。電波吸収壁は，壁体内部にフェライト（酸化鉄にニッケル・亜鉛を混合して，高温焼結した固体）を打ち込んでつくる。図8-21に，電波吸収壁断面を示す。

　外壁表面に入射しフェライト表面で反射される一次反射波と，フェライトを透過しその背面にある反射体によって反射される二次反射波が生じる。この一次・二次反射波の振幅が等しく位相が180°異なる場合，両反射波は相殺され反射波が消えることになる。この現象が吸収の原理である。

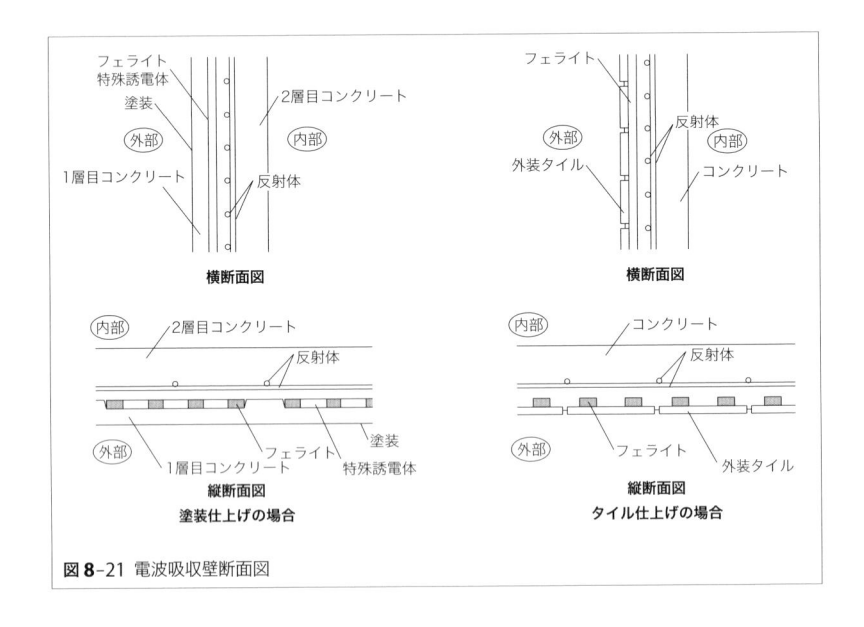

図8-21　電波吸収壁断面図

第9講 防水工事

　防水工事は，建物の機能として最も重要な止水性の確保のために行われる工事です。すなわち漏水を防止するための作業といってもよいでしょう。ところで完璧な防水層をつくるには，よい材料を使用するだけでは駄目です。防水工事の下地となる部分の処理が実は一番大切です。

　本講では，防水工事の各種バリエーションについて施工工程写真を中心に構成しています。是非，防水工事の流れを十分に体得して，正しい施工管理に努めてほしいものです。

防水工事に関する基本事項

　建物の外側に防水材料を用いて防水層を設け，建物内部への漏水を防止する工事が防水工事である。また，建物内部で使用する水を確保するために水槽を設置し，建物内部に水が漏れないように防水層を設けて貯留する工事も該当する。
　なお図9-1に，建築で防水される部分を示す。

防水の目的

　防水は，昔から「雨露をしのぐ」という言葉があるように，建築物に要求される「漏水を防止する」という基本的機能を担っている。また雨水などが躯体に浸入することを防止し，「躯体を保護する」役割も担っている。一般に建築物には，透水性や吸水性をもっている材料がたくさん使われている。さらに，建築物にはさまざまな接合部（ジョイント）が存在する。

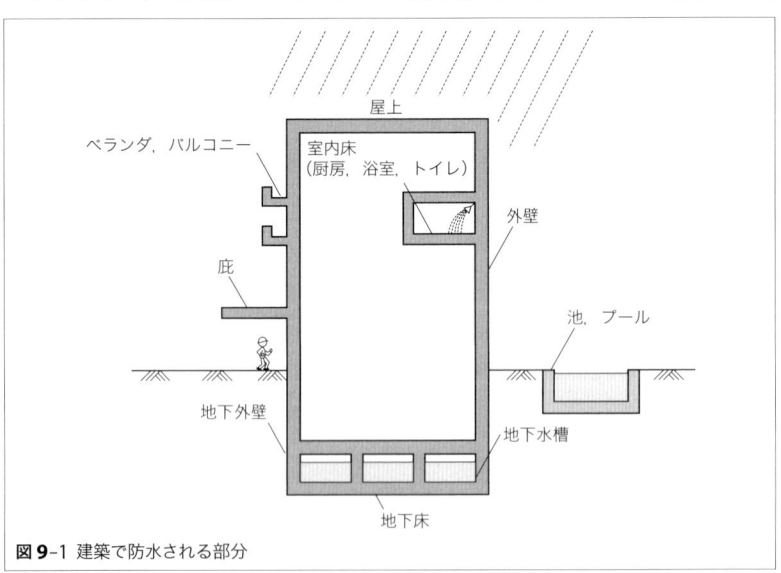

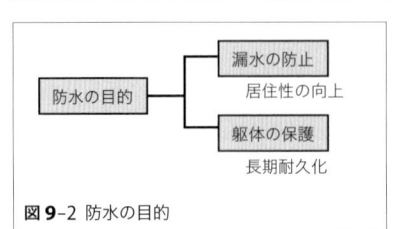

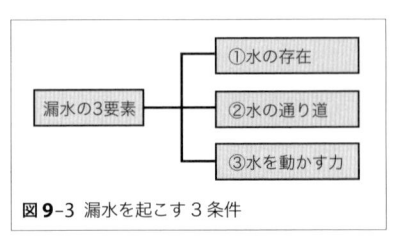

図9-1 建築で防水される部分

図9-2 防水の目的

図9-3 漏水を起こす3条件

また現場打ちコンクリートでは，乾燥収縮などによるひび割れが発生することもある。このような条件や部位で，降雨や降雪時に水が自由に通り抜ける現象，つまり漏水が発生するのを阻止することが防水の目的である。

図9-2に，防水の目的を示す。

漏水の原因

漏水が発生するためには，漏水を発生させるだけの水が存在しなければ起こらない。また，コンクリート自体は防水性を有するので，コンクリートに生じるひび割れなど水の通る道がなければならない。さらに，重力や水圧など水を通り道から漏水させる力がなければならない。すなわち漏水が起こる3条件は，①水の存在，②水の通り道，③水を動かす力である（図9-3）。

防水層の分類

1）防水層を構成する主材料による分類

防水層は，さまざまな材料を組み合わせて構成されている。大別すると，次のように分類できる。①有機質材料を主体として構成される防水層，すなわちメンブレン防水，②無機質材料を主体として構成される防水層，すなわち塗布防水，③金属材料を主体として構成される防水層，すなわちステンレス防水である。図9-4に，防水層の分類を示す。

このうち③ステンレス防水は屋根工事などの範囲に入るので割愛し，本講では①メンブレン防水，②塗布防水について説明する。

2）メンブレン防水層を構成する主材料による分類

「メンブレン」とは，「膜」を意味する。メンブレン防水は，不透水性の膜で防水層を形成する方法である。メンブレン防水は，一般に重要度の高い部位，例えば屋根・屋上や浴室などに採用されることが多い。

メンブレン防水層は，主材料の違いによって図9-5に示すように，①アスファルト防水，②改質アスファルトシート防水，③シート防水，④塗膜

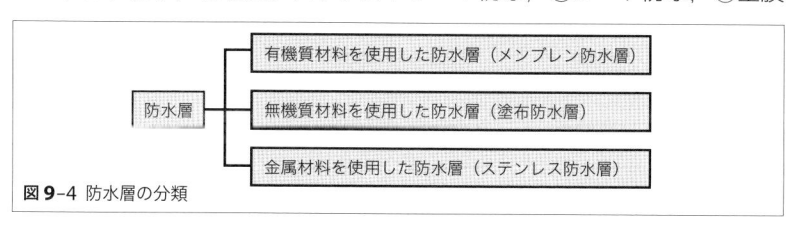

図9-4 防水層の分類

防水，⑤複合防水の5つに分類できる。

3）塗布防水層を構成する主材料による分類

　塗布防水とは，無機質系の防水性能を有する材料を塗布することで，防水層を形成する方法である。塗布防水層は，主材料の違いによって**図9**-6

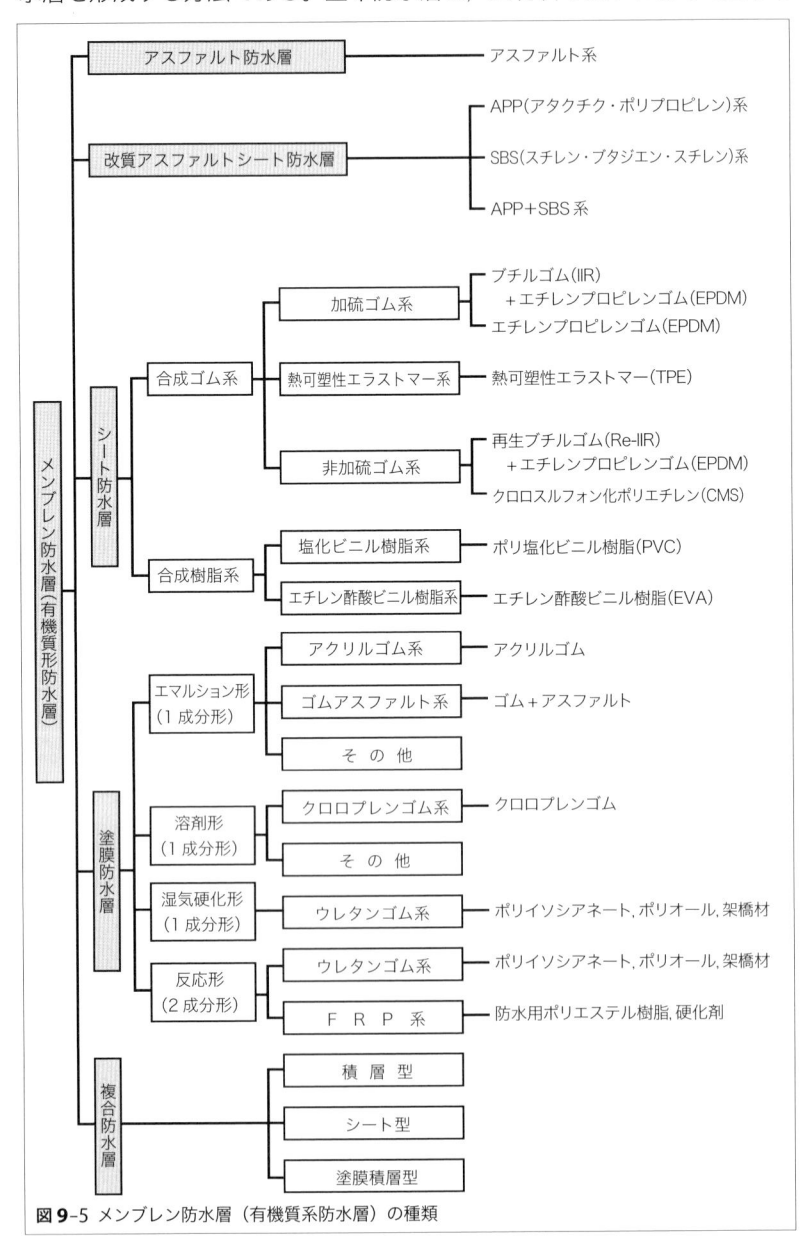

```
メンブレン防水層（有機質系防水層）
├─ アスファルト防水層 ──── アスファルト系
├─ 改質アスファルトシート防水層
│    ├─ APP（アタクチク・ポリプロピレン）系
│    ├─ SBS（スチレン・ブタジエン・スチレン）系
│    └─ APP＋SBS系
├─ シート防水層
│    ├─ 合成ゴム系
│    │    ├─ 加硫ゴム系
│    │    │    ├─ ブチルゴム（IIR）＋エチレンプロピレンゴム（EPDM）
│    │    │    └─ エチレンプロピレンゴム（EPDM）
│    │    ├─ 熱可塑性エラストマー系 ── 熱可塑性エラストマー（TPE）
│    │    └─ 非加硫ゴム系
│    │         ├─ 再生ブチルゴム（Re-IIR）＋エチレンプロピレンゴム（EPDM）
│    │         └─ クロロスルフォン化ポリエチレン（CMS）
│    └─ 合成樹脂系
│         ├─ 塩化ビニル樹脂系 ── ポリ塩化ビニル樹脂（PVC）
│         └─ エチレン酢酸ビニル樹脂系 ── エチレン酢酸ビニル樹脂（EVA）
├─ 塗膜防水層
│    ├─ エマルション形（1成分形）
│    │    ├─ アクリルゴム系 ── アクリルゴム
│    │    ├─ ゴムアスファルト系 ── ゴム＋アスファルト
│    │    └─ その他
│    ├─ 溶剤形（1成分形）
│    │    ├─ クロロプレンゴム系 ── クロロプレンゴム
│    │    └─ その他
│    ├─ 湿気硬化形（1成分形）
│    │    └─ ウレタンゴム系 ── ポリイソシアネート，ポリオール，架橋材
│    └─ 反応形（2成分形）
│         ├─ ウレタンゴム系 ── ポリイソシアネート，ポリオール，架橋材
│         └─ FRP系 ── 防水用ポリエステル樹脂，硬化剤
└─ 複合防水層
     ├─ 積層型
     ├─ シート型
     └─ 塗膜積層型
```

図9-5　メンブレン防水層（有機質系防水層）の種類

に示すように，①珪酸質系塗布防水，②ポリマーセメント系塗膜防水，③モルタル防水，④ベントナイト防水の4つに分類できる。

塗布防水は，一般的にはメンブレン防水の対象となる重要度の高い部位以外に適用されることが多いので，本講では説明を省略する。

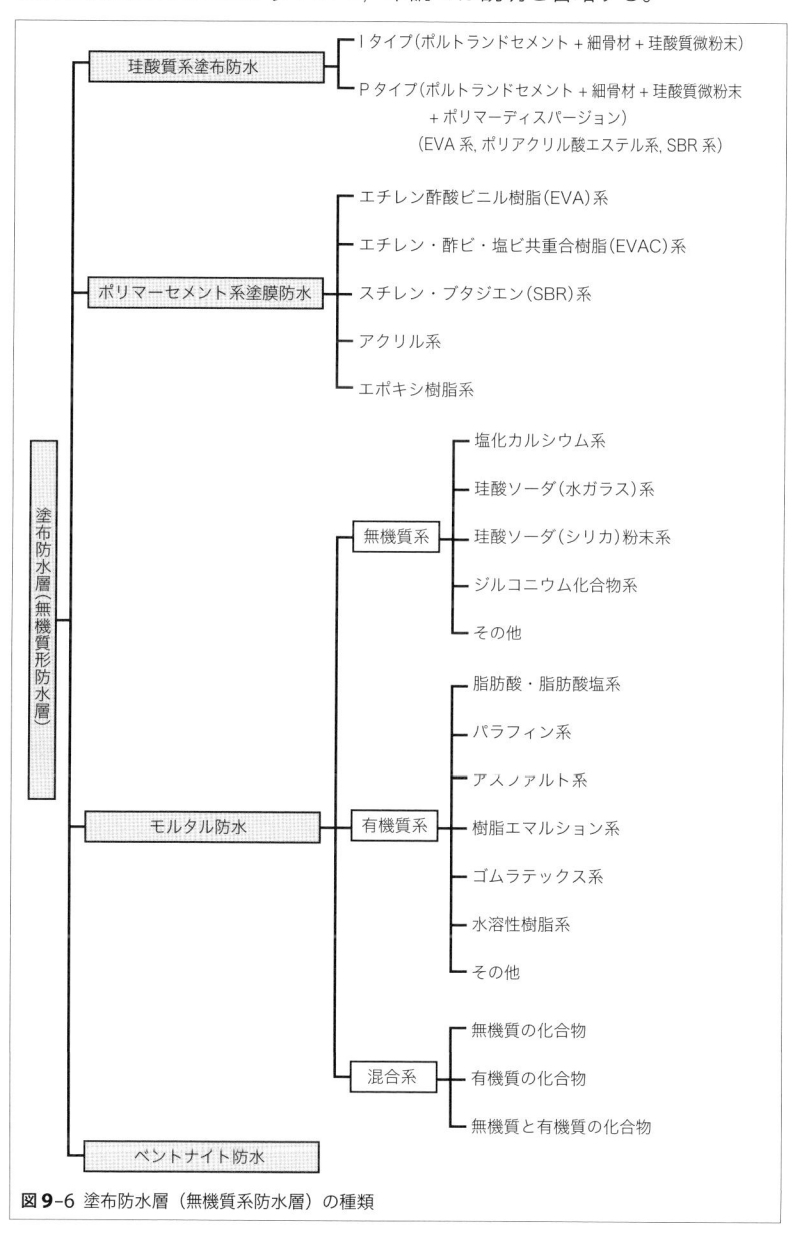

塗布防水層（無機質系防水層）
- 珪酸質系塗布防水
  - Ｉタイプ（ポルトランドセメント＋細骨材＋珪酸質微粉末）
  - Ｐタイプ（ポルトランドセメント＋細骨材＋珪酸質微粉末＋ポリマーディスパージョン）（EVA系，ポリアクリル酸エステル系，SBR系）
- ポリマーセメント系塗膜防水
  - エチレン酢酸ビニル樹脂(EVA)系
  - エチレン・酢ビ・塩ビ共重合樹脂(EVAC)系
  - スチレン・ブタジエン(SBR)系
  - アクリル系
  - エポキシ樹脂系
- モルタル防水
  - 無機質系
    - 塩化カルシウム系
    - 珪酸ソーダ（水ガラス）系
    - 珪酸ソーダ（シリカ）粉末系
    - ジルコニウム化合物系
    - その他
  - 有機質系
    - 脂肪酸・脂肪酸塩系
    - パラフィン系
    - アスファルト系
    - 樹脂エマルション系
    - ゴムラテックス系
    - 水溶性樹脂系
    - その他
  - 混合系
    - 無機質の化合物
    - 有機質の化合物
    - 無機質と有機質の化合物
- ベントナイト防水

図9-6 塗布防水層（無機質系防水層）の種類

防水工法

メンブレン防水層を形成する防水工法

1) アスファルト防水工法の分類

アスファルト防水層と改質アスファルト防水層は，熱工法で形成される。

熱工法とは，溶融アスファルトを用いて，2～4枚のアスファルトルーフィング類を積層するか，1～2枚の改質アスファルトルーフィングで防水層をつくる工法である。熱工法には，最下層のルーフィング類を下地に全面密着させる密着工法と，下地に部分的に張付ける絶縁工法がある。

また，防水層をそのまま露出で仕上げる露出仕上げと，防水層を保護する目的で，防水層の表面にコンクリートなどを敷設する保護仕上げがある。さらに，熱負荷を低減するなどの目的で，露出仕上げでは断熱材を防水層の下に，保護仕上げでは防水層の上に設ける場合がある。図9-7に，アスファルト防水工法の分類を示す。

2) 改質アスファルトシート防水工法の分類

改質アスファルトシート防水層を形成する工法には，熱工法のほかに，トーチ工法と常温工法がある。

トーチ工法とは，改質アスファルトシートの裏面および表面をトーチバーナーなどであぶり，改質アスファルトを溶融しながら1～2枚張付けて防水層をつくる工法である。この工法には，密着工法と絶縁工法がある。

常温工法には，裏面に粘着層の付いた改質アスファルトシート1～2枚で防水層をつくる工法，または1～2枚のルーフィングを常温で液状タイプの塗膜材などで張付けて防水層をつくる工法がある。なおこの工法には，密着工法と絶縁工法がある。図9-8に，改質アスファルトシート防水工法の分類を示す。

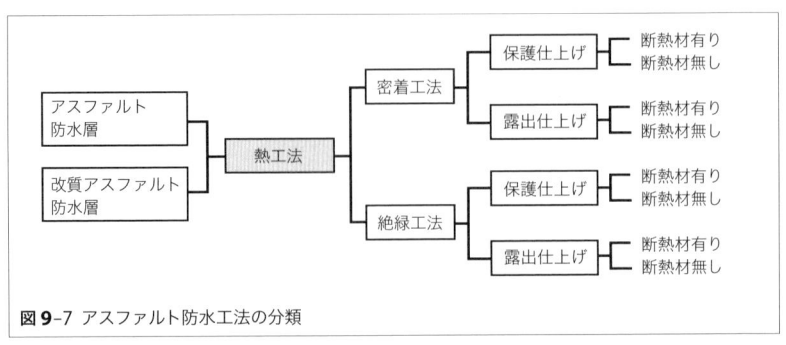

図9-7 アスファルト防水工法の分類

3）シート防水工法の分類

シート防水層を形成する工法には，接着工法（密着工法）と機械的固定工法がある。

接着工法は，プライマーおよび接着剤などを用いて，シートを下地に接着させて防水層をつくる工法である。この工法では，エチレン酢酸ビニル樹脂系以外のシートは，露出仕上げが一般的である。なお，断熱材を設ける場合もある。

機械的固定工法は，特殊な固定金物を用いてシート類を下地に固定して防水層をつくる工法である。なお，この工法では，露出仕上げが一般的である。**図9**-9 に，シート防水工法の分類を示す。

4）塗膜防水工法

屋根などに，湿気硬化形（1成分形）・反応形（2成分形）のウレタンゴム系防水材によって防水層を形成する工法には，塗り工法による密着工法と通気緩衝工法（絶縁工法）がある。なお露出仕上げが一般的である。

密着工法は，液状のウレタンゴム系防水材に補強布などを用いるか，そ

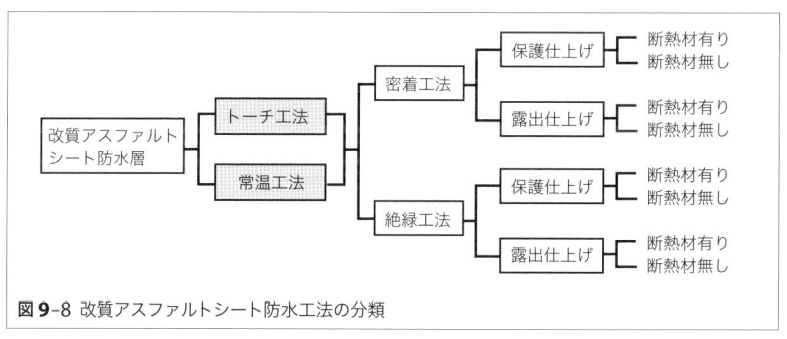

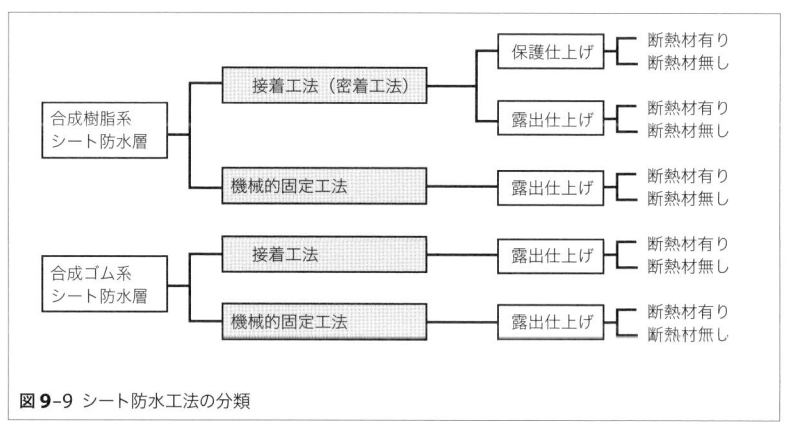

図9-8 改質アスファルトシート防水工法の分類

図9-9 シート防水工法の分類

のまま下地にこてなどで塗布してつくる工法である。この工法は，小面積の屋根や，ベランダ，開放廊下などに適用されるのが一般的である。

通気緩衝工法は，平場の下地に通気緩衝シートを張付けた後，そのシートの上に液状のウレタンゴム系防水材をこてなどで塗布してつくる工法である。この工法には，形成された防水層の下地のムーブメントに対する緩衝効果や通気効果による膨れの発生が低減できる特徴がある。図9-10に，ウレタンゴム系塗膜防水工法の分類を示す。

なお，この他に超速硬化ウレタン吹付け工法もある。

また外壁などに，エマルション形（1成分形）のアクリルゴム系防水材によって，アクリルゴム系防水層を形成する工法には，吹付け工法と塗り工法がある。図9-11に，アクリルゴム系塗膜防水工法の分類を示す。

さらに地下外壁などに，エマルション形（1成分形）のゴムアスファルト系防水材によってゴムアスファルト系防水層を形成する工法には，塗り工法と吹付け工法がある。この工法では，防水層形成後の土砂埋め戻しで防水層が損傷するのを防止する目的で，防水層表面にはさまざまな保護材が設けられる。図9-12に，ゴムアスファルト系塗膜防水工法の分類を示す。

5）メンブレン防水層を形成する防水工法の特徴

表9-1に，メンブレン防水層を形成する代表的な防水工法の特徴を示す。

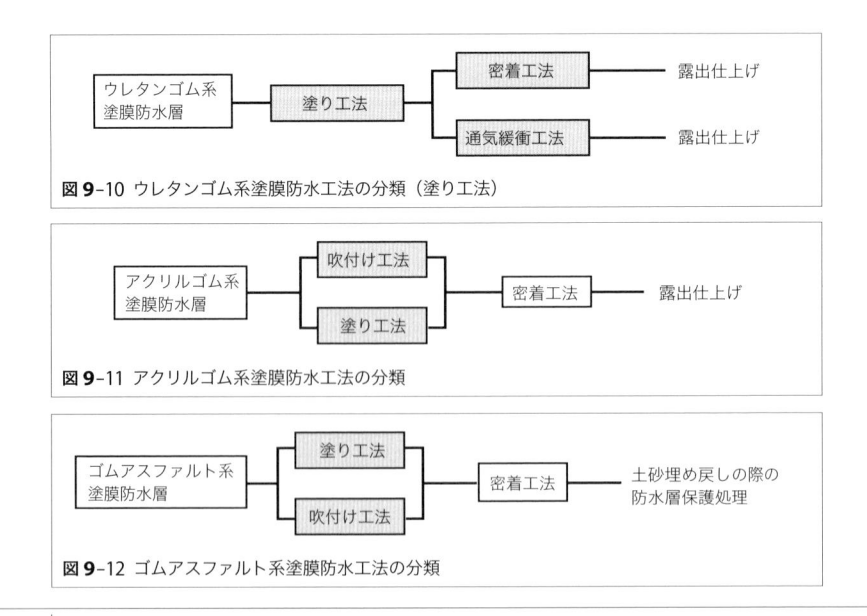

図9-10 ウレタンゴム系塗膜防水工法の分類（塗り工法）

図9-11 アクリルゴム系塗膜防水工法の分類

図9-12 ゴムアスファルト系塗膜防水工法の分類

工法	長所	短所	備考
アスファルト防水熱工法	・要求に応じた設計が可能 ・溶融アスファルトは流動性があり、防水層に隙間ができにくく、水密充填性に優れる ・ルーフィングを数層積層するため、施工ミスが少ない ・溶融アスファルトは短時間で硬化するため、防水機能が短時間で得られる ・保護仕上げ構法への対応性が高く、また実績が豊富にある ・施工品質は外気温の影響を受けにくい ・目視による品質管理が容易 ・常温工法との併用ができる	・施工時に、煙や溶融アスファルトの異臭が発生する ・露出仕上げでは、防水層に膨れが発生しやすい ・露出仕上げは、非歩行用途となる ・アスファルトの溶融時に火災発生の危険がある ・施工技術を要する	・臭気を抑えたアスファルトを無煙無臭釜で溶融する方法や、溶融アスファルトをコンテナで運び込む方法があるが、臭気には個人差があり、施工が制約される場合がある ・技能者の高齢化が進んでいる
改質アスファルトシート防水 トーチ工法	・シート相互の接合は溶融接合である ・シート類の種類および使用量が少なく、段取りが容易 ・産廃となる発生材が少ない ・異臭を発生させない ・目視による品質管理が比較的容易 ・常温工法との併用ができる ・施工品質は外気温の影響を受けにくい	・施工能率が悪い ・多くの熟練工が必要 ・バーナーのあぶり不足による密着不良が発生しやすい ・バーナーの取扱いが難しい（火力調整など） ・単層仕様が多用	・施工品質が技能員の技量に強く依存する
改質アスファルトシート防水 常温工法（粘着工法）	・シート類の種類および使用量が少なく、段取りが容易 ・作業の安全性が高い ・施工が簡単 ・熱工法・トーチ工法との併用ができる ・異臭を発生させない	・シート相互の接合部の水密性能の管理が難しい ・気温や下地表面温度に施工品質が左右されやすい ・下地の複雑な部分での施工品質が確保し難い	・シート相互の接合部、特に3枚重ね部やパイプ回りなどの施工性が悪い ・施工品質が技能員の技量に強く依存する
加硫ゴム系シート防水工法	・段取りが容易 ・シートの耐久性が高い ・補修が容易 ・機械的固定工法では、下地の乾燥は要求しない	・シート相互の接合部の水密性能の管理が難しい ・シール材に頼る納め方が多い ・接着剤のオープンタイム・可使時間の確認が難しい ・下地の精度で防水層の性能が左右されやすい ・気温や下地表面温度に施工品質が左右されやすい ・下地の複雑な部分での施工品質が確保し難い ・保護仕上げ構法への対応が悪い	・シート相互の接合部に欠損が生じやすい ・出隅角に口あきが生じやすい ・鳥害を受けやすい（啄み） ・有機溶剤を含む材料の使用が多い ・接着工法では膨れが発生しやすい
塩化ビニル樹脂系シート防水工法	・シート相互の接合部は、溶着・融着により一体化し水密性が高い ・露出で軽歩行に対応できる ・ウレタンゴム系塗膜防水材との併用ができる ・機械的固定工法では下地の乾燥は要求しない	・単層仕様である ・気温や下地表面温度に施工品質が左右されやすい ・シートの経年収縮が大きい ・複雑な形状の下地への施工性が悪い	・入隅のつり防止のため、入隅は鋼板を併用する必要がある ・機械的固定工法では、施工時にしわができやすい
ウレタンゴム系塗膜防水 塗り工法	・段取りが容易 ・複雑な形状の下地への施工性が良い ・補修が容易 ・露出仕上げで多用途に対応できる	・気温や下地表面温度に、施工品質が左右されやすい ・品質性能が下地の表面精度に左右される ・膜厚管理が難しい ・硬化養生中にごみや虫等が付着しやすい ・工程ごとに硬化養生時間が必要 ・耐久性はトップコートに依存されやすい	・通気緩衝工法では鳥害（啄み）を受けやすい ・密着工法では膨れが発生しやすい ・膜厚管理が難しく、検査方法も確立されていない
FRP系塗膜防水工法	・段取りが容易 ・複雑な形状の下地への施工性が良い ・硬化養生時間が短い ・露出仕上げで多用途に対応できる ・耐薬品性に優れる	・施工時に異臭が発生する ・有機溶剤類を多量に使用する ・含浸および脱泡の精度によって、品質が左右される ・硬化時水分の影響を受けやすい	・室内では強制換気設備が不可欠で、排気場所にも配慮を要する ・屋外作業でも、近隣に異臭が発生することを周知させる必要がある ・施工時にガラス片が飛散しやすい

表9-1 メンブレン防水層を形成する代表的な防水工法の特徴

部位別の防水工事

防水層の選定

防水層については，指定された仕様が建築物の立地・環境条件，設計および施工条件などの与条件に対して適切であるかをまず検討することから始める。想定される防水工法から，要求性能に適合する工法を抽出し，指定された仕様と照合する。合致していない場合には，仕様変更も視野に入れる必要がある。

具体的に防水層を選択する場合には，当該防水工法が要求する現場の施工条件や使用する材料の特長と取扱いなどを十分把握することと，形成された防水層の耐用年数や防水施工面の利用方法，将来の保守などを考慮する必要がある。

1）防水層の耐用年数・保証年数

各防水層の標準的な耐用年数としては，「建築防水の耐久性向上技術」（建設大臣官房技術調査室監修・（財）国土開発技術研究センター編）による標準がある。それを表9-2に示す。ただし，標準的な耐用年数は，各種条件によって大きく変動することがあることを理解しておく必要がある。

2）防水施工面の利用方法と仕上げの種類

防水施工面を不特定多数の人や車両などが通行するような場合は，防水層がむき出しの露出仕上げでは損傷してしまうことから，適切な保護仕上げ（例えば現場打ちコンクリートの保護）などが必要になる。

また，積極的に意匠的な要素を前面に出した化粧仕上げが要求される場

防水層の種類	標準耐用年数
アスファルト防水層　熱工法　保護仕上げ	17年
アスファルト防水層　熱工法　露出仕上げ	13年
シート防水層　　　　　　　　露出仕上げ	13年
ウレタンゴム系塗膜防水層　　露出仕上げ	10年

表9-2　防水層の種類と標準耐用年数

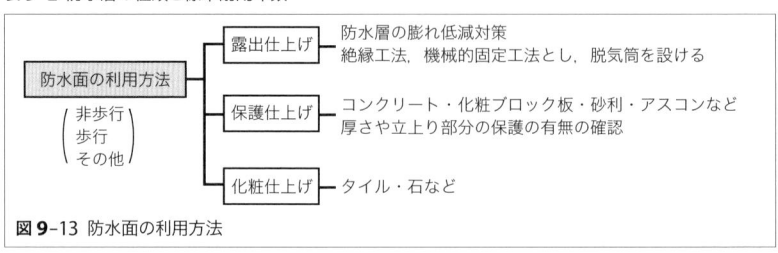

図9-13　防水面の利用方法

合もある。**図9**-13に，防水面の利用方法を示す。

3）防水層の保守

防水層は経年劣化によって，短期的には部分的に防水機能が失われて補修が必要になったり，長期的には防水層の全面改修が必要になる。また，設備機器の更新などに伴う防水層の増設なども発生する。このように防水層の保守を踏まえた，防水層・保護仕上層・設備機器との取合いへの配慮が必要になる。**図9**-14に，防水層の保守の方法を示す。

4）防水保証

防水層には耐用年数とは別に，防水保証年数がある。一般に，アスファルト防水層・シート防水層では10年，ウレタンゴム系塗膜防水層では5～10年（条件付）の保証年数が求められる。建築物の竣工引渡し時に，新築工事では施工者から，改修工事では施工者あるいは専門工事業者から施主に，漏水が発生した場合の補修対応などを記載した保証書が提出される。もし保証書に記載されている期間内に，漏水が発生した場合は，保証書を発給した専門工事業者が補修の責任を負うことが通例となっている。

部位別の防水工事

1）屋根・屋上

屋根・屋上は，通常，必ず防水工事が施される部位である。一般的に平場部は，面積が広く，水平面ということで防水上の条件が厳しいと思われがちであるが，むしろ，防水上で問題となるのは，立上がり部分および防水端末部分の処理である。コンクリートやセメント製品などのような吸水性および吸湿性がある下地では，防水層の端末部には水が回らないディテールをつくらなければならないからである。

屋上防水には，防水層を露出で仕上げる場合とコンクリートなどで保護仕上げする場合がある。**表9**-3に，保護仕上げと露出仕上げの一般的な特徴

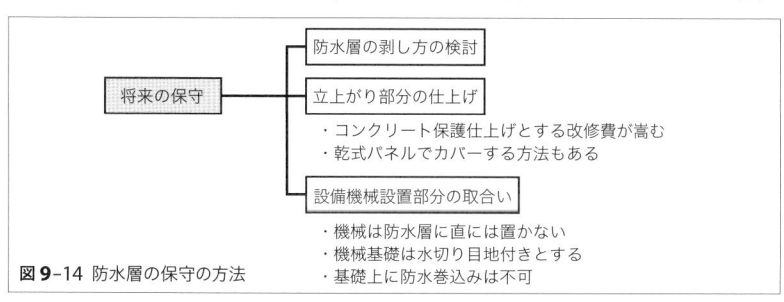

```
                    ┌─ 防水層の剥し方の検討
                    │
                    ├─ 立上がり部分の仕上げ
        将来の保守 ──┤    ・コンクリート保護仕上げとする改修費が嵩む
                    │    ・乾式パネルでカバーする方法もある
                    │
                    └─ 設備機械設置部分の取合い
                         ・機械は防水層に直には置かない
                         ・機械基礎は水切り目地付きとする
                         ・基礎上に防水巻込みは不可
```

図9-14 防水層の保守の方法

を示す．特に，難しい立上がり防水層の保護仕上げの例を**図9**-15に示す．

また，要求性能上断熱材を組み込む場合と組み込まない場合がある．**表9**-4に，屋上平場の構成と仕上げの種類をまとめる．また**表9**-5に，断熱工法の一般的な特徴を示す．

さらに最近では，屋上に緑化工事をする場合が増えている．屋上緑化の場合には，植物の根から放出される酸類により，屋上の防水層が溶けるな

工法	長所	短所	備考
保護仕上げ	・防水層の耐久性が高い ・断熱構法への適用性がよい ・多用途へ対応できる	・屋上の積載荷重が大きい ・トータルコストが高くなる ・保護層の挙動が防水層を損傷させる可能性がある ・防水層の不具合箇所の発見や補修が難しい ・砂利や平板ブロックでは，耐風圧性に配慮が必要	・保護層がコンクリートの場合は，適切な伸縮目地材の割付けと設置が必要となる 　また，立上り際に成形緩衝材（コーナークッション材）を取付ける必要がある
露出仕上げ	・屋上の積載荷重が少ない ・トータルコストが安くなる ・防水層の不具合箇所の発見や補修が容易 ・防水工事の工期が短縮できる ・一部の工法では，駐車場や運動場などの用途に対応できる	・一般的に，断熱構法では耐久性が悪い ・一部の構法を除いて，多用途へ対応できない ・防水層が損傷を受けやすい（外的損傷・鳥害） ・防水層に膨れや，水溜まりが発生しやすい ・耐風圧性に配慮が必要	・防水層の膨れは，絶縁工法でも発生する場合がある ・水溜まりの定義を明確にする必要がある

表9-3 防水層の仕上げ方法

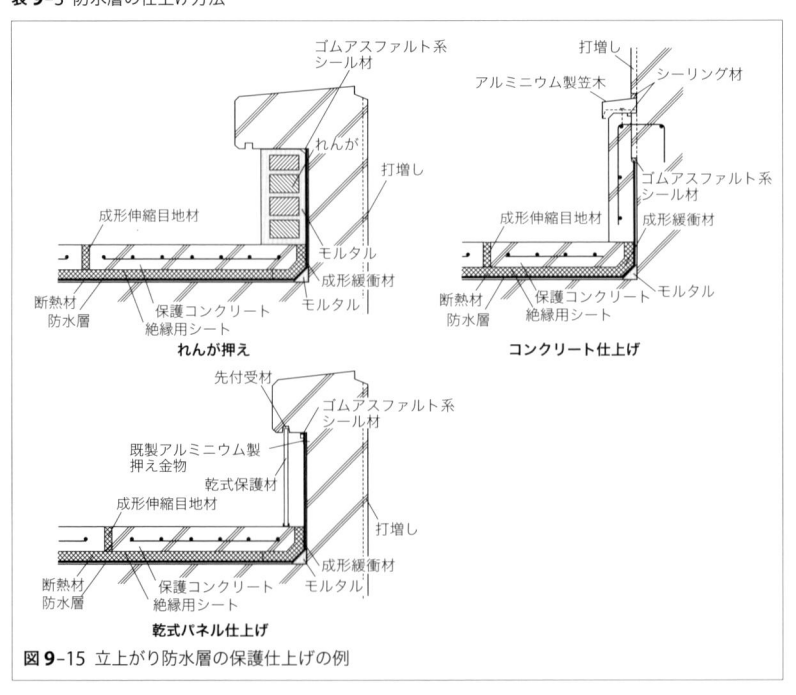

図9-15 立上がり防水層の保護仕上げの例

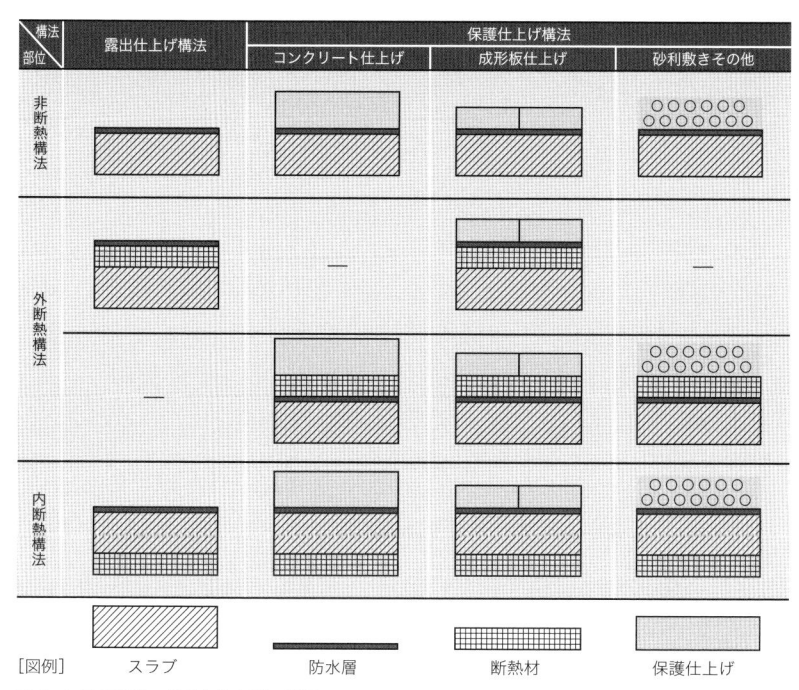

構法＼部位	露出仕上げ構法	保護仕上げ構法		
		コンクリート仕上げ	成形板仕上げ	砂利敷きその他
非断熱構法	▨	▨	▨	▨
外断熱構法	▨	—	▨	
		▨	▨	▨
内断熱構法	▨	▨	▨	▨

[図例]　▨ スラブ　■ 防水層　▦ 断熱材　▨ 保護仕上げ

表9-4 屋上平場の構成と仕上げの種類

構法	断熱材の位置	長所	短所
内断熱構法		・スラブ下に断熱材があるので，継続して冷暖房する場合は，効果が早く得られる	・スラブ下に断熱材があるため，スラブの温度が高くなり，スラブにひび割れが発生しやすい。また，すでに，発生しているひび割れでは，その動きが大きくなる ・蓄熱した断熱材からの夜間放射によって，室内温度が高まる ・スラブ内の湿気の拡散が断熱材で妨げられるため，防水層に膨れが発生しやすい ・一般に使用する断熱材は有機系の発泡材なので，防・耐火関係に注意を要する
外断熱構法（在来構法）		・スラブ温度の上昇が抑制されるため，スラブに生じる動きが低下する ・下地に動きが生じても，断熱材がそれを緩衝するため，防水層に直接動きを伝えにくい	・防水層の温度が，スラブ直下のそれより高くなるため，防水層の耐久性が低下する ・防・耐火関係に注意を要する ・密着・接着工法では，吸湿した断熱材を使用すると，防水層に膨れが発生しやすい ・保護仕上げ層を設けた場合は，その重量によって断熱材が局部的に圧密されて，防水層が破断する危険がある
外断熱構法（USD構法）		・スラブ温度の上昇が抑制されるため，スラブに生じる動きが低下する ・下地に動きが生じても，断熱材がそれを緩衝するため，防水層に直接動きを伝えにくい ・防水層は断熱材の下にあるので，熱による劣化を受け難く，また，日射などによる劣化も受け難い ・防水層は保護仕上げ層で保護されるため，損傷を受け難い	・保護仕上げ層が必要となる

[図例]　▨ スラブ　■ 防水層　▦ 断熱材　▨ 保護仕上げ

表9-5 断熱工法の特徴

どの被害を受ける場合がある。また，植物の根が防水層に貫通する場合もある。これらによる被害を防止するためには，防根シートの敷設などの特殊な処理が必要である。

2) バルコニー・ベランダ・庇

①バルコニー

バルコニーは，強風雨時でもサッシの下枠から雨水が浸入しないようにバルコニー床仕上り天端と室内床躯体天端との段差を100mm以上設けるようにする。バルコニー床躯体と室内床躯体は，コンクリートを一体で打設することを原則とし打継ぎ部分をつくらないように施工する。

②ベランダ

ベランダは，一般的には，露出仕上げの防水層の場合が多い。ベランダの設計意図を勘案して工法を選定する。

③庇

庇は，壁との取合いが重要である。片持ち梁による庇では，庇のクリープなどでクラックが発生しないように配筋上の工夫をすることが大切である。また，壁と一体でコンクリートを打設することが重要である。やむを得ず，庇が後打ちとなる場合は，壁との打継ぎ部に打継ぎ目地を設置し，その目地部にシーリング材の充填を行う。

3) 外壁

外壁は，塗装，タイル，石といった仕上工事が施されることが多いので，防水工事を行うことは少ない。ただし，サッシなどが納められる開口部回りでは，コンクリートに収縮クラックが起こり，そこから漏水することを想定して，開口部回りに対し300mm～500mm幅で塗布防水を施す場合がある。

4) 風除室・厨房・浴室

①風除室

出入り口回りである風除室は，通常，室内と室外で床の段差をつけない設計となることが多い。その際，外部側から雨水が建物内部に浸入しないように，納まり上の工夫をしなければならない。

②厨房

厨房は，出入り口の扉の高さやコンクリートの立上り高さ，グリストラップなどの機器類の埋め込み物との関係，防水層を貫通する配管類など，いろいろな要素が集約されている。したがって，各部位とも事前に防水層との

納まりを十分検討して，漏水などが起きない納まりにすることが肝要である。
③浴室
　浴室は，コンクリートの立上がりの高さ，出入り口の高さ，浴槽部の高さ，給湯管など，防水層の納まりに関連する要素が非常に多い。各部位は必ず図面を作成し，事前検討を行ったうえで，納まりを決めることが重要である。万一浴室で漏水が生じると，扱う水量が多いだけに，大問題になる場合があるので注意する。

5) 地下
　地下の防水は，地下外壁の外側を防水する外防水工法と地下躯体構築後に室内側に防水を施す内防水工法に大別される。
①外防水工法
　外防水工法は，地下躯体外部から防水工事を実施し，内部側への漏水を食い止める工法である。地下躯体構築後に躯体外壁面に防水層を施工し，保護層を設置して土砂を埋め戻す方法，すなわち，後やり防水工法と山留め壁を下地として防水層を施工した後，地下躯体を構築する方法，すなわち，先やり防水工法の2つがある。いずれも高度な専門知識が不可欠であるので，特殊な専門工事業者の責任施工となるケースが多い。
②内防水工法
　この工法は，室内側に防水施工するので，工法そのものは外防水工法に比べて施工は比較的に容易である。ただしこの工法は地下水とその水圧がコンクリート内部から防水層の裏面に作用するので，防水層が剥離や膨れを生じやすい。

6) 水槽・プール
①水槽
　水槽には，飲料水槽，雑排水槽，蓄熱槽，中水槽，廃液処理層などがある。用途により，選択する防水工法が異なるので，適材適所の工法選択が重要となる。
②プール
　プール内には，排水ピット，窓，タラップ，オーバーフロー，排水溝などのプール用諸設備があるため，防水層のディテールの検討が不可欠である。例えば，タラップは防水層を貫通して壁面や床面に固定される場合が多く，その足元の処理が重要となる。また，水の消毒，温水や温泉水などの水質との関連も考慮することが大切である。

防水下地

防水下地の種類

防水工事の下地の種類としては，①現場打コンクリート，② ALC 板，③プレキャストコンクリート部材，特殊なケースとして，④デッキプレート・鉄板類，⑤合板類などがある。以下に，それぞれの下地の種類と施工管理のポイントを示す。

1) 下地の特徴

①現場打ちコンクリート

コンクリート下地の上に防水工事を行う場合には，コンクリートの特徴をよく理解しておかないと後々トラブルになりかねない。次に示す注意点を十分把握したうえで，防水工事に着手する必要がある。

・打継ぎ部にひび割れが起きやすい。
・乾燥収縮によるひび割れが起きやすい。
・スラブ内に配管・配線などが埋め込まれていると，上部にひび割れが出やすい。
・デッキプレートにコンクリートを打設したケースやスラブ下に断熱材が打ち込まれている場合では，乾燥が遅い。
・コンクリート表面は乾燥していても，内部には水分を含有している。

② ALC 板

・ALC 板の継手の目地部分で，たわみなどによる大きな動きが生じやすい。
・ALC 板は，吸水性が高く，濡れると乾燥しにくい。
・ALC 板はコンクリートに比べ，強度が低く，表層も脆弱で損傷を受けやすい。
・ルーフドレンなど，複雑な納まりには向いていない。
・床パネルと壁パネルの取合いでは，異なる動きが生じる。

③プレキャストコンクリート（PCa）部材

・PCa 部材は複雑な勾配が取れない。
・床パネルと壁パネルの取合いでは，異なる動きが生じる。
・ルーフドレンなど，複雑な納まりには向いていない。

防水下地の施工管理

防水下地に共通する施工上の管理ポイントを以下に示す。

1）十分な乾燥

　下地の乾燥が不十分だと，密着工法や接着工法ではプライマーの付着が悪く，防水層の施工後に膨れや剥離が生じやすくなる。特に，次のような下地では乾燥が遅いため，脱気を含む処置を検討する必要がある。
①デッキプレートなどの床コンクリートを打設した下地（片面乾燥）
②現場打ちコンクリートの下に断熱材を敷きこんだ下地（片面乾燥）
③吸水性が大きく，乾燥に日数を要する下地（長時間降雨を受けたALC板など）

2）乾燥度合いの確認

　乾燥度は，防水施工後の膨れ防止対策で，最も重要な条件である。旧「JASS 8」には，表面の含水率は8％を目安にするという記述がなされている。しかし，実際には8％未満の状態になるまで待つことは降雨による吸水や全体工程の関係から非常に難しく，コンクリート打設後の経過日数によって管理せざるを得ない場合が多い。通常，コンクリート打設後1か月存置する。また，降雨後3日間は，乾燥期間を置く。

　乾燥の程度を判断するための簡易判定法としては，コンクリートを打設してから定期的に高周波モルタル水分計で下地の含水率を測定し，測定値に変化がなくなったときとするのが一般的である。

3）平場のコンクリート面の確認

　著しい凹凸や不陸・突起物は，防水層の厚さにむらを生じさせる。また，重量のある保護仕上層がある場合は，防水層は圧密された状態となり下地と保護仕上層のそれぞれの動きによってこすられる。特に，突起物がある場合に，損傷しやすくなる。

　平坦度については，降雨時または水散布によって水溜りができていないかを確認して，必要に応じて調整を指示する。防水層施工前に必ずレベルの調整をすることが重要である。

　また，コンクリート表面にレイタンスなど，防水層の接着・密着を阻害する不純物が付着していないことや，有害なひび割れがないことなどを確認する。

4）ALC板・PCa部材継手目地部などの確認

　ALC板やPCa部材の継手目地部は，パネルや部材相互の取合い部に異なる動きが生じるので，その継手目地部の状態を確認する。また，ALC板下地は，ルーフドレンなど，複雑な納まりには向いていないのでその納

まり状態を確認する。
① 継手目地部に段差や充填モルタルの浮き・剥離がない。
② パネル・部材に有害なひび割れや欠けがない。

5）排水の確認

排水勾配は，防水下地面で確保する。防水層施工後に保護仕上層で勾配をとると，防水層の水はけが悪くなり，防水層の耐久性を損なうことがある。なお，水勾配は以下のようにとることが通常である。

① 塗膜防水・シート防水・アスファルト防水露出仕上げ　　1/50〜1/20
② アスファルト防水保護仕上げ　　1/100〜1/50

6）立上がりの確認

① パラペット下地の形状・寸法

屋根・屋上の防水を完璧に行うには，パラペット部分が適正な形状や寸法で設計されていることが不可欠である。表9-6に，一般的なパラペット下地の形状・寸法を示す。なお，パラペットには，あご付きとあごなしがあるので，それぞれの下地に関する要点を説明する。

② あご付きパラペットの下地の要点

あご付きパラペットの場合は，防水層立上がり裏面に水がまわることを防止する目的として，あご下面に水切目地を設ける。

コンクリートなどで保護する場合	露出防水の場合
500程度／250程度／150+α（付加し）（あご付きパラペット）	300程度／300程度／100程度（あご付きパラペット）
500程度（あごなしパラペット）	300程度（あごなしパラペット）

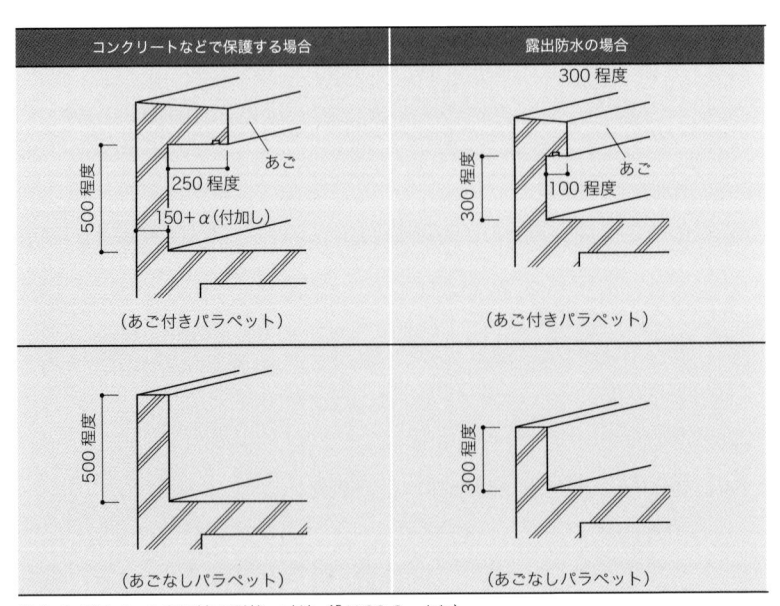

表9-6 パラペットの下地の形状・寸法（「JASS 8」より）

天端のコンクリートからひび割れによる漏水が起きることを防止する目的として，あごの天端から先端まで亀裂誘発目地を設け，シーリング材を充填する。

　なお，コンクリート保護仕上げで，伸縮目地が適切に設けられていない場合には，コンクリートの伸びによりパラペットが押し出される場合がある。それを防止するためには，あご付きパラペットのコンクリートはダブル配筋とする。

③あごなしパラペットの下地の要点

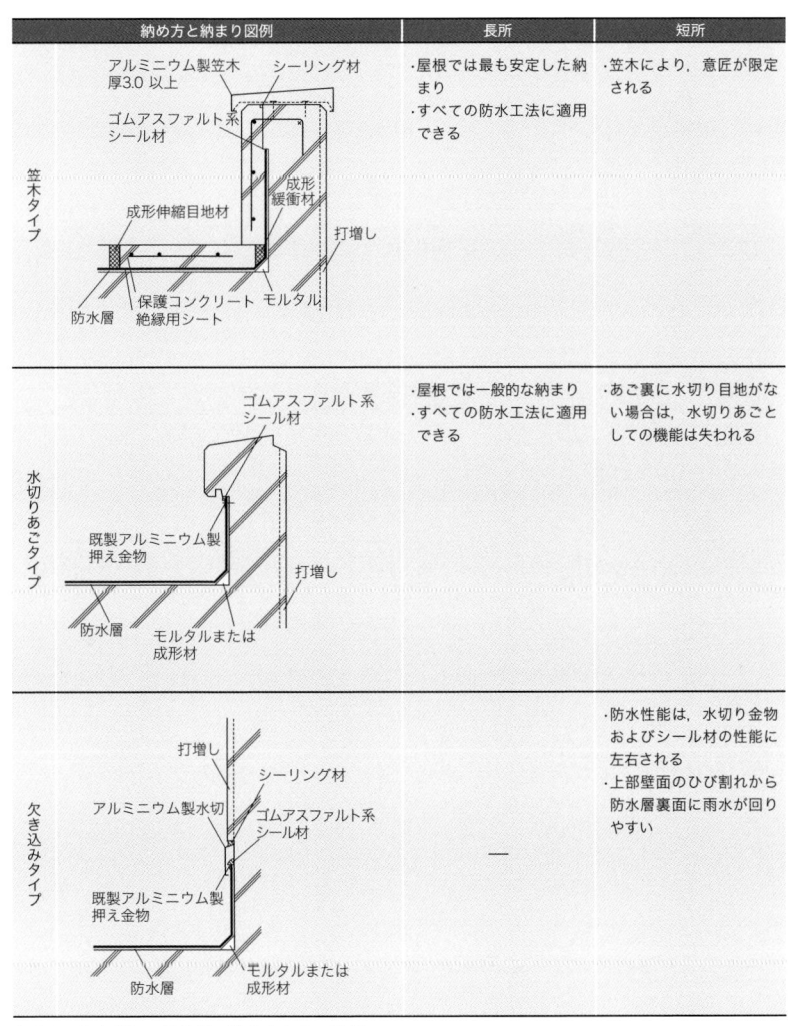

	納め方と納まり図例	長所	短所
笠木タイプ	(図)	・屋根では最も安定した納まり ・すべての防水工法に適用できる	・笠木により，意匠が限定される
水切りあごタイプ	(図)	・屋根では一般的な納まり ・すべての防水工法に適用できる	・あご裏に水切り目地がない場合は，水切りあごとしての機能は失われる
欠き込みタイプ	(図)	―	・防水性能は，水切り金物およびシール材の性能に左右される ・上部壁面のひび割れから防水層裏面に雨水が回りやすい

表9-7 立上がりの防水層の納め方とその特徴

あごなしパラペットの場合は，防水性を確保する観点から，防水層を施工した後，一般的には金属笠木を設けるようにする。特に防水層を貫通するビス部の防水性を確保するため，金属笠木の取付け用ビス部は完璧にシール処理を行う。

また，あごなしパラペットのコンクリートも当然，ダブル配筋とする。

④立上がりの防水層の納め方とその特徴

表9-7に，立上がりの納め方と特徴を示す。

立上がり部の防水層が，夏季などの高温時に垂れ下がったり，風でめくれたるすることがないように，その端末部はアルミニウム製などのアングル状の金物をアンカーなどで機械的に固定し，その上にシール材を充填し，防水層が剥がれることがないようにする。

7）防水下地の確認の管理基準

防水下地を確認する管理基準の例を**表9**-8に示す。

項目	管理内容		管理要項	
	細目	管理基準	管理方法	異常時の処置
コンクリート下地	勾配，凹凸	水溜まりがないこと	目視（降雨があったとき）水糸，レベル（降雨のないとき）	ポリマーセメントモルタルで補整する
	ルーフドレン回りの高さ	つばの高さは周辺より－3〜5cm程度	レベル，定規で測定	付け替え
	出隅，入隅，切りつけ，突出物，出入口，防水層，貫通配管回り	防水層がなじみやすいこと	面の形状，平坦さ，通りをみる	補修
	入隅線	防水工法に適する形状であること	面の形状，平坦さ，通りをみる	補修
	出隅線	丸面または斜面であること	面の形状，平坦さ，通りをみる	補修
	下地の亀裂，打継ぎ表面強度	躯体で雨漏りしないこと凍害，硬化不良のないこと	降雨時に目視指触，鉛筆硬度（H以上），爪で引っ掻く，ワイヤブラシでこする	Uカット＋シール他
	表面状態	突起物のないことこてのないことレイタンスのないこと	目視目視	ポリマーセメントモルタルで補整，ケレン，ワイヤブラシ，サンダー掛け
	下地の乾燥	含水率の測定他打設後30日以上最終降雨後3日以上	高周波水分計による日報による確認日報による確認	監理者と協議する防水仕様の変更絶縁工法による脱気防水施工の延期
	ルーフドレン，防水層貫通配管などの金物	防錆剤，さび，油分などが除去されていること	目視	除去
	立上がり水切りあご	あご下端に水切り目地があること	目視	水切りの検討
	防水層貫通配管回り	配管が林立していないこと配管間隔100mm以上	目視	移設

表9-8 防水下地の確認の管理基準の例

アスファルト防水

アスファルト防水層を構成する材料の種類と施工方法

1）アスファルト防水層を構成する材料の種類

アスファルト防水層は，数種類のルーフィング類を溶融させたアスファルトで積層して張付けてつくられる。それらのアスファルトやルーフィング類は，石油アスファルト，アスファルトルーフィングフェルト，網状アスファルトルーフィング，ストレッチアスファルトルーフィングフェルト，穴あきアスファルトルーフィングフェルト，改質アスファルトルーフィングシートのJIS規格に適合するものを標準とする。**図9**-16に，構成材料を示す。

2）施工方法

アスファルト防水の施工方法は熱工法で行われ，次に示す仕様が代表的である。
①密着保護仕様（屋根・プール・人工池など）
②絶縁保護仕様（屋根など）
③絶縁露出仕様（屋根など）
④断熱露出仕様（屋根など）
⑤密着室内仕様（浴室・駐車場など）

写真9-1　アスファルト防水熱工法の施工例

露出仕上げでは，膨れ低減策を行う必要がある。必ず絶縁工法を採用し，脱気筒などを設置して防水層裏面の湿分を外部に排出させるようにする。

なお，脱気筒は，防水層25～100m^{2}に1個ずつ取り付ける。

写真9-1は，アスファルト防水熱工法である。この工法では，260℃程度に加熱溶融させた液状のアスファルトで，シート状のアスファルトルーフィング類・改質アスファルトルーフィング類を流し張りして，積層の防水層をつくる。

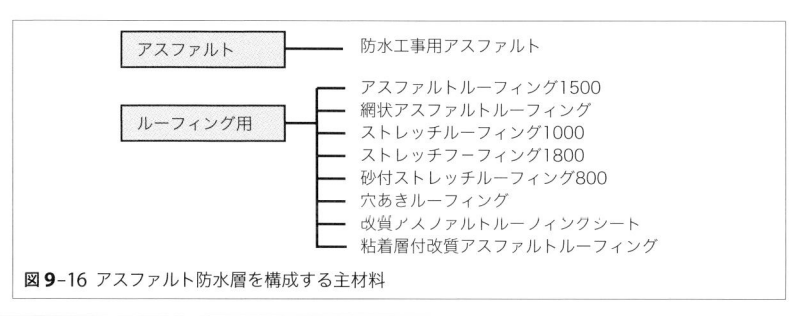

```
アスファルト ── 防水工事用アスファルト

ルーフィング用 ┬─ アスファルトルーフィング1500
              ├─ 網状アスファルトルーフィング
              ├─ ストレッチルーフィング1000
              ├─ ストレッチルーフィング1800
              ├─ 砂付ストレッチルーフィング800
              ├─ 穴あきルーフィング
              ├─ 改質アスファルトルーフィングシート
              └─ 粘着層付改質アスファルトルーフィング
```

図9-16　アスファルト防水層を構成する主材料

写真9-2に，アスファルト防水熱工法・断熱露出仕様の施工工程を示す。

管理基準

1）防水層の施工の管理基準

表9-9に，アスファルト防水層の施工の管理基準の一例を示す。

2）成形伸縮目地の施工の管理基準

防水層の保護コンクリートが伸縮してパラペットに側圧をかけ，パラペットを押し出す事故は，近年その対策が周知されて少なくなってきている。伸縮目地の材料と工法については，アスファルト注入目地はあまりみかけなくなり，多くのメーカーが幾つもの型式の成形目地材を出している。それらの形式の成型目地材を一様に論ずることはできないが，実績があり，一応の評価を得ているものをとりあげて，施工上の管理基準の一例を示す。

成形伸縮目地における施工の管理基準は，次の5つである。

①目地間隔と目地割りが適切か。

②目地板の通り芯が正確に通っているか。

③本体（発泡ポリエチレン）と下地（防水層または断熱材など）との空きは大き過ぎないか。

④支持用ブロックの間隔と固定度は十分か。

①プライマーを塗布した防水下地に，防湿層を溶融アスファルトで流し張り

②張付けた防湿層の上に，断熱材を熱溶融アスファルトで張付け

③裏面に線状に粘着層の付いたルーフィングを，剥離紙を剥しながら断熱材上に転圧しながら張付け

④平場のルーフィングに張り掛けて，立上がりのルーフィングを所定の高さまで熱溶融アスファルトで張付け

⑤最後に，砂付タイプのルーフィングを立上がり・平場に張付けて防水層を仕上げる。この後，立上り防水層末端の処理などを行って完成となる

⑥断熱露出防水層（防湿層有り）の全景

写真9-2 アスファルト防水熱工法・断熱露出仕様の施工工程

⑤目地頭部の非加硫ブチル（コンクリートの接着面）の離型紙は剥がれているか。

表9-10 に，管理基準の一例を示す。

なお，**写真9**-3 に，アスファルト防水熱工法・密着保護仕様（断熱工法）における成形伸縮目地材の施工状況の例を示す。

3）アスファルト防水保護仕上げのポイント

アスファルト防水保護仕上げにおける施工上のポイントは，次のとおりである。

①水勾配は躯体(スラブ)でとる（／100〜1／50）
②パラペットはW配筋とし，屋根スラブと同時にコンクリートを打設する

項目	管理内容		管理要項		異常時の処置
	細目	管理基準	管理方法		
プライマー塗り	塗布	塗りむらのないこと	目視で確認		重ね塗り
	塗布量	所定量	塗布面積と使用缶数の照合		
	塗上がり	かすれ，ピンホール，砂粒付着のないこと	皮膜の造成を目視でチェックする		
	皮膜乾燥	指に付着しないこと	指触で確認		
増し張りまたは絶縁増し張り	ひび割れ部の処理 打継ぎ部の処理 ALCパネルなどの部材接合部 出隅 入隅 ルーフドレン回り 防水層貫通配管回り その他	設計図書	処置の箇所と方法（増張り，絶縁増張り）の確認		
	張り上がり	しわ，浮きのないこと	目視		
アスファルトの溶融	溶融釜場	安全であること	位置，養生，消火設備の確認		
	溶融温度	240〜(軟化点＋170)℃または，防水材製造業者の指示する温度	棒温度計(最高360℃)で1時間ごとに計測		溶融温度を調整する
ルーフィングの張付け	張付けアスファルトの量	所定量	塗布面積と使用量の照合		
	張り幅	長手・幅方向とも100mm程度とし，水上のルーフィングが水下のルーフィングの上に重ねられていること	目視		
	重ね位置	千鳥張りであること			
	張り上がり	破れ，曲がり，しわ，膨れ，浮き，耳浮きのないこと			同一ルーフィングで補修
	立上がり端部	所定の位置(高さ)まで，張り上げられていること			
	末端部の処理	金物押え，シールなどがしてあること			
アスファルトの上塗り	塗布量	所定量	塗布面積と使用量の照合		重ね塗り
	塗り上がり	塗りむら，ピンホールがないこと	目視		

表9-9 アスファルト防水層（熱工法）の施工の管理基準の一例

③パラペットのコンクリートの打継ぎは，スラブより100mm以上の位置とする
④あご下の水切目地は正確にとる
⑤入隅の面取りはモルタルで精度よく通す
⑥ドレン取り付けは周囲より低く，先付けで行う
⑦防水層の立上げ高さは，水上で仕上げ面から20cm以上とる
⑧防水層の末端部は金物で固定し，その上部にシール材を充填する
⑨立上がりと平場の構造が異なる場合は，取合い部の動きに配慮する
⑩三枚重ね部分は水の浸入口となりやすいので施工に注意する

①目地レベル調整
②固定ピンによる目地材の固定　③目地立て終了後，配筋　④コンクリート打設

写真9-3　アスファルト防水熱工法・密着保護仕様における成形伸縮目地材の施工状況

管理内容		管理要項		
項目	細目	管理基準	管理方法	異常時の処置
成形伸縮目地の品質		(社)公共建築協会の評価認定品であること	評価書	取替え
防水層上の絶縁用シート	重ね幅	長手・幅方向とも100mm程度	目視	
	固定	粘着テープなど		
目地間隔と目地割り	縦・横の間隔	3m程度	割付図・計測	
	立上がり際からの間隔	0.6m以内		
目地建て	底部	絶縁シートとの隙間が大きくないこと	目視	
	上部	コンクリート仕上げ面まで	レベル調整の水糸	
目地材のモルタルによる固定	形	三角	目視	補整
	高さ	目地材のキャップの下端のフック状のアンカーのあるところまで		
目地キャップ	ブチルゴム面の剥離紙	コンクリート打設時に剥がす		

表9-10　成形伸縮目地の施工の管理基準の一例

⑪立上がりと平場の交差部(入隅)のシートは浮きやすく口が開きやすい
⑫出入隅角は防水層の不連続部分となりやすい防水の弱点部である
⑬防水層と保護コンクリートを絶縁させるため,防水層上に絶縁用シートを敷き並べる
⑭立上がり際に,コーナークッション材(成形緩衝材)を取り付ける
⑮保護コンクリートは溶接金網挿入で,厚さは6cm以上とする
⑯保護コンクリートの動きを緩衝させるため伸縮目地は正しく設ける
(目地材は,絶縁用シートから保護コンクリート表面に達するものとする)
⑰誘発目地をパラペット天端からあごの先端まで通して設け,シーリング材を充填する。
⑱防水層上に断熱材を設ける場合は,吸水性の少ないポリスチレンフォームとする。

図9-17に,アスファルト防水保護仕上げのポイントを示す。

4) アスファルト防水露出仕上げのポイント

アスファルト防水露出仕上げにおける施工上のポイントは,次のとおりである。
①水勾配は躯体(スラブ)でとる(1/50～1/20)
②パラペットはW配筋とし,屋根スラブと同時にコンクリートを打設する

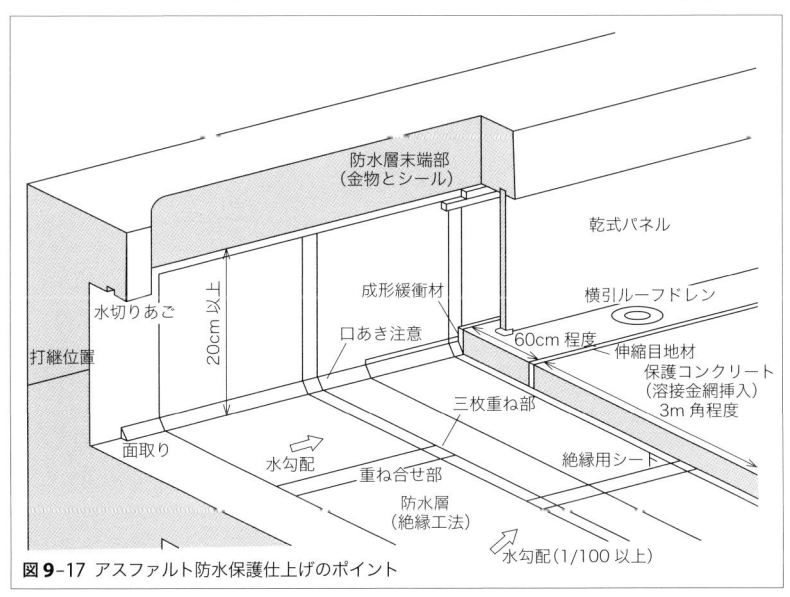

図9-17 アスファルト防水保護仕上げのポイント

③パラペットのコンクリートの打継ぎは，スラブより100mm以上の位置とする
④あご下の水切目地は正確にとる
⑤入隅の面取りは，モルタルまたは成型コーナー材で精度よく通す
⑥ドレン取り付けは周囲より低く，先付けで行う
⑦防水層の立上げ高さは，水上で仕上げ面から20cm以上とる
⑧防水層の末端部は金物で固定し，その上部にシール材を充填する
⑨立上がりと平場の構造が異なる場合は，取合い部の動きに配慮する
⑩三枚重ね部分は水の浸入口となりやすいので施工に注意する
⑪立上がりと平場の交差部（入隅）は，シートは浮きやすく口が開きやすい
⑫出入隅角は防水層の不連続部分となりやすい防水の弱点部である
⑬下地コンクリートの水分による防水層の膨れは，絶縁脱気で低減させる
⑭ルーフィング類は，水下から張り始める（逆ラップを避ける）
⑮隣接ルーフィング類との重ね合わせの位置は1m以上離す
⑯上下層のルーフィング類相互の重ね合わせ部が同一箇所にならないように割り付ける
⑰防水層下に断熱材を設ける場合は，耐熱性に優れる硬質ウレタンフォームとする。

図9-18に，アスファルト防水露出仕上げのポイントを示す。

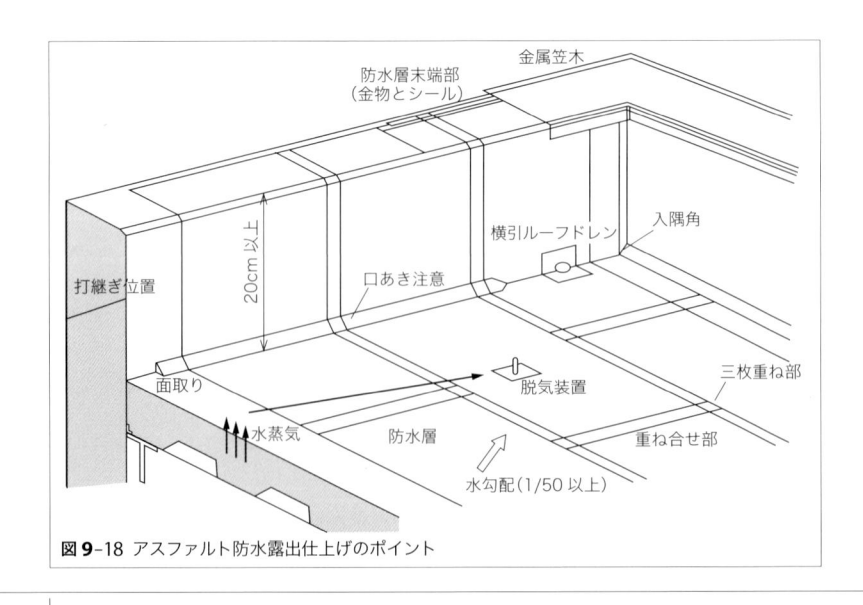

図9-18 アスファルト防水露出仕上げのポイント

改質アスファルトシート防水（トーチ工法）

改質アスファルトシート防水層（トーチ工法）を
構成する材料の種類と施工方法

1）改質アスファルトシート防水層（トーチ工法）を構成する材料の種類

改質アスファルトシート防水層（トーチ工法）は，改質アスファルトシートの裏面などをトーチバーナーであぶって，改質アスファルトを溶融させながら張付けてつくられる。使用する改質アスファルトシートは，改質アスファルトルーフィングシートのJIS規格に適合するものを標準とする。

図9-19に，構成材料を示す。

2）施工方法

改質アスファルトシート防水層の施工方法はトーチ工法で，次に示す仕様が代表的である。

①密着保護仕様（屋根・プール・人工池など）
②密着露出仕様（屋根など）
③断熱露出仕様（屋根など）

特に，密着露出仕様で，防水層の膨れの発生を低減する目的で脱気装置などを設置する場合は，改質アスファルトシートの張り付け方法および脱気装置の位置，種類，個数などを検討する必要がある。

写真9-4の改質アスファルトシート防水トーチ工法は，厚手の改質アスファルトシートの裏面および表面をトーチバーナーであぶって，改質アスファルトを溶融させがら張り付けて防水層をつくるものである。

写真9-5に，トーチ工法単層防水密着露出仕様の施工例を示す。

写真9-4 改質アスファルトシート防水トーチ工法

図9-19 改質アスファルト防水層を構成する主材料
改質アスファルト ─ 改質アスファルトシート
　　　　　　　　　├ 増張り用シート
　　　　　　　　　└ 粘着層付シート

管理基準

表9-11に，改質アスファルトシート防水層（トーチ工法）の施工の管理基準の一例を示す。

管理内容		管理要領		異常時の処置
項目	細目	管理基準	管理方法	
プライマー塗り	塗布	塗りむらのないこと	目視で確認	重ね塗り
	塗布量	所定量	塗布面積と使用缶数の照合	
	塗上がり	かすれ，ピンホール，砂粒付着のないこと	皮膜面積の造成を目視でチェック	
	皮膜の乾燥	指に付着しないこと	指触で確認	
増し張りまたは絶縁増し張り	ひび割れ部の処理 打継ぎ部の処理 ALCパネルなどの部材接合部 入隅 出隅 ルーフドレン回り 防水層貫通配管回り その他	設計図書	処置の箇所と方法（増張り，絶縁増張り）の確認	
	張り上がり	しわ，浮きのないこと	目視	
改質アスファルトシートの張付け	張り付け	シート相互の接合端部から改質アスファルトがあふれていること	目視	
	重ね幅	長手・幅方向とも100mm程度とし，水上のルーフィングが水下のルーフィングの上に重ねられていること		
	重ね位置	千鳥張りであること		
	張り上がり	破れ，曲がり，しわ，膨れ，浮き，耳浮きのないこと		同一ルーフィングで補修
	立上がり端部	所定の位置（高さ）まで，張り上げられていること		
	末端部の処理	金物押え，シールなどがしてあること		

表9-11 改質アスファルト防水層（トーチ工法）の施工の管理基準の一例

①プライマーの塗布　②補強張り　③シート張り（平場）

④シート張り（立上り）　⑤ジョイント部の処理　⑥シート張りの完成

写真9-5 トーチ工法単層防水密着露出仕様の施工工程

シート防水

シート防水層を構成する材料の種類と施工方法

1）シート防水層を構成する材料の種類

　合成高分子ルーフィングシートのJIS規格で規定されるシートは，加硫ゴム系（ブチルゴム，エチレンプロピレンゴム，クロロスルフォン化ポリエチレンなどを主原料としたもの），非加硫ゴム系（ブチルゴム，エチレンプロピレンゴム，クロロスルフォン化ポリエチレンなどを主原料としたもの），塩化ビニル樹脂系（塩化ビニル樹脂およびその共重合体を主原料としたもの），エチレン酢酸ビニル樹脂系の4種類である。この他には，熱可塑性エラストマー系のシートが採用されている。

　図9-20に，シート防水材の種類を示す。

2）施工方法

　シート防水の施工方法には，接着工法（密着工法）と機械的固定工法があり，次に示す仕様が代表的である。
①加硫ゴム系シート防水接着仕様（屋根など）
②加硫ゴム系シート防水断熱接着仕様（屋根など）
③塩化ビニル樹脂系シート防水接着仕様（屋根など）
④塩化ビニル樹脂系シート防水断熱接着仕様（屋根など）
⑤塩化ビニル樹脂系シート防水機械的固定仕様（屋根・水槽・プールなど）
⑥塩化ビニル樹脂系シート防水断熱機械的固定仕様（屋根など）
⑦エチレン酢酸ビニル樹脂系シート防水密着仕様（屋根・室内便所など）

　接着仕様で，防水層の膨れの発生を低減する目的で脱気装置などを設置する場合は，脱気処理の方法および脱気装置の位置，種類，個数などを検討する必要がある。

　なお，防水シートの厚さの確認は重要で，アスファルト防水層と違い1層防水であることを十分意識して使用する。

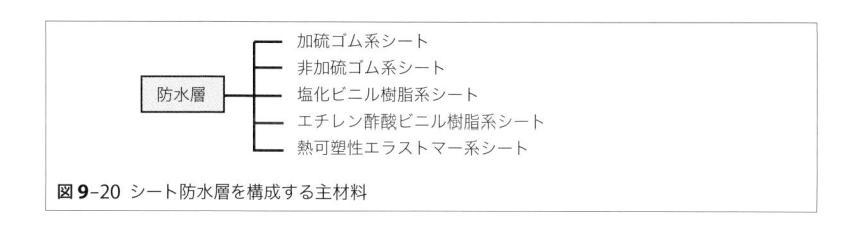

防水層
├ 加硫ゴム系シート
├ 非加硫ゴム系シート
├ 塩化ビニル樹脂系シート
├ エチレン酢酸ビニル樹脂系シート
└ 熱可塑性エラストマー系シート

図9-20 シート防水層を構成する主材料

加硫ゴム系シート防水の施工状況

写真9-6に，加硫ゴム系シート防水接着仕様の施工工程を示す。

①下地処理剤および接着剤の塗布
・缶の上部を全開し，十分に攪拌してから使用する。
・ローラー刷毛，ゴムベラなどで，均一にムラなく塗布する。
・指蝕乾燥状態でシートを張り付ける。

②出入隅・複雑箇所の処置
・出入隅，ドレン部，貫通部および複雑箇所には，必ず補強張りする。

③防水シート本体の張付け
・シートは水勾配と直角に水下から張り付ける。
・下地またはシートに墨出しを行い，ジョイント部が蛇行しないようにする。
・張るときは空気を内包しないよう，しわが寄らないよう，また異物が入らないよう注意し，引っ張らずに行う。
・立上がり部，溝部は必ず長手方向に張り，コーナーでのジョイントはできるだけ避ける。
・エア抜きはローラー刷毛などで行う。
・立上がり端部，コーナー部はステッチャーで押さえ，立上がり面はハンドローラーで転圧する。平場は25kg以上で，ローラーまたは載荷ローラーで転圧する。

①下地処理剤および接着剤の塗布
②出入隅・複雑箇所の処理 
③防水をシート本体の張付け 
④ジョイント接着の処理 
⑤接合部の転圧 
⑥末端部，立上がり上端部の処理 
⑦仕上げ塗料の塗布 

写真9-6 加硫ゴム系シート防水接着仕様の施工工程

④ジョイント接着の処置
・接着剤を手刷毛およびローラー刷毛でシートの両面にすり込むように塗布する。
・三枚重ね部は必ずネオ・シール（不定形シール材）をＴ字型に施す。
・上側シート端部にネオ・シールテープＮ（定形シール材）を張り付ける。
⑤接合部の転圧
・転圧はハンドローラーを使用する。
⑥仕上げ塗料の塗布
・缶の上部を全開し，十分攪拌して均一にローラー刷毛で塗布する。
⑦末端部，立上がり端部の処理
・シートの仕舞部は必ずシールとアングルで確実に処埋する。アングルなどの止め金具類の

①下地確認・清掃

②平場：エポキシ系接着剤塗布 防水シート張付

③立上がり：ニトリルゴム系接着剤両面塗布 防水シート張付け

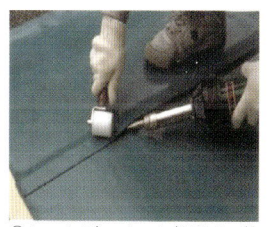

④シートジョイント処理１：熱溶着によりシート相互を接合

⑤シートジョイント処理２：溶着剤によりシート相互を接合

⑥シートジョイント処理端部処理：液状シール材充填

⑦出隅・入隅増張り：出隅・入隅部をプルーフコーナーなどで増張り

⑧出隅・入隅増張り　出隅・入隅部をプルーフコーナーなどで増張り

⑨シート端部押え金物取付け：シート端部に押え金物を取付けシーリング処理

⑩完成

写真 9-7 塩化ビニル樹脂系シート防水・接着仕様の施工工程

第**9**講　防水工事

頭部にもシールを施す。
・立上がり上端部(パラペット頂部)は,金属笠木で固定する方法が最適である。

塩化ビニル樹脂系シート防水の施工状況

写真9-7に,塩化ビニル樹脂系シート防水・接着仕様の施工工程を示す。

管理基準

表9-12に,シート防水層(接着工法)の施工の管理基準の一例を示す。

管理内容		管理要領		
項目	細目	管理基準	管理方法	異常時の処理
プライマー塗り	塗布	塗りむらのないこと	目視で確認	重ね塗り
	塗布量	所定量	塗布面積と使用缶数の照合	
	塗上がり	かすれ,ピンホール,砂粒付着のないこと	皮膜の造成を目視でチェックする	
	皮膜の乾燥	指に付着しないこと	指触で確認	
増し張りまたは絶縁テープ張り	ひび割れ部の処理 打継ぎ部の処理 ALCパネルなどの部材接合部 出隅 入隅 ルーフドレン回り 防水層貫通配管回り その他	設計図書	処置の箇所と方法(増張り,絶縁テープ張り)の確認	
	張り上がり	しわ,浮きのないこと	目視	
接着剤の塗布	塗布面 塗布 塗布量	防水仕様書 塗りむらのないこと 所定量	目視で確認 塗布面積と使用缶数の照合	
	接着剤の乾燥時間	指で押してもべとつかないこと		
シートの張付け	張り付け	引張応力を与えないこと	作業時に確認	
	重ね幅	JASS8	目視	
	重ね位置	4枚重ね部のないこと		
	平場と立上がりの取合い	JASS8		
	張り上がり	破れ,曲がり,しわ,ふくれ,浮き,耳浮きのないこと		同一シートで補修
	立上り端部	所定の位置(高さ)まで張り上げられていること		
	末端部の処理	金物押え,シールなどがしてあること		

表9-12 シート防水層(接着工法)の施工の管理基準の一例

塗膜防水

塗膜防水層を構成する材料の種類と施工方法

1) 塗膜防水層を構成する材料の種類

建築用塗膜防水材のJIS規格で規定される屋根用塗膜防水材は，ウレタンゴム系（ポリイソシアネート，ポリオール，架橋剤を主原料としたもので，その性能によって1類と2類に区分される），アクリルゴム系（アクリルゴムを主原料としたもの），クロロプレンゴム系（クロロプレンゴムを主原料としたもの），ゴムアスファルト系（アスファルトとゴムを主原料としたもの）の4種類で，この他に，FRP系の塗膜防水材などが採用されている。

図9-21に，塗膜防水層を構成する主材料を示す。図9-22に，塗膜防水の場合の事前確認事項を示す。

2) 施工方法

塗膜防水の施工方法には，塗り工法と吹付け工法があり，次に示す仕様が代表的である。

①ウレタンゴム系塗膜防水密着仕様（屋根・開放廊下など）
②ウレタンゴム系塗膜防水絶縁仕様（屋根・開放廊下など）
③アクリルゴム系塗膜防水外壁仕様（外壁など）
④ゴムアスファルト系塗膜防水地下外壁仕様（地下外壁外部側など）
⑤FRP系塗膜防水密着仕様（屋根など）

この施工をするにあたっては，塗膜防水層の厚さの確認が難しいことと，

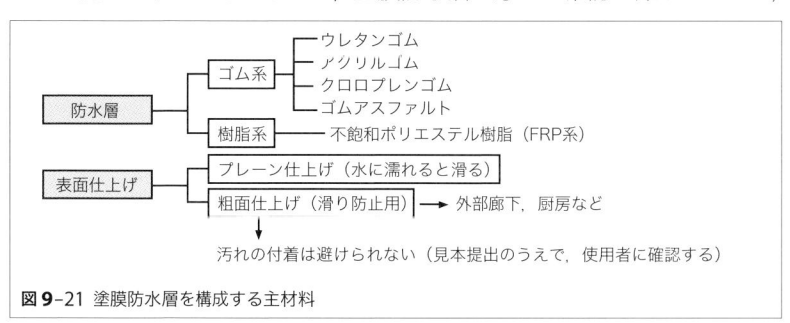

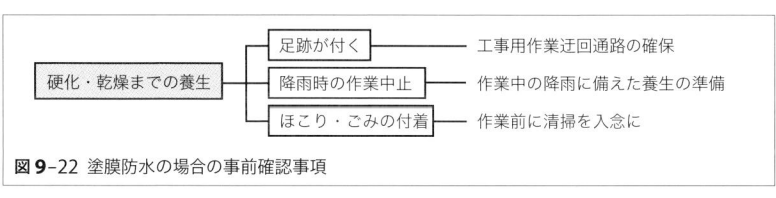

図9-21 塗膜防水層を構成する主材料

図9-22 塗膜防水の場合の事前確認事項

硬化・乾燥までの養生が不可欠であることを十分認識しておく必要がある。

　特に注意すべき点は，補修部分の色変りで，意匠性が要求される場合は，部分補修での対応はできず，全面トップコートの塗り直しになる場合がある。

①通気緩衝シート張り付け

②通気緩衝シート転圧　　③通気緩衝シート張り付け完了　　④ウレタン塗膜防水材塗布

⑤ウレタン塗膜材防水材塗布　　⑥保護材塗布　　⑦完成

写真 9-8 ウレタンゴム系塗膜防水絶縁仕様の施工工程

①コンクリート下地研磨　　②プライマー塗布

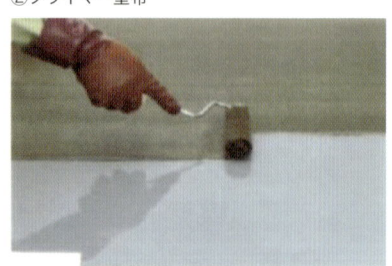

③ウレタンゴム系塗膜防水材塗布　　④ウレタン・FRP 層間プライマー塗布

写真 9-9 FRP 系塗膜防水・露出駐車場防水仕様の施工工程

ウレタンゴム系塗膜防水の施工状況

写真 9-8 に，ウレタンゴム系塗膜防水絶縁仕様の施工工程を示す。

FRP系塗膜防水の施工状況

写真 9-9 に，FRP系塗膜防水・露出駐車場防水仕様（ウレタンゴム系

⑤ガラスマット敷設

⑥防水用ポリエステル樹脂塗布・ガラスマットへ含浸

⑦ガラスマットに内包した泡を脱泡

⑧砂散布

⑨中塗り（ビニルエステル樹脂）

⑩トップコート（アクリル変性シリコン）塗布

⑪完成

塗膜防水との複合)の施工工程を示す。

管理基準

表 9-13 に，塗膜防水層（塗り工法）の施工の管理基準の一例を示す。

管理内容		管理要領		異常時の処理
項目	細目	管理基準	管理方法	
プライマー塗り	塗布	塗りむらのないこと	目視で確認	重ね塗り
	塗布量	所定量	塗布面積と使用缶数の照合	
	塗上がり	かすれ，ピンホール，砂粒付着のないこと	皮膜の造成を目視でチェックする	
	皮膜の乾燥	指に付着しないこと	指触で確認	
増し張りまたは絶縁テープ張り	ひび割れ部の処理 打継ぎ部の処理 ALC パネルなどの部材接合部 出隅 入隅 ルーフドレン回り 防水層貫通配管回り その他	設計図書	処置の箇所と方法（増張り，絶縁テープ張り）の確認	
	補強材，防水材の使用量	所定量	施工面積と使用缶数の照合	
	張り上がり	しわ，浮きのないこと	目視	
防水材の調合および混合	主剤，硬化剤の調合比	製造業者の指定比率	計量	
	混練方法	撹拌機による	目視	
	練上がり	色むらのないこと 表面の気泡が消えてから，塗布作業を行う		
防水材の塗布	塗布量	所定量	塗布面積と使用缶数の照合	
	塗上がり	塗むら，ピンホールのないこと 補強材とよくなじんでいること	目視	
	塗継ぎ，塗重ね	塗布間隔が指定時間内であること 下層が造膜していること 塗継ぎ幅は 100mm 内外		
	立上がり，立下がり部	だれのないこと		
	立上がり端部	所定の位置（高さ）まで，塗り上げられていること		
	末端部の処理	設計図書	設計図書と照合	

表 9-13 塗膜防水層（塗り工法）の施工の管理基準の一例

第10講 シーリング工事

シーリング材は，カーテンウォールなどのジョイント部分に施工されます。パネルそのものは止水性が期待できますが，パネルとパネルのジョイントにシーリング材を施すことで，はじめて止水性が確保されます。また，目地部の清掃，シーリング材の打設後の養生の良否がシーリング工事の出来映えを決定します。本編では施工管理のポイントについて，かなり詳細に記述をしていますので，是非，よく理解してシーリング工事の品質確保に活用してください。

シーリング工事に関する基本事項

目地の役割と分類

シーリング工事とは，各部材間の接合部や隙間（以下，目地という）など，意図的に変形させることを計画した目地に対し，シーリング材を充填または装着することで，防水・気密機能を付与するものである。「第9講防水工事」で詳述した防水層の形状は面状なのに対して，シーリング工事は目地に施工するので，シーリング防水層の形状は線状となる。

なお，使用する材料は，施工時の形態が液状の不定形材料と各種ゴム系の定形材料に大別される。

1) シーリング工事を行う目地

シーリング工事が対象としている目地は，次のとおりである。
①鉄筋コンクリート造のサッシまわりの目地
②PCカーテンウォールの打込みサッシまわりの目地
③湿式による石張りまたはタイル張りの目地
④PC壁式構造の目地
⑤鉄筋コンクリート造の打継ぎ目地
⑥鉄筋コンクリート造の亀裂誘発目地（乾燥収縮対応目地）
⑦ALC挿入筋工法のパネル目地

シーリング防水層は硬化した後も弾力性を有し，シーリングが接着される部材の伸縮や変形に対し，長期的に追従できる物性と接着性を保持しなければならない。防水機能を長期的に保持するための条件は，次の2つである。

①建物のムーブメント（温度変化および湿度変化による部材の伸縮，地震力および風圧力によって生じる層間変位，風圧力による部材の変形など）を考慮した目地設計（目地幅，目地深さの寸法）を行うこと
②ムーブメントに追従できる材料を選択すること

表10-1に，目地を設置する目的を示す。

条件	目地の主たる必要性
コンクリートは割れやすい	防水的一体性の確保
コンクリートは打継ぐ	防水的一体性の確保
扉，窓が必要である	取付け上および地震力に対するクリアランスの確保
成形部材を使用	取付け、地震・温度変化によるムーブメントの調節
建物の重量配分の不均一など	不同沈下および地震力の調節

表10-1 目地を設置する目的

目地とムーブメントの種類

1) ムーブメントの種類と主な目地の種類

目地は，ムーブメントの大きさによってワーキングジョイントとノンワーキングジョイントの2つに大別できる。ワーキングジョイントは，カーテンウォールの目地に代表されるムーブメントが比較的大きい目地のことをいう。それに対してノンワーキングジョイントは，ムーブメントが小さいか，またはほとんどムーブメントを生じない目地のことをいう。

ところで目地に発生するムーブメントには，主として次の4つの種類がある。

① 温度変化による部材の伸縮
② 地震による層間変位

目地の区分	ムーブメントの種類	主な目地の種類
ワーキングジョイント	温度ムーブメント	・金属部材の部材間目地 　・金属カーテンウォールの各種目地 　・金属外装パネルのパネル間目地 { 塗装鋼板／ほうろう鋼板／アルミニウムパネルなど } 　・金属笠木の目地 　・金属製建具の目地 { サッシまわり目地／水切・皿板などの目地 } ・プレキャストコンクリートパネルのパネル間目地 ・ガラスまわりの目地
ワーキングジョイント	層間変位ムーブメント	・多孔質部材の部材間目地（セメント系部材） 　・プレキャストコンクリートパネルのパネル間目地 　・ALCパネル構法のパネル間目地 { ロッキング構法／スライド構法（スエイ構法）／（カバープレート構法） } 　・プレキャストコンクリート笠木の目地 　・GRC, セメント押出成形板の板間目地 ・ガラスまわり目地
ワーキングジョイント	風圧力によるムーブメント	・ガラスまわり目地
ワーキングジョイント	湿気ムーブメント	・セメント系ボード類のボード間目地（押出形成板を含む） ・窯業系サイディングのパネル間目地
ワーキングジョイント	硬化収縮ムーブメント	・窯業系サイディングのパネル間目地
ノンワーキングジョイント	{ ムーブメントが小さいか，または生じない }	・コンクリート外壁の各種目地 　・鉄筋コンクリート造のサッシまわり目地 　・鉄筋コンクリート造の打継ぎ目地 　・鉄筋コンクリート造の収縮目地（亀裂誘発目地） 　・プレキャストコンクリートパネルの打込みサッシまわり目地 　・湿式による石張りおよびタイル張りの目地 ・ALCパネル構法のパネル間目地 { 挿入筋構法／ボルト止め構法 }

表 10-2 ムーブメントの種類と主な目地の種類

③風による部材のたわみ
④部材の含有水分の変化による変形

　これらのムーブメントの大きさは，目地の種類，部材の種類，大きさ（形状・寸法），色，取付状態，暴露される状態（方位，日照）によって異なる。**表10**-2に，ムーブメントの種類と該当する主な目地を示す。

2）ムーブメントの分類

　ムーブメントはシーリング材の変形状態からみると，**図10**-1に示すように引張り・圧縮方向とせん断方向のムーブメントに分類される。ムーブメントの種類・大きさおよび方向は，建築物の構造・規模，構成部材の材質・色・構造・形状・寸法・取付け方法・剛性などの条件と，日射・気温・雨水・地震力・風圧力などの外力の条件によって決まる。

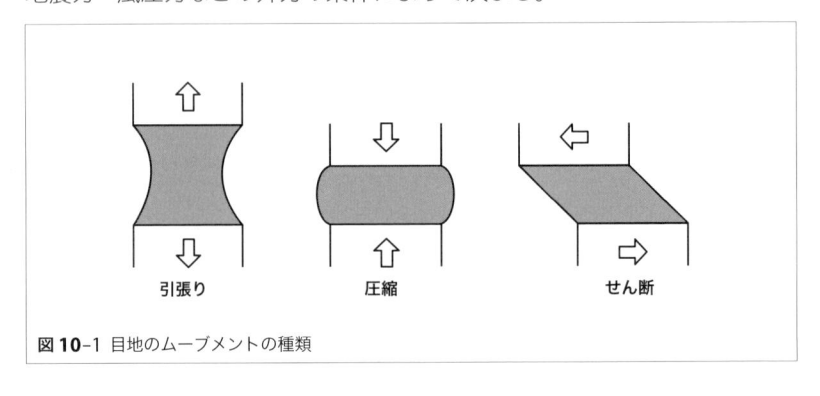

図10-1 目地のムーブメントの種類

シーリング防水の仕組み

防水構法の仕組み

1）防水の考え方

外壁に 0.06mm 以上の貫通した隙間が存在すれば、毛細管作用と重力の自然現象によって降雨水は室内に浸入する。またその浸入量は、壁を介して発生する室内外の圧力差（風圧）が大きくなるに伴って多くなる。外壁に計画的に設置された目地には、雨水浸入口となる隙間が存在するために、適切な防水措置を講じないと漏水する可能性がでてくる。

なお目地からの雨水浸入は、3 つの条件が同時に満たされた場合に限って発生する。ここでいずれか 1 つの条件でも欠如すれば、雨水の浸入は起こらない。その 3 つの条件とは、①雨水があること、②雨水浸入口となる隙間があること、③雨水を移動させる力が作用すること、である。

それぞれの雨水の浸入条件への対処法は、**表 10-3** に示す。外壁における各種目地の防水方法は、次の 2 つの考え方に基づいている。

①雨水の浸入口を塞いで防水する方法
②雨水を移動させる力を消滅させるか、もしくは害のない程度まで弱める方法

①の方法は、目地にシーリング材を充填して隙間を塞ぐ方法である。一般的には、"シーリング防水"または単に"シーリング"、あるいは"クローズドジョイント（フィルドジョイント）"という。

②の方法は、目地において、外部側に適正な大きさの隙間をあけておき、室内側に気密用シーリング材を配置し、雨水浸入条件の中で、"移動さ

雨水の浸入条件	①雨水がある	②雨水の浸入口となる隙間がある	③雨水を移動させる力が作用する
雨仕舞の基本的な考え方	目地などの雨水の浸入口に、雨水が到達しないようにする	雨水浸入口にシーリング材を充填、あるいは装着して塞ぐ	目地に発生するエネルギーを減少させる
雨仕舞の方法	庇を設ける 水切りを設置する	シーリング防水（不定形シーリング材の例）	オープンジョイント（瓦葺きも、この考え方である）

表 10-3 基本的な雨水浸入に対する防止方法

る力"を消滅させたり，害のない程度まで弱める防水である。一般的には，"オープンジョイント"あるいは"等圧ジョイント"という。

2）目地の雨仕舞

目地の最も重要な機能は，雨水を室内に入れないことである。そのために行う工夫を，目地の雨仕舞という。**表10**-4に，基本的な雨水浸入防止方法を示す。

クローズドジョイントは，シーリング材に故障が生じた場合は，直ちに漏水するので，2段階に分けて防水を行っている。この方法は，2段階シール（two stage joint）という。1段階シール（one stage joint）は，あまり防水性を重視しない目地にのみ採用する構法である。

一方，雨水を移動させる各種の力の減少方法については，**表10**-5に示すさまざまな工夫が行われている。このように雨水の浸入を阻止する構法を，オープン（open）ジョイントという。なお室内側近くに位置する気密材は，クローズドジョイントのシーリング材のように全面にわたって十分

雨水の浸入条件	雨仕舞の基本的な考え方	雨仕舞の方法
①雨水がある	目地などの雨水の浸入口に，雨水が到達しないようにする	庇を設ける／水切りを設置する
②雨水の浸入口がある	雨水の浸入口をシーリング材を充填，あるいは装着して塞ぐ	シーリング防水／不定形シーリング
③雨水を移動させる力が作用する	目地の間隙を利用して水を移動させる力を消滅させるか，害のない程度まで弱める	オープンジョイント（南京下見板や瓦葺きもこの考え方である）

表10-4 基本的な雨水浸入防止方法

に接着しなくても，密着状態であればその役割を果たすことができる。**図10-2** に，ジョイント方式を示す。

シーリング防水の基本

防水の設計時の検討項目は，次の3つである。
① 目地への充填作業の難易の程度と接着性について（作業性，接着性）
② 目地のムーブメントに対する追従性と太陽光・雨雪・有害ガスなどに対する抵抗性について（耐疲労性・耐候性）
③ シーリング材に起因する目地周辺の汚染や副資材に起因するシーリング

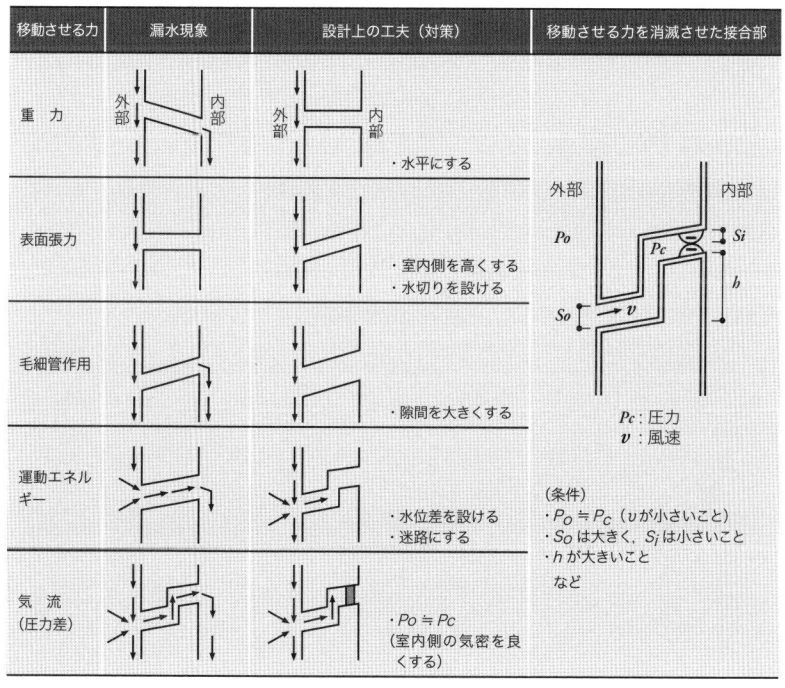

移動させる力	漏水現象	設計上の工夫（対策）	移動させる力を消滅させた接合部
重力		・水平にする	
表面張力		・室内側を高くする ・水切りを設ける	P_c：圧力 v：風速 （条件） ・$P_o \fallingdotseq P_c$（vが小さいこと） ・S_oは大きく，S_iは小さいこと ・hが大きいこと など
毛細管作用		・隙間を大きくする	
運動エネルギー		・水位差を設ける ・迷路にする	
気流 （圧力差）		・$P_o \fallingdotseq P_c$ （室内側の気密を良くする）	

表10-5 水を移動させる力とそれに対する設計上の工夫

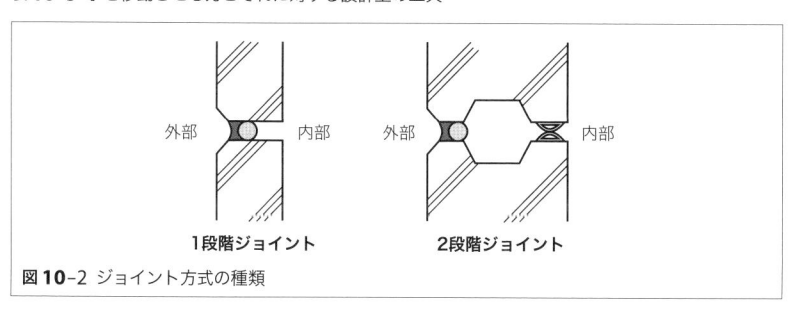

図10-2 ジョイント方式の種類（1段階ジョイント、2段階ジョイント）

材の変質・劣化などの有無について（非汚染性）

1）シーリング材の種類

シーリング材を製品形態，硬化機構および主成分別に分類したものを**図10**-3に示す。

①シリコーン系シーリング材

シリコーン系シーリング材は，シリコーン（オルガノポリシロキサン）を主成分としたシーリング材であり，1成分形と2成分形がある。

1成分形は，空気中の水分と反応して表面から硬化する湿気硬化形で，高・中モジュラス形と低モジュラス形がある。

2成分形は，基剤の主成分であるシリコーンが硬化剤に含まれる触媒によって反応して硬化する混合反応硬化形で，高モジュラス形（脱アルコール形が多い）と低モジュラス形（脱ヒドロキシルアミン形が多い）がある。

②シリコーン系マスチック

シリコーン系マスチックは，シリコーンを主成分としたシーリング材で，1成分形と3成分形がある。

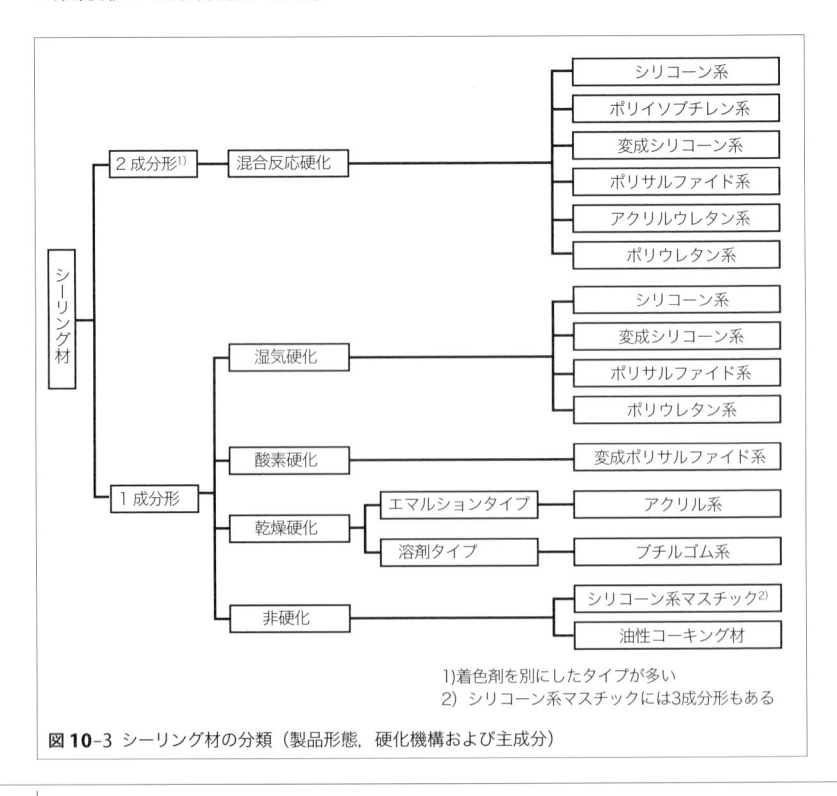

```
                                  ┌── シリコーン系
                                  ├── ポリイソブチレン系
                ┌─ 2成分形1) ─ 混合反応硬化 ─┼── 変成シリコーン系
                │                 ├── ポリサルファイド系
                │                 ├── アクリルウレタン系
                │                 └── ポリウレタン系
                │
                │                        ┌── シリコーン系
シ              │         ┌─ 湿気硬化 ──┼── 変成シリコーン系
ー              │         │              ├── ポリサルファイド系
リ ─────────────┤         │              └── ポリウレタン系
ン              │         │
グ              │         ├─ 酸素硬化 ─── 変成ポリサルファイド系
材              │         │
                └─ 1成分形 ┤              ┌ エマルションタイプ ── アクリル系
                          ├─ 乾燥硬化 ──┤
                          │              └ 溶剤タイプ ────── ブチルゴム系
                          │
                          └─ 非硬化 ─────┬── シリコーン系マスチック2)
                                         └── 油性コーキング材

1) 着色剤を別にしたタイプが多い
2) シリコーン系マスチックには3成分形もある
```

図10-3 シーリング材の分類（製品形態，硬化機構および主成分）

このシーリング材は，プライマーを使用しないで，各種被着体に粘着する特殊なシーリング材である。市場での使用例は少ない。

③ポリイソブチレン系シーリング材

　ポリイソブチレン系シーリング材は，シリル基を末端にもつポリイソブチレンを主成分とした2成分形シーリング材である。基剤の主成分であるポリイソブチレンが，硬化剤に含まれる触媒によって反応して硬化する混合反応硬化形である。ガラス面へのシーリング工事で，シリコーン系シーリング材による施工での汚染を嫌う場合に採用される。

④変成シリコーン系シーリング材

　変成シリコーン系シーリング材は，変成シリコーン（シリル基を末端にもつポリエーテル）を主成分としたシーリング材で，1成分形と2成分形がある。

　1成分形は，空気中の水分と反応して表面から硬化する湿気硬化形で，高モジュラス形と低モジュラス形がある。

　2成分形は，基剤の主成分である変成シリコーン硬化剤に含まれる触媒によって反応して硬化する混合反応硬化形である。

⑤ポリサルファイド系シーリング材

　ポリサルファイド系シーリング材は，ポリサルファイド（主鎖にSS結合をもち，末端に-SH基をもつポリマー）を主成分としたシーリング材で，1成分形と2成分形がある。

　1成分形は，空気中の水分と反応して表面から硬化する湿気硬化形である。

　2成分形は，基剤の主成分であるポリサルファイドが硬化剤と反応して硬化する混合反応硬化形である。硬化剤の主成分に，イソシアネートを用いるタイプと金属酸化物を用いるタイプの2種類がある。

⑥変成ポリサルファイド系シーリング材

　変成ポリサルファイド系シーリング材は，変成ポリサルファイド（主鎖にウレタン結合をもち，末端に-SH基をもつポリマー）を主成分とした，1成分形シーリング材である。空気中の酸素と反応して表面から硬化する酸素硬化形である。

⑦アクリルウレタン系シーリング材

　アクリルウレタン系シーリング材は，アクリルウレタン（ポリウレタンの一部をアクリルで置き換えたポリマー）を主成分としたシーリング材で，

1成分形と2成分形がある。

1成分形は，空気中の水分と反応して表面から硬化する湿気硬化形である。

2成分形は，基剤のウレタンプレポリマーと硬化剤の主成分である活性基をもつ，アクリルオリゴマーとが反応して硬化する混合反応硬化形である。

⑧ポリウレタン系シーリング材

ポリウレタン系シーリング材は，ポリウレタン（ウレタン結合などをもつポリマー）を主成分としたシーリング材で，1成分形と2成分形がある。

1成分形は，空気中の水分と反応して表面から硬化する湿気硬化形で，高モジュラス形と低モジュラス形がある。

2成分形は，基剤のウレタンプレポリマーと硬化剤の主成分である活性基をもつ，ポリオールなどが反応硬化形である。

⑨アクリル系シーリング材

アクリル系シーリング材は，アクリル樹脂を主成分としたシーリング材で，1成分形のエマルションタイプである。含有水分が蒸発することによって，表面から硬化する乾燥硬化形で，硬化すれば水には不溶となる。通常は20～30%の体積収縮がある。

⑩ブチルゴム系シーリング材

ブチルゴム系シーリング材は，ブチルゴムを主成分としたシーリング材で，1成分形の溶剤タイプである。含有溶剤が蒸発することによって硬化する乾燥硬化形で，硬化しても溶剤には溶解する。通常は20～30%の体積収縮がある。

⑪油性コーキング材

油性コーキング材は，天然または合成の乾性油あるいは樹脂を主成分とした，1成分形シーリング材である。表面は空気中の酸素と反応して皮膜を形成するが，内部は硬化しない非硬化形である。プライマーを使用しないで，各種の非着体に粘着するものである。

2）シーリング材の使い方

シーリング材の特徴には，一長一短があり，1種類のシーリング材ですべてに対応することは難しい。より適切なシーリング施工を行うには，建築物の規模，種類によって要求される性能ブレードに対応して，目地に求められる諸機能に合致するシーリング材を選択することが基本となる。

表10-6に，基本的な検討項目と主要な検討内容を示す。この他に，設計から施工に至る環境を全体的に勘案したうえで材料を，選定することが重要である。

①シーリング材の選択

外壁などの目地（ワーキングジョイントおよびノンワーキングジョイント）における構法・部位・構成材とシーリング材との適切な組合せを**表10-7**に示す。

②シーリング材の一般的性質

シーリング材を正しく使用するには，シーリング材の一般的性質を熟知しておく必要がある。なおシーリング材の一般的性質および留意事項については，**表10-8～10-10**を参照されたい。

③シーリング材の汚染性など

シーリング材の汚染性は，ほこりの付着などシーリング材自身が汚れる現象と，成分の移行によって構成材の目地周辺を汚染する現象とがある。いずれも美観上の問題となり，特に石材の場合には注意が必要である。**表10-11**に，汚染現象とその対策を示す。

	検討項目	内容
ムーブメントの種類とその大きさ	①温度変化による部材の伸縮 ②地震による層間変位 ③風による部材のたわみ ④部材の含有水分の変化による変形	・目地の種類 ・部材の種類 ・部材の形状寸法 ・部材の色調 ・部材の取付状態および暴露される形態（方位・日照）
被着体の種類	①接着性	・シーリング材とプライマー ・被着体の種類，形態 ・ナイロン研磨布によるバフ掛けの是非 ・ガラスへの長期間接着性を確保するシーリング材およびプライマー（紫外線など）
	②被着体の表面強度	・表面強度の小さい被着体へのプライマーまたは前処理コーティング（ACLパネル，石こうボードなど） ・常温乾燥形の塗装面の対応 ・シーリング材のモジュラス
	③被着体の耐溶剤性	・プラチック，塗装面などのプライマーによる浸入の確認 ・プライマーの選定，または重ね塗り ・シーリング材の選定
耐久性	①耐熱性 ②耐候性 ③耐水性 ④耐アルカリ性	・金属目地での耐熱性，耐候性 ・コンクリート目地での耐水性，耐アルカリ性
意匠	①シーリング材表面が露出される場合	・シーリング材そのものの変色，退色 ・シーリング材表面へのこみの付着およびかびの発生 ・シーリング材による目地周辺部材の汚染
	②シーリング材表面に塗material，仕上塗材が塗装される場合	・塗料，仕上塗材の接着性，変色などの諸事情確認

表10-6 シーリング材の選び方の基本

目地の区分	構法・部位・構成材				シリコーン系	
					2成分形	1成分形
ワーキングジョイント	カーテンウォール	ガラス・マリオン方式		ガラスまわり目地	○	○*4
				方立無目ジョイント	○	
		金属パネル方式		ガラスまわり目地	○	○*4
				パネル間目地	○*3	
		PCaパネル方式	石打込みPCa タイル打込みPCa 吹付塗装PCa	PCaパネル間目地		
				窓枠まわり目地		
				ガラスまわり目地	○*3	○*3,4
	各種外装パネル	ACLパネル（スライド，ロッキング，カバープレート構法）		ALCパネル間目地	塗装あり*2	
				窓枠まわり目地	塗装なし	
		塗装アルミニウムパネル（強制乾燥・焼付塗装）		パネル間目地	○*3	○*3,4
		塗装鋼板・ほうろう鋼板パネル		パネル間目地・窓枠まわり目地		
		GRC，押出成形セメント板		パネル間目地	塗装あり*2	
				窓枠まわり目地	塗装なし	
		窯業系サイディング		パネル間目地	塗装あり*2	
				窓枠まわり目地	塗装なし	
	金属製建具	ガラスまわり		ガラスまわり目地	○	○
		建具まわり		水切り，皿板目地	○*3	
				建具まわり目地（水切，皿板なし）		
		工場シール		シーリング材受け		
	笠木	金属笠木		笠木間目地	○*3	
		石材笠木		笠木間目地		
		PCa笠木		笠木間目地		
ノンワーキングジョイント	コンクリート壁	RC壁，壁式PCa		打継ぎ目地，収縮目地	塗装あり*2	
				窓枠まわり目地	塗装なし	
		石張り（湿式）（石打込みPCa，石目地を含む）		石目地		
				窓枠まわり目地		
		タイル張り（タイル打込みPCaを含む）		タイル目地		
				タイル下躯体目地		
				窓枠まわり目地		
	外装パネル	ACLパネル（挿入筋・ボルト止め構法）		ALCパネル間目地	塗装あり*2	
					塗装なし	
				窓枠まわり目地	塗装あり*2	
					塗装なし	
外壁以外の目地	屋根・屋上			シート防水等の末端処理		
				瓦の押え（台風被害の防止）		○*5
				金属屋根の折り曲げ部のシール		○*5
	水まわり1)			浴室・浴槽（耐温水性必要部）		○*5
				キッチンキャビネットまわり		○*5
				洗面台化粧台まわり		○*5
	設備			排気口まわり・貫通パイプまわり（設備機器用スリーブ等含む）	塗装あり*2	
					塗装なし	
				バルコニー等手摺の支柱脚まわり	塗装あり*2	
					塗装なし	
				避難ハッチまわり	塗装あり*2	
					塗装あり	
	その他			ポリカーボネット・アクリル板		○*6

表10-7 シーリング材に関する適材適所表（構法・部位・構成材とシーリング材の適切な組合せ）
（「建築用シーリング材ハンドブック」より）

ポリイソブレチン系	変形シリコーン系		ポリサルファイド系		アクリルウレタン系	ポリウレタン系		アクリル系
2成分形	2成分形	1成分形	2成分形(*8)	1成分形	2成分形	2成分形	1成分形	1成分形
○								
○								
○								
○	○							
○	○		○		○			
○	○		○		○			
○	○		○					
	○	○				○	○	
	○	○						
○	○							
○	○		○					
	○	○	○		○	○	○	
	○	○	○					
○*7	○						○*9	
○*7	○		○	○			○*9	
○			○					
○	○							
	○	○	○					
			○					
○	○							
○	○							
○	○		○		○			
			○					
○	○	○	○			○	○	
			○					
○	○	○	○					
						○	○	
○	○	○	○					
○	○	○	○		○	○	○	○
○	○	○						
○	○	○			○	○	○	
	○	○	○					
			○		○		○	
		○						
			○		○			
	○	○	○			○	○	
	○	○	○	○				
	○	○	○			○	○	
	○	○	○		○	○	○	
	○	○	○	○				

*1 防かびタイプ
*2 塗装性の事前確認が必要
*3 汚染性に注意
*4 低モジュラスを使用
*5 高モジュラスを使用
*6 脱アルコール形
*7 窯業系サイディング用の応力緩和形
*8 イソシアネート硬化形に適用
*9 窯業系サイディング用途であることを確認(接着性,耐候性)

注)この表は一般的な目安であり,実際の適用にはシーリング材製造業者に問合せを行い,十分に確認することが必要である

シーリング材		復元性	物性変化（引張応力,伸びなど）		充填後の収縮	使用温度範囲(℃)	耐候性	耐疲労性	留意事項
			材齢	温度					
混合反応硬化・2成分形	シリコーン系	AA	微小	微小	小	-40～120	AA	AA	・目地周辺部を汚染することがあるので，汚染防止処理が必要である ・表面に仕上材が接着しにくい ・表面にほこりが付着しやすい ・クレーター現象を生じることがある
	ポリイソブチレン系	A～B	小～中	小～中	小	-30～100	A	A	・接着性はプライマーに依存する傾向が大きいので，プライマー処理を確実に行う必要がある ・薄層未硬化現象を生じることがある ・わずかにクレーター現象を生じることがある ・表面にタックが残ることがある ・油性やフタル酸の酸化重合形塗料を表面に塗布すると，乾燥しないことがある
	変成シリコーン系	A～C	小～中	小～中	小	-30～90	A～B	A～B	・接着性はプライマーに依存する傾向が大きいので，プライマー処理を十分に行う必要がある ・グレイジングを用途としていない ・薄層未硬化現象を生じることがある ・わずかにクレーター現象を生じることがある ・表面に多少タックが残ることがある ・油性やフタル酸の酸化重合形塗料を表面に塗布すると，乾燥しないことがある ・表面に光沢差が生じたり，虹色現象が見られることがある ・応力緩和形がある
	ポリサルファイド系	B～C	中	中～大	小	-20～80	A～B	B	・ムーブメントの大きい金属カーテンウォール目地・金属笠木目地には好ましくない ・石材との適合性を事前に確認する必要がある ・施工時の気温・湿度が高い場合，発泡のおそれがある（イソシアネート硬化形） ・表面の仕上材や塗料を変色・軟化させることがある表面に塗装する場合には，汚染防止処理が必要である（金属酸化物硬化形） ・わずかにクレーター現象を生じることがある（金属酸化物硬化形）
	アクリルウレタン系	A～B	小～中	小～中	小	-20～90	A～B	A～B	・グレイジングを用途としていない ・表面にタックが残り汚れやすい ・施工時の気温・湿度が高い場合，発泡のおそれがある
	ポリウレタン系	B	中	中	小	-20～70	B～C	A～B	・グレイジングを用途としていない ・耐熱性・耐候性に劣るため，金属パネルや金属笠木などには適していない ・表面にタックが残り汚れやすい ・紫外線や硫黄系ガスにより表面が変色することがある。また，耐候性を補うため，表面は塗装することが望ましい ・油性やフタル酸の酸化重合形塗料を表面に塗布すると，乾燥しないことがある ・施工時の気温・湿度が高い場合，発泡のおそれがある

表 **10**-8 シーリング材の一般的性質・留意事項（1）

④シーリング材の耐薬品性

シーリング材の耐薬品性は，**表10**-12 に示す。この表は，建築物の外装・内装のシーリング材に極く短時間，薬品が付着する場合（例えば，薬品で洗浄した後ただちに除去する場合，薬品の飛沫が付着する場合など）の目安を示している。床やピットなど，種々の酸類，アルカリ類が含まれる水溶液が滞留する部分へのシーリング施工には適用できない。

⑤シーリング材の打継ぎ

異種のシーリング材の打継ぎは，本来望ましいものではない。ただし適

	シーリング材		復元性	物性変化（引張応力，伸びなど）		充填後の収縮	使用温度範囲（℃）	耐候性	耐疲労性	留意事項
				材齢	温度					
湿度硬化・1成分形	シリコーン系	高モジュラス	A	微小	微小	小	-40〜150	AA	A〜B	・表面に仕上材が接着しにくい ・脱酢酸形は鉄などの金属を腐食するので，網入ガラスなどには適していない。脱オキシム形も銅板には注意が必要である ・目地が深い場合，硬化に日数を要する ・表面硬化が速いので，早めにへら仕上げを行う
		低モジュラス	AA	微小	微小	小	-40〜120	AA	AA	・目地周辺部を汚染することがあるので，汚染防止処理が必要である ・表面に仕上材が接着しにくい ・アルミニウム笠木目地などの硬化過程で，ムーブメントが大きい場合，変形変位などの影響を受けやすい ・表面にほこりが付着しやすい
	変成シリコーン系		B〜C	小〜中	小〜中	小	-30〜90	A〜B	A〜B	・高モジュラス形と低モジュラス形がある ・グレイジングを用途としていない ・低モジュラス形は，表面にほこりが付着しやすい ・表面硬化が速いので，早めにへら仕上げを行う
	ポリサルファイド系		B〜C	中	中〜大	小〜中	-20〜80	A〜B	B	・グレイジングを用途としていない ・ムーブメントの大きい金属カーテンウォール目地・金属笠木目地には好ましくない ・表面の仕上材や塗料を変色・軟化させることがある。表面に塗装する場合には，汚染防止処理が必要である ・目地が深い場合は，硬化に日数を要する
	ポリウレタン系		B	中	小〜中	小〜中	-20〜70	B	B	・グレイジングを用途としていない ・硬化後タックが残るものがあり，ほこりの付着に注意する ・施工時の気温・湿度が高い場合，発泡のおそれがある

表10-9 シーリング材の一般的性質・留意事項（2）

材適所の考え方によるシーリング材の選定，または工場シールと現場施工などの取合い部でやむを得ず異種のシーリング材の打継ぎが生じる場合がある。

異種のシーリング材の打継ぎでは，シーリング材の種類の検討，施工手順の確認，プライマーの選択などを慎重に行う必要がある。**表 10**-13 に，異種のシーリング材の打継ぎの目安を示す。

3) プライマーの種類と役割

プライマーは，シラン，ウレタン，塩化ゴム，アクリルなどを有機溶剤

	シーリング材	復元性	物性変化（引張応力伸びなど）		充填後の収縮	使用温度範囲（℃）	耐候性	耐疲労性	留意事項
			材齢	温度					
酸素硬化・1成分形	変成ポリサルファイド系	B	中	中	小〜中	-20〜80	B	B	・グレイジングを用途としていない ・目地が深い場合，硬化に日数を要す
乾燥硬化・1成分形	エマルションタイプ アクリル系	C	中〜大	大	大	-20〜50	B〜C	C	・乾燥が不十分なコンクリートやモルタル面には施工することができない ・施工直後の表面にはコンクリートやモルタルを打設することができない ・未硬化の状態では，水に弱く雨に流される欠点があり，また，常時水に浸される箇所には使用することができない ・一般的に 0℃以下では施工することができない ・乾燥硬化タイプの欠点である体積収縮を考慮して仕上げる必要がある
	溶剤タイプ ブチルゴム系	C	中〜大	大	大	-20〜50	C	C	・他のシーリング材に比較して，収縮が大きい ・耐油性・耐溶剤性が悪い ・硬化する前は，溶剤が含まれているので引火性がある
非硬化	皮膜形成 シリコーン系マスチック	D	小	小	小	-40〜100	A〜B	C	・硬化皮膜が薄いので，ワーキングジョイントには使用することができない ・目地周辺部を汚染することがある
	油性コーキング材	D	大	大	大	-20〜40	C	C	・他のシーリング材に比べて，永久変形しやすく，耐候性が劣る ・ワーキングジョイントには，使用することができない ・無皮膜性コーキング材は，汚染性が大きい

表 10-10 シーリング材の一般的性質・留意事項（3）

概要			シリコーン系	ポリイソブチレン系	変成シリコーン系	ポリサルファイド系	アクリルウレタン系	ポリウレタン系	対策 等
シーリング材表面	汚れ	ほこり等の付着	C	B	B	A	C	C	・表面を塗装する（変成シリコーン系，アクリルウレタン系，ポリウレタン系）。（ある程度は不可避）
		かび等の発生	B	B	B	B	B	B	・防かび剤入り（シリコーン系，変成シリコーン系）を使用する（外装での発生は少ない）
	変退色	紫外線による変・退色	A	A	A	B	B	C	・表面を塗装する（変成シリコーン系，アクリルウレタン系，ポリウレタン系）。（ある程度は不可避）
		硫黄系ガスによる変色	A	A	A	B	C	C	・表面を塗装する（アクリルウレタン系，ポリウレタン系）。（温泉地は注意する）
	ゴムビードの成分移行による軟化・変色・接着破壊等（ガラスまわり目地）		C	C	/	C	/	/	・ゴムと絶縁する ・事前に選定する
	シーリング材表面の塗装における仕上塗材の軟化・変色		仕上塗材の種類により異なる						事前検討
周辺部	石材，タイル等のはっ水汚染（シーリング材の成分移行）		C	A	A	A	A	A	・シリコーン系以外の材料を使用する。
	石材へのしみの発生		石材の種類，産地などにより異なる。						事前検討

A：影響なし　B：影響小　C：影響有　ポリイソブチレン系は事前に製造業者に確認する。

表10-11 シーリング材に関する汚染現象と対策
（「外壁接合部の水密設計および施工に関する技術指針」から抜粋）

薬品		シリコーン系	ポリイソブチレン系	変成シリコーン系	ポリサルファイド系	アクリルウレタン系	ポリウレタン系	アクリル系	ブチルゴム系	油性コーキング材
酸	塩　　酸 (5%)	○	○	△	○	○	○	○	○	×
	硫　　酸 (5%)	○	○	○	○	○	○	○	○	×
	酢　　酸 (5%)	△	×	×	×	△	△	△	○	×
アルカリ	アンモニア水 (28%)	○	○	○	○	○	○	○	△	△
	水酸化ナトリウム (10%)	○	○	○	○	○	○	×	×	×
	水酸化カルシウム (飽和)	○	○	○	○	○	○	○	○	○
溶剤	トルエン	×	×	×	×	×	×	×	×	×
	酢酸エチル	△	×	×	△	×	×	×	×	×
	アセトン	△	×	×	△	×	×	×	×	×
	エチルアルコール	○	○	△	△	△	△	△	○	×
油	植　物　油	○	○	○	○	○	○	○	○	△
	潤　滑　油	○	○	○	○	○	○	○	○	×
	灯油・軽油	×	×	×	×	△	△	△	○	×
	ガソリン	×	×	×	×	△	△	△	○	×
その他	食　塩　水 (30%)	○	○	○	○	○	○	○	○	○
	次亜塩素酸ソーダ (10%)	○	○	○	△	○	○	△	×	×
	過酸化水素水 (30%)	○	△	△	×	△	○	△	×	○

○：使用可，△：条件によっては使用可，×：使用不可

表10-12 シーリング材の短時間での耐薬品性

や水などの溶媒に溶解させたものである。固形分，粘度，各種配合添加剤などについては，被着体別の要求性能や作業性などによって異なっている。

プライマーの特徴や主な機能は，次のとおりである。
①外装材やシーリング材との接着力が大きいこと
②施工後，紫外線やアルカリ水などのアタックを受けても接着力の低下が生じないこと
③被着面やシーリング材を変質させないこと
④作業しやすい粘度で，かつ，被着面へのぬれが良いこと
⑤オープンタイムは短く，可使時間が長いこと

現在，使用頻度の高いプライマーのオープンタイムの目安は30分前後であり，可使時間は最長10時間程度である。なお，これらの数値は，使用環境条件で異なり，雨水に曝された場合には新たに塗り重ねる必要が生じ，また低温環境ではオープンタイムを長くするなどの処置が必要となる。

先打ち ＼ 後打ち	シリコーン系	シリコーン系	ポリイソブチレン系	変成シリコーン系	ポリサルファイド系	アクリルウレタン系	ポリウレタン系	アクリル系
シリコーン系	○	○	※	×	×	×	×	×
シリコーン系	※	○	×	×	×	×	×	×
ポリイソブチレン系	※	※	○	※	※	※	※	※
変成シリコーン系	△	※	※	△	※	※	※	※
ポリサルファイド系	○	※	※	○	○	○	○	○
アクリルウレタン系	○	※	※	○	○	○	○	※
ポリウレタン系	○	※	※	○	○	○	○	○
アクリル系	×	※	※	○	○	○	○	○

注）
1) ○：打継ぐことができる
　△：カットして新しい面を出し，専用プライマーを使用すれば，打継ぐことができる
　×：打継ぐことができない
　※：シーリング材製造業者に確認が必要である
2) 打継ぎ表は，以下の条件を前提としている
　①先打ちシーリング材は十分に硬化していること
　②打継ぎ面は溶剤洗浄を行うこと，またはカットして新しい面を出すこと
　③後打ちシーリング材のプライマーを打継ぎ面に塗布すること
　④打継ぎ（そぎ継ぎ）の例を図10-4に示す
3) 打継ぎ表の適用にあたっては，次のような留意が必要である
　①この打継ぎ表は，目地設計，施工計画，施工管理などに参考とする目安があり，実際の施工にあたっては，取り合うシーリング材製造業者の技術資料や指示に基づいて，実施する必要がある。特にポリイソブチレン系は，試験を実施するか否か，シーリング材製造業者に確認する
　②工場施工後の打継ぎは，工場施工後の養生時間などの条件によって接着性が大幅に異なる場合があるので，施工直前に再チェックを行う必要がある

表10-13 各種シーリング材の打継ぎの目安

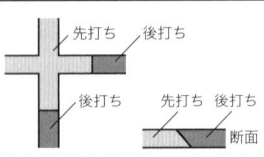

打継ぎ（そぎ継ぎ）の例
（目地の交差部分での打継ぎは避ける）

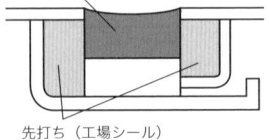

工場シールとの打継ぎ例

シーリング材の施工

図 10-4 に，シーリング材の施工工程を示す。写真 10-1 に，シーリング材の施工の主要工程を示す。おのおのについては各工程ごとに後述する。

なお，シーリング工事においては，要求された条件を十分に満足する材料を使用したとしても，誤った施工が行われた場合は，シーリング材本来の性能が発揮できず，漏水という致命的な欠陥につながってしまう。材料に関する豊富な知識，高度な施工技術をもつシーリング施工技能士，シーリング施工業者を指定することが重要である。

シーリング施工技能士の活用は，「平成 16 年版建築工事監理指針」9.6.4 施工（a）施工の体制に明記されている。ここにその一部を抜粋する。

施工前の目地検査
↓
目地の清掃
↓
バックアップ材の充填
↓
マスキングテープ貼り
↓
プライマー塗布
↓
シーリング材の練混ぜ
↓
シーリング材の充填
↓
仕上げ
↓
マスキングテープの除去

図 10-4 シーリング材の施工工程

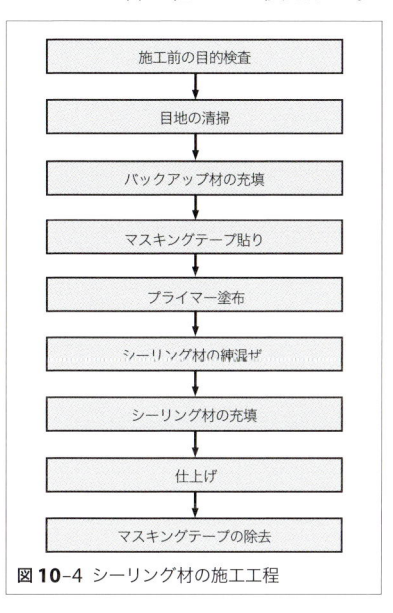

①目地の検査　②目地の清掃　③バックアップ材の充てん
④マスキングテープ貼り　⑤プライマー塗布　⑥シーリング材の練混ぜ
⑦シーリング材の充てん　⑧仕上げ　⑨マスキングテープの除去

写真 10-1 工程別のシーリング材の施工状況

> 平成 16 年版　建物工事管理指針（抜粋）
>
> 9.6.4 施工
>
> (a) 施工の体制
>
> (1) シーリング工事の場合，確実な防水性能を確保するうえで材料特性面より施工の技量に負うところが多い。現在，シーリング工事に関しては一級技能士（厚生労働大臣認定）と二級技能士（都道府県知事認定）の公的資格があり，「標仕」では，技能士の適用が特記された場合は，一級技能士が自ら作業するとともに，施工品質の向上を図るための作業指導を行うこととしている（「標仕」1.5.2 参照）。
>
> (2) シーリング工事では施工のほかに事前検討や施工管理を含め工事関係者との検討・調整等が必要である。例えば，日本シーリング材工業会では，これらの技術および知識を有する「シーリング管理士」を認定している。「シーリング管理士」制度は昭和 46 年に発足し，昭和 55 年から実施された建設省総合技術開発プロジェクト「建築物の耐久性向上技術の開発」においても，「シーリング管理士」の参画による効用が記述されている。
>
> 　なお，「シーリング管理士」は平成 16 年 6 月現在 612 名が認定されている。

施工前の目地検査

シーリングを施工する前に，まず目地の状態について確認することが必要である。いくらよいシーリング材を使用しても，被着部が汚れていては接着不良を起こし，所定の性能が得られない。

したがって，施工前に以下の事項を検査・確認し，不具合があれば適切な処置を実施する必要がある。

①施工箇所の確認
②目地の形状・寸法などの確認および工場施工のシーリング材の確認
③被着体の材質の確認
④目地の欠陥の有無と補修

コンクリート，ALC 板，PC 版などにおいて，目地部周辺に欠け，ひび割れ，ジャンカなどがある場合は，シーリング工事前に適切な補修を実施する。

⑤塗装・コンクリート・モルタルなどの養生期間の確認

作業環境

　　シーリング材の接着性は，被着面の水分状態によって大きく左右される。したがって，コンクリート打設やPC版製造後の養生期間はできるだけ長期間とるのがよい。目安としては，2か月以上とれば，安心である。また，降雨・降雪が予想される場合はすみやかに施工を中止する。また，すでに施工した部位が，雨水によって濡れるのを防止する意味で適切な養生を行う必要がある。降雨・降雪後の作業は，翌日以降に被着面が乾燥しているのを確認してから開始する。強風時の作業も危険を伴うので，協議のうえ施工を中止するなど適切な処置を行うことが必要である。

被着面の清掃

　　被着面の清掃は，接着性をよくするために重要な作業である。接着性を阻害するレイタンス，腐食生成物，離型剤，保護フィルムなどの粘着剤，油分などはサンダーや清掃溶剤などによって除去しなければならない。

　　清掃溶剤を用いて清掃するときには，被着面（塗膜など）を膨潤させたりしないものを選定する。また，清掃溶剤の保管・使用にあたっては，火気・盗難に十分留意し，鍵のかかる保管庫に収納する。各種構成材別の清掃方法を**表10**-14に示す。

　　また，最近，耐候性に優れるフッ素樹脂塗料の普及が目覚しく，さまざまなパネル類の仕上塗装に使用されているが，シーリング材にとっては接着しにくい仕上材のひとつである。これに対して，JASS 8などでは，接着性を確保するための処理として，被着面をナイロン研磨布によりバフ掛けする作業を推奨している。現在ではその効果も確認され，重要な工程となっている。

バックアップ材の装填

　　バックアップ材は目地寸法の誤差を考慮し，隙間がなく装填できる寸法のものを用意する。

　　バックアップ材は，目地深さが図面での指定寸法になるよう治具を使用しながら，ねじれや接合部における段差ができないよう装填する。バックアップ材が装填後に降雨雪で濡れた場合は，バックアップ材を再装填する。

　　図10-5に，目地深さを調整しながら装填する治具の一例を示す。

マスキングテープ張り

　　マスキングテープは，プライマーの塗布，シーリング材の充填およびヘラ仕上げの際に目地周辺の汚れを防止し，目地の線をきれいに通すために使用する。**図10-6**にマスキングテープ張りの位置を，**写真10-2**にマスキ

構成材の種類		接着阻害因子	清掃方法		注意事項
			1次清掃	2次清掃	
コンクリート プレキャストコンクリート		塵　あ　い ノロ・レイタンス 離　型　材	ワイヤーブラシ掛け サンドペーパー掛け ナイロン研磨バフ掛け	トルエンなどの 溶剤清掃	―
金属	素地	水　　　分	乾燥後 ワイヤーブラシ掛け サンドペーパー掛け	トルエンなどの 溶剤清掃	―
		さ　　　び	ワイヤーブラシ掛け サンダー掛け	トルエンなどの 溶剤清掃	―
		保護フィルム などの粘着材	―	トルエンなどの 溶剤清掃	―
		油　　　分	ナイロン研磨バフ掛け	トルエンなどの 溶剤清掃	粘着剤を広げないよう注意
		結露・水分	布などでの払拭	乾燥後溶剤清掃	乾燥白布を使い時々取り替える
	2次電解 アルミニウム	封孔処理剤	ナイロン研磨バフ掛け	トルエンなどの 溶剤清掃	乾燥白布を使い時々取り替える
	ステンレス ヘアライン仕上げ	油　　　分 粘　着　剤 研　磨　剤	ナイロン研磨バフ掛け	トルエンなどの 溶剤清掃	ヘアラインに沿って清掃
	鏡面仕上げ	油　　　分	―	トルエンなどの 溶剤清掃	曇らせないよう注意する
	銅	腐食生成物	ワイヤーブラシ掛け サンドペーパー掛け	トルエンなどの 溶剤清掃	―
	耐候性鋼	酸化処理促進皮膜	ナイロン研磨バフ掛け	溶剤清掃	溶剤の選定に注意する
		さ　　　び	ワイヤーブラシ掛け	溶剤清掃	溶剤の選定に注意する
ACLパネル		脆　弱　層	―	トルエンなどの 溶剤清掃	―
繊維セメント板		脆　弱　層	―	トルエンなどの 溶剤清掃	繊維などをほぐさないようにする
ガラス		油　　　分 保護フイルムの粘着剤	―	トルエンなどの 溶剤清掃	―
ゴム・プラスチック		表面付着物	―	溶剤清掃	被着面を侵さない溶剤を選定する
仕上塗材・塗料		乾燥状態のばらつき	―	ノルマルキサンなどの溶剤清掃	塗膜を侵さない溶剤を選ぶ
		フッ素樹脂皮膜	ナイロン研磨バフ掛け	溶剤清掃	塗膜を侵さない溶剤を選ぶ

表10-14 被着体別の清掃方法

ングテープ張り状況を示す。

　マスキングテープの材質は，通常，粘着剤付きの紙テープであり，使用に際しては次の事項の確認と施工上の留意が必要である。

① マスキングテープの除去時には粘着剤が被着体に残らないものを使用する。特に，高温環境下（真夏時の屋上笠木，南面など）で使用する場合は十分に注意する。

② 低温環境下（真冬時，北面など）で使用する場合にも，粘着性を発揮するものを選ぶ。

③ マスキングテープの粘着剤およびテープ表面の離型剤が清掃溶剤，プライマーの溶剤に侵されることで，シーリング材の接着性に悪影響を与えないようにする。

図10-5 バックアップ材装填用治具

図10-6 マスキングテープ貼りの位置

写真10-2 マスキングテープ貼りの状況　　写真10-3 刷毛の例

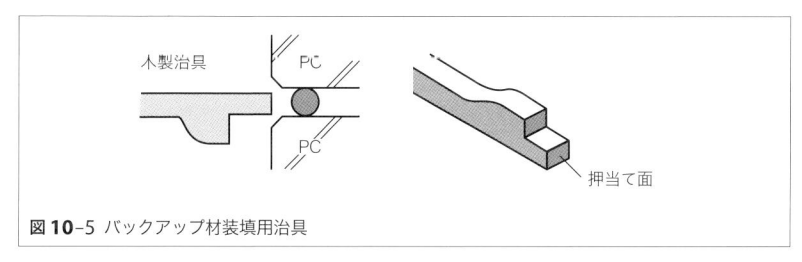

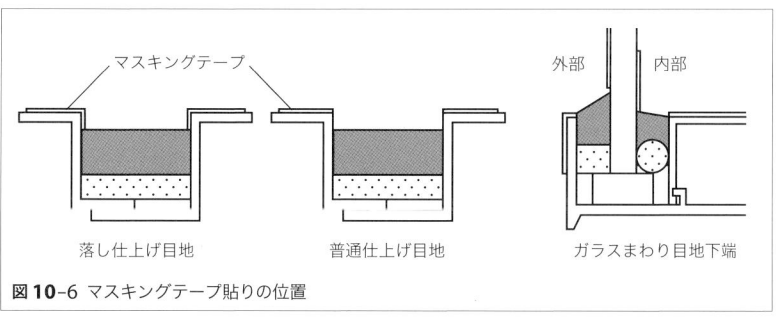

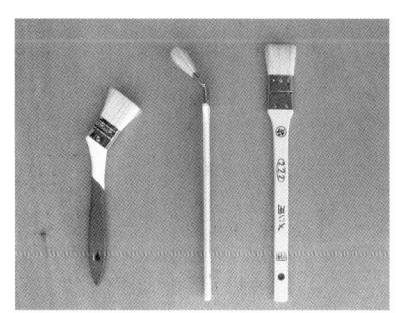

④マスキングテープは除去時に簡単に途中から切れたりしないだけの強さを有している。
⑤塗装面にテープ張りを行う場合は，塗料が十分に乾燥してから実施する。塗料が十分に乾燥していないと，テープを除去する際に塗膜を剥離させることがある。
⑥テープの粘着剤は，長時間経過すると残りやすくなる。したがって，被着面に残らないように，原則として，当日の施工範囲を予測してマスキングテープを張る。
⑦施工後，清掃溶剤を使用できない被着体（ポリカーボネートなど）には，マスキングテープの幅の広いものを用いるとよい。

プライマー塗布

プライマー塗布は，次の内容に留意して作業かつ管理する。
①プライマーは，可使時間内に使用可能な量を小分けして使用する。なお，貯蔵期間が過ぎているもの，ゲル化や白濁しているものは使用しない。
②塗布は目地に適した大きさの刷毛を使用して，塗りむら，塗り残しのないように，また目地からはみ出さないように注意して均一に行う。なお，使用後の刷毛は，清掃用溶剤でよく洗浄する。**写真 10-3** に，刷毛の例を示す。
③被着面が異種材料で構成されている場合は，それぞれの面に適したプライマーを別々に塗布することもある。その場合には，どちらのプライマーを先に塗布するかを確認した上で行う。
④プライマーの乾燥時間（オープンタイム）は，一般に 20 分から 1 時間程度であるが，プライマーの種類あるいは温度によって変化する。特に，冬期は乾燥時間が長く必要になるので施工時間を配慮する。
⑤塗布後にゴミやホコリが付着したときは，付着物を除去し再塗布を行う。シーリング材の充填が，翌日に延びたときも同様である。
⑥プライマー容器は，使用時以外はふたを閉じておき，溶剤の揮発，水や異物の混入を防止し，火気に十分注意して鍵のかかる保管庫で保管する。

シーリング材の練混ぜ（2 成分形シーリング材の場合）

シーリング材の練混ぜについては，事前に下記の点を施工者と協力会社とで確認し，施工要領書に記載しておく。

①練混ぜにあたっては，シーリング材製造業者の指定する基剤と硬化剤の組合せ・混合比であることを施工要領書に記載されている内容と比較して確認する。

　練混ぜは，原則として1セット単位とする。1回の練混ぜ量は，可使時間内で施工できる量とする。練混ぜ作業は，日光が直接当らず，ごみ・ほこりなどの入らない場所で，かつ電源に近い場所で行う。

②基剤と硬化剤は，専用機械による練混ぜを原則とし，練混ぜの際は，缶壁や缶底のシーリング材が均一に撹拌できるように注意して行う。撹拌は所定時間行い，調製されたシーリング材に，練混ぜ不良に伴う縞模様や斑点がないことを確認する。

　また，練混ぜ後の硬化状態の確認（サンプリング）は，1日に1回，かつ各ロットごとにアルミチャンネル材などに練り混ぜたシーリング材を充填し練混ぜ年月日，ロットナンバーを記録し，数日以上経過後に硬化状態を確認する。

　写真10-4 にドラム回転型練混ぜ機，**写真10**-5 減圧脱泡装置付き練混ぜ機を示す。

シーリング材の充填

1）シーリング材の調整，ガンの準備

　練混ぜられた多成分形シーリング材は，気泡を混入しないようにガンに詰める。

　1成分形シーリング材は，硬化・皮張りなどの異常のないものを，適切なガンに装着し，シーリング材の梱包ノズルをカットし，防湿膜を破って準備する。

　なお，シーリングガンは，2成分形用と1成分形用がある。**写真10**-6 に，

写真10-4 ドラム回転型練混ぜ機　　　**写真10**-5 減圧脱泡装置付き練混ぜ機

シーリングガンを示す。

2) シーリングの充填

　プライマーが十分乾燥していることを確認してから、目地幅に合ったノズルを装備したガンで、シーリング材を目地底から、隙間・打残りがなく、空気が入らないように加圧しながら充填する。

　目地への打始めは、原則として交差部から行う。ガラスまわりの場合は、コーナー部より充填する（**図10-7**）。

ヘラ仕上げ

　目地に充填したシーリング材のヘラ仕上げは、可使時間内に行う。ヘラは、金ベラ、竹ベラ、落とし目地用ヘラなどを目地形状に合わせて作製し、内部まで力が十分伝わるようにヘラ押えをしてから、表面が波立たないように平滑に仕上げる。**写真10-7**に、仕上げ用ヘラを示す。なお、マスキングテープ際の仕上げはテープにかぶらないように、また仕上面がテープ際から離れないように行う。横目地の仕上げでは、目地の上端部にシーリング材が十分に行きわたらな

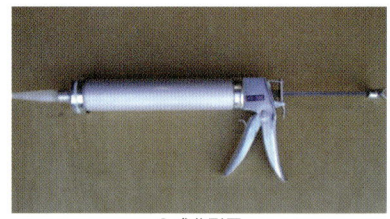

2成分形用

1成分形用

写真10-7 仕上用ヘラ

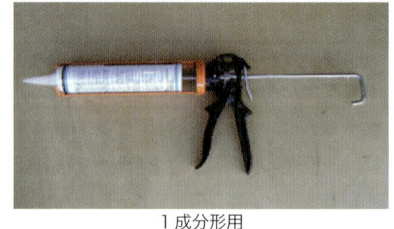

写真10-6 シーリングガンの例

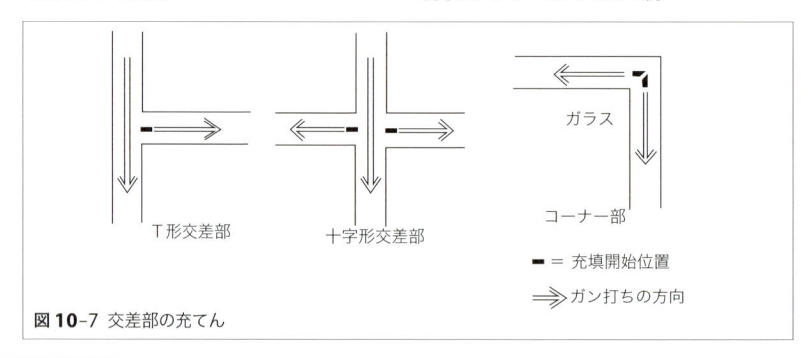

T形交差部　　十字形交差部　　ガラス
　　　　　　　　　　　　　　コーナー部

■ ＝充填開始位置
⇒ ガン打ちの方向

図10-7 交差部の充てん

いことがあるので，一度ヘラを上向きに押さえ，その後平滑に仕上げるとよい。これらの施工技能は，シーリング防水の防水性（接着性）や仕上り性に影響するので，シーリング技能士か，あるいはその指導下で工事を行うのがよい。

マスキングテープの除去・目地周辺の清掃

　マスキングテープの除去はヘラ仕上げ後，直ちに行う。シーリング材の可使時間を超えてからマスキングテープを除去すると，目地際がきれいに仕上がらず，また除去しにくくなる。

　外装材に付着したシーリング材の清掃は，直ちに外装材を侵さない清掃溶剤などを使用して拭取り清掃する。なお，シリコーン系シーリング材が付着し，未硬化のときに清掃すると汚れを広げることになるので，硬化後に引き剥すようにして取り除く。

養生（汚れ防止）

　未硬化状態のシーリング材は，ほこり・ごみなどの付着により表面が汚れたり，降雨によって流出したり，降雪によって削り取られたりしてシーリングとして用をなさなかったり，周囲を汚すことがある。

　また，物の接触によりシーリング材が損傷することもある。これを防止するために，フィルム・シート・合板などを用いて施工した表面を保護・養生する。**図10**-8に，シーリング材の保護・養生の例を示す。

　養生を行う場合は，養生材が空気の流通を妨げてシーリング材の硬化を阻害したり，シーリング材に接触して仕上がり状態を損なわないように十分注意する。

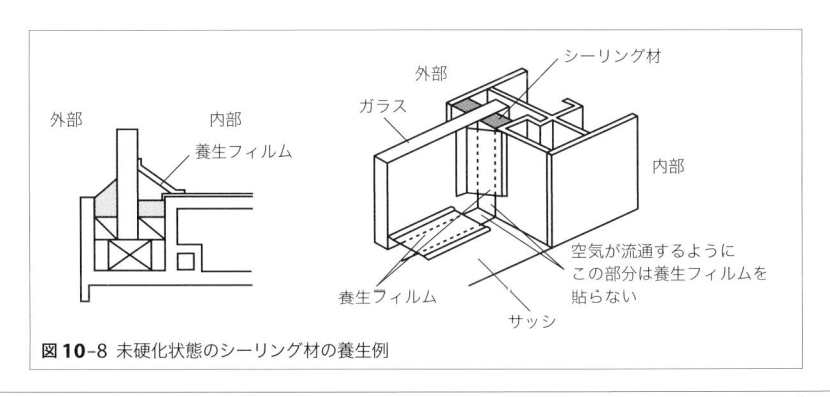

図10-8 未硬化状態のシーリング材の養生例

検査

1) 検査の種類

目地に充填されたシーリング材が設計どおりに施工され，また所定の性能を発揮できるかを確認するために，シーリング材が硬化した後，**表10**-15に示す検査を行う。検査は，接着性，硬化状態，表面の仕上り状態について，施工完了後に実施する。検査には，専門工事業者が行う自主検査と施工者・監理者が立ち合って行なう立合検査があり，その頻度，やり方，合否基準などは，事前に関係者で協議し，施工要領書に記載しておく。検査は，非破壊検査と破壊検査がある。JASS 8 では，特に破壊検査までは規定していない。

2) 接着性試験

JIS で試験対象となっていない被着体，例えば各種表面処理を施された金属やプラスチック類などの構成材，または異種シーリング材に対する接着性の確認は，実際の工事を行う際の重要な検討項目である。試験方法には，次の 5 項目がある。

①引張接着性試験

JISA1439 の 5.20 "引張接着性試験" では "養生後" "加熱後" "水浸漬後" および "促進暴露後" の条件が規定されている。接着性の確認では，一般

検査項目	非破壊検査	破壊検査
接着性	・接着面の近くをヘラなどで押し，被着面体と剥離しないことを確認	・ひも状引張試験
硬化状態	・ヘラ，指などで押えて弾性を確認 ・硬度計での確認	・ひも状引張試験 ・場合によっては，ダンベル試験片の引張試験
表面の仕上り	・表面の凸凹の有無目視確認 ・あばた（気泡）の目視確認	—
シーリング材充填形状	—	・ひも状試験でサンプリングした断面確認

表10-15 目地に充填されたシーリング材の検査方法

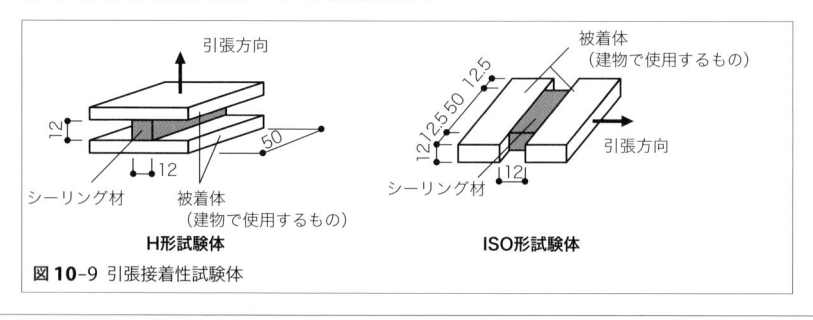

図10-9 引張接着性試験体

に"養生後"と"水浸漬後"の結果の比較により,評価していることが多い。
a) 実際の被着体を用いて,試験体を作製する(**図10**-9)。
b) シーリング材の養生は,JISA1439により行う。
水浸漬は,養生後23℃の水に7日間浸漬を行う。
なお,被着体によっては,加熱後も評価する必要がある。
c) この試験によって"50%引張応力""最大引張応力""最大荷重時および破壊時の伸び率",および"破壊状況"のデータが得られる。なお下記の場合に,接着性は良好と判断してよい。

・最大引張応力および伸びがシーリング材製造業者が設定する引張接着性試験における基準値と著しい差がないこと。
・破壊状況がシーリング材の凝集破壊(CF),あるいはシーリング材の薄層凝集破壊(TCF)であること。接着破壊(AF)は絶対に避ける。

写真10-8に引張試験,**写真10**-9に引張試験の状況を示す。

写真10-8 引張試験機

写真10-9 引張試験状況

写真10-10 簡易引張試験状況

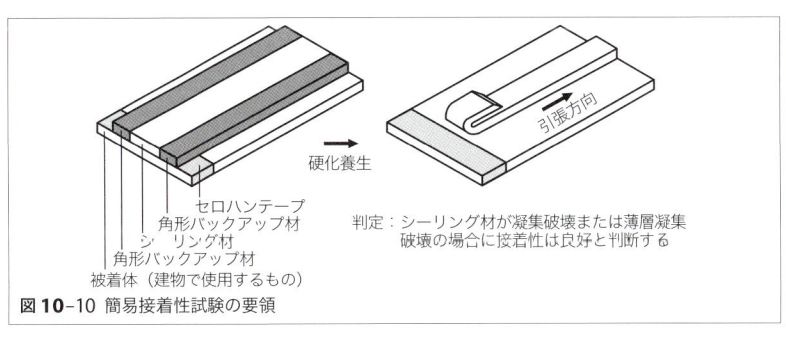

図10-10 簡易接着性試験の要領

②簡易接着性試験

　実際の被着体などにプライマーを塗布してシーリング材を充填し，硬化後，手で引っ張る簡易接着性試験も有効である。**図10**-10 に簡易接着性試験の要領を示す。**写真10**-10 に，簡易引張試験の状況を示す。

a) 実際の被着体を用いて試験体を作製する。
b) シーリング材が弾性を発現するまで十分硬化させた後，180°の方向にシーリング材を引っ張る。
c) シーリング材が凝集破壊（CF）または薄層凝集破壊（TCF）の場合は，接着性は良好と判断する。

③現場での接着性試験

　実際の目地に施工されたシーリング材の接着性を確認するためには，シーリング材が十分に硬化した後，指触による接着性確認試験あるいはひも状接着性試験（2面接着の場合）を行うとよい。シーリング材は硬化温度によって物性および接着性の発現が異なるため，夏場で1週間，冬場で2週間以上の養生を目安とする。

【指触試験】

a) **図10**-11 に示すように，シーリング材と被着体の接着面付近を指または木製のヘラなどで強く押す。
b) 接着破壊（AF）が起こらなければ，接着性は良好と判断する。

【ひも状接着性試験】

a) カッターで図の如くシーリング材を切断後，標線を記入する（**図10**-12）。
b) 手で，ひも状のシーリング材が破断するまで引っ張る。引張り方向は90°とする（**図10**-13）。

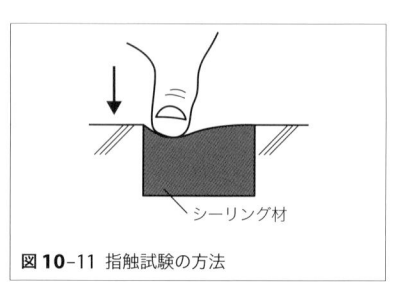

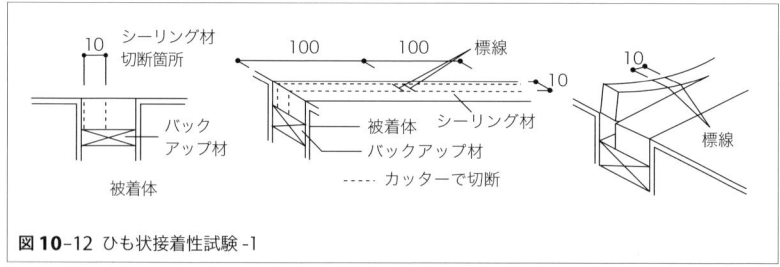

図10-11 指触試験の方法

図10-12 ひも状接着性試験-1

c) 破壊開始時の標線間距離 L を測定後，破壊状態を観察する。以下の式により伸び ε（％）の計算を行う。

$\varepsilon = (L - 10)/10 \times 100 = \triangle L/10 \times 100$

凝集破壊（CF）：シーリング材そのものの破壊

薄層凝集破壊（TCF）：被着面にシーリング材の $\triangle L$ 薄層を残しての破壊

接着破壊（AF）：接着界面での破壊，界面剥離ともいう

d) 合否の判定

凝集破壊または薄層破壊で，かつ，破壊時の伸びがシーリング材製造業者が設定するひも状接着性試験における基準値以上であれば接着性は良好と判断する。なお，シーリング材製造業者の基準値を超えてもシーリング材が破断しない場合は，危険防止のため中止してもよい。その時点で界面はく離（AF）がなければ接着性は良好と判断する。

④既存シーリング材の物性試験

実際の目地に施工されている既存シーリング材の劣化度を判定するために種々の方法が提案されているが，適切な方法は見当たらない。一般的には，次に述べる既存シーリング材の物性試験が行われている。

a) 試料の採取

試料の採取は，調査個所から暴露条件別（ムーブメント・方位など）に代表的な部分を 2 ～ 3 個所選び，原則として 50cm の試料を採取する。採取した試料は，物性試験に供するため巻いてはならない。また，直ちにポリエチレン袋などに入れて試験室へ運ぶ。

b) スライスおよび外観検査

採取した試料についてスライスを行い，外観検査を実施した後，物性試験に供する試験片の選択を行う。

イ）試料の切断

図 10-13 ひも状接着性試験 -2

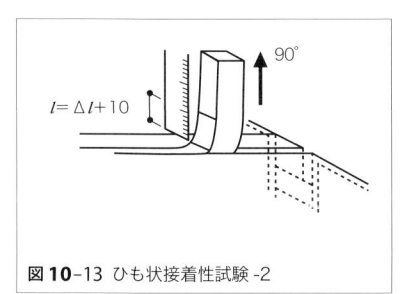

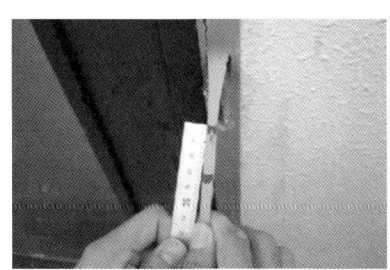

写真 10-11 ひも状試験状況

ⅰ）試料を 10cm 長さごとに切断し番号を付ける。
ⅱ）10cm 長さの試料について厚さ 2mm にスライスを行う。

ロ）外観検査

ⅰ）各試験片ごとに下記の項目について外観検査を行う。
・気泡の有無と程度
・練混ぜ不良の有無と程度
・断面形状・寸法
・外観検査の結果は記録表に記録する。

ハ）物性試験用試験片の選択

各試験片ついて，外観検査のロ）ⅰ）に示す異常がなく，かつ厚さの均一な中層の試験片を 3 個選びだす。選んだ試験片を記録表に記録する。

c）物性試験

イ）試験項目および試験方法

ⅰ）硬さ試験［JISK6253（加硫ゴムおよび熱可塑性ゴムの硬さ試験方法）］：スライスした試験片を 3 枚重ねて，6mm 以上の厚さとし，JIS に規定されているスプリング式硬さ試験機タイプ A デュロメーターにより瞬間値を読み取る。3 回の測定値の平均を求める。

ⅱ）引張試験［JISK6251（加硫ゴムの引張試験方法）］：試験体の形状は，ダンベル 3 号形とする。試験体の平行部分に異常や厚さの不均一のないものとする。やむを得ない場合は，その旨を記録する。引張試験条件は，標準状態において，引張速度は 200mm/mim とする。測定項目は 50％モジュラス（N/mm^2），最大引張強さ（N/mm^2），破断時の伸び（％）（標線間の伸びとする）。ただし，試験体の厚さはスライスの方法によっても多少差異を生ずるので，各試験体ごとに平行部分の厚さを測定し，各試験体の断面積を求める。

ⅲ）結果は記録表に記録する。

切取り試料のスライス方法は，「建築用シーリング材－基礎と正しい使い方」に詳細に記載されているので，参照のこと。

写真 10-12 に，ダンベル 3 号形引張試験を示す。

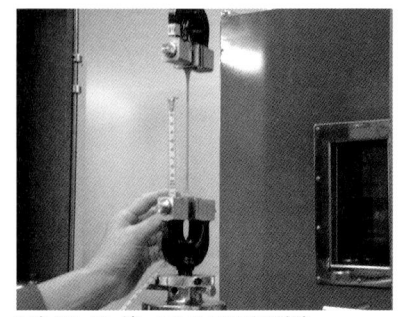

写真 10-12 ダンベル 3 号形引張試験

シーリング工事の新しい流れ

シーリング材による汚染とポリイソブチレン系

1) シーリング材による汚染とは

建物外壁の主たる汚れの原因として、シリコーン系シーリング材がよく話題に取り上げられる。

シリコーン系シーリング材は耐久性、耐疲労性に非常に優れているが、目地周辺部材にシーリング硬化後においても、わずかな未反応成分（シリコーンオイル）が移行し、その部分が撥水化してしまい、汚れの発生源となっている。**写真 10**-13 に、シリコーン汚染を示す。

2) ポリイソブチレン系シーリング材

ポリイソブチレン系シーリング材は、シリコーン系シーリング材に代わる長寿命かつ低汚染性を兼ね備えた高性能のシーリング材として開発された。当初、施工性、接着性に課題はあったが、改良が行われて、施工実績を増やしている。その特徴を、以下に示す。

①優れた耐候性と耐疲労性

耐候性、耐疲労性およびガラスへの接着耐候性に優れており、さまざまな建築物のワーキングジョイントに適している。

②優れた非汚染性

目地周辺とシーリング材の表面の汚れが生じにくい。

③優れた塗装性

塗装の密度がよく、可塑剤などを使用していないために、塗膜の汚染も生じにくい。

シーリング材簡易厚さ測定器

シーリング施工における検査項目は、前述したとおりで、シーリングの厚さを規定したものはなかった。また、接着性を確認する際に、実際にシールを切り取り、その時に初めて、シール材の厚さをついでに測っているのが現状である。

現状の試験では、目地を実際に切

写真 10-13 シリコーン汚染の例

り取り，再施工という手間がかかり，簡単に誰でもが，シーリング厚さが測れるものがなかった。

　この測定器は，どのような目地でも検査が可能で，3タイプが揃っている。
① 2面接着，底なし目地用
② 2面接着，底のある目地用
③ 3面接着用

　図10-14に，シーリング材簡易厚さ測定器を示す。写真10-14に，シーリング材簡易厚さ測定器セットを示す。

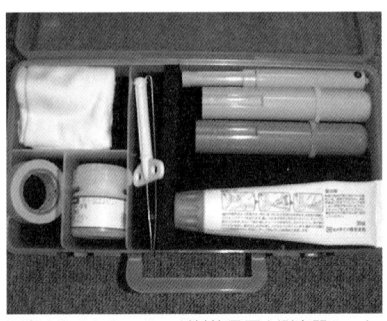

写真10-14 シーリング材簡易厚さ測定器セット

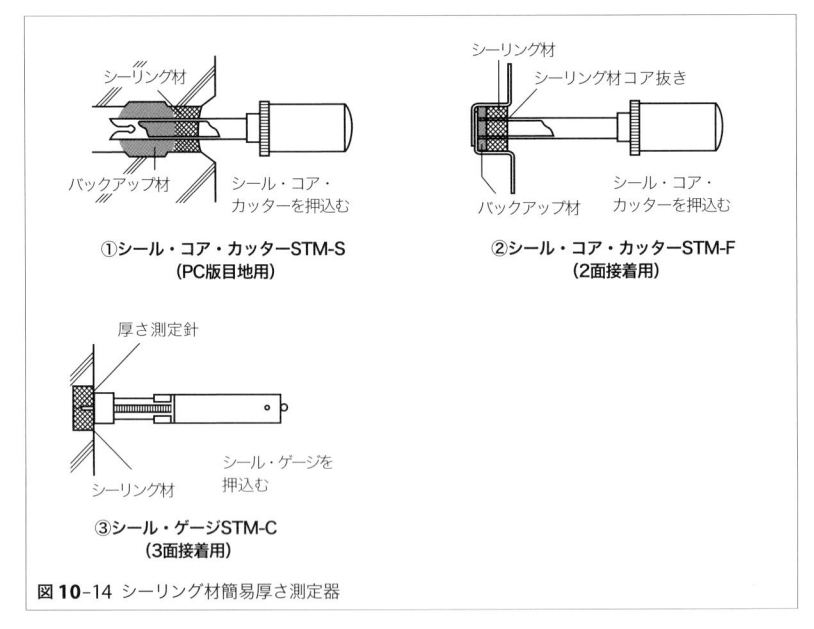

①シール・コア・カッターSTM-S
（PC版目地用）

②シール・コア・カッターSTM-F
（2面接着用）

③シール・ゲージSTM-C
（3面接着用）

図10-14 シーリング材簡易厚さ測定器

監 修 者 略 歴

野平 修（のひら　おさむ）
1976年　早稲田大学大学院建設工学専攻材料・施工研究室修士課程修了
鹿島建設建築管理本部建築技術部技師長
野平外装技術研究所
主な著作＝「建築工事標準仕様書・同解説　JASS13 金属工事」（共著）日本建築学会
「建築工事標準仕様書・同解説　JASS 14 カーテンウォール工事」（共著）日本建築学会
建築技術増刊「建築外装メカニズム読本」（共著）建築技術

松嶋 潤（まつしま　じゅん）
1980年　東京大学工学部建築学科卒業
鹿島建設常務執行役員　東京建築支店副支店長

執 筆 者 略 歴（50音順）

阿部 稔（あべ　みのる）
1969年　日本大学生産工学部機械工学科卒業
菊川工業市場開発室室長
主な著作＝「建築工事標準仕様書・同解説 JASS13 金属工事（手摺類工事）」（日本建築学会）

小笠原和博（おがさわら　かずひろ）
1984年　岐阜大学工学部工業化学科卒業
INAX タイル建材事業部商品開発室グループ長

北村茂弘（きたむら　しげひろ）
1986年　愛知工業大学建築工学部
矢橋大理石東京支店次長

小島浩士（こじま　ひろし）
1985年　東京都立大学大学院工学研究科建築学専攻修士課程終了
AGC 硝子建材エンジニアリングガラスシステムウォール事業部部長

鈴木博喜（すずきひろき）
1987年　名城大学理工学部建築学科卒業
東海コンクリート工業第二営業部係長

須永明宏（すながあきひろ）
1975年　東京電機大学建築学科卒業
トステムビル建材本部直販営業部 PCC センター長

竹田憲明（たけだ　のりあき）
1987 年　浪花組入社
2006 年　浪花組常務取締役東京本店長

谷本　弘（たにもと　ひろし）
1978 年　矢橋大理石入社
2003 年　矢橋大理石東京支店支店長

千葉　清（ちば　きよし）
1977 年　日本大学大学院理工学研究科工業化学修士課程終了
マサル技術本部技術室部長
主な著作＝「防水施工法」共著（全国防水工事業協会編）

野口　修（のぐち　おさむ）
1984 年　大阪工業大学機械工学科卒業
マサル技術本部執行役員本部長

平岡靖和（ひらおか　やすかず）
1987 年　国立釧路工業高等専門学校　建築学科卒業
旭硝子板ガラスカンパニー日本・アジア本部日本事業部ビルディング営業部プロジェクト営業部長補佐

堀田英一郎（ほった　えいいちろう）
1989 年　法政大学工学部経営工学科卒業
浪花組現業部工事長

丸山勝範（まるやま　かつのり）
1980 年　千葉工業大学機械工学科卒業
トステムビル建材事業部ビル技術部設計標準グループグループリーダー

水野民雄（みずの　たみお）
1968 年　千葉工業大学工学部工業化学科卒業
大日本塗料技術担当理事
サンデーペイント専務取締役
ダイニッカ（株）研究開発部，品質保証部
主な著作＝「塗料便覧」共著（丸善）
「シックハウス対策の最新動向」共著（エヌ・ティー・エス）

現場技術者が教える
「施工」の本
〈仕上編〉

発行	2006年8月10日　第1版
	2007年5月7日　第2版
	2008年10月13日　第3版
	2011年4月29日　第4版
	2015年12月1日　第5版
監修	野平 修，松島 潤
共著	阿部稔，小笠原和博，北村茂弘，小島浩士，鈴木博喜，須永明宏，竹田憲明，谷本弘，千葉清，野口修，平岡靖和，堀田英一郎，丸山勝範，水野民雄
発行者	橋戸幹彦
発行所	株式会社建築技術
	〒101-0061 東京都千代田区三崎町3-10-4　千代田ビル
	TEL 03-3222-5951
	FAX 03-3222-5957
	http://www.k-gijutsu.co.jp
	振替口座 00100-7-72417
デザイン	赤崎正一
DTP	田中久雄
印刷・製本	三報社印刷株式会社

落丁・乱丁本はお取り替えいたします。
ISBN978-4-7677-0113-4　C3052

©2006　O. NOHIRA, J. MATUSHIMA